C im 21. Jahrhundert

C im 21. Jahrhundert

Ben Klemens
Deutsche Übersetzung von Thomas Demmig

O'REILLY®
Beijing · Cambridge · Farnham · Köln · Sebastopol · Tokyo

Die Informationen in diesem Buch wurden mit größter Sorgfalt erarbeitet. Dennoch können Fehler nicht vollständig ausgeschlossen werden. Verlag, Autoren und Übersetzer übernehmen keine juristische Verantwortung oder irgendeine Haftung für eventuell verbliebene Fehler und deren Folgen.

Alle Warennamen werden ohne Gewöhrleistung der freien Verwendbarkeit benutzt und sind möglicherweise eingetragene Warenzeichen. Der Verlag richtet sich im Wesentlichen nach den Schreibweisen der Hersteller. Das Werk einschließlich aller seiner Teile ist urheberrechtlich geschützt. Alle Rechte vorbehalten einschließlich der Vervielföltigung, Übersetzung, Mikroverfilmung sowie Einspeicherung und Verarbeitung in elektronischen Systemen.

Kommentare und Fragen können Sie gerne an uns richten:
O'Reilly Verlag GmbH & Co. KG
Balthasarstr. 81
50670 Köln
E-Mail: kommentar@oreilly.de

Copyright der deutschen Ausgabe:
© 2013 O'Reilly Verlag GmbH & Co. KG

Die Originalausgabe erschien 2012 unter dem Titel *21st Century C* bei O'Reilly Media, Inc.

Die Darstellung eines Tüpfelkuskus im Zusammenhang mit dem Thema C ist ein Warenzeichen des O'Reilly Verlags GmbH & Co. KG.

Bibliografische Information Der Deutschen Nationalbibliothek

Die Deutsche Nationalbibliothek verzeichnet diese Publikation in der Deutschen Nationalbibliografie; detaillierte bibliografische Daten sind im Internet über *http://dnb.dnb.de* abrufbar.

Lektorat: Alexandra Follenius, Köln
Übersetzung: Thomas Demmig
Korrektorat: Sibylle Felddmann, Düsseldorf
Umschlaggestaltung: Karen Montgomery, Boston & Michael Oreal, Köln
Produktion: Karin Driesen, Köln
Satz: Reemers Publishing Services GmbH, Krefeld; www.reemers.de (*http://www.reemers.de*)
Belichtung, Druck und buchbinderische Verarbeitung:
Druckerei Kösel, Krugzell; www.koeselbuch.de (*http://www.koeselbuch.de*)
ISBN 978-3-95561-385-3

Dieses Buch ist auf 100% chlorfrei gebleichtem Papier gedruckt.

Inhalt

Vorwort		**XI**
Teil I: Die Umgebung		**1**
1	**Richten Sie sich Ihre Umgebung ein**	**3**
	Einen Paketmanager einsetzen	4
	C unter Windows kompilieren	6
	POSIX für Windows	6
	C mit POSIX kompilieren	8
	C ohne POSIX kompilieren	8
	Wo bitte geht es zur Bibliothek?	9
	Ein paar meiner Lieblings-Flags	11
	Pfade	12
	Runtime-Linking	15
	Makefiles verwenden	16
	Variablen setzen	17
	Die Regeln	19
	Bibliotheken über ihren Quellcode nutzen	23
	Bibliothek über ihren Quellcode nutzen – auch wenn Ihr Sysadmin das nicht will	24
	C-Programme über Here-Dokumente kompilieren	26
	Header-Dateien an der Befehlszeile einbinden	26
	Der vereinheitlichte Header	27
	Here-Dokumente	28
	Von Stdin kompilieren	29

2 Debuggen, Testen, Dokumentieren ... 31
- Einen Debugger verwenden ... 31
  - GDB-Variablen ... 35
  - Geben Sie Ihre Strukturen aus ... 37
- Mit Valgrind auf Fehler prüfen ... 40
- Unit-Tests ... 41
  - Ein Programm als Bibliothek verwenden ... 44
  - Abdeckung ... 46
- Dokumentation einweben ... 47
  - Doxygen ... 47
  - Literaler Code mit CWEB ... 49
- Fehlerprüfung ... 51
  - Wie ist der Anwender in den Fehler involviert? ... 51
  - Der Kontext, in dem der Anwender arbeitet ... 53
  - Wie sollte ein Hinweis auf einen Fehler zurückgegeben werden? ... 54

3 Verpacken Sie Ihr Projekt ... 55
- Die Shell ... 56
  - Shell-Befehle durch ihre Ausgabe ersetzen ... 57
  - Die Shell für Schleifen nutzen, um auf einem Satz Dateien zu arbeiten ... 58
  - Dateien prüfen ... 60
  - fc ... 63
- Makefiles vs. Shell-Skripten ... 65
- Packen Sie Ihren Code mit den Autotools ... 67
  - Ein Autotools-Beispiel ... 69
  - Das Makefile durch makefile.am beschreiben ... 72
  - Das configure-Skript ... 76

4 Versionsverwaltung ... 81
- Änderungen per diff ... 82
- Git-Objekte ... 83
  - Der Stash ... 87
- Bäume und ihre Zweige ... 88
  - Merging ... 89
  - Der Rebase ... 91
- Remote-Repositories ... 92

5 Mit anderen zusammenspielen 95

Das Vorgehen 95
    Schreiben, damit es von anderen Sprachen gelesen werden kann 95
    Die Wrapper-Funktion 96
    Datenstrukturen über die Grenze schmuggeln 97
    Linken 98
Python als Host 99
    Kompilieren und linken 100
    Das bedingte Unterverzeichnis für Automake 101
    Distutils mit Unterstützung durch die Autotools 102

Teil II: Die Sprache 105

6 Ihr Weg zum Zeiger 107

Automatischer, statischer und manueller Speicher 107
Persistente Statusvariablen 110
Zeiger ohne malloc 111
    Strukturen werden kopiert, Arrays werden als Alias weitergegeben 113
    malloc und Speichertricks 115
    Das Schicksal liegt in den Sternen 117
    All die Zeigerarithmetik, die Sie kennen müssen 118

7 C-Syntax, die Sie ignorieren können 123

Kümmern Sie sich nicht darum, explizit aus main zurückzukehren 124
Lassen Sie Deklarationen fließen 124
    Die Array-Größe zur Laufzeit setzen 126
Weniger Casting 127
Enums und Strings 128
Labels, goto, switch und break 130
    Durchdachtes goto 131
    switch 132
Veraltetes Float 135

8 Hindernisse und Gelegenheiten 139

Robuste und ansprechende Makros schreiben 139
    Präprozessortricks 143
Mit static und extern verlinken 146
    Extern zu verlinkende Elemente nur in Header-Dateien deklarieren 148

	Das Schlüsselwort const	150
	Nomen-Adjektiv-Form	151
	Spannungen	152
	Tiefe	153
	Das Problem mit char const **	154

9 Text — 157

Den Umgang mit Strings mithilfe von asprintf einfacher gestalten		157
	Sicherheit	159
	Konstante Strings	159
	Strings mit asprintf erweitern	161
Ein Loblied auf strtok		162
Unicode		167
	Das Kodieren für C-Code	169
	Unicode-Bibliotheken	170
	Der Beispielcode	171

10 Bessere Strukturen — 175

Compound-Literale		176
	Initialisierung per Compound-Literal	177
Variadische Makros		177
Listen sicher abschließen		179
foreach		180
Eine Funktion vektorisieren		180
Designated Initializers		182
Arrays und Structs mit Nullen initialisieren		184
Typedefs retten Ihnen den Tag		185
	Über Stil	186
Mehrere Elemente aus einer Funktion zurückgeben		187
	Fehler melden	189
Flexible Eingabewerte für Funktionen		191
	Deklarieren Sie Ihre Funktion im printf-Stil	192
	Optionale und benannte Argumente	193
	Eine alte Funktion aufpolieren	195
Der void-Zeiger und die Strukturen, auf die er zeigt		201
	Funktionen mit generischen Eingabewerten	201
	Generische Strukturen	206

11 Objektorientierte Programmierung in C **211**

Was Sie nicht bekommen (und warum Sie es nicht vermissen werden) 212
    Gültigkeitsbereich 212
    Überladen mit Operator-Überladung 215
Strukturen und Dictionaries erweitern 220
    Eine Struktur erweitern 221
    Ein Dictionary implementieren 225
    Lassen Sie Ihren Code auf Zeigern auf Objekte basieren 229
Funktionen in Ihren Structs 230
Referenzen zählen 235
    Beispiel: Ein Substring-Objekt 235
    Ein agentenbasiertes Modell der Gruppenbildung 239

12 Bibliotheken **247**

GLib 247
POSIX 248
    Mit mmap riesige Datensätze verarbeiten 248
    Einfaches Threading mit Pthreads 251
Die GNU Scientific Library 259
SQLite 261
    Die Abfragen 262
libxml und cURL 264

Epilog **269**

Glossar **271**

Bibliografie **275**

Index **277**

Vorwort

Is it really punk rock
Like the party line?

Wilco, »*Too Far Apart*«

C ist Punkrock

C besitzt nur eine Handvoll Schlüsselwörter, es hat seine Ecken und Kanten – und es rockt. Sie können alles mit ihm machen. Wie die C-, G- und D-Akkorde auf einer Gitarre können Sie die grundlegende Funktionsweise ziemlich schnell erlernen und dann den Rest Ihres Lebens damit verbringen, besser zu werden. Diejenigen, die das nicht schaffen, fürchten seine Macht und glauben, es sei zu unhandlich, um sicher damit umgehen zu können. Aber C ist immer noch bei Weitem die beliebteste unter den Sprachen, hinter denen keine Firma oder Stiftung mit viel Geld steht.[1]

Zudem ist die Sprache etwa 40 Jahre alt – also im besten Alter. Sie wurde von ein paar Leuten geschrieben, die im Grunde gegen das Management arbeiteten – eine perfekte Ausgangsbasis für Punkrock –, aber das war in den 1970ern, und seitdem hatte die Sprache ausreichend Zeit, den Mainstream zu erreichen.

Was taten die Leute, als der Punkrock im Mainstream ankam? In den Jahrzehnten seit seinem Auftauchen in den 1970ern ist der Punk sicherlich »normal« geworden: The Clash, The Offspring, Green Day und The Strokes haben weltweit Millionen von Alben verkauft (um nur ein paar zu nennen), und ich habe im Supermarkt harmlose Instrumentalversionen von Liedern gehört, die eigentlich mal Grunge waren. Der frühere Leadsänger von Sleater-Kinney hat nun eine beliebte Sketch-Comedy-Show, die regelmäßig Punkrocker veralbert.[2] Eine Reaktion auf die fortschreitende Evolution könnte die unnachgiebige Einstellung sein, nur das ursprüngliche Zeugs sei Punk und alles andere Easy-Punk-Pop für die Massen. Die Traditionalisten können immer noch ihre Alben aus

---

1 Dieses Vorwort verneigt sich (ziemlich offensichtlich) vor »Punk Rock Languages: A Polemic« von Chris Adamson (siehe *http://pragprog.com/magazines/2011-03/punk-rock-languages*).
2 War Sleater-Kinney mit Texten wie »Can't get to heaven with a three-chord song« vielleicht Post-Punk? Leider gibt es keinen ISO-Punk-Standard, mit dem wir exakt ermitteln können, was noch dazugehört und was nicht.

den 70ern hören, und wenn die Platten abgenudelt sind, laden sie eine digital gemasterte Edition herunter. Für ihre Kinder können sie dann Ramones-Hoodies kaufen.

Die nicht Eingeweihten verstehen es einfach nicht. Manche von ihnen hören das Wort *Punk* und haben ein Bild aus dem 1970ern vor Augen – ein historisches Artefakt über ein paar Kids, die damals irgendwie alles etwas anders gemacht haben. Die traditionellen Punks, die immer noch ihre 1973er-Iggy-Pop-LP laufen lassen, erfreuen sich natürlich daran, aber sie untermauern die Annahme, Punk sei verknöchert und nicht mehr relevant.

Zurück in die Welt von C. Hier haben wir sowohl die Traditionalisten, die die Fahne von ANSI 89 hochhalten, als auch diejenigen, die einfach so schreiben, dass das Programm tut, was es soll, und die vielleicht nicht einmal bemerken, dass ihr Code sich in den 1990ern nicht hätte kompilieren lassen. Außenstehende verstehen den Unterschied nicht. Sie sehen Bücher aus den 1980ern, die immer noch nachgedruckt werden, und Onlinetutorials aus den 1990ern. Sie hören von Hardcore-Traditionalisten, die darauf bestehen, immer noch so wie damals zu schreiben, und sie wissen nicht, dass sich die Sprache und der Rest der Anwender weiterentwickelt haben. Das ist beschämend, da sie viele tolle Dinge verpassen.

Dies ist ein Buch über das Brechen von Traditionen und darüber, wie man dafür sorgt, dass C Punkrock bleibt. Ich interessiere mich nicht dafür, den Code aus diesem Buch mit der ursprünglichen C-Spezifikation aus Kernighans & Ritchies Buch von 1978 zu vergleichen. Mein *Telefon* besitzt 512 MByte Speicher – warum sollten unsere C-Lehrbücher noch Seiten darauf verwenden, Techniken zum Einsparen von Kilobytes in den Programmen zu beschreiben. Ich schreibe diesen Text auf einem einfachen Netbook, das 3,2 Milliarden Anweisungen pro Sekunde ausführen kann – warum soll ich mich darum scheren, ob bei einer Operation 8 oder 16 Bits verglichen werden müssen? Wir sollten Code schreiben, der sich schnell schreiben lässt und von unseren Kollegen gelesen werden kann. Wir schreiben weiterhin in C, daher wird unser lesbarer, aber nicht vollständig optimierter Code immer noch um Größenordnungen schneller laufen, als wenn wir vergleichbaren Code in einer der vielen anderen aufgeblasenen Sprachen schreiben würden.

Fragen & Antworten (oder: Die Rahmenbedingungen für dieses Buch)

F: Was unterscheidet dieses C-Buch von allen anderen?

A: Die Lehrbücher zu C ähneln sich alle sehr. (Ich habe *sehr viele* gelesen, unter anderem [Griffiths 2012], [Kernighan 1978, deutsch 1983], [Kernighan 1988, deutsch 1990], [Kochan 2004], [Oualline 1997], [Perry 1994], [Prata 2004] und [Ullman 2004].) Die meisten wurden geschrieben, bevor der C99-Standard viele Anwendungsaspekte vereinfacht hat, und bei manchen Büchern, die sich mittlerweile in der n-ten Auflage befinden, hat der Autor einfach nur ein paar Hinweise zu aktuellen Entwicklungen eingebaut, statt sich neue Gedanken über den Einsatz der Sprache zu machen. Sie erwähnen alle, dass es vielleicht Bibliotheken gibt, die Sie eventuell in Ihrem eigenen Code einsetzen können, aber diese Texte sind aus einer Zeit vor den aktuellen Installationstools und Ökosystemen, mit denen der Einsatz dieser Bibliotheken zuverlässig und ausreichend portabel wurde. Diese Lehrbücher sind immer noch korrekt und haben auch ihren Wert, aber moderner C-Code sieht einfach nicht mehr so aus wie der Code aus diesen Büchern.

Dieses Buch fängt da an, wo sie aufhören – es denkt neu über die Sprache und die Umgebung nach, in der sie eingesetzt wird. Es setzt einfach Bibliotheken für verkettete Listen und XML-Parser ein, statt alles von Grund auf selbst zu entwickeln. Das Buch dreht sich um das Schreiben von lesbarem Code und anwenderfreundlichen Funktionsschnittstellen.

F: Für wen ist dieses Buch gedacht? Muss ich ein Programmier-Guru sein?

A: Sie haben schon Programmiererfahrung in einer beliebigen Sprache, vielleicht in Java oder in einer Skriptsprache wie Perl. Ich muss Ihnen nicht mehr verkaufen, warum Ihr Code nicht nur aus einer langen Funktion ohne Unterfunktionen bestehen sollte.

Sie haben ein bisschen Wissen über C, aber machen Sie sich keine Sorgen, wenn Sie es nicht allzu gut kennen – wie ich noch erklären werde, gibt es eine ganze Menge Zeugs, das Sie besser nie erlernen sollten. Sind Sie in Bezug auf die C-Syntax noch völlig unbeleckt: Die Sprache ist fast aggressiv einfach, und die Suchmaschine Ihrer Wahl wird Sie zu Dutzenden von Onlinetutorials führen. Haben Sie schon Erfahrung mit anderen Sprachen, sollten Sie die Grundlagen in ein oder zwei Stunden draufhaben.

Ich möchte auch darauf hinweisen, dass ich mit *Modeling with Data* [Klemens 2008] ein Lehrbuch über statistisches und wissenschaftliches Programmieren geschrieben habe. Neben vielen Details zu numerischen Daten und statistischen Modellen für das Beschreiben von Daten gibt es hier ein eigenes Tutorial zu C, das natürlich meiner Meinung nach viele der Fehler älterer C-Tutorien vermeidet.

F: Ich bin Anwendungsentwickler, kein Kernel-Hacker. Warum sollte ich C nutzen, statt eine Sprache wie Python einzusetzen, mit der der Code schnell geschrieben ist?

A: Wenn Sie Anwendungsentwickler sind, ist dieses Buch für Sie genau richtig. Ich lese immer wieder, dass die Leute davon ausgehen, dass C eine Systemsprache ist. Aber das ist doch sehr brav gedacht – keiner kann uns sagen, was wir womit schreiben dürfen!

Aussagen wie »Unsere Sprache ist fast genauso schnell wie C, aber viel einfacher zu schreiben« sind so verbreitet, dass es sich fast schon um ein Klischee handelt. Klar, C ist auf jeden Fall so schnell wie C, und Ziel dieses Buchs ist, Ihnen zu zeigen, dass C sich viel einfacher einsetzen lässt, als die Lehrbücher aus den vergangenen Jahrzehnten vorgeben. Aufrufe von `malloc` und das Jonglieren mit der Speicherverwaltung sind nur noch halb so oft nötig wie in den 1990ern, der Umgang mit Strings lässt sich einfacher gestalten, und selbst die Syntax des Sprachkerns sorgt mittlerweile für mehr Lesbarkeit.

Ich habe tatsächlich mit C begonnen, weil ich eine Simulation beschleunigen musste, die in der Skriptsprache R lief. Wie so viele andere Skriptsprachen besitzt auch R eine C-Schnittstelle, über die die Anwender jederzeit ausweichen können, wenn die Hostsprache zu langsam ist. Schließlich hatte ich so viele Funktionen, die aus dem R-Skript in C-Code sprangen, dass ich die Hostsprache ganz aufgegeben habe. Und nun schreibe ich schließlich ein Buch über moderne C-Techniken.

F: Schön, dass Anwendungsentwickler, die von einer Skriptsprache kommen, dieses Buch mögen werden, aber ich *bin* ein Kernel-Hacker. Ich habe mir in der fünften Klasse C selbst beigebracht und habe sogar manchmal Träume, die sich korrekt kompilieren lassen. Was gibt es denn da noch Neues für mich?

A: C hat sich in den letzten 20 Jahren ziemlich weiterentwickelt. Wie ich später noch beschreiben werde, haben sich die Dinge, die garantiert von allen C-Compilern unterstützt werden, mit der Zeit geändert – dank der zwei neuen C-Standards, die seit dem ursprünglichen ANSI-Standard herausgekommen sind. Werfen Sie vielleicht einmal einen Blick in Kapitel 10: *Bessere Strukturen* und schauen Sie, ob irgendwas Neues Sie dort überrascht.

Auch die Umgebung hat sich geändert. Die Autotools haben die gesamte Distribution von Code geändert, es ist jetzt viel einfacher, zuverlässig andere Bibliotheken aufzurufen. Das bedeutet, dass unser Code viel weniger Zeit damit verbringen sollte, gebräuchliche Strukturen und Routinen neu zu erfinden, und mehr Zeit damit, die Art von Bibliotheken aufzurufen, die in diesem Buch behandelt werden.

F: Mir ist aufgefallen, dass gut ein Drittel dieses Buchs fast keinen C-Code enthält.

A: Gute C-Praktiken erfordern gute C-Tools. Nutzen Sie keinen Debugger (eigenständig oder als Teil Ihrer IDE), machen Sie sich Ihr Leben viel schwerer. Wenn Sie mir erzählen wollen, es sei unmöglich, Speicherlecks zu finden, heißt das, Sie haben noch nicht von Valgrind gehört. Dabei handelt es sich um ein System, mit dem Sie auf die Codezeile genau angezeigt bekommen, wo Speicherlecks und Fehler entstehen. Python und Konsorten besitzen eingebaute Paketmanager – das plattformübergreifende Standardpaketsystem Autotools für C ist ein Stand-alone-System mit seiner eigenen Geschichte.

Nutzen Sie eine attraktive Integrated Development Environment (IDE) als Zentrale für all diese Tools, kann es trotzdem von Vorteil sein, wenn Sie wissen, wie Ihre IDE mit Umgebungsvariablen und anderen Details umgeht. Denn die werden zwar normalerweise vor Ihrem Auge verborgen, tauchen aber im Fehlerfall dann doch gern auf.

F: Manche der Tools, über die Sie schreiben, sind *alt*. Gibt es keine moderneren Alternativen für diese Shell-orientierten Programme?

A: Wenn wir uns über Leute lustig machen, die neue Dinge nur deshalb zurückweisen, weil sie neu sind, dürfen wir alten Dinge nicht gleichzeitig deshalb heruntermachen, weil sie alt sind.

Es ist recht zuverlässig ermittelt worden, dass die erste sechssaitige Gitarre um 1200, die erste viersaitige Geige um 1550 und das erste Klavier mit Tasten um 1700 gebaut wurden. Und es ist sehr wahrscheinlich, dass an den meisten Musikstücken, die Sie hören (wenn nicht gar an allen), eines dieser Instrumente beteiligt ist. Punkrock hat die Gitarre nicht abgelehnt, sondern stattdessen kreativ eingesetzt – zum Beispiel durch den Einsatz neuer Filter.

F: Ich habe Internet und kann Befehle und Syntaxdetails sofort nachschlagen. Warum sollte ich dieses Buch lesen?

A: Es stimmt, Sie können die Wertigkeit der Operatoren über die Befehlszeile eines Linux- oder Mac-Rechners mit man operator erhalten. Warum gehe ich hier noch mal drauf ein?

Ich habe das gleiche Internet wie Sie, und ich habe viel Zeit darin verbracht. Daher weiß ich auch recht gut, was Sie nicht im Internet finden – und das ist das, worüber ich in diesem Buch schreibe. Wenn ich ein neues Tool vorstelle, wie zum Beispiel gprof oder GDB, erfahren Sie bei mir genug, um loslegen zu können, um Ihre Suchmaschine mit sinnvollen Fragen zu füttern und um Dinge zu lernen, die in anderen Büchern nicht stehen (was eine Menge ist).

Standards: So viel Auswahl

Sofern nicht explizit erwähnt, ist alles in diesem Buch konform zu den Standards ISO C99 und C11. Um das ein bisschen zu erläutern und Ihnen ein wenig historisches Hintergrundwissen zu vermitteln, wollen wir die Liste der wichtigen C-Standards durchgehen (und dabei die kleineren Änderungen und Korrekturen ignorieren).

K & R (etwa 1978)
> Dennis Ritchie, Ken Thompson und ein paar andere Leute entwickelten C, während sie das Betriebssystem Unix aufbauten. Brian Kernighan und Dennis Ritchie dokumentierten die Sprache schließlich in der ersten Auflage ihres Buchs, was zum ersten faktischen Standard wurde [deutsch Kernighan 1983].

ANSI C89
> Die Bell Labs übergaben die Sprachverantwortung an das American National Standards Institute. 1989 veröffentlichte dieses seinen Standard, der ein paar Verbesserungen gegenüber K & R enthielt. Die zweite Auflage des Buchs von Kernighan und Ritchie enthielt eine vollständige Spezifikation der Sprache. Damit stand eine Kopie des ANSI-Standards auf dem Schreibtisch Zehntausender Programmierer [Kernighan 1990]. Der ANSI-Standard wurde von der ISO ohne größere Änderungen 1990 übernommen, aber *ANSI `89* scheint der gebräuchlichere Begriff zu sein (und macht sich auch besser auf einem T-Shirt).

Ein Jahrzehnt verging. C wurde Mainstream, das heißt, die Codegrundlage für so gut wie jeden PC und jeden Internetserver entstand in C. Das ist so viel Mainstream wie nur möglich.

In dieser Zeit spaltete sich C++ ab und kam groß raus (wenn auch nicht riesengroß). C++ war das Beste, was C je passieren konnte. Während jede andere Sprache zusätzliche Syntax nutzte, um dem objektorientierten Trend zu folgen (und all den anderen neuen Spielchen), blieb C bei seinem Standard. Diejenigen, die Stabilität und Portierbarkeit wollten, nutzten C, während die anderen, die mehr und mehr Features wünschten, um sich darin wälzen zu können, ihr C++ bekamen, und jeder war glücklich.

ISO C99
> Ein Jahrzehnt später war der C-Standard gründlich überarbeitet worden. Es gab Ergänzungen für numerisches und wissenschaftliches Rechnen, dazu einen Standardtyp für komplexe Zahlen und ein paar typgenerische Funktionen. Einige Bequemlich-

keiten aus C++ wurden übernommen, so zum Beispiel die einzeiligen Kommentare (die ursprünglich aus der C-Präprozessorsprache BCPL kamen) und die Möglichkeit, Variablen am Anfang von for-Schleifen zu definieren. Der Einsatz von Strukturen war dank einiger Ergänzungen zum Deklarieren und Initialisieren einfacher, dazu kamen wenige Syntaxverbesserungen. Die Dinge wurden modernisiert, um Sicherheitsüberlegungen Rechnung zu tragen und zu berücksichtigen, dass nicht jeder Englisch spricht.

Wenn Sie überlegen, wie viel Einfluss C89 hatte und wie viel C-Code rund um den Globus lief, wäre es ein Wunder gewesen, wenn die ISO keine Kritik hätte einstecken müssen. Und natürlich wurde der Standard kontrovers diskutiert. Es gibt zwei gebräuchliche Wege, eine komplexe Variable auszudrücken (durch rechteckige und Polarkoordinaten) – warum hat sich die ISO dann nur für einen entschieden? Warum brauchen wir einen Mechanismus für Makros mit variabler Anzahl an Parametern, wenn jeder gute Code ohne ihn auskommt? Mit anderen Worten – die Puristen beschuldigten die ISO, dem Druck nach mehr Features nachgegeben zu haben.

Aktuell unterstützen die meisten Compiler C99 plus/minus ein paar Kleinigkeiten. Der Typ long double scheint zum Beispiel viele Probleme zu verursachen. Allerdings gibt es eine bemerkenswerte Ausnahme: Microsoft weigert sich bisher, seinem Visual Studio C++-Compiler C99-Unterstützung angedeihen zu lassen. Der Abschnitt »C unter Windows kompilieren« auf Seite 6 beschreibt ein paar der vielen Möglichkeiten, unter Windows C-Code zu kompilieren, daher ist es höchstens etwas unbequem, Visual Studio nicht einzusetzen. Und wenn jemand aus dem Establishment uns sagen will, dass wir kein ISO-Standard-C einsetzen können, macht es das erst recht zu Punkrock.

C11

Verunsichert wegen der Vorwürfe, sie würde die Sprache verraten, hat die ISO in der dritten Version des Standards nur wenige größere Änderungen vorgenommen. Wir haben jetzt eine Möglichkeit, typgenerische Funktionen zu schreiben, und es gibt weitere Verbesserungen in Bezug auf Sicherheit und den Einsatz von anderen Sprachen.

Ich schreibe dies im Jahr 2012, kurz nachdem der C11-Standard im Dezember 2011 erschien, und es gibt bereits etwas Unterstützung durch Compiler und Bibliotheken.

Der POSIX-Standard

So sieht es im Moment mit C selbst aus, aber die Sprache hat sich zusammen mit dem Betriebssystem Unix weiterentwickelt, und Sie werden im Buch immer wieder feststellen, dass sich diese Beziehung auch auf die tägliche Arbeit auswirkt. Wenn etwas an der Unix-Befehlszeile einfach zu erledigen ist, liegt das sehr wahrscheinlich daran, dass es in C einfach umzusetzen ist. Unix-Tools sind häufig entstanden, um das Schreiben von C-Code zu vereinfachen.

Unix

C und Unix wurden in den frühen 1970er-Jahren an den Bell Labs entworfen. Während des 20. Jahrhunderts stand Bell immer wieder im Zentrum von Monopol-

Untersuchungen, daher gab es (unter anderem) eine Vereinbarung mit den US-Behörden, die festlegte, dass Bell im Softwarebereich nicht am Markt mitspielen würde. Unix wurde daher kostenlos an Forscher weitergegeben, die es auseinandernehmen und nachbauen konnten. Der Name Unix ist ein Markenzeichen, das ursprünglich den Bell Labs gehörte und in den Folgejahren von einer Firma zur nächsten wanderte.

Mit dem Analysieren, Reimplementieren und Verbessern des Codes durch viele Hacker entstanden Unix-Variationen. Es brauchte nur eine kleine Inkompatibilität, um ein Programm oder Skript nicht portieren zu können, daher zeigte sich schnell der Bedarf einer Standardisierung.

POSIX

Dieser Standard, der erstmals 1988 durch das Institute of Electrical and Electronics Engineers (IEEE) veröffentlicht wurde, bietet eine gemeinsame Basis für unixoide Betriebssysteme. Er legt fest, wie sich die Shell verhalten sollte, was von Befehlen wie ls und grep zu erwarten ist und welche C-Bibliotheken für C-Programmierer zur Verfügung zu stehen haben. So sind zum Beispiel die Pipes, die Befehlszeilenanwender nutzen, um Befehle zu verketten, hier im Detail definiert. Das bedeutet, dass die C-Funktion popen (Pipe Open) zum POSIX-Standard und nicht zum ISO-C-Standard gehört. Der POSIX-Standard wurde vielfach überarbeitet, die aktuelle Version ist POSIX:2008, die ich auch meine, wenn ich im Buch von »POSIX-Standard« spreche. Ein POSIX-konformes System muss einen C-Compiler besitzen, der über den Befehl c99 zu erreichen ist.

Dieses Buch nutzt diesen Standard, ich werde es aber auch entsprechend erwähnen.

Mit Ausnahme vieler Betriebssysteme von Microsoft baut so gut wie jedes andere Betriebssystem auf POSIX auf: Linux, Mac OS X, iOS, webOS, Solaris, BSD – selbst Windows-Server bieten ein POSIX-Subsystem an. Und für die Betriebssysteme, die nicht mitspielen wollen, zeige ich im Abschnitt »C unter Windows kompilieren« auf Seite 6, wie Sie ein POSIX-Subsystem installieren.

Es gibt zwei POSIX-Implementierungen, auf die ich wegen ihrer Verbreitung und ihres Einflusses gesondert hinweisen möchte:

BSD

Nachdem Unix von den Bell Labs an Forscher verteilt wurde, um es zu analysieren, haben nette Leute an der University of California in Berkeley deutliche Verbesserungen daran vorgenommen und letztendlich die gesamte Codebasis von Unix neu geschrieben, um daraus die Berkeley Software Distribution zu erstellen. Nutzen Sie einen Computer von Apple, verwenden Sie BSD mit einer hübschen grafischen Oberfläche. BSD geht in vielen Fällen über POSIX hinaus, und wir werden noch über die eine oder andere Funktion sprechen, die zwar nicht zum POSIX-Standard gehört, aber zu nützlich ist, um sie zu ignorieren (vor allem das unentbehrliche asprintf).

GNU

Diese Abkürzung steht für GNU's Not Unix, und GNU gehört zu der anderen großen Erfolgsgeschichte rund um das unabhängige Reimplementieren und Verbessern der

Unix-Umgebung. Der Großteil der Linux-Distributionen greift sehr umfassend auf GNU-Tools zurück. Es ist ziemlich wahrscheinlich, dass Sie die GNU Compiler Collection (gcc) auf Ihrem POSIX-Rechner haben – selbst BSD nutzt sie. Auch hier definiert die gcc faktisch einen Standard, der C und POSIX an einigen Stellen erweitert. Ich werde es explizit erwähnen, wenn ich diese Erweiterungen einsetze.

Aus rechtlicher Sicht ist die BSD-Lizenz etwas großzügiger als die GNU-Lizenz. Da sich so mancher intensive Gedanken um die politischen und wirtschaftlichen Folgen dieser Lizenzen macht, gibt es sowohl GNU- als auch BSD-Versionen der meisten Tools. So sind zum Beispiel sowohl die GNU Compiler Collection (gcc) als auch clang von BSD führende C-Compiler. Die Autoren beider Tools schauen regelmäßig, was die jeweils anderen machen, und orientieren sich daran. Wir können daher davon ausgehen, dass die Unterschiede mit der Zeit immer kleiner werden.

Der rechtliche Kasten

In den USA gibt es kein Registrierungsverfahren für Copyright mehr: Mit ein paar Ausnahmen gilt, dass etwas per Copyright geschützt ist, sobald jemand es aufgeschrieben hat.

Natürlich gehört zum Bereitstellen einer Bibliothek das Kopieren von Festplatte zu Festplatte, und es gibt eine ganze Reihe von gebräuchlichen Vorgehensweisen, das Recht auf eine Kopie einer per Copyright geschützten Arbeit ohne großen Aufwand zu gewähren.

- Die GNU Public License erlaubt das unbegrenzte Kopieren und Verwenden des Quellcodes und seiner ausführbaren Version. Es gibt aber eine wichtige Bedingung: Stellen Sie ein Programm oder eine Bibliothek bereit, die auf GPL-Code aufbaut, müssen Sie den Quellcode Ihres Programms ebenfalls mitliefern. Beachten Sie, dass dies nicht notwendig ist, wenn Sie Ihr Programm nur bei sich einsetzen. Das Ausführen eines auf GPL basierenden Programms, wie auch das Kompilieren Ihres Codes mit gcc, erfordert kein Bereitstellen des Quellcodes, da die Programmausgabe (wie zum Beispiel das Executable, das Sie gerade kompiliert haben) nicht als auf gcc basierend angesehen wird. (Beispiel: die GNU Scientific Library.)

- Die Lesser GPL ähnelt der GPL sehr, legt aber explizit fest, dass durch das Verlinken zu einer LGPL-Bibliothek Ihr eigener Code nicht als darauf aufbauend angesehen wird und Sie den Quellcode nicht bereitstellen müssen. Sie können also Closed-Source-Code bereitstellen, der eine LGPL-Bibliothek verlinkt. (Beispiel: GLib.)

- Bei der BSD-Lizenz müssen Sie das Copyright und Disclaimer für BSD-lizenzierten Quellcode mitliefern, aber Ihr eigener Code muss nicht dabei sein. (Beispiel: Libxml2 unter der BSD-ähnlichen MIT-Lizenz.)

Beachten Sie bitte den üblichen Haftungsausschluss: Ich bin kein Anwalt, und in diesem Kasten finden Sie nur eine Zusammenfassung vieler ziemlich langer juristischer Dokumente. Lesen Sie sich die Dokumente selbst durch oder lassen Sie sich von einem Anwalt beraten, wenn Sie sich nicht sicher sind, wie sich die Details auf Ihre Situation auswirken.

Ein bisschen Logistik

In diesem Buch genutzte Konventionen

Die folgenden typografischen Konventionen werden in diesem Buch verwendet:

Kursiv
> Steht für neue Begriffe, Dateinamen und Pfade, URLs und E-Mail-Adressen. Viele neue Begriffe sind in einem Glossar am Ende des Buchs definiert.

`Nichtproportionalschrift`
> Wird für Programmlistings genutzt, aber auch für Code innerhalb eines Absatzes, und bezieht sich auf Programmelemente wie Variablen- oder Funktionsnamen, Datenbanken, Datentypen, Umgebungsvariablen, Anweisungen und Schlüsselwörter.

`Nichtproportionalschrift kursiv`
> Steht für Text, der durch vom Anwender bereitgestellte oder durch den Kontext ermittelbare Werte ersetzt werden soll.

Dieses Symbol weist auf einen Tipp, einen Vorschlag oder eine allgemeine Anmerkung hin.

Sie sind dran: Dies sind Übungen, durch die Sie lernen, indem Sie sich selbst mal wieder an die Tastatur setzen.

Dieses Symbol weist auf eine Warnung hin.

Verwendung der Codebeispiele

Dieses Buch ist dazu gedacht, Ihnen bei der Erledigung Ihrer Arbeit zu helfen. Im Allgemeinen dürfen Sie den Code in diesem Buch in Ihren eigenen Programmen oder Dokumentationen verwenden. Solange Sie den Code nicht in großem Umfang reproduzieren, brauchen Sie uns nicht um Erlaubnis zu bitten. Zum Beispiel benötigen Sie nicht unsere Erlaubnis, wenn Sie ein Programm unter Zuhilfenahme mehrerer Codestücke aus diesem Buch schreiben. Wenn Sie allerdings einen Datenträger mit Beispielen aus O'Reilly-Büchern verkaufen oder vertreiben wollten, müssen Sie eine Genehmigung von uns einholen. Eine Frage mit einem Zitat oder einem Codebeispiel aus dem Buch zu beantworten, erfordert keine Genehmigung. Signifikante Teile von Beispielcode aus dem Buch für die eigene Produktdokumentation zu verwerten, ist dagegen genehmigungspflichtig.

Wir freuen uns über eine Quellenangabe, verlangen sie aber nicht unbedingt. Zu einer Quellenangabe gehören normalerweise Autor, Titel, Verlagsangabe, Veröffentlichungsjahr und ISBN, hier also: »Ben Klemens, *C im 21. Jahrhundert*, O'Reilly Verlag 2013, ISBN 978-3-95561-385-3«.

Sollten Sie das Gefühl haben, Ihre Verwendung der Codebeispiele könnte gegen das Fairnessprinzip oder die Genehmigungspflicht verstoßen, dann nehmen Sie bitte unter *kommentar@oreilly.de* Kontakt mit uns auf.

Kontakt

Bitte richten Sie Anfragen und Kommentare zu diesem Buch an den Verlag:

> O'Reilly Verlag GmbH & Co. KG
> Balthasarstraße 81
> 50670 Köln
> Tel.: +49(0)221-973160-0
> Fax: +49(0)221-973160-8

Wir haben eine Webseite zu diesem Buch eingerichtet, auf der Errata, die Codebeispiele und zusätzliche Informationen veröffentlicht werden. Sie finden die Seite unter:

> *http://www.oreilly.de/catalog/21stcenturycger/*

Kommentare oder technische Fragen zu diesem Buch schicken Sie bitte per E-Mail an:

> *kommentar@oreilly.de*

Weitere Informationen zum gesamten Angebot des O'Reilly Verlags finden Sie auf unserer Website: *http://www.oreilly.de*.

Wir sind auf Facebook: facebook.com/oreilly.de (*https://www.facebook.com/oreilly.de*)

Folgen Sie uns auf Twitter: twitter.com/OReilly_Verlag/ (*https://twitter.com/OReilly_Verlag*)

Unsere Google+-Seite: http://bit.ly/googleplus_oreillyverlag

Danksagungen

> Nora Albert: allgemeine Unterstützung, Meerschweinchen
> Bruce Fields, Dave Kitabjian, Sarah Weissman:
> umfassende und gründliche Durchsicht
> Patrick Hall: Unicode-Wissen
> Nathan Jepson und Shawn Wallace: Lektorat
> Rolando Rodríguez: Testen, erforschen und entdecken
> Rachel Steely: Produktion
> Ulrik Sverdrup: für den Hinweis, dass wir wiederholte Designated Initializer nutzen können, um Standardwerte zu setzen

TEIL I
Die Umgebung

In der Wildnis – da, wo es die eingezäunten Gärten der Skriptsprachen nicht gibt – finden sich viele Tools, mit denen sich die großen Ärgernisse von C beseitigen lassen. Aber Sie müssen sie erst finden. Und ich meine wirklich *müssen*: Viele dieser Tools sind unabdingbar, um schmerzfrei programmieren zu können. Nutzen Sie keinen Debugger (Standalone oder innerhalb einer IDE), ist das eine Form von Selbstkasteiung.

Es muss für Sie so einfach wie möglich sein, Ihr Programm zu kompilieren und externe Bibliotheken einzusetzen – sonst werden Sie Letztere eben nicht verwenden. Es ist nicht schwer, aber Sie müssen nachlesen, wie es funktioniert. Glücklicherweise haben Sie ja jetzt dieses Buch.

Dies ist ein Überblick über Teil I:

Kapitel 1: *Richten Sie sich Ihre Umgebung ein* behandelt die grundlegende Umgebung, einschließlich des Beschaffens eines Paketmanagers und des Installierens aller erforderlichen Tools. Das ist die Basis für den interessanteren Teil, bei dem wir Programme mit Bibliotheken aus allen möglichen Quellen kompilieren. Der Prozess ist recht standardisiert, und es gehört ein kleiner Satz an Umgebungsvariablen und Rezepten dazu.

Kapitel 2: *Debuggen, Testen, Dokumentieren* stellt Tools für das Debuggen, Dokumentieren und Testen vor, denn wie gut ist Code, wenn er nicht debuggt, dokumentiert und getestet wurde?

Kapitel 3: *Verpacken Sie Ihr Projekt* behandelt die Autotools, ein System für das Zusammenstellen Ihres Codes zur Distribution. Das Kapitel ist aber etwas ausführlicher und kümmert sich auch um das Schreiben von Shell-Skripten und Makefiles.

Nichts macht das Leben komplizierter als andere Personen. Daher kümmert sich Kapitel 4: *Versionsverwaltung* um Git, ein System zum Verfolgen all der leicht unterschiedlichen Versionen eines Projekts, die sich auf Ihrer Festplatte und denen Ihrer Kollegen befinden, und zum einfachen Zusammenführen all dieser Versionen.

Andere Sprachen sind ein wichtiger Teil moderner C-Umgebungen, da so viele Sprachen eine C-Schnittstelle anbieten. Kapitel 5: *Mit anderen zusammenspielen* gibt einige allgemeine Hinweise zum Schreiben der Schnittstelle und enthält ein umfangreicheres Beispiel mit Python.

KAPITEL 1
Richten Sie sich Ihre Umgebung ein

Look out honey 'cause I'm using technology.

Iggy Pop, »Search and Destroy«

Die C-Standardbibliothek reicht nicht aus, um ernsthafte Arbeiten zu erledigen.

Stattdessen hat sich das C-Ökosystem über den Standard hinaus weiterentwickelt. Es ist daher unabdingbar, zu wissen, wie Sie Funktionen von verbreiteten, aber nicht ISO-Standard-kompatiblen Bibliotheken einfach aufrufen, wenn Sie mehr als nur Lehrbuchübungen umsetzen wollen. Leider ist genau das der Moment, in dem die meisten Lehrbücher aufhören und Sie mit Ihrer Arbeit allein lassen. Genau aus diesem Grund finden Sie C-Hasser, die sagen: »C ist 40 Jahre alt, daher müssen Sie jede Prozedur von Grund auf selbst schreiben.« – Die haben eben nie herausgefunden, wie sie eine Bibliothek verknüpfen.

Hier die Agenda für das Kapitel:

- Die erforderlichen Tools einrichten. Das ist viel einfacher als früher, als Sie noch jeder Komponente hinterherjagen mussten. Sie können ein vollständiges Build-System mit allem Drum und Dran in vielleicht 10 bis 15 Minuten einrichten (zuzüglich der Zeit zum Herunterladen all dieses tollen Zeugs).
- Ein C-Programm kompilieren. Ja, Sie wissen, wie Sie das tun müssen, aber wir benötigen ein Setup, in dem die Bibliotheken und deren Ablageorte eingebunden werden können. Es reicht nicht mehr aus, einfach cc *myfile.c* einzugeben. *Make* ist das einfachste System zur Unterstützung des Kompilierens von Programmen, daher dient es als gutes Beispielmodell. Ich werde Ihnen das kleinstmögliche Makefile zeigen, mit dem Sie trotzdem wachsen können.
- Egal welches System wir einsetzen – es baut auf einem kleinen Satz von so etwas wie Umgebungsvariablen auf, daher werde ich beschreiben, was sie tun und wie Sie sie einrichten. Haben wir die Kompilationsmaschinerie eingerichtet, werden wir beim Hinzufügen von neuen Bibliotheken nur die schon eingerichteten Variablen anpassen müssen.
- Als Bonus können wir das bis hier aufgebaute System nutzen, um eine noch einfachere Umgebung aufzusetzen, mit dem sich Code an der Befehlszeile einsetzen lässt.

Ein spezieller Hinweis für IDE-Anwender: Sie sind vielleicht kein make-Anwender, aber dieser Abschnitt wird für Sie trotzdem relevant sein, denn für jedes Rezept, das make beim Kompilieren nutzt, besitzt Ihre IDE ein analoges Rezept. Wissen Sie, was make tut, wird es für Sie auch einfach sein, Ihre IDE anzupassen.

Einen Paketmanager einsetzen

Oh Mann, wenn Sie keinen Paketmanager einsetzen, verpassen Sie wirklich etwas.

Ich stelle Paketmanager aus mehreren Gründen vor: Erstens haben manche von Ihnen noch nicht die Grundlagen installiert. Für Sie kommt dieser Abschnitt in diesem Buch extra besonders früh, denn Sie brauchen diese Tools – und zwar zügig. Ein guter Paketmanager versorgt Sie ziemlich schnell mit einem vollständigen POSIX-Subsystem, Compilern für jede Sprache, von der Sie je gehört haben, einem ordentlichen Satz an Spielen, den üblichen Office-Produktivitätstools, ein paar Hundert C-Bibliotheken und so weiter.

Zweitens ist der Paketmanager für C-Autoren ein wichtiges Tool, um Bibliotheken mit ihrer Arbeit zu verknüpfen.

Drittens wird beim Schreiben von mehr Code ein Zeitpunkt kommen, an dem Sie Ihren Code bereitstellen wollen. Dann sind Sie nicht mehr jemand, der Pakete nur herunterlädt, sondern jemand, der selbst ein Paket herstellt. Dieses Buch wird Ihnen den Weg dahin beschreiben und Ihnen zeigen, wie Sie Ihr Paket für eine einfache Autoinstallation vorbereiten. Wenn sich dann der Administrator eines Paket-Repository dazu entschließt, Ihren Code in das Repository aufzunehmen, wird er kein Problem haben, das finale Paket zu bauen.

Sind Sie ein Linux-Anwender, haben Sie Ihren Computer mit einem Paketmanager eingerichtet und schon gesehen, wie einfach es sein kann, Software zu erhalten. Für Windows-Anwender werde ich detailliert auf Cygwin (*http://cygwin.com*) eingehen. Mac-Anwender haben eine Reihe von Möglichkeiten, wie zum Beispiel Fink (*http://finkproject.org*) und Macports (*http://macports.org*). Alle Mac-Optionen hängen von Apples Xcode-Paket ab, das normalerweise auf der Installations-CD des Betriebssystems verfügbar ist (oder im Verzeichnis der installierbaren Programme – je nach Version), oder Sie erhalten es, wenn Sie sich als Entwickler bei Apple registrieren.

Welche Pakete brauchen Sie? Hier eine kurze Aufzählung der üblichen Verdächtigen. Da jedes System ein anderes Organisationsschema besitzt, kann es sein, dass manche dieser Pakete anders zusammengestellt sind, standardmäßig in einem Basispaket installiert werden oder andere Namen tragen. Wenn Sie bei einem Paket zweifeln, installieren Sie es, denn wir haben die Zeiten hinter uns gelassen, in denen das Installieren zu vieler Pakete das System instabil oder zu langsam machen. Allerdings haben Sie vermutlich nicht die Bandbreite (oder sogar den Plattenplatz), um jedes verfügbare Paket zu installieren, daher müssen Sie schon abwägen, was Sie haben wollen. Stellen Sie fest, dass Ihnen etwas fehlt, können Sie immer noch einen Schritt zurückgehen und es später installieren. Dies sind die Pakete, die Sie definitiv haben sollten:

- Einen Compiler. Installieren Sie auf jeden Fall gcc; Clang steht eventuell auch zur Verfügung.
- gdb, einen Debugger.
- Valgrind, um auf Speicherprobleme bei C zu testen.
- gprof, einen Profiler.
- make, damit Sie Ihren Compiler niemals direkt aufrufen müssen.
- pkg-config, um Bibliotheken zu finden.
- Doxygen zum Erzeugen der Dokumentation.
- Einen Texteditor. Es gibt tatsächlich Hunderte von Texteditoren, aus denen Sie wählen können. Hier ein paar subjektive Empfehlungen:
  - Emacs und vim sind die Favoriten der Hardcore-Geeks. Emacs ist sehr umfassend (das E steht für *Extensible*); vim ist minimalistischer und für Vielschreiber geeignet. Wenn Sie davon ausgehen, dass Sie viele Hundert Stunden auf einen Texteditor starren werden, lohnt es sich, einen von ihnen zu erlernen.
  - Kate ist freundlich und attraktiv und bietet eine gute Untermenge der Funktionen, die wir als Programmierer erwarten, wie zum Beispiel Syntax-Highlighting.
  - Ein letzter Ausweg ist noch nano – ausgesprochen einfach und textbasiert. Daher können Sie damit auch arbeiten, wenn Ihr GUI nicht läuft.
- Sind Sie ein Fan von IDEs, dann holen Sie sich eine – oder mehrere. Auch hier gibt es eine große Auswahl, ein paar empfehlenswerte sind:
  - Anjuta: aus der GNOME-Familie. Arbeitet gut mit Glade zusammen, dem GNOME GUI Builder.
  - KDevelop: aus der KDE-Familie.
  - Code::blocks: recht einfach, läuft unter Windows.
  - Eclipse: die Luxuskarosse mit Tassenhaltern und vielen Extraschaltern. Ebenfalls plattformübergreifend.

In späteren Kapiteln werde ich auf die anspruchsvolleren Tools eingehen:

- Autotools: Autoconf, Automake, libtool
- Git
- Alternative Shells, wie zum Beispiel die Z-Shell

Und natürlich gibt es die C-Bibliotheken, die es Ihnen ersparen, das Rad neu zu erfinden (oder, um metaphorisch korrekter zu sein, die Lokomotive). Sie wollen vielleicht mehr haben, aber dies sind die Bibliotheken, die im Rahmen dieses Buchs genutzt werden:

- libcURL
- libGlib
- libGSL

- libSQLite3
- libXML2

Es gibt keinen Konsens in Bezug auf Namensschemata für die Bibliothekspakete, und Sie werden herausfinden müssen, wie Ihr Paketmanager eine einzelne Bibliothek aufteilt. Es gibt meist ein Paket für Anwender und ein zweites für Entwickler, die die Bibliothek in ihrer eigenen Arbeit einsetzen. Achten Sie also darauf, sowohl das Basis- als auch die `-dev`- oder `-devel`-Pakete auszuwählen. Manche Systeme haben auch die Dokumentation in einem eigenen Paket untergebracht. Die Debugging-Symbole müssen eventuell ebenfalls getrennt heruntergeladen werden – in diesem Fall müsste gdb Sie durch die notwendigen Schritte führen, wenn Sie den Debugger das erste Mal über etwas laufen lassen, das keine Debugging-Symbole enthält.

Nutzen Sie ein POSIX-System, haben Sie nach dem Installieren der obigen Elemente eine vollständige Entwicklungsumgebung und können direkt loslegen. Für Windows-Anwender werden wir kurz zusätzlich beschreiben, wie dieses Setup mit dem eigentlichen Windows-System interagiert.

C unter Windows kompilieren

Auf den meisten Systemen ist C die zentrale, bevorzugte Sprache, die alle anderen Tools nutzen. Unter Windows wird C seltsamerweise ignoriert.

Ich muss also ein bisschen ausholen, um zu beschreiben, wie Sie einen Windows-Rechner so einrichten, dass Sie Code in C schreiben können. Wollen Sie nicht auf einem Windows-Rechner entwickeln, dürfen Sie diesen Abschnitt gern überspringen und bei Abschnitt »Wo bitte geht es zur Bibliothek?« auf Seite 9 weitermachen.

Das soll kein Gemecker über Microsoft sein – verstehen Sie mich nicht falsch. Ich werde nicht über die Motive oder die Geschäftsstrategien von Microsoft spekulieren. Aber wenn Sie auf einem Windows-Rechner mit C arbeiten wollen, müssen Sie den Stand der Dinge kennen (der nicht so schön ist) und wissen, was Sie tun können.

POSIX für Windows

Da sich C und Unix gemeinsam entwickelt haben, ist es schwierig, über das eine zu sprechen, ohne das andere zu erwähnen. Ich denke, es ist einfacher, mit POSIX zu beginnen. Wenn Sie versuchen, Code auf einem Windows-Rechner zu kompilieren, der von einer anderen Plattform stammt, wird dies der natürlichste Weg sein.

Soweit ich weiß, unterteilt sich die Welt der Dinge mit Dateisystemen in zwei (sich leicht überlappende) Klassen:

- POSIX-konforme Systeme
- die Windows-Familie

POSIX-Konformität bedeutet nicht, dass ein System wie ein Unix-Rechner aussehen und sich wie einer verhalten muss. So ist sich der typische Mac-Anwender nicht bewusst, dass er ein Standard-BSD-System mit einer attraktiven Oberfläche nutzt. Aber wer wissend ist, kann im Ordner *Accessories* → *Utilities* (beziehungsweise *Programme* → *Dienstprogramme*) das Terminalprogramm öffnen und ls, grep und make aufrufen.

Zudem bezweifle ich, dass viele Systeme die Standardanforderungen zu 100 % erfüllen (zum Beispiel das Vorhandensein eines Fortran 77-Compilers). Für unsere Zwecke benötigen wir eine Shell, die sich wie die ganz schlichte POSIX-Shell verhält, eine Handvoll Tools (sed, grep, make, ...), einen C99-Compiler und Ergänzungen zur C-Standardbibliothek, wie fork und iconv. Diese können dem Hauptsystem hinzugefügt werden. Die dem Paketmanager zugrunde liegenden Skripte, Autotools und so gut wie jeder Versuch portablen Programmierens hängen zu einem gewissen Grad von diesen Tools ab. Also auch wenn Sie nicht den ganzen Tag an der Befehlszeile unterwegs sind, werden diese Tools für Installationen praktisch sein.

Auf Serverbetriebssystemen und den umfangreicheren Versionen von Windows 7 bietet Microsoft INTERIX an, das mittlerweile Subsystem for Unix-based Application (SUA) heißt. Dieses bietet die üblichen POSIX-Systemaufrufe, die Korn-Shell und gcc. Das Subsystem wird normalerweise nicht standardmäßig mitgeliefert, kann aber als Zusatzkomponente installiert werden. Für andere aktuelle Versionen von Windows steht das SUA allerdings nicht zur Verfügung und auch nicht für Windows 8, daher können wir uns für ein POSIX-Subsystem nicht auf Microsoft verlassen.

Auftritt von Cygwin.

Wollten Sie Cygwin von Grund auf selbst bauen, wären das Ihre Aufgaben:

1. Schreiben Sie eine C-Bibliothek für Windows, die alle POSIX-Funktionen liefert. Dabei werden einige Inkonsistenzen zwischen Windows und POSIX überwunden werden müssen – so besitzt Windows zum Beispiel unterschiedliche Laufwerke wie *C:*, während POSIX ein gemeinsames Dateisystem besitzt. In diesem Fall wird *C:* zu */cygdrive/c*, *D:* zu */cygdrive/d* und so weiter.
2. Nachdem Sie nun POSIX-Standardprogramme kompilieren können, indem Sie mit Ihrer Bibliothek verlinken, bauen Sie Windows-Versionen von ls, bash, grep, make, gcc, X, rxvt, libglib, perl, python und so weiter.
3. Haben Sie Hunderte von Programmen und Bibliotheken gebaut, erstellen Sie einen Paketmanager, mit dessen Hilfe Anwender die Elemente auswählen können, die sie installieren wollen.

Als Anwender von Cygwin müssen Sie nur den Paketmanager vom Setup-Link auf der Website von Cygwin (*http://cygwin.com*) herunterladen und Pakete auswählen. Sie werden die obige Liste haben wollen, dazu ein anständiges Terminal (probieren Sie RXVT aus oder installieren Sie das X-Subsystem und nutzen Sie xterm), aber Sie werden feststellen, dass so gut wie alle Annehmlichkeiten für ein Entwicklungssystem vorhanden sind. Jetzt können Sie sich um das Kompilieren von C-Code kümmern.

C mit POSIX kompilieren

Microsoft bietet in Form des Visual Studio einen C++-Compiler an, der einen Kompatibilitätsmodus für ANSI C besitzt. Dies ist momentan die einzige Möglichkeit, mit Microsoft-Mitteln C-Code zu kompilieren. Microsoft-Mitarbeiter haben mehrfach klargestellt, dass Unterstützung für C99 (oder gar C11) nicht zu erwarten ist. Visual Studio ist der einzige wichtige Compiler, der immer noch bei C89 stehen geblieben ist, daher müssen wir Alternativen finden.

Natürlich gehört zu Cygwin auch gcc, und wenn Sie Cygwin installiert haben, besitzen Sie schon eine vollständige Umgebung für einen Build.

Wenn Sie unter Cygwin kompilieren, hängt Ihr Programm von der Cygwin-Bibliothek mit POSIX-Funktionen *cygwin1.dll* ab (egal ob Ihr Code tatsächlich POSIX-Aufrufe enthält oder nicht). Lassen Sie Ihr Programm auf einem Rechner laufen, auf dem Cygwin installiert ist, haben Sie offensichtlich kein Problem. Die Anwender werden die ausführbare Datei starten und das Programm wie erwartet nutzen können, da das System die Cygwin-DLL finden sollte. Ein Programm, das unter Cygwin kompiliert wurde, kann aber auch auf Systemen laufen, auf denen Cygwin nicht vorhanden ist, vorausgesetzt, Sie liefern *cygwin1.dll* mit Ihrem Code mit.

Auf meinem Rechner ist dies *(Pfad zu Cygwin)/bin/cygwin1.dll*. Die Datei *cygwin1.dll* besitzt eine GPL-ähnliche Lizenzdatei (siehe »Der rechtliche Kasten« auf Seite XVIII) – Sie können die DLL getrennt vom Rest von Cygwin ausliefern, müssen dann aber den Quellcode Ihres Programms mitgeben.[1] Ist das ein Problem, müssen Sie einen Weg finden, das Programm ohne Abhängigkeit von *cygwin1.dll* zu rekompilieren. Damit fallen alle POSIX-spezifischen Funktionen weg, und Sie müssen MinGW verwenden (siehe weiter unten). Sie können cygcheck nutzen, um herauszufinden, auf welchen DLLs Ihr Programm basiert. Damit können Sie ermitteln, ob Ihre ausführbare Datei auf *cygwin1.dll* verlinkt oder nicht.

C ohne POSIX kompilieren

Benötigt Ihr Programm keine POSIX-Funktionen (wie fork oder popen), können Sie MinGW (Minimalist GNU for Windows) nutzen, das einen Standard-C-Compiler und ein paar einfache, zugehörige Tools enthält. Msys ist ein ergänzendes Paket mit weiteren nützlichen Tools, wie zum Beispiel einer Shell.

Das Fehlen der POSIX-Annehmlichkeiten ist bei MinGW kein echtes Problem. Msys bietet eine POSIX-Shell an, oder Sie lösen sich ganz von der Befehlszeile und probieren Code::blocks (*http://www.codeblocks.org/*) aus – eine IDE, die unter Windows MinGW zum Kompilieren nutzt. Eclipse ist eine deutlich umfassendere IDE, die auch für eine Zusammenarbeit mit MinGW konfiguriert werden kann. Das erfordert allerdings beim Einrichten etwas mehr Arbeit.

---

[1] Cygwin ist ein Projekt von Red Hat, Inc. Sie können gegen Bezahlung das Recht erwerben, den Quellcode nicht wie bei der GPL mit ausliefern zu müssen.

Sind Sie mit einer POSIX-Befehlszeile vertrauter, können Sie trotzdem Cygwin nutzen, die Pakete mit den MinGW-Versionen des gcc einspielen und damit kompilieren, statt die Standardversion des Cygwin-gcc zu nutzen, der mit den POSIX-Bibliotheken verlinkt.

Haben Sie die Autotools noch nicht kennengelernt, geschieht das aber bald. Man erkennt Pakete, die damit erstellt wurden, an den drei Befehlen zum Installieren: `./configure; make; make install`. Msys bietet die notwendige Funktionalität, damit solche Pakete sehr wahrscheinlich funktionieren. Haben Sie die Pakete zum Bauen an Cygwins Befehlszeile heruntergeladen, können Sie den folgenden Befehl nutzen, um das Paket mit Cygwins Mingw32-Compiler einzurichten und POSIX-freien Code zu erzeugen:

```
./configure --host=ming32
```

Danach rufen Sie wie üblich `make; make install` auf.

Haben Sie unter MinGW kompiliert – sei es an der Befehlszeile oder über Autotools, haben Sie ein natives Executable für Windows. Da MinGW nichts von *cygwin1.dll* weiß und Ihr Programm auch keine POSIX-Aufrufe nutzt, besitzen Sie nun ein »reines« Windows-Programm, dem niemand ansieht, dass es unter einer POSIX-Umgebung entstanden ist.

Ein echtes Problem bei MinGW ist allerdings der Mangel an vorkompilierten Bibliotheken.[2] Wollen Sie *cygwin1.dll* nicht nutzen, können Sie leider nicht auf die Version von *libglib.dll* zurückgreifen, die bei Cygwin mitgeliefert wird. Sie müssen GLib aus den Quellen neu in eine native Windows-DLL kompilieren – GLib jedoch hängt für die Internationalisierung von GNUs gettext ab, sodass Sie diese Bibliothek zuerst bauen müssen. Moderner Code baut auf modernen Bibliotheken auf, daher verbringen Sie viel Zeit damit, all diese Sachen einzurichten, für die Sie in anderen Systemen in einer Zeile den Paketmanager aufrufen. Damit sind wir wieder in der Situation, die die Leute meinen, wenn sie davon reden, dass C 40 Jahre alt ist und Sie alles von Grund auf selbst schreiben müssen.

Das sind also die Probleme. Microsoft hat sich von den Standards entfernt und es anderen überlassen, einen modernen C-Compiler mitsamt Umgebung zu erstellen. Cygwin hat diese Aufgabe erledigt und bietet auch einen kompletten Paketmanager mit genug Bibliotheken, um Ihre Arbeit mehr oder weniger vollständig erledigen zu können, doch es ist mit einem POSIX-Stil im Quellcode und mit den Cygwin-DLLs verbunden. Ist das ein Problem für Sie, werden Sie mehr Zeit mit dem Aufbau der Umgebung und der Bibliotheken verbringen als mit dem Schreiben von ordentlichem Code.

Wo bitte geht es zur Bibliothek?

Okay, Sie haben einen Compiler, eine POSIX-Werkzeugkiste und einen Paketmanager, mit dem sich problemlos ein paar Hundert Bibliotheken installieren lassen. Jetzt kümmern wir uns darum, Letztere beim Kompilieren unserer Programme zu verwenden.

---

2 Auch wenn Msys, MinGW und ein paar andere Elemente als Pakete bereitstehen, ist diese Handvoll Pakete nur eine verschwindend kleine Menge im Vergleich zu den Hunderten von Paketen, die ein typischer Paketmanager bietet. Vor allem sind vorkompilierte Bibliotheken nicht mit einem Klick oder einem Befehl installiert. Aber vielleicht wurde meine Beschwerde ja mittlerweile schon angegangen, und es gibt viel mehr MinGW-Pakete.

Wir werden mit dem Compiler an der Befehlszeile beginnen. Das wird zwar ziemlich schnell unübersichtlich, aber das Ergebnis werden drei (manchmal dreieinhalb) recht einfache Schritte sein:

1. Setze eine Variable mit den Compiler-Flags.
2. Setze eine Variable mit den zu verlinkenden Bibliotheken. Der halbe Schritt ist, dass Sie manchmal nur eine Variable für das Verlinken beim Compilen benötigen, während es auch sein kann, dass Sie zwei Variablen setzen müssen, um beim Kompilieren und zur Laufzeit verlinken zu können.
3. Richten Sie ein System ein, das diese Variablen verwendet, um das Kompilieren zu steuern.

Um eine Bibliothek einzusetzen, müssen Sie dem Compiler zwei Mal mitteilen, dass Sie Funktionen von der Bibliothek importieren: beim Kompilieren und beim Linken. Bei einer Bibliothek in einem Standardverzeichnis erreicht man dies über ein #include im Programmcode und das Flag -l beim Aufruf des Compilers.

Beispiel 1-1 enthält ein einfaches Beispielprogramm mit ein bisschen mathematischem Spaß (zumindest für mich – wenn Sie bei Statistikjargon nur Spanisch verstehen, ist das auch in Ordnung). Die C99-Standard-*Fehlerfunktion* erf(x) hängt eng mit dem Integral von null bis *x* der Normalverteilung mit dem Mittelwert null und der Standardabweichung $\sqrt{2}$ zusammen. Hier nutzen wir erf, um einen beliebten Statistikwert zu prüfen (das 95-%-Konfidenzintervall für eine Standardhypothese mit großem *n*). Geben wir dieser Datei den Namen *erf.c*.

Beispiel 1-1: Ein Einzeiler für die Standardbibliothek (erf.c)

```
#include <math.h>  //erf, sqrt
#include <stdio.h> //printf

int main(){
    printf("Das Integral einer Normal(0, 1)-Verteilung "
           "zwischen -1.96 und 1.96 ist: %g\n", erf(1.96*sqrt(1/2.)));
}
```

Die #include-Zeilen sollten Ihnen vertraut sein. Der Compiler fügt hier den Code aus *math.h* und *stdio.h* und damit Deklarationen für printf, erf und sqrt ein. Die Deklaration in *math.h* sagt mit keinem Wort, was erf tut – nur, dass die Funktion ein double erwartet und ein double zurückgibt. Das reicht für den Compiler, um unsere Verwendung der Funktion auf Konsistenz zu prüfen und eine Objektdatei zu erzeugen, in der dem Computer in einem Hinweis mitgeteilt wird: Wenn du an dieser Stelle bist, finde die Funktion erf und ersetze den Hinweis durch den Rückgabewert von erf.

Es ist Aufgabe des Linkers, diesen Hinweis auszuwerten, indem er erf tatsächlich findet. Diese ist in einer Bibliothek irgendwo auf Ihrer Festplatte abgelegt.

Die Mathematikfunktionen aus *math.h* befinden sich in ihrer eigenen Bibliothek, und Sie müssen den Linker darüber mit dem Flag -lm informieren. Dabei ist -l das Flag, mit dem angezeigt wird, dass eine Bibliothek verlinkt werden muss, deren Name in diesem Fall aus dem einzelnen Buchstaben m besteht. printf erhalten Sie von allein, da es ein implizites -lc gibt, mit dem der Linker am Ende des Link-Vorgangs mit der Standard-libc verbunden wird. Später werden wir noch sehen, wie GLib 2.0 per -lglib-2.0 eingebunden wird, die GNU Scientific Library per -lgsl und so weiter.

Hat die Datei also den Namen *erf.c*, sieht die Befehlszeile für den gcc-Compiler mit einer ganzen Reihe weiterer Flags (die wir gleich besprechen) wie folgt aus:

```
gcc erf.c -o erf -lm -g -Wall -O3 -std=gnu11
```

Wir haben also den Compiler über ein #include im Programm angewiesen, die Mathematikfunktionen einzubinden, während der Linker das Verknüpfen mit der Mathematikbibliothek an der Befehlszeile über das Flag -lm erfährt.

Das Flag -o definiert den Ausgabenamen. Lässt man es weg, wird der Standardname für die Ausgabedatei *a.out* genommen.

Ein paar meiner Lieblings-Flags

Sie werden sehen, dass ich ein paar Compiler-Flags jedes Mal nutze, und empfehle, es mir gleichzutun.

- -g fügt Symbole zum Debuggen hinzu. Ohne diese Symbole ist Ihr Debugger nicht dazu in der Lage, Ihnen Variablen- oder Funktionsnamen auszugeben. Sie machen das Programm nicht langsamer, und uns schert es nicht, ob das Programm ein Kilobyte größer ist – fügen Sie sie also immer ein. Das funktioniert für gcc, Clang und icc (Intel C Compiler).
- -std=gnu11 ist gcc-spezifisch. Damit wird festgelegt, dass der gcc Code zulassen soll, der den C11- und POSIX-Standards entspricht. Ansonsten wird der gcc eine ganze Reihe von ungültigen Zeilen melden. Aktuell gibt es immer noch einige Systeme, die auf dem Stand vor C11 sind. In solch einem Fall nutzen Sie -std=gnu99. Das gilt wie gesagt nur für den gcc – alle anderen haben schon vor langer Zeit zu C99 gewechselt. Der POSIX-Standard legt fest, dass c99 auf Ihrem System vorhanden sein soll, daher sähe die Compiler-unabhängige Version der obigen Zeile so aus:

  ```
  c99 erf.c -o erf -lm -g -Wall -O3
  ```

  In den folgenden Makefiles erreiche ich diesen Effekt durch Setzen der Variablen CC=c99.

   Auf Macs handelt es sich bei c99 um eine »gehackte« Version des gcc, die Sie so vermutlich nicht nutzen wollen. Haben Sie eine unerwünschte Version von c99 oder fehlt sie komplett, machen Sie sich eine eigene. Erstellen Sie in einem Verzeichnis am Anfang Ihres Pfads eine Datei namens c99 und tragen Sie dort Folgendes ein:

  ```
  gcc --std=c99 $*
  ```

  oder – je nach Wunsch – einfach:

  ```
  clang $*
  ```

  Machen Sie sie dann per chmod +x c99 ausführbar.

- `-O3` steht für die Optimierungsstufe 3, bei der jeder Trick ausprobiert wird, um schnelleren Code zu erzeugen. Wenn Sie debuggen und feststellen, dass dabei so viele Variablen wegoptimiert wurden, dass Sie nicht mehr verstehen, was gerade passiert, ändern Sie dieses Flag in `-O0`. Das wird später ein gebräuchlicher Kniff in der Variablen `CFLAGS` sein. Er funktioniert für gcc, Clang und icc.
- `-Wall` ergänzt Compiler-Warnungen. Das funktioniert für gcc, Clang und icc. Beim icc bevorzugen Sie vielleicht `-w1`, durch das die Compiler-Warnungen, aber nicht die Anmerkungen angezeigt werden.

Verwenden Sie immer Compiler-Warnungen. Vielleicht sind Sie anspruchsvoll und kennen den C-Standard in- und auswendig, aber Sie sind nicht anspruchsvoller als Ihr Compiler. Alte C-Lehrbücher sind Seite um Seite voller Warnungen: auf Unterschiede zwischen = und == achten, prüfen, ob alle Variablen vor ihrem Einsatz initialisiert sind, und so weiter. Als Autor eines moderneren Textbuchs kann ich es mir ein bisschen einfacher machen, denn ich kann all diese Ermahnungen durch eine einzelne ersetzen: Achten Sie auf Ihre Compiler-Warnungen – immer.

Macht Ihr Compiler einen Änderungsvorschlag, verwerfen Sie ihn nicht einfach. Tun Sie alles, was nötig ist, um 1. zu verstehen, warum Sie eine Warnung erhalten haben, und 2. korrigieren Sie Ihren Code, sodass er ohne Warnungen (und ohne Fehler) kompiliert werden kann. Compiler-Meldungen sind berüchtigt für ihre Unverständlichkeit. Haben Sie also Probleme mit Schritt 1, jagen Sie die Warnmeldung durch Ihre Suchmaschine, um zu sehen, wie viele Tausend andere Entwickler schon mit dieser Meldung konfrontiert wurden. Sie können auch das Compiler-Flag `-Werror` nutzen, damit der Compiler Warnungen als Fehler behandelt.

Pfade

Ich habe über 700.000 Dateien auf meiner Festplatte, und eine von ihnen enthält die Deklarationen für `sqrt` und `erf`, während eine andere die Objektdatei mit den kompilierten Funktionen ist. (Sie können `find / -type f | wc -l` nutzen, um auf einem System nach POSIX-Standard eine ungefähre Anzahl der Dateien zu erhalten.) Der Compiler muss wissen, in welchen Verzeichnissen er nachschauen soll, um die korrekten Header- und Objektdateien zu finden, und das System wird noch komplexer, wenn wir Bibliotheken nutzen, die nicht Teil des C-Standards sind.

In einem typischen Setup gibt es mindestens drei Orte, an denen Bibliotheken installiert sein können:

- Der Betriebssystemhersteller hat eventuell ein oder zwei Standardverzeichnisse definiert, in denen Bibliotheken von diesem Hersteller installiert sind.
- Es gibt vielleicht ein Verzeichnis, in dem der lokale Systemverwalter Pakete installiert, die nicht beim nächsten Bibliothek-Update durch den Hersteller überschrieben

werden sollen. Zum Beispiel kann sich hier eine speziell angepasste Version einer Bibliothek finden, die die Standardversion ersetzen soll.
- Anwender haben normalerweise nicht die Berechtigung, in diese Verzeichnisse zu schreiben, daher sollten sie Bibliotheken in ihren Home-Verzeichnissen nutzen können.

Die Standardablage des Betriebssystems macht normalerweise keine Probleme, und der Compiler sollte wissen, dass er dort nachschauen muss, um die C-Standardbibliothek und alles andere dort Installierte findet. Der POSIX-Standard nennt diese Verzeichnisse »die üblichen Orte«.

Aber auch wo er die anderen Sachen suchen soll, müssen Sie dem Compiler mitteilen. Das wird etwas unerfreulich, denn es gibt keinen Standardweg, um Bibliotheken an nicht standardisierten Orten zu finden, womit sich das Ganze auf der Liste der frustrierenden Aspekte von C sehr weit nach oben katapultiert. Andererseits weiß Ihr Compiler, an welchen üblichen Orten er standardmäßig nachschauen soll, und Bibliothekslieferanten legen ihre Objekte meist an den üblichen Orten ab. Daher kann es sein, dass Sie nie einen Pfad manuell angeben müssen. Dazu gibt es auch noch ein paar Tools, die Ihnen beim Festlegen der Pfade helfen. Und wenn Sie einmal die nicht standardisierten Orte in Ihrem System ermittelt haben, können Sie diese in einer Shell- oder Makefile-Variablen setzen und müssen nie mehr darüber nachdenken.

Nehmen wir an, Sie haben eine Bibliothek namens Libuseful auf Ihrem Computer installiert und wissen, dass sich ihre diversen Dateien im Verzeichnis /usr/local/ befinden – dem Verzeichnis, in dem sich die lokalen Bibliotheken Ihres Systemverwalters befinden sollen. Sie haben in Ihren Code schon die Zeile #include <useful.h> mit aufgenommen, nun müssen Sie an der Befehlszeile noch Folgendes angeben:

```
gcc -I/usr/local/include use_useful.c -o use_useful -L/usr/local/lib -luseful
```

- -I fügt den angegebenen Pfad zum Include-Suchpfad hinzu, den der Compiler zum Suchen nach Header-Dateien nutzt, die Sie mit #included in Ihren Code eingebunden haben.
- -L ergänzt den Bibliothekssuchpfad.
- Die Reihenfolge ist wichtig. Haben Sie eine Datei namens *specific.o*, die von der Libbroad-Bibliothek abhängt, und Libbroad nutzt wiederum Libgeneral, brauchen Sie:

    ```
    gcc specific.o -lbroad -lgeneral
    ```

    Jede andere Reihenfolge, wie zum Beispiel gcc -lbroad -lgeneral specific.o, wird vermutlich fehlschlagen. Der Linker arbeitet in etwa so: Er schaut sich das erste Element an (specific.o) und schreibt eine Liste der nicht aufgelösten Funktionen, Strukturen und Variablennamen auf. Dann nimmt er sich das nächste Element vor (-lbroad) und sucht nach den Elementen auf seiner Liste der noch aufzulösenden Dinge, während er sie gleichzeitig um neue unaufgelöste Elemente ergänzt. Dann kommt er zu -lgeneral und schaut, ob hier noch fehlende Objekte zu finden sind. Bleiben am Ende der Liste (einschließlich des impliziten -lc am Schluss) noch nicht aufgelöste Dinge übrig, bricht der Linker ab und gibt die Liste der fehlenden Elemente aus.

Okay, zurück zum Ablageproblem: Wo findet sich die Bibliothek, die Sie verlinken wollen? Wenn sie über den gleichen Paketmanager installiert wurde, mit dem Sie den Rest Ihres Betriebssystems installiert haben, befindet sie sich sehr wahrscheinlich an einem der üblichen Orte, und Sie müssen sich keine Gedanken machen.

Vielleicht wissen Sie ja einfach, wo sich Ihre lokalen Bibliotheken herumtreiben, zum Beispiel unter /usr/local oder /sw oder /opt. Dann ist es für Sie auch kein Problem, die Festplatte zu durchsuchen – sei es über ein Suchtool auf Ihrem Desktop oder über POSIX:

```
find /usr -name 'libuseful*'
```

Damit durchsuchen Sie /usr nach Dateien, deren Namen mit libuseful beginnt. Finden Sie die Shared-Object-Datei von Libuseful in /some/path/lib, können Sie ziemlich sicher davon ausgehen, dass sich die Header-Dateien in /some/path/include befinden.

Alle anderen haben allerdings keine Lust, sich auf die Jagd nach den Dateien zu begeben. pkg-config geht dieses Problem an, indem es ein Verzeichnis der Flags und Ablageorte zum Kompilieren verwaltet, das von den Paketen selbst gefüllt wird. Geben Sie an der Befehlszeile pkg-config ein. Erhalten Sie einen Fehler wegen des Fehlens eines Paketnamens, ist das Programm schon installiert, und Sie können es nutzen, um sich die Suche vom Hals zu schaffen. Auf meinem PC reicht zum Beispiel die Angabe der folgenden beiden Befehle an der Befehlszeile:

```
pkg-config --libs gsl libxml-2.0
pkg-config --cflags gsl libxml-2.0
```

Die Ausgabe ist dann bei mir:

```
-lgsl -lgslcblas -lm -lxml2
-I/usr/include/libxml2
```

Das sind genau die Flags, die ich zum Kompilieren mit GSL und LibXML2 benötige. Das Flag -l zeigt, dass die GNU Scientific Library auf einer Basic Linear Algebra Subprograms-Bibliothek (BLAS) basiert und dass diese wiederum die Standard-Mathematikbibliothek nutzt. Es scheint, als befänden sich alle Bibliotheken an den üblichen Orten, da es keine -L-Flags gibt, aber das Flag -I definiert den besonderen Ablageort für die Header-Dateien von LibXML2.

Zurück an der Befehlszeile, können wir einen Shell-Trick nutzen: Umgeben Sie einen Befehl mit Backticks (Gravis), wird dieser durch seine Ausgabe ersetzt. Geben Sie also Folgendes ein:

```
gcc `pkg-config --cflags --libs gsl libxml-2.0` -o specific specific.c
```

sieht der Compiler:

```
gcc -I/usr/include/libxml2 -lgsl -lgslcblas -lm -lxml2 -o specific specific.c
```

pkg-config erledigt zwar einen Haufen Arbeit für uns, ist aber nicht unbedingt ein Standard, den wir bei jedem erwarten können. Zudem wird auch nicht jede Bibliothek darüber registriert. Haben Sie kein pkg-config, müssen Sie diese Forschungen selbst betreiben, indem Sie die Anleitung zu Ihrer Bibliothek lesen oder Ihre Festplatte wie weiter oben gezeigt durchsuchen.

> Häufig gibt es Umgebungsvariablen für Pfade, wie zum Beispiel CPATH, LIBRA-
> RY_PATH oder C_INCLUDE_PATH. Diese würden Sie in Ihrer .bashrc oder anderen
> benutzerspezifischen Listen mit Umgebungsvariablen setzen. Allerdings befin-
> den sie sich weit außerhalb des Standards – gcc unter Linux und gcc auf dem
> Mac nutzen verschiedene Variablen, und ein anderer Compiler nutzt eventuell
> nochmals ganz andere. Ich finde es einfacher, diese Pfade pro Projekt im
> Makefile oder seinem Äquivalent mithilfe von -I und -L zu setzen. Ziehen Sie
> die Umgebungsvariablen vor, werfen Sie einen Blick auf das Ende der Manpage
> Ihres Compilers, um die für ihn (und Sie) relevanten Variablen kennenzulernen.

Selbst mit `pkg-config` wird es für uns immer wichtiger, etwas zu finden, dass all dies zusammenfasst. Jedes Element für sich lässt sich problemlos verstehen, aber es handelt sich um eine lange, langweilige Liste mit Elementen.

Runtime-Linking

Statische Bibliotheken werden vom Compiler verlinkt, indem im Endeffekt die benötigten Inhalte aus der Bibliothek in die ausführbare Datei kopiert werden. So läuft das Programm selbst mehr oder weniger als Stand-alone-System. *Dynamische Bibliotheken* werden mit Ihrem Programm zur Laufzeit verknüpft, was heißt, dass wir dann die gleichen Probleme mit dem Finden der Bibliothek haben wie beim Kompilieren. Schlimmer noch – die *Anwender* Ihres Programms haben eventuell diese Probleme.

Befindet sich die Bibliothek an einem der üblichen Orte, ist alles in Ordnung, und das System wird keine Probleme haben, sie zur Laufzeit zu finden. Befindet sich Ihre Bibliothek in einem Pfad, der nicht zu den Standardpfaden gehört, müssen Sie eine Möglichkeit finden, den Laufzeitsuchpfad für Bibliotheken anzupassen. Die Optionen dazu sind:

- Haben Sie Ihr Programm mit den Autotools gepackt, weiß Libtool, welche die richtigen Flags sind, und Sie müssen sich keine Gedanken darum machen.
- Der wahrscheinlichste Grund, warum Sie diesen Suchpfad anpassen müssen, ist, dass Sie Bibliotheken in Ihrem Home-Verzeichnis abgelegt haben, weil Sie keinen Root-Zugriff besitzen (oder ihn nicht einsetzen wollen). Installieren Sie all Ihre Bibliotheken in *libpath*, dann setzen Sie die Umgebungsvariable LD_LIBRARY_PATH. Dies geschieht normalerweise im Startup-Skript Ihrer Shell (.bashrc, .zshrc oder Ähnliches) über:
    ```
    export LD_LIBRARY_PATH=libpath:$LD_LIBRARY_PATH
    ```
    Manche warnen vor einem übermäßigen Einsatz von LD_LIBRARY_PATH (was, wenn jemand eine böswillige Bibliothek in den Pfad steckt, die damit ohne Ihr Wissen die echte Bibliothek ersetzt?), aber wenn sich all Ihre Bibliotheken an einem Ort befinden, ist es nicht unvernünftig, dem Pfad ein Verzeichnis unter Ihrer vorgeblichen Kontrolle hinzuzufügen.
- Kompilieren Sie das Programm mit gcc, Clang oder icc mit einer Bibliothek aus *libpath*, fügen Sie dem Makefile folgende Zeile hinzu:
    ```
    LDADD=-Llibpath -Wl,-Rlibpath
    ```

Mit `-L` wird dem Compiler mitgeteilt, wo er nach Bibliotheken zum Auflösen der Symbole suchen soll; `-Wl` übergibt die Flags von gcc/Clang/icc an den Linker, und der Linker bettet das angegebene `-R` in den Laufzeitsuchpfad für die zu verlinkenden Bibliotheken ein. Leider weiß `pkg-config` häufig nichts über Laufzeitpfade, daher müssen Sie diese Dinge meist manuell angeben.

Makefiles verwenden

Das *Makefile* ist eine Lösung für all diese endlosen Basteleien. Es ist im Grunde ein geordneter Satz an Variablen und Shell-Skripten. Das POSIX-Standardprogramm make liest das Makefile aus und baut dann für uns die langen und aufwendigen Befehlszeilen zusammen. Nach diesem Abschnitt werden Sie nur noch wenig Bedarf an direkten Aufrufen des Compilers haben.

Im Abschnitt »Makefiles vs. Shell-Skripten« auf Seite 65 werde ich ein paar weitere Details zum Makefile behandeln – hier stelle ich Ihnen erst mal das kleinste praktikable Makefile vor, das ein einfaches Programm kompiliert, das auf einer Bibliothek basiert. Hier ist es, all seine sechs Zeilen:

```
P=program_name
OBJECTS=
CFLAGS = -g -Wall -O3
LDLIBS=
CC=c99

$(P): $(OBJECTS)
```

Die Verwendung:

- Einmalig: Sichern Sie diese Datei (mit dem Namen *makefile*) im gleichen Verzeichnis wie Ihre *.c*-Dateien. Verwenden Sie GNU Make, können Sie auch den Anfangsbuchstaben großschreiben: *Makefile* sorgt für sie vielleicht eher für eine bessere Unterscheidung zu den anderen Dateien. Setzen Sie den Namen Ihres Programms in die erste Zeile (nutzen Sie *programmname*, nicht *programmname.c*).
- Bei jedem neuen Kompilieren: Geben Sie make ein.

> **Sie sind dran:** Hier das weltberühmte Programm *hello.c* in zwei Zeilen:
>
> ```
> #include <stdio.h>
> int main(){ printf("Hallo Welt.\n"); }
> ```
>
> Sichern Sie diese Datei und das obige Makefile in einem Verzeichnis und probieren Sie die weiter oben beschriebenen Schritte aus, um das Programm kompiliert und zum Laufen zu bekommen. Funktioniert es, passen Sie Ihr Makefile an, um *erf.c* zu kompilieren.

Variablen setzen

Wir werden uns mit der tatsächlichen Funktionalität des Makefile gleich beschäftigen, aber in fünf der sechs Zeilen dieses Makefile werden Variablen gesetzt (einige allerdings auf einen leeren Wert). Es wäre also nicht schlecht, uns doch etwas detaillierter mit Umgebungsvariablen zu befassen.

> Aus historischen Gründen gibt es zwei wichtige Varianten der Shell-Grammatik: Eine basiert vor allem auf der Bourne Shell, die andere auf der C-Shell. Die C-Shell besitzt eine etwas andere Syntax für Variablen, so wird zum Beispiel mit set CFLAGS="-g -Wall -O3" der Wert von CFLAGS gesetzt. Aber der POSIX-Standard ist rund um die Variablensyntax der Bourne Shell entstanden, daher konzentriere ich mich im Rest des Buchs darauf.

Die Shell und make nutzen $, um auf den Wert einer Variablen zuzugreifen, aber die Shell verwendet $var, während make möchte, dass Variablennamen mit mehr als einem Zeichen in Klammern geschrieben werden: $(var). Beim vorigen Makefile entspricht $(P): $(OBJECTS) daher

  program_name:

Es gibt eine ganze Reihe von Möglichkeiten, make dazu zu bringen, eine Variable zu erkennen:

- Setzen Sie die Variable an der Shell vor dem Aufruf von make und *exportieren* Sie sie. Wenn dann die Shell einen Kindprozess erzeugt, wird die Variable mit in die Liste der Umgebungsvariablen aufgenommen. Um CFLAGS an einer POSIX-konformen Befehlszeile zu setzen, schreiben Sie:

  export CFLAGS='-g -Wall -O3'

  Zu Hause lasse ich die erste Zeile in diesem Makefile P=program_name weg und setze stattdessen die Variable ein Mal pro Sitzung per export P=program_name. Ich muss also das Makefile seltener anpassen.

- Sie können diese Exportanweisungen in das Startup-Skript (wie .bashrc oder .zshrc) Ihrer Shell einfügen. Damit ist sichergestellt, dass die Variable bei jedem Anmelden und jedem Starten einer neuen Shell gesetzt und exportiert wird. Sind Sie sicher, dass Ihre CFLAGS immer gleich bleiben werden, können Sie sie hier setzen und müssen nicht mehr darüber nachdenken.

- Sie können eine Variable für eine einzelne Anweisung exportieren, indem Sie die Zuweisung direkt vor dem Befehl einfügen. Der Befehl env listet die bekannten Umgebungsvariablen auf. Führen Sie also folgende Anweisungen aus:

  PANTS=kakhi env | grep PANTS

  sollten Sie die entsprechende Variable und ihren Wert sehen. Das ist der Grund dafür, dass Sie an der Shell keine Leerzeichen um das Gleichheitszeichen einfügen dürfen: Das Leerzeichen trennt die Zuweisung und den Befehl.

Auf diesem Weg werden die angegebenen Variablen nur für eine Zeile gesetzt.
Nachdem Sie das an der Befehlszeile ausprobiert haben, rufen Sie env | grep PANTS
erneut auf, um zu sehen, dass PANTS nicht mehr länger eine exportierte Variable ist.

Sie können so viele Variablen angeben, wie Sie wollen:

```
PANTS=kakhi PLANTS="ficus fern" env | grep 'P.*NTS'
```

Dieser Trick gehört zu einem Teil der Shell-Spezifikation namens *Simple Command*,
bei der die Zuweisung vor einem eigentlichen Befehl stehen muss. Das wird wichtig,
wenn wir Shell-Konstrukte nutzen, die keine Befehle sind:

```
VAR=val if [ -e afile ] ; then ./program_using_VAR ; fi
```

Dies führt zu einem obskuren Syntaxfehler. Die korrekte Form ist:

```
if [ -e afile ] ; then VAR=val ./program_using_VAR ; fi
```

- Wie im Makefile weiter oben können Sie die Variable am Anfang der Datei setzen, wobei die Zeilen in Form von CFLAGS=... geschrieben werden. Im Makefile können Sie das Gleichheitszeichen mit Leerzeichen umschließen, ohne etwas kaputt zu machen.
- make lässt Sie Variablen an der Befehlszeile setzen – unabhängig von der Shell. Somit sind diese zwei Zeilen nahezu identisch:

```
make CFLAGS="-g -Wall"     Setzt eine Makefile-Variable.
CFLAGS="-g -Wall" make     Setzt eine Umgebungsvariable, die nur make und dessen
                           Kinder sehen.
```

Das Ergebnis ist (in Bezug auf das Makefile) gleich, nur dass Kindprogramme, die von
make aufgerufen werden, neue Umgebungsvariablen kennen, von den Makefile-Variablen
allerdings nichts wissen.

Umgebungsvariablen in C

In Ihrem C-Code erhalten Sie Umgebungsvariablen mit getenv. Da sich getenv so einfach einsetzen lässt, kann man damit eine Variable für C setzen und ein paar verschiedene Werte an der Befehlszeile angeben.

Beispiel 1-2 gibt eine Nachricht so häufig wie vom Anwender gewünscht aus. Die Nachricht wird dabei über die Umgebungsvariable msg gesetzt, die Anzahl der Wiederholungen über reps. Beachten Sie, wie wir die Standardwerte 10 und Hallo setzen, falls getenv den Wert NULL zurückgibt (was meistens heißt, dass die Umgebungsvariable nicht gesetzt ist).

Beispiel 1-2: Umgebungsvariablen bieten eine einfache Möglichkeit, die Details eines Programms zu beeinflussen (getenv.c)

```c
#include <stdlib.h> //getenv, atoi
#include <stdio.h>  //printf

int main(){
    char *repstext=getenv("reps");
    int reps = repstext ? atoi(repstext) : 10;
```

```
    char *msg = getenv("msg");
    if (!msg) msg = "Hallo";

    for (int i=0; i< reps; i++)
        printf("%s\n", msg);
}
```

Wie schon weiter oben beschrieben, können wir eine Variable auch für nur eine Zeile exportieren, womit das Übermitteln einer Variablen an das Programm noch praktischer wird. Die Anwendung:

```
reps=10 msg="Ha" ./getenv
msg="Ha" ./getenv
reps=20 msg=" " ./getenv
```

Sie finden vielleicht, dass das seltsam aussieht – die Eingabewerte eines Programms sollten doch schließlich *nach* dem Programmnamen kommen – aber abgesehen davon muss im Programm wenig eingerichtet werden, und wir erhalten benannte Parameter an der Befehlszeile nahezu umsonst.

Wird Ihr Programm ein wenig größer, können Sie auch die Zeit investieren, um mit getopt Eingabewerte auf dem üblichen Weg zu bekommen.

make bietet auch eine Reihe eingebauter Variablen. Das sind diejenigen (POSIX-Standard-)Variablen, die Sie für die folgenden Regeln benötigen:

$@
: Der vollständige Zieldateiname. Mit *Ziel* meine ich die zu erstellende Datei, wie zum Beispiel eine *.o*-Datei, die aus einer *.c*-Datei kompiliert wird, oder ein Programm, das durch das Verlinken von *.o*-Dateien erstellt wird.

$*
: Die Zieldatei ohne Dateierweiterung. Ist das Ziel *prog.o*, enthält $* den Wert *prog*, und $*.c würde zu *prog.c* werden.

$<
: Der Name der Datei, aufgrund deren dieses Ziel gebaut werden soll. Erstellen wir *prog.o*, liegt das wahrscheinlich daran, dass *prog.c* kürzlich verändert wurde. Dann enthält $< den Wert *prog.c*.

Die Regeln

Lassen Sie uns nun zu den Prozeduren kommen, die das Makefile ausführt, und zum Einfluss der Variablen auf sie.

Abgesehen von den Variablen haben die Abschnitte des Makefile folgende Form:

```
target: dependencies
        script
```

Wird das Ziel über die Anweisung `make target` aufgerufen, werden die Abhängigkeiten geprüft. Ist das Ziel eine Datei, sind die Abhängigkeiten auch alles Dateien, und ist das Ziel neuer als die Abhängigkeiten, ist die Datei schon aktuell, und es gibt nichts zu tun. Ansonsten wird das Verarbeiten des Ziels gestoppt, die Abhängigkeiten werden ausgeführt oder generiert – wahrscheinlich über andere Ziele –, und wenn die Skripte für die Abhängigkeiten abgeschlossen sind, wird das Skript für das eigentliche Ziel ausgeführt.

Ein Beispiel: Bevor dieses Buch entstand, gab es die Texte als eine Reihe von Tipps, die in einem Blog gepostet wurden (unter *http://modelingwithdata.org*). Jedes Blog-Post besaß eine HTML- und eine PDF-Version, die alle per LaTeX erzeugt wurden. Ich lasse mal viele Details weg, um das Beispiel einfach zu halten (zum Beispiel die vielen Optionen für `latex2html`), aber so in etwa könnte ein Makefile für diesen Prozess aussehen:

> Kopieren Sie Makefile-Schnipsel aus diesem Buch in eine Datei namens *makefile*, müssen Sie darauf achten, dass der Whitespace am Anfang jeder Zeile ein Tab ist, keine Leerzeichen. Daran ist POSIX schuld.

```
all: html doc publish

doc:
    pdflatex $(f).tex

html:
    latex -interaction batchmode $(f)
    latex2html $(f).tex

publish:
    scp $(f).pdf $(Blogserver)
```

f setze ich an der Befehlszeile über einen Befehl wie `export f=tip-make`. Gebe ich dann `make` an der Befehlszeile ein, wird das erste Ziel `all` geprüft. Der Aufruf von `make` allein entspricht also `make first_target`. Dieses Ziel hängt von `html`, `doc` und `publish` ab, daher werden in der Folge diese Ziele aufgerufen. Wenn ich weiß, dass der Text noch nicht reif ist für eine Veröffentlichung, kann ich `make html doc` aufrufen und nur diese Schritte ausführen.

In dem einfacheren Makefile weiter oben hatten wir nur eine Ziel/Abhängigkeit/Skript-Gruppe, zum Beispiel:

```
P=domath
OBJECTS=addition.o subtraction.o

$(P): $(OBJECTS)
```

Auch hier wird wie bei meinem Blog-Makefile eine Folge von Abhängigkeiten und Skripten genutzt, nur sind die Skripte implizit. `P=domath` ist das zu kompilierende Programm, das von den Objektdateien *addition.o* und *subtraction.o* abhängt. Da *addition.o* nicht als Ziel aufgeführt ist, nutzt `make` eine implizite Regel (siehe weiter unten), um aus der *.c*- die *.o*-Datei zu erstellen. Dann geschieht das Gleiche für *subtraction.o* und *domath.o* (da das GNU-`make` in dem hier gegebenen Setup implizit davon ausgeht, dass `domath` von *domath.o* abhängt). Sind alle Objekte gebaut, haben wir kein Skript, um das

Ziel $(P) zu bauen. Daher greift GNU-make auf sein Standardskript für das Linken von
.o-Dateien in eine ausführbare Datei zurück.

Das POSIX-Standard-make besitzt ein spezielles Rezept zum Kompilieren von .o-Objektdateien aus .c-Quellcodedateien:

```
$(CC) $(CFLAGS) $(LDFLAGS) -o $@ $*.c
```

Die Variable $(CC) steht für Ihren C-Compiler. Der POSIX-Standard legt als Standardwert hier CC=c99 fest, aber aktuelle Versionen von GNU-make setzen CC=cc, was im Allgemeinen ein Link auf gcc ist. In dem minimalistischen Makefile vom Anfang dieses Abschnitts wird $(CC) explizit auf c99 gesetzt. $(CFLAGS) enthält die Liste der weiter oben vorgeschlagenen Flags, und $(LDFLAGS) wird auf einen leeren Wert gesetzt. Erkennt make nun, dass es *your_program.o* erstellen muss, wird (bei dem obigen Makefile) dieser Befehl ausgeführt:

```
c99 -g -Wall -O3 -o your_program.o your_program.c
```

Entscheidet GNU-make, dass es aus Objektdateien ein ausführbares Programm erstellen muss, nutzt es dieses Rezept:

```
$(CC) $(LDFLAGS) first.o second.o $(LDLIBS)
```

Denken Sie daran, dass im Linker die Reihenfolge wichtig ist, daher brauchen wir zwei Linker-Variablen. Im vorigen Beispiel benötigten wir:

```
cc specific.o -lbroad -lgeneral
```

als relevanten Teil des Linking-Befehls. Vergleichen wir den korrekten Kompilierungsbefehl mit dem Rezept, sehen wir, dass wir LDLIBS=-lbroad -lgeneral setzen müssen. Würden wir LDFLAGS=-lbroad -lgeneral setzen, führte das zu cc -lbroad -lgeneral specific.o, was sehr wahrscheinlich fehlschlägt. Beachten Sie, dass LDFLAGS auch im Rezept für das Kompilieren von .c- in .o-Dateien auftaucht.

> Wollen Sie die vollständige Liste der Standardregeln und -variablen sehen, die in Ihre Version von make eingebaut ist, geben Sie folgenden Befehl ein:
>
> ```
> make -p > default_rules
> ```

So geht das Spiel also: Finden Sie die richtigen Variablen und setzen Sie sie im Makefile. Sie müssen zwar immer noch herausfinden, wie die korrekten Flags lauten, aber zumindest können Sie sie einmal im Makefile niederschreiben und müssen dann nicht mehr darüber nachdenken.

Verwenden Sie eine IDE, CMAKE oder eine der anderen Alternativen zum POSIX-Standard-make, werden Sie das gleiche Spiel »Finde die Variablen« spielen müssen. Ich werde weiter mit dem obigen minimalen Makefile arbeiten, und Sie sollten keine Probleme haben, die entsprechenden Variablen in Ihrer IDE zu finden.

- Die Variable CFLAGS ist fest mit dem System verbunden, aber die Variable für den Linker ist von System zu System verschieden. Selbst LDLIBS gehört nicht zum POSIX-Standard, wird aber von GNU-make verwendet.

- Die Variablen `CLFAGS` und `LDLIBS` werden wir nutzen, um all die Compiler-Flags zu setzen, mit denen Bibliotheken gefunden und identifiziert werden. Nutzen Sie pkg-config, dann fügen Sie die mit Backticks versehenen Aufrufe hier ein. So sieht zum Beispiel das Makefile meines Systems, auf dem ich Apophenia und GLib für so gut wie jedes Projekt verwende, wie folgt aus:

  ```
  CFLAGS=`pkg-config --cflags apophenia glib-2.0` -g -wall -std=gnu11 -O3
  LDLIBS=`pkg-config --libs apophenia glib-2.0`
  ```

  Bei manueller Angabe der Flags -I, -L und -l sieht es beispielsweise so aus:

  ```
  CFLAGS=-I/home/b/root/include -g -Wall -O3
  LDLIBS=-L/home/b/root/lib -lweirdlib
  ```

- Nach dem Hinzufügen einer Bibliothek und ihrem Ablageort zu den Zeilen mit `LDLIBS` und `CFLAGS` und der Kontrolle, ob es funktioniert, besteht eigentlich keine Notwendigkeit, die Einträge irgendwann wieder zu entfernen. Ist es Ihnen wirklich wichtig, ob die ausführbare Datei nachher 10 Kilobyte größer ist als mit einem per Hand auf jedes Programm optimierten Makefile? Sie können also ein Makefile schreiben, in dem alle Bibliotheken auf Ihrem System erfasst sind, und dieses ohne Änderungen von Projekt zu Projekt kopieren.

- Haben Sie eine zweite C-Datei (oder noch mehr), fügen Sie im Makefile am Anfang dieses Abschnitts *second*.o *third*.o und so weiter zur Zeile `OBJECTS` hinzu (ohne Kommata, nur mit Leerzeichen zwischen den Namen). make wird diese Zeile dann verwenden, um zu ermitteln, welche Dateien zu bauen sind und welche Rezepte laufen müssen.

- Haben Sie ein Programm in einer einzelnen .c-Datei, benötigen Sie kein Makefile. In einem Verzeichnis ohne Makefile, in dem sich die Beispieldatei *erf.c* befindet, geben Sie an Ihrer Shell einmal Folgendes ein:

  ```
  export CFLAGS='-g -Wall -O3 -std=gnu11'
  export LDLIBS='-lm'
  make erf
  ```

  Sie können nun make dabei zusehen, wie es sein Wissen über das Kompilieren von C-Code nutzt, um das Programm zu erstellen.

Wie sehen die Linker-Flags für das Bauen einer dynamischen Bibliothek aus?

Um ehrlich zu sein – ich habe keine Ahnung. Das ist abhängig von der Bibliothek (sowohl von der Art als auch von der Version), und selbst auf einem einzelnen System sind die Regeln häufig ausgesprochen kitzlig.

Stattdessen weiß *Libtool*, eines der Tools, die in Kapitel 3: *Verpacken Sie Ihr Projekt* vorgestellt werden, jedes Detail zum Bauen jeder dynamischen Bibliothek auf jedem Betriebssystem. Ich empfehle Ihnen, die Zeit zu investieren und sich mit den Autotools vertraut zu machen, um damit das Problem des Kompilierens dynamischer Objekte ein für alle Mal zu erledigen, statt sich mit den richtigen Compiler-Flags und Linking-Prozeduren für jedes Zielsystem herumschlagen zu müssen.

Bibliotheken über ihren Quellcode nutzen

Bisher ging es darum, Ihren eigenen Code mithilfe von make zu kompilieren. Das Kompilieren von Code, der aus anderen Quellen stammt, ist meist eine ganz andere Geschichte.

Lassen Sie es uns mit einem einfachen Paket ausprobieren. Die GNU Scientific Library enthält eine ganze Menge numerischer Rechenroutinen.

Die GSL wird über die *Autotools* zu einem Paket geschnürt. Dabei handelt es sich um Tools, die eine Bibliothek so vorbereiten, dass sie auf einem beliebigen Rechner genutzt werden kann, indem sie auf jede bekannte Falle geprüft und ein entsprechender Workaround implementiert wird. Die Autotools sind für die Bereitstellung von Code in der heutigen Zeit das zentrale Hilfsmittel, und im Abschnitt »Packen Sie Ihren Code mit den Autotools« auf Seite 67 wird detailliert erklärt, wie Sie Ihre eigenen Programme und Bibliotheken damit zu Paketen zusammenfassen können. Hier wollen wir nur als Anwender des Systems einsteigen und uns daran erfreuen, wie einfach und schnell die Installation nützlicher Bibliotheken vonstatten gehen kann.

Die GSL wird häufig vorkompiliert über den Paketmanager bereitgestellt, aber wir wollen hier mit ihrer Hilfe zeigen, wie man den Quellcode bekommt und ihn kompiliert. Dazu benötigen Sie Root-Zugriff auf Ihren Computer.

```
wget ftp://ftp.gnu.org/gnu/gsl/gsl-1.15.tar.gz    ❶
tar xvzf gsl-*gz                                   ❷
cd gsl-1.15
./configure                                        ❸
make
sudo make install                                  ❹
```

❶ Das gepackte Archiv wird heruntergeladen. Lassen Sie Ihren Paketmanager wget installieren, wenn Sie es nicht haben, oder geben Sie die URL einfach im Browser ein.

❷ Entpacken Sie das Archiv: x = extrahieren, v = verbose, z = entpacken via gzip, f = Dateiname.

❸ Die Eigenheiten Ihres Rechners werden ermittelt. Liefert der configure-Schritt einen Fehler wegen eines fehlenden Elements, nutzen Sie Ihren Paketmanager, um dieses nachzuladen. Führen Sie configure danach erneut aus.

❹ Installieren Sie am richtigen Ort – wenn Sie die Berechtigungen dazu haben.

Versuchen Sie das an Ihrem privaten Rechner, besitzen Sie sehr wahrscheinlich Root-Berechtigungen, und alles funktioniert prima. An Ihrem Arbeitsplatz und mit einem zentralen Server ist es unwahrscheinlicher, dass Sie die entsprechenden Berechtigungen haben, daher werden Sie den letzten Schritt nicht umsetzen können. In diesem Fall gedulden Sie sich noch einen kurzen Moment bis zum nächsten Abschnitt.

Wurde alles installiert? Beispiel 1-3 zeigt ein kurzes Programm, mit dem mithilfe von GSL-Funktionen das 95-%-Konfidenzintervall errechnet wird. Probieren Sie, ob Sie es gelinkt und zu Laufen bekommen:

Beispiel 1-3: Beispiel 1-1 mit der GSL (gsl_erf.c)

```
#include <gsl/gsl_cdf.h>
#include <stdio.h>

int main(){
    double bottom_tail = gsl_cdf_gaussian_P(-1.96, 1);
    printf("Fläche zwischen [-1.96, 1.96]: %g\n", 1-2*bottom_tail);
}
```

Um die gerade installierte Bibliothek zu nutzen, müssen Sie das Makefile Ihres Programms anpassen, um die Bibliotheken und deren Ablageorte anzugeben.

Abhängig davon, ob bei Ihnen `pkg-config` läuft, können Sie eine der beiden Anweisungen nutzen:

```
LDLIBS=`pkg-config --libs gsl`
#oder
LDLIBS=-lgsl -lgslcblas -lm
```

Wenn die Bibliothek nicht in einem Standardverzeichnis installiert wurde und `pkg-config` nicht zur Verfügung steht, werden Sie Pfade am Anfang dieser Definitionen angeben müssen, zum Beispiel `CFLAGS=-I/usr/local/include` und `LDLIBS=-L/usr/local/lib -Wl,-R/usr/local/lib`.

Bibliothek über ihren Quellcode nutzen – auch wenn Ihr Sysadmin das nicht will

Ihnen sind im letzten Abschnitt vielleicht die Fallstricke aufgefallen – Sie müssen Root-Berechtigungen haben, um Bibliotheken an den üblichen Orten in einem POSIX-System installieren zu können. Aber vielleicht haben Sie gar keine Root-Berechtigungen, weil Sie einen Rechner an Ihrem Arbeitsplatz gemeinsam mit anderen nutzen oder weil jemand anders besonders vorsichtig ist.

Dann müssen Sie in den Untergrund gehen und Ihr eigenes, privates Root-Verzeichnis erstellen.

im ersten Schritt erzeugen Sie das Verzeichnis:

```
mkdir ~/root
```

Ich habe schon ein Verzeichnis *~/tech*, in dem ich all meine technische Logistik, meine Anleitungen und Codeschnipsel aufhebe, daher ist »mein« Root-Verzeichnis *~/tech/root*. Der Name ist nicht entscheidend, daher werde ich *~/root* hier als Dummy-Verzeichnis nutzen.

> Ihre Shell ersetzt die Tilde durch den vollständigen Pfad zu Ihrem Home-Verzeichnis, was eine Menge Tipparbeit spart. Der POSIX-Standard fordert nur, dass die Shell das am Anfang eines Worts oder direkt nach einem Doppelpunkt macht (den Sie für eine Pfadvariable benötigen), aber die meisten Shells erweitern auch Tilden mitten in einem Pfad. Andere Programme, wie zum Beispiel `make`, erkennen die Tilde eventuell als Home-Verzeichnis – eventuell aber auch nicht.

Der zweite Schritt ist das Hinzufügen des richtigen Teils Ihres neuen Root-Systems zu allen relevanten Pfaden. Für Programme ist das der PATH in Ihrem *.bashrc* (oder einem Äquivalent):

```
PATH=~/root/bin:$PATH
```

Indem Sie das Unterverzeichnis *bin* Ihres neuen Ordners vor den ursprünglichen PATH setzen, wird es zuerst durchsucht und Ihre Version eines Programms auch zuerst gefunden. Sie können somit beliebige Programme durch die von Ihnen bevorzugte Version ersetzen, auch wenn sich die Programme eigentlich in den gemeinsam genutzten Standardverzeichnissen Ihres Systems befinden.

Die Anleitung

Ich vermute, es gab eine Zeit, in der die Anleitung tatsächlich als gedrucktes Dokument vorlag, aber heutzutage gibt es sie in Form des man-Befehls. So können Sie zum Beispiel mit man strtok etwas über die Funktion strtok lesen – welcher Header einzubinden ist, was für Parameter es gibt und wie sie eingesetzt wird. Die Manpages sind eher kurz abgefasst, manchmal fehlen Beispiele, und es wird davon ausgegangen, dass der Leser schon grob weiß, wie die Funktion arbeitet. Brauchen Sie mehr Grundlagen, kann Ihre bevorzugte Internetsuchmaschine vermutlich eine ganze Reihe von Seiten liefern (und für strtok können Sie auch den Abschnitt »Ein Loblied auf strtok« auf Seite 162 lesen). Das GNU C Library Manual, das sich ebenfalls leicht online finden lässt, ist sehr gut lesbar und für Anfänger geschrieben.

- Wenn Sie sich nicht an den Namen dessen erinnern können, das Sie suchen, besitzt jede Manpage eine einzeilige Zusammenfassung, die mithilfe von man -k *searchterm* durchsucht werden kann. Viele Systeme besitzen auch den Befehl apropos, der man -k entspricht, aber ein paar zusätzliche Features bietet. Für eine noch detailliertere Suche filtere ich die Ausgabe von apropos gern noch mit grep.

- Die Anleitung ist in Abschnitte unterteilt. Abschnitt 1 enthält die Befehlszeilenprogramme, Abschnitt 3 Bibliotheksfunktionen. Benutzt Ihr System ein Befehlszeilenprogramm namens printf, gibt man printf dessen Dokumentation aus, während man 3 printf die Dokumentation für die C-Bibliotheksfunktion printf liefert.

- Mehr zum Einsatz von man (wie zum Beispiel die vollständige Liste der Abschnitte) finden Sie über man man.

- Ihr Texteditor oder Ihre IDE besitzt eventuell die Möglichkeit, Manpages schnell aufrufen zu können. So können zum Beispiel Anwender von vi den Cursor auf einem Wort platzieren und die Manpage zu diesem Wort mit K öffnen.

Für Bibliotheken, die Sie in Ihren C-Programmen einsetzen wollen, müssen Sie die neuen Pfade im Makefile nachtragen:

```
LDLIBS=-L/home/your_home/root/lib (plus die anderen Flags wie -lgsl -lm ...)
CFLAGS=-I/home/your_home/root/include (plus -g -Wall -O3 ...)
```

Jetzt, da Sie einen lokalen Root-Ordner haben, können Sie ihn auch für andere Systeme nutzen, zum Beispiel für den CLASSPATH von Java.

Der letzte Schritt ist das Installieren von Programmen in Ihrem neuen Root-Ordner. Haben Sie den Quellcode und nutzen Sie die Autotools, müssen Sie nur an der richtigen Stelle `--prefix=$HOME/root` ergänzen:

```
./configure --prefix=$HOME/root; make; make install
```

Sie brauchen nun für die Installation kein `sudo`, da alles in Ihrem Machtbereich ausgeführt wird.

Weil sich die Programme und Bibliotheken in Ihrem Home-Verzeichnis befinden und nicht mehr Berechtigungen besitzen als Sie selbst, kann sich Ihr Systemverwalter nicht beschweren, dass sie eine Gefahr für andere sind. Tut er es trotzdem, kann es sein, dass Sie sich – so schwer es auch fällt – einen anderen suchen sollten.

C-Programme über Here-Dokumente kompilieren

An dieser Stelle haben Sie das Kompilierungsmuster schon ein paar Mal gesehen:

1. Eine Variable mit Compiler-Flags setzen.
2. Eine Variable mit Linker-Flags setzen, einschließlich des Flags `-l` für jede verwendete Bibliothek.
3. Mit `make` oder über Ihre IDE die Variablen in vollständige Kompilier- und Linker-Befehle verwandeln.

Im Rest dieses Kapitels wird das Ganze noch ein letztes Mal durchgezogen, und dabei wird ein absolut minimales Setup verwendet: nur die Shell. Sind Sie ein experimenteller Lerner, der Skriptsprachen erlernt hat, indem er Codeschnipsel aus Tutorials in den Interpreter geworfen hat, werden Sie nun das Gleiche mit C-Code an der Befehlszeile machen können.

Header-Dateien an der Befehlszeile einbinden

gcc und Clang besitzen ein praktisches Flag, um Header einzubinden. So entspricht zum Beispiel:

```
gcc -include stdio.h
```

dem Einfügen von

```
#include <stdio.h>
```

am Anfang Ihrer C-Datei. Genauso verhält es sich mit `clang -include stdio.h`.

Nehmen wir das zu unserem Compiler-Aufruf hinzu, können wir *hello.c* endlich als den Einzeiler schreiben, der es sein sollte:

```
int main(){ printf("Hallo Welt.\n"); }
```

Das lässt sich problemlos über folgenden Aufruf kompilieren:

```
gcc -include stdio.h hello.c -o hi --std=gnu99 -Wall -g -O3
```

Man kann auch Shell-Befehle nutzen:

```
export CFLAGS='-g -Wall -include stdio.h'
export CC=c99
make hello
```

Der Tipp zu -include ist Compiler-abhängig, und man muss Informationen aus dem Code in die Compiler-Anweisungen verschieben. Wenn Sie der Meinung sind, dass das schlechter Stil ist, überspringen Sie den Tipp einfach.

Der vereinheitlichte Header

Es gab Zeiten, in denen Compiler mehrere Sekunden oder gar Minuten für selbst recht einfache Programme benötigten, daher war es auch für den Programmierer spürbar, wenn er die Arbeitslast des Compilers reduzieren konnte. Meine aktuellen Versionen von *stdio.h* und *stdlib.h* sind jeweils etwa 1.000 Zeilen lang (testen Sie Ihre Version mit wc -l /usr/include/stdlib.h), und *time.h* hat weitere 400 Zeilen. Das hat zur Folge, dass dieses siebenzeilige Programm:

```
#include <time.h>
#include <stdio.h>
#include <stdlib.h>
int main(){
    srand(time(NULL));      // RNG-Seed initialisieren
    printf("%i\n", rand()); // Ein Mal ziehen
}
```

tatsächlich ein Programm mit etwa 2.400 Zeilen ist.

Ihr Compiler findet 2.400 Zeilen mittlerweile nicht mehr weiter erwähnenswert und kompiliert das alles in weniger als einer Sekunde. Warum verschwenden wir dann noch Zeit damit, die richtigen Header für ein bestimmtes Programm auszuwählen?

Haben Sie einmal einen vereinheitlichten Header erstellt, ist selbst eine Zeile wie #include <allheads.h> nicht mehr notwendig, wenn Sie gcc- oder Clang-Anwender sind, da Sie stattdessen die Variable CFLAGS um -include allheads.h erweitern können und nie mehr darüber nachdenken müssen, welche Header Sie nun schon wieder in Ihrem Projekt vergessen haben.

Sie sind dran: Schreiben Sie sich selbst eine vereinheitlichte Header-Datei, die Sie *allheads.h* nennen, und werfen Sie dort jeden Header hinein, den Sie je eingesetzt haben. Dann sieht das Ganze in etwa so aus:

```
#include <math.h>
#include <time.h>
#include <stdio.h>
#include <unistd.h>
#include <stdlib.h>
#include <gsl/gsl_rng.h>
```

Ich weiß nicht, wie es genau bei Ihnen aussieht, weil ich nicht weiß, was Sie tagtäglich machen.

Haben Sie diesen allumfassenden Header erstellt, brauchen Sie am Anfang jeder Ihrer Dateien nur diese eine Zeile:

```
#include <allheads.h>
```

Sie müssen nun nicht mehr über Header nachdenken. Klar, das sind vielleicht 10.000 zusätzliche Zeilen Code, von denen viele für das aktuelle Programm nicht benötigt werden. Aber Sie werden es nicht bemerken, und ungenutzte Deklaration haben keinen Einfluss auf die schließlich erstellte ausführbare Datei.

Header haben auch den Zweck, den Gültigkeitsbereich zu begrenzen, aber das ist mehr für Funktionen und Strukturen wichtig, die Sie geschrieben haben, und weniger für solche in den Bibliotheken. Denn beim Begrenzen des Gültigkeitsbereichs geht es nicht darum, den Namensraum klein zu halten, damit der Computer nicht überhitzt, sondern um Ihnen als Programmierer kognitive Arbeit zu ersparen. Ich vermute, Sie sind mit den meisten Funktionen, die in den von Ihnen genutzten Bibliotheken zu finden sind, gar nicht vertraut, und wenn Sie sie nicht kennen, können Sie sie auch nicht belasten. Andere Sprachen unterscheiden da gar nicht. Das R-Projekt besitzt zum Beispiel schon beim Starten 752 intern definierte Wörter.

Here-Dokumente

Here-Dokumente sind ein Feature von POSIX-Standard-Shells, das Sie für C, Python, Perl und vieles andere nutzen können. Durch sie wird dieses Buch noch viel nützlicher und netter. Haben Sie ein mehrsprachiges Skript, lässt es sich durch Here-Dokumente einfacher umsetzen. Parsen Sie in Perl, rechnen Sie in C und lassen Sie Gnuplot schicke Graphen zeichnen – und das alles in einer Textdatei.

Hier ein Python-Beispiel. Normalerweise weisen Sie Python mit folgender Zeile an, ein Skript auszuführen:

```
python your_script.py
```

Sie können als Dateinamen '-' angeben, um Stdin als Eingangsdatei zu nutzen:

```
echo "print 'Hi.'" | python '-'
```

Wir brauchen '-' und nicht nur -, um zu zeigen, dass es sich um reinen Text handelt, nicht um einen Schalter wie das c in `python -c "print 'Hi'"`. Viele Programme halten sich an die GNU-Konvention, dass nach zwei Bindestrichen das Auswerten von Schaltern beendet wird und die folgenden Eingaben als reiner Text interpretiert werden. Daher funktioniert auch:

```
echo "print 'hi.'" | python -- -
```

Allerdings führt das bei vielen eher zu Verwirrung.

Sie könnten theoretisch ein längliches Skript an der Befehlszeile per `echo` ausgeben, aber Sie werden schnell sehen, dass dabei einige unerwünschte Parsing-Effekte eintreten – so müssen Sie zum Beispiel `\"Hi\"` nutzen statt `"Hi"`.

Daher das *Here-Dokument*, bei dem gar nicht geparst wird. Versuchen Sie das einmal:

```
python '-' <<"XXXX"
lines=2
print "\nDieses Skript ist %i Zeilen lang.\n" %(lines,)
XXXX
```

- Here-Dokumente sind ein Standard-Feature der Shell, daher sollten sie auf jedem POSIX-System laufen.
- Das `"XXXX"` kann ein beliebiger String sein – `"EOF"` ist ebenfalls beliebt, und `"-----"` sieht gut aus, solange Sie am Anfang und am Ende auch wirklich gleich viele Bindestriche nutzen. Wenn die Shell Ihren gewählten String allein in einer Zeile erkennt, beendet sie das Übermitteln des Skripts an Stdin des Programms. Mehr Parsen passiert hier nicht.
- Es gibt auch eine Variante, die mit `<<-` beginnt. Dabei werden alle Tabs am Anfang jeder Zeile entfernt, und Sie können ein Here-Dokument in einen eingerückten Abschnitt eines Shell-Skripts einfügen, ohne die Einrückungen durcheinanderzubringen. Das wäre für ein Here-Dokument in Python natürlich fatal.
- Als weitere Variante gibt es noch einen Unterschied zwischen `<<"XXXX"` und `<<XXXX`. In der zweiten Version parst die Shell bestimmte Elemente – Sie können zum Beispiel die Shell den Wert von `$shell_variables` für Sie einfügen lassen. Die Shell baut stark auf dem `$` für ihre Variablen und andere Erweiterungen auf. Das `$` ist eines der wenigen Zeichen auf der normalen Tastatur, das für C keine besondere Bedeutung hat. Es ist, als hätten die Leute, die Unix entworfen haben, es von Grund auf so geschrieben, dass es leicht ist, Shell-Skripte zum Erzeugen von C-Code zu schreiben ...

Von Stdin kompilieren

Okay, zurück zu C: Wir können Here-Dokumente nutzen, um C-Code mit gcc oder Clang zu kompilieren, der an der Befehlszeile eingefügt wurde. Es ist aber damit auch möglich, ein paar Zeilen C in einem mehrsprachigen Skript zu verwenden.

Wir werden das Makefile nicht nutzen, daher benötigen wir eine einzelne Kompilieranweisung. Um uns das Leben einfacher zu machen, wollen wir einen Alias verwenden. Fügen Sie dies an Ihrer Befehlszeile ein oder ergänzen Sie Ihre *.bashrc*, *.zshrc* oder eine entsprechende Datei um diese Zeilen:

```
go_libs="-lm"
go_flags="-g -Wall -include allheads.h -O3"
alias go_c="c99 -xc '-' $go_libs $go_flags"
```

Dabei ist *allheads.h* der vereinheitlichte Header, den Sie weiter oben zusammengestellt haben. Die Anwendung des `-include`-Flags sorgt für ein Element weniger, um das Sie sich beim Schreiben von C-Code Gedanken machen müssen. Zudem ist mir aufgefallen, dass die Bash-Befehlszeilenhistorie komisch reagiert, wenn es #-Zeichen im C-Code gibt.

An der Befehlszeile erkennen Sie das '-', Sie lesen also nicht aus einer Datei, sondern von Stdin. Mit dem -xc wird dies als C-Code erkannt, da *gcc* für *GNU Compiler Collection* steht und nicht für *GNU C Compiler*. Ohne Eingangsdateiname, der auf *.c* endet, müssen wir klarstellen, dass es sich nicht um Java, Fortran, Objective-C, Ada oder C++ handelt. (Bei Clang funktioniert es ähnlich, auch wenn dessen Name tatsächlich für *C Language* steht).

Was auch immer Sie mit Ihren Variablen LDLIBS und CFLAGS getan haben – tun Sie es hier.

Nun sind wir bereit und können C-Code an der Befehlszeile kompilieren:

```
go_c << '---'
int main(){printf("Hallo von der Befehlszeile.\n");}
---
./a.out
```

Wir können ein Here-Dokument verwenden, um kurze C-Programme an der Befehlszeile einzufügen und kleine Testprogramme ohne großes Drumherum zu schreiben. Sie brauchen also nicht nur kein Makefile, sondern nicht einmal eine Eingabedatei.

Gehen Sie nicht davon aus, dass diese Vorgehensweise Ihre übliche Arbeitsweise wird. Aber das Ausschneiden von Codeschnipseln und ihr Einfügen an der Befehlszeile kann unterhaltsam sein. Und einen einzelnen Schritt in einem längeren Skript in C umsetzen zu können, ist ziemlich großartig.

KAPITEL 2
Debuggen, Testen, Dokumentieren

Crawling
Over your window
You think I'm confused,
I'm waiting ...
To complete my current ruse.

> Wire, »I Am the Fly«

Dieses Kapitel dreht sich um die Tools zum Debuggen, Testen und Dokumentieren Ihres Codes – den Grundlagen, die Ihren Code aus einem potenziell nützlichen Satz an Skripten in etwas verwandeln, auf das Sie und andere sich verlassen können.

Da Sie in C die Freiheit haben, wirklich idiotische Dinge mit dem Speicher anzustellen, geht es beim Debuggen sowohl darum, die tagtäglichen Probleme in der Logik zu finden (mit gdb), als auch um den technischeren Aspekt, Speicherfehlzuweisungen und -lecks zu finden (mit Valgrind). Im Dokumentationsbereich geht es in diesem Kapitel um ein Tool auf Schnittstellenebene (Doxygen) und um eines, das Ihnen dabei hilft, jeden Schritt des Programms zu dokumentieren (CWEB).

Das Kapitel enthält auch eine kurze Einführung zum *Test-Harnisch*, mit dem Sie schnell viele Tests für Ihren Code schreiben können. Sind einmal alle Tests geschrieben, kann eigentlich nichts mehr schiefgehen, dennoch schließt das Kapitel mit ein paar Überlegungen zu Fehlermeldungen ab – nur für den Fall.

Einen Debugger verwenden

Der erste Tipp zum Debugger ist einfach und kurz:

Verwenden Sie einen Debugger – immer.

Manche von Ihnen werden diesen Tipp etwas befremdlich finden – denn wer würde keinen Debugger nutzen? Aber viele Programmierer kommen von Sprachen, die gleich beim ersten Anzeichen von Ärger eine Fehlermeldung werfen, und die Entwickler erreichen gar nicht den Bereich, in dem ihr C-Textbuch den Debugger vorstellt (er befindet sich häufig unter den »weiteren Themen« irgendwo um Kapitel 15 herum). Jetzt sind wir also alle auf dem gleichen Stand: Es gibt einen Debugger.

Ich habe Leute kennengelernt, die der Meinung sind, Fehler entstünden im Allgemeinen aus Verständnisfehlern, während der Debugger nur Informationen auf unterster Ebene vermitteln kann, wie zum Beispiel Variableninhalte und Stacktraces. Tatsächlich ist es nach dem Finden eines Fehlers mithilfe des Debuggers sinnvoll, sich zu überlegen, was für ein Verständnisproblem und welche Ursache Sie da gerade entdeckt haben und ob das auch noch an anderen Stellen in Ihrem Code vorkommt. In manchen Sterbeurkunden wird ziemlich aggressiv nach der Todesursache gefragt: *Todesursache:* _____, *wegen* _____, *wegen* _____, *wegen* _____, *wegen* _____. Nachdem der Debugger Ihnen dabei geholfen hat, Ihren Code besser zu verstehen, können Sie Ihr neues Verständnis in mehr Unit-Tests umsetzen.

Zum *immer*: Es kostet so gut wie nichts, ein Programm im Debugger laufen zu lassen. Zudem ist der Debugger nicht an Fehlern schuld. Linus Torvalds erklärt: »Ich nutze den gdb immer ... als Disassembler auf Drogen, den man programmieren kann.«[1] Es ist einfach klasse, irgendwo den Programmablauf zu unterbrechen, die Protokollstufe mit einem schnellen `print verbose++` zu erhöhen, aus einer Schleife `for (int i=0; i<10; i++)` mit `print i=100` und `continue` auszusteigen oder eine Funktion durch eine Reihe von Testeingaben auszutesten. Die Fans interaktiver Sprachen haben recht damit, dass die Interaktivität mit Ihrem Code den Entwicklungsprozess massiv verbessert. Sie haben es im C-Lehrbuch nur nie zum Debugger geschafft und auch nicht erkannt, dass all diese Interaktivitätsaktionen auch mit C wunderbar funktionieren.

Was auch immer Ihr Ziel ist – Sie brauchen für Menschen lesbare Debugging-Informationen (also Namen für Variablen und Funktionen), die im Programm abgelegt sein müssen, damit der Compiler auch sinnvoll eingesetzt werden kann. Um Debugging-Symbole mit aufzunehmen, verwenden Sie das Flag -g bei den Compiler-Schaltern (also Ihrer Variablen `CFLAGS`). Es gibt nur wenig Gründe, das Flag -g nicht zu verwenden – es macht Ihr Programm nicht langsamer, und ein Kilobyte mehr für die ausführbare Datei ist in den meisten Fällen irrelevant.

Ich behandle nur den GDB, da er auf den meisten POSIX-Systemen der einzig vorhandene Debugger ist.[2] Sie arbeiten vielleicht in einer IDE oder einer anderen grafischen Oberfläche, die Ihr Programm bei jedem Klick auf *Run* mit dem GDB ausführt. Ich werde Ihnen die Befehle der GDB-Befehlszeile vorstellen – Sie sollten kein Problem damit haben, die Grundlagen in Mausklicks auf Ihrer Oberfläche umzusetzen. Abhängig vom Frontend können Sie eventuell die Makros nutzen, die in *.gdbinit* definiert sind.

---

1 Von Torvalds am 6. September 2000 an einen Kollegen geschrieben (*http://lwn.net/2000/0914/a/lt-debugger.php3*).
2 Ein C++-Compiler führt ein *Code-Mangling* durch. In GDB ist das sichtbar, und ich fand das Debuggen von C++-Code am GDB-Prompt immer ausgesprochen anstrengend. Da C-Code ohne Mangling kompiliert wird, ist der GDB meiner Meinung nach für C viel besser nutzbar, und man benötigt auch kein GUI, um die Namen wieder aufzubereiten.

Arbeiten Sie direkt mit dem GDB, brauchen Sie vermutlich einen Texteditor, um Ihren Code anzuzeigen. Diese einfache Kombination aus GDB und Editor bietet schon viele der Annehmlichkeiten einer IDE und kann bereits ausreichend sein.

> ## Der Framestack
>
> Um Ihr Programm zu starten, bitten Sie das System, eine Funktion namens `main` auszuführen. Der Computer erzeugt einen *Frame*, in dem Informationen über die Funktionen abgelegt werden – zum Beispiel die Eingabewerte (die für `main` als `argc` und `argv` bezeichnet werden) und die Variablen, die von der Funktion erzeugt werden.
>
> Nehmen wir für diesen Exkurs an, dass `main` eine andere Funktion namens `get_agents` aufruft. Die Ausführung von `main` wird dann angehalten und ein neuer Frame für `get_agents` erzeugt, in dem dessen verschiedene Details und Variablen abgelegt sind. Vielleicht ruft `get_agents` wiederum eine andere Funktion `agent_address` auf und so weiter. Wir haben dann einen wachsenden *Stack* mit Frames. Schließlich beendet `agent_address` seinen Ablauf, dann wird es vom Stack genommen, und `get_agents` arbeitet weiter.
>
> Wenn Sie sich nur fragen: »Wo bin ich?«, ist die einfache Antwort die Zeilennummer des Codes – manchmal das alles, was Sie brauchen. Aber meistens wollen Sie wissen: »Wie bin ich hierhin gekommen?«, und die Antwort – der *Stacktrace* – ist eine Liste mit den Frames. Hier ein Beispiel-Stacktrace:
>
> ```
> #0  0x0000000000413bbe in agent_address (agent_number=312) at addresses.c:100
> #1  0x00000000004148b6 in get_agents () at addresses.c:163
> #2  0x0000000000404f9b in main (argc=1, argv=0x7fffffffe278) at addresses.c:227
> ```
>
> Der oberste Eintrag auf dem Stack ist Frame 0, dann geht es hinunter bis `main`, das aktuell Frame 2 ist (das ändert sich aber, wenn der Stack wächst und wieder schrumpft). Die Hexadezimalzahl nach der Framenummer gibt die Position an, an der mit der Ausführung fortgefahren wird, wenn die aufgerufene Funktion abgeschlossen ist. Diese Zahl beachte ich nie. Danach kommen der Funktionsname, die Eingangsparameter (im Fall von `argv` ist das wieder eine Hexadresse) und die Zeile im Quellcode, in der die Ausführung steht.
>
> Wenn Sie festgestellt haben, dass die Hausnummer in `agent_address` eindeutig falsch ist, liegt das vielleicht daran, dass der Eingangswert `agent_number` nicht der gewünschte ist. Dann müssen Sie zu Frame 1 springen und ermitteln, wie der Status von `get_agents` zustande gekommen ist, der zum falschen Status von `agent_address` geführt hat. Beim Unterbrechen eines Programms geht es häufig darum, im Stack herumzuspringen und dabei Ursachen und Effekte zwischen den verschiedenen Funktionsframes zu finden.

Sie können im GDB mit jedem Programm herumspielen, sofern dieses neben `main` mindestens eine weitere Funktion besitzt (sodass Sie einen nicht-trivialen Stack haben). Haben Sie gerade nichts zur Hand, versuchen Sie es mit dem *New York Times*-Headline-Downloader aus dem Abschnitt »libxml und cURL« auf Seite 264. An der Shell-Befehlszeile starten Sie den GDB für eine ausführbare Datei *nyt_feed* mit `gdb nyt_feed`. Sie finden sich dann an der GDB-Befehlszeile, an der Sie jede Menge tun können:

- Stoppen Sie Ihr Programm an einem bestimmten Punkt.
  - break *get_rss* oder break *nyt_feeds.c:105* – oder wenn Sie sich schon in *nyt_feeds.c* befinden, break 105. Damit wird das Programm direkt vor der Ausführung von Zeile 105 angehalten.
  - Breakpoints mit info break auflisten.
  - Einen Breakpoint zum Beispiel mit disable 3 abschalten (wobei 3 die Breakpoint-Nummer ist, die Sie aus info break erhalten) und mit enable 3 wieder aktivieren. Haben Sie viele Breakpoints gesetzt, schaltet disable ohne Nummer alle ab. Danach können Sie die gerade benötigten wieder einzeln aktivieren.
  - Einen Breakpoint mit del 3 vollständig löschen.
  - Natürlich können Sie nicht an einem Breakpoint stoppen, wenn Sie das Programm noch nicht gestartet haben. Führen Sie es mit run aus. Benötigt es Befehlszeilenparameter, können Sie sie hier angeben: run *arg1 arg2*.
- Erhalten Sie den aktuellen Wert von beliebigen Variablen, die in der aktuellen Funktion vorhanden sind.
  - Für eine Variable wie *url* nutzen Sie print *url* oder – noch einfacher – p *url*.
  - Für alle Eingabewerte einer Funktion: info args, für alle lokalen Variablen: info local.
- Springen Sie in eine aufrufende Funktion und prüfen Sie die Variablenwerte dort. Sie erhalten die Liste mit den Frames auf dem Stack per backtrace oder bt, dann nutzen Sie frame 2 oder f 2, um zu Frame 2 zu springen.
- Bewegen Sie sich im Programm ab einem Breakpoint schrittweise voran – Codezeile für Codezeile. Normalerweise nutzen Sie einen der Befehle snuc, aber es gibt eine ganze Reihe von Optionen:
  - s: Eine Zeile weitergehen (step), auch wenn dadurch in eine andere Funktion gesprungen wird.
  - n: Nächste Zeile (next), aber nicht in Unterfunktionen springen. Eventuell wird an den Anfang einer Schleife gesprungen.
  - u: Bis zur nächsten Zeile vorwärts springen (until), sodass eine schon angesprungene Schleife durchlaufen wird, bis es weitergeht.
  - c: Fortfahren bis zum nächsten Breakpoint oder bis zum Programmende (continue).
  - Um sofort aus der aktuellen Funktion zurückzukehren, nutzen Sie ret (eventuell mit einem Rückgabewert wie ret 0).
  - Um einen globaleren Sprung zu machen, springen Sie mit j (jump) zu einer beliebigen Zeile (wobei der Sprung halbwegs vernünftig sein sollte).
  - Wenn Sie wissen wollen, wo Sie sich gerade befinden, können Sie list (oder einfach l) nutzen, um sich die zehn Zeilen um die aktuelle Zeile herum ausgeben zu lassen.
  - Durch Drücken der Enter-Taste wird der letzte Befehl wiederholt. Dadurch wird ein schrittweises Vorgehen vereinfacht, und nach l werden damit die nächsten zehn Zeilen ausgegeben.

Die vier Hauptaufgaben (stoppen, Werte anzeigen, in einen anderen Frame springen, schrittweise vorgehen) sind die absoluten Grundlagen. Haben Sie das Gefühl, dass Ihr Debugging-System hier schon Problemen macht, lassen Sie es fallen und suchen sich ein anderes.

GDB-Variablen

Dieser Abschnitt behandelt ein paar nützliche Elemente des GDB, mit denen Sie Ihre Daten mit wenig Aufwand anzeigen lassen können. Alle Anweisungen sind an der GDB-Befehlszeile auszuführen. IDE-Debugger, die auf dem GDB aufbauen, bieten häufig ebenfalls eine Möglichkeit, sich hier einzuklinken.

Es folgt ein Beispielprogramm, das nichts tut, das Sie aber eingeben können, um eine Variable zum Analysieren zu haben. Da es sich um ein Programm handelt, das keine Auswirkungen auf die »Umgebung« hat, müssen Sie das Optimierungs-Flag des Compilers auf -O0 setzen, denn ansonsten wird x komplett verschwinden.

```
int main(){
    int x[20] = {};
    x[0] = 3;
}
```

Hier der allererste Tipp: Mit dem @ erhalten Sie eine Folge von Elementen in einem Array. Setzen Sie zum Beispiel in Zeile 3 des Programms einen Breakpoint, können Sie das erste Dutzend Elemente des Arrays mit folgendem Befehl anzeigen:

```
p *x@12
```

Beachten Sie das Sternchen am Anfang des Ausdrucks – wäre es nicht da, würden wir eine Folge mit einem Dutzend Hexadezimaladressen erhalten.

Der nächste Tipp wird nur für diejenigen neu sein, die das GDB Manual [Stallman 2002] nicht gelesen haben – also vermutlich jeder. Sie können selbst Variablen erzeugen, um sich Tipparbeit zu ersparen. Wollen Sie zum Beispiel ein Element anzeigen lassen, das sich tief in einer Strukturhierarchie versteckt, können Sie so vorgehen:

```
set $vd = my_model->dataset->vector->data
p *$vd@10
```

Die erste Zeile hat dabei die »Debugger-Variable« erzeugt, die den länglichen Pfad zur eigentlichen Variablen ersetzt. Wie bei der Shell steht das Dollarzeichen für eine Variable. Anders als bei der Shell benötigen Sie aber set und auch beim ersten Einsatz der Variablen das Dollarzeichen. Hier haben wir uns nicht viel Tipparbeit erspart, aber wenn Sie den Verdacht haben, dass eine bestimmte Variable Mist baut, ist die Vergabe eines kurzen Variablennamens für die folgende Untersuchung sehr hilfreich.

Dabei handelt es sich nicht einfach um Namen – es sind echte Variablen, die Sie verändern können. Versuchen Sie einmal folgende Anweisungen, nachdem Sie das kleine Beispielprogramm in Zeile 3 oder 4 angehalten haben:

```
set $ptr=&x[3]
p *$ptr = 8
p *($ptr++)   #Den Inhalt des Zeigers ausgeben und einen Schritt weitergehen
```

Die zweite Zeile ist die, in der der Wert am angegebenen Speicherort erhöht wird. In der dritten Zeile wird der Zeiger durch das Erhöhen um eins auf das nächste Listenelement gesetzt (wie in Abschnitt »All die Zeigerarithmetik, die Sie kennen müssen« auf Seite 118). Damit zeigt $ptr nun nach der dritten Zeile auf x[4].

Diese letzte Form ist besonders nützlich, weil durch das Drücken der Enter-Taste ohne eine Eingabe der letzte Befehl wiederholt wird. Da der Zeiger einen Eintrag weitergesprungen ist, erhalten Sie mit jedem Druck auf die Enter-Taste den nächsten Wert, bis Sie zum Ende des Arrays gelangen. Auch bei einer verketteten Liste ist das sehr hilfreich. Stellen Sie sich vor, dass wir eine Funktion haben, die ein Element der verketteten Liste anzeigt. $list soll auf das aktuelle Element zeigen und der Kopf der Liste in list_head liegen. Rufen wir nun folgende Befehle auf:

```
p $list=list_head
show_structure $list->next
```

Drücken wir nun auf die Enter-Taste, können wir die Liste durchlaufen. Später werden wir diese bisher nur theoretische Funktion in die Praxis umsetzen und damit eine Datenstruktur anzeigen.

Aber zuerst noch ein weiterer Trick mit diesen $-Variablen. Lassen Sie mich ein paar Zeilen aus einer Debugger-Session zeigen:

```
(gdb) p x+3
$17 = (int *) 0xbffff9a4
```

Sie haben es vermutlich noch nicht beachtet, aber die Ausgabe der print-Anweisung beginnt mit $17. Tatsächlich wird jede Ausgabe einem Variablennamen zugewiesen, den wir wie jeden anderen verwenden können:

```
(gdb) p *$17
$18 = 8
(gdb) p *$17+3
$19 = 11
```

Wir können uns noch kürzer fassen. Ein einzelnes $ ist eine Variablenkurzform, der die letzte Ausgabe zugewiesen wurde. Haben Sie eine Hexadresse erhalten, während Sie doch eigentlich am Wert hinter dieser Adresse interessiert sind, schreiben Sie in der nächsten Zeile einfach p *$, um den Wert angezeigt zu bekommen. Damit könnten die obigen Schritte so aussehen:

```
(gdb) p x+3
$20 = (int *) 0xbffff9a4
(gdb) p *$
$21 = 8
(gdb) p $+3
$22 = 11
```

Geben Sie Ihre Strukturen aus

Mit dem GDB können Sie einfache Makros definieren, die insbesondere für das Anzeigen nicht-trivialer Datenstrukturen von Nutzen sind – die meistens im Debugger die interessantesten sind. Selbst ein einfaches 2-D-Array ist sehr unübersichtlich, wenn es als eine lange Folge von Zahlen angezeigt wird. In einer perfekten Welt besitzt jede wichtige Struktur, mit der Sie es zu tun haben, einen Debugger-Befehl, mit dem sie sich schnell und übersichtlich anzeigen lassen kann.

Die Möglichkeiten sind recht begrenzt, aber Sie haben bestimmt schon einmal eine C-Funktion geschrieben, die eine komplexe Struktur ausgibt. Das Makro kann solch eine Funktion dann mit wenigen Tastendrücken aufrufen.

Sie können keines Ihrer C-Präprozessormakros am GDB-Prompt einsetzen, da sie schon ersetzt wurden, bevor der Debugger Ihren Code zu sehen bekommt. Haben Sie also ein nützliches Makro in Ihrem Code, müssen Sie es im GDB nachbauen.

Hier eine Funktion, die Sie ausprobieren können, indem Sie einen Breakpoint irgendwo in der Mitte der parse-Funktion aus dem Abschnitt »libxml und cURL« auf Seite 264 setzen. Dort gibt es eine doc-Struktur, die einen XML-Baum repräsentiert. Fügen Sie diese Makros in Ihrer Datei .gdbinit ein.

```
define pxml
    p xmlElemDump(stdout, $arg0, xmlDocGetRootElement($arg0))
end
document pxml
Gibt den Baum eines schon geöffneten XML-Dokuments aus (z. B. ein xmlDocPtr).
Die Ausgabe wird vermutlich über viele Seiten gehen.
Zum Beispiel gegeben: xmlDocPtr doc = xmlParseFile(infile);
Einsatz dann: pxml doc
end
```

Beachten Sie, wie die Dokumentation direkt auf die Funktion folgt – Sie können sie über help pxml oder help user-defined anzeigen lassen. Das Makro selbst erspart Ihnen ein paar Tastendrücke, aber da die häufigste Aktivität im Debugger das Betrachten von Daten ist, summieren sich diese kleinen Dinge auf.

GLib besitzt eine verkettete Listenstruktur, daher wäre ein Viewer für eine solche Liste nützlich. Beispiel 2-1 implementiert diesen über zwei für Benutzer sichtbare Makros (phead zum Anzeigen des Listenkopfs, dann pnext, um weiterzuspringen) und ein Makro, das der Anwender nie aufrufen muss (plistdata, um Redundanzen zwischen phead und pnext zu entfernen).

Beispiel 2-1: Ein Satz Makros, um im GDB eine verkettete Liste einfach anzeigen zu lassen – das vermutlich aufwendigste Debugging-Makro, das Sie je benötigen werden (gdb_showlist)

```
define phead
    set $ptr = $arg1
    plistdata $arg0
end
document phead
Das erste Element einer Liste ausgeben. Zum Beispiel mit der Deklaration
```

```
    Glist *datalist;
    g_list_add(datalist, "Hallo");
lässt sich die Liste mit folgenden Befehlen betrachten:
gdb> phead char datalist
gdb> pnext char
gdb> pnext char
Dieses Makro definiert $ptr als aktuelles Element in der Liste
und $pdata als die Daten in diesem Listenelement.
end

define pnext
    set $ptr = $ptr->next
    plistdata $arg0
end
document pnext
Sie müssen erst phead aufrufen, damit wird $ptr gesetzt.
Dieses Makro springt in der Liste vorwärts, dann zeigt es den Wert dieses
nächsten Elements an. Der Typ der Listendaten wird als einziger Parameter
übergeben.

Dieses Makro definiert $ptr als Zeiger auf das aktuelle Listenelement und
$pdata als die Daten in diesem Listenelement.
end

define plistdata
    if $ptr
        set $pdata = $ptr->data
    else
        set $pdata= 0
    end
    if $pdata
        p ($arg0*)$pdata
    else
        p "NULL"
    end
end
document plistdata
Dieses Makro wird von phead und pnext genutzt (siehe dort). Es setzt
$pdata und gibt dessen Wert aus.
end
```

Beispiel 2-2 enthält einfachen Code, der char*s mithilfe von GList speichert. Setzen Sie einen Breakpoint in Zeile 8 oder 9 und rufen Sie die obigen Makros auf.

Beispiel 2-2: Beispiel-Code zum Debuggen, gleichzeitig eine super-knappe Einführung in die verketteten Listen der GLib (glist.c)

```
#include <stdio.h>
#include <glib.h>

GList *list;

int main(){
    list = g_list_append(list, "a");
    list = g_list_append(list, "b");
    list = g_list_append(list, "c");
```

```
    for ( ; list!= NULL; list=list->next)
        printf("%s\n", (char*)list->data);
}
```

> Sie können Funktionen definieren, die vor oder nach jedem Einsatz eines bestimmten Befehls laufen sollen, zum Beispiel:
>
> ```
> define hook-print
>   echo <----\n
> end
>
> define hookpost-print
>   echo ---->\n
> end
> ```

Damit werden hübsche Begrenzer vor und nach jeder Ausgabe eingefügt. Der spannendste Hook ist `hook-stop`. Macht Ihnen die Variable *suspect* Probleme, sorgen Sie dafür, dass sie bei jedem Programmstopp ausgegeben wird:

```
define hook-stop
  p suspect
end
```

Haben wir das Problem gelöst, definieren wir `hook-stop` wieder neu, sodass er nichts mehr tut:

```
define hook-stop
end
```

> **Sie sind dran:** GDB-Makros können auch ein `while` enthalten, das sehr wie die `if`s in Beispiel 2-2 aussieht (man beginnt mit einer Zeile wie `while $ptr` und schließt mit `end` ab). Schreiben Sie damit ein Makro, das die gesamte Liste auf einmal ausgibt.

Profiling

Es ist egal, wie schnell Ihr Programm ist – Sie werden es immer noch schneller haben wollen. In den meisten Sprachen erhalten Sie dann als Erstes den Tipp, alles in C neu zu schreiben, aber Sie schreiben ja schon in C. Der nächste Schritt ist, die Funktionen zu finden, die die meiste Zeit verbrauchen und daher auch den meisten Gewinn bringen können, wenn man versucht, sie zu optimieren.

Zunächst fügen Sie das Flag -pg zu den CFLAGS von gcc oder icc hinzu (ja, das ist Compiler-spezifisch; gcc bereitet das Programm für gprof vor, der Intel-Compiler für prof, das einen ähnlichen Workflow wie bei den gcc-spezifischen Details besitzt, die ich hier beschreibe). Mit diesem Flag stoppt Ihr Programm alle paar Mikrosekunden und zeichnet auf, welche Funktion aktuell genutzt wird. Diese Aufzeichnungen werden in einem Binärformat nach *gmon.out* geschrieben.

Nur die ausführbare Datei wird einem Profiling unterzogen, keine damit verlinkten Bibliotheken. Müssen Sie also ein Profil einer Bibliothek beim Erstellen eines Testprogramms erzeugen, werden Sie Bibliotheks- und Programmcode zusammenkopieren und als eine große ausführbare Datei kompilieren müssen.

> Nach dem Ausführen Ihres Programms rufen Sie gprof *your_program* > *profile* auf und öffnen dann *profile* in Ihrem Texteditor, um eine lesbare Liste mit Funktionen, ihren Aufrufen und deren Anteil an der Laufzeit des Programms zu erhalten. Sie werden überrascht sein, wo die größten Zeitfresser zu finden sind.

Mit Valgrind auf Fehler prüfen

Einen Großteil der Zeit, die man mit dem Debuggen verbringt, investiert man darin, die erste Stelle im Programm zu finden, an der etwas schiefgeht. Guter Code und ein gutes System finden diese Stelle für Sie. Damit ist gemeint, dass ein gutes System schnell den Fehler erkennt.

C liegt da im Mittelfeld. In manchen Sprachen führt ein Tippfehler wie conut=15 dazu, dass eine neue Variable erzeugt wird, die nichts mit dem count zu tun hat, das Sie eigentlich setzen wollten. Bei C führt das schon beim Kompilieren zu einem Fehler. Andererseits können Sie in C das zehnte Element eines Arrays mit neun Elementen setzen und dann eine ganze Weile herumsuchen, bis Sie merken, dass sich dort, wo Sie das zehnte Element erwarten, nur Müll befindet.

Diese Speicherverwaltungsfehler machen echt Ärger, daher gibt es Tools, um sie zu finden. Unter diesen Tools ist Valgrind eines der ganz großen. Installieren Sie es sich über den Paketmanager. Valgrind führt eine virtuelle Maschine aus, die besser auf den Speicher aufpasst als der echte Rechner. Daher bekommt es mit, wenn Sie das zehnte Element in einem Array mit neun Elementen ansprechen.

Haben Sie ein Programm kompiliert (natürlich mit Debugging-Symbolen durch die Angabe des Flags -g in gcc oder Clang), rufen Sie Valgrind auf:

```
valgrind your_program
```

Tritt ein Fehler auf, liefert Valgrind zwei Stacktraces, die ein wenig wie die Stacktraces aussehen, die Sie im Debugger anzeigen lassen können. Der erste Stacktrace gibt an, wo das Fehlverhalten erstmalig entdeckt wurde, der zweite enthält Valgrinds Vermutung darüber, wo die Ursache für den Fehler liegt. So kann hier zum Beispiel angezeigt werden, wo ein doppelt freigegebener Block das erste Mal freigegeben oder wo der naheliegendste Block mit malloc angefordert wurde. Die Fehler sind häufig subtil, aber wenn man die genaue Zeile hat, auf die man sich konzentrieren kann, ist man schon einen großen Schritt weiter. Valgrind wird noch aktiv weiterentwickelt – Programmierer lieben nichts mehr, als Programmiertools zu schreiben – und ich finde es spannend, jedes Mal zu sehen, wie viel informativer die Ausgabe schon wieder geworden ist und was wir für die Zukunft noch erwarten können.

Für ein Beispiel eines Valgrind-Stacktrace habe ich einen Fehler im Code von Beispiel 9-1 eingefügt, indem ich Zeile 14, free(cmd), verdoppelte. Dadurch wird der cmd-Zeiger einmal in Zeile 14 und nochmals in Zeile 15 freigegeben. Hier der Stacktrace, den ich erhalten habe:

```
    Invalid free() / delete / delete[] / realloc()
       at 0x4A079AE: free (vg_replace_malloc.c:427)
       by 0x40084B: get_strings (sadstrings.c:15)
       by 0x40086B: main (sadstrings.c:19)
     Address 0x4c3b090 is 0 bytes inside a block of size 19 free'd
       at 0x4A079AE: free (vg_replace_malloc.c:427)
       by 0x40083F: get_strings (sadstrings.c:14)
       by 0x40086B: main (sadstrings.c:19)
```

Der erste Frame ist in beiden Stacktraces der Code aus der Standardbibliothek zum Freigeben von Zeigern, aber wir können durchaus davon ausgehen, dass die Standardbibliothek schon ziemlich gut debuggt wurde. Konzentrieren wir uns auf den Teil des Stacks, der selbst geschriebenen Code enthält, führen mich die Stacktraces zu den Zeilen 14 und 15 von *sadstrings.c*, bei denen es sich tatsächlich um die beiden Aufrufe von free(cmd) in meinem angepassten Code handelt.

Sie können auch beim ersten auftretenden Fehler den Debugger starten, indem Sie Valgrind wie folgt aufrufen:

```
valgrind --db-attach=yes your_program
```

Durch diese Art des Startens werden Sie bei einem gefundenen Fehler gefragt, ob Sie den Debugger starten wollen. Dann können Sie wie üblich den Wert fraglicher Variablen überprüfen. Nun haben wir wieder ein Programm, das beim ersten echten Fehler abbricht.

Valgrind prüft auch auf Speicherlecks:

```
valgrind --leak-check=full your_program
```

Das ist im Allgemeinen langsamer, daher werden Sie Valgrind nicht jedes Mal so ausführen lassen. Nach dem Ende erhalten Sie dafür einen Stacktrace für jede Stelle, an der ein übrig gebliebener Zeiger angefordert wurde.

Es ist schwer, Ratschläge für alle Anwendungsfälle von C zu geben. Es ist zwar die gleiche Sprache, aber trotzdem unterscheidet sich der Code für ein geschäftskritisches Unternehmenssystem, das stets zu 100 % lauffähig sein soll, von einer Forschungssimulation, die von Ihnen und ein paar Ihrer Kollegen gestartet wird. Daher ist mein Rat: Sofern Sie nicht davon ausgehen, dass der Code irgendwann einmal in einer Schleife läuft, sollten Sie jedes Speicherleck unter etwa 100 KByte als unwichtig ansehen und es ignorieren. Wir arbeiten an Computern mit Gigabytes an Speicher – da ist es sehr unwahrscheinlich, dass die für das Finden und Beheben solcher Speicherlecks aufgewendete Zeit tatsächlich relevante Auswirkungen auf die Effizienz des Programms hat.

Unit-Tests

Natürlich schreiben Sie Tests für Ihren Code. Sie schreiben *Unit-Tests* für die kleineren Komponenten und *Integrationtests*, um sicherzustellen, dass die Komponenten vernünftig zusammenarbeiten. Vielleicht sind Sie sogar einer von den Entwicklern, die die Unit-Tests erst schreiben und dann das Programm erstellen, mit dem die Tests erfolgreich bestanden werden.

Jetzt haben Sie das Problem, all diese Tests zu organisieren. Da kommt ein *Test-Harnisch* ins Spiel. Ein Test-Harnisch ist ein System, das für jeden Test eine kleine Umgebung aufsetzt, ihn ausführt und dokumentiert, ob das Ergebnis wie gewünscht ist. Wie beim Debugger gehe ich davon aus, dass manche von Ihnen sich fragen, wer den wohl keinen Test-Harnisch einsetzen würde, während sich andere darüber noch nie Gedanken gemacht haben.

Die Auswahl ist hier groß. Es ist recht einfach, ein oder zwei Makros zu schreiben, die jede Testfunktion aufrufen und deren Rückgabewert mit dem erwarteten Ergebnis vergleichen. Daher hat eine Reihe von Entwicklern aus dieser einfachen Ausgangsbasis eine Implementierung eines vollständigen Test-Harnisch gebaut. Aus [Page 2008]: »Microsofts internes Repository für gemeinsam genutzte Tools enthält mehr als 40 Einträge zu *Test-Harnisch*.« Aus Gründen der Konsistenz zum Rest des Buchs werden ich Ihnen den Test-Harnisch von GLib vorstellen. Da alle Test-Harnische sehr ähnlich sind und weil ich nicht so weit ins Detail gehen werde, dass ich Ihnen die Dokumentation zu GLib vortrage, sollte Ihnen die Beschreibung in den folgenden Absätzen auch bei anderen Produkten helfen.

Ein Test-Harnisch besitzt ein paar Features, die das klassische, selbst geschriebene Makro ausstechen können:

- Sie müssen auch die Abbrüche testen. Soll eine Funktion abbrechen oder mit einer Fehlermeldung beendet werden, brauchen Sie die Möglichkeit, diese Konstellation auch abzufragen.
- Jeder Test wird getrennt von den anderen getestet. So brauchen Sie sich nicht zu sorgen, dass Test 3 das Ergebnis von Test 4 beeinflusst. Wollen Sie sicherstellen, dass sich zwei Funktionen nicht ungewollt ins Gehege kommen, lassen Sie sie nacheinander in einem Integrationstest laufen, nachdem Sie sie getrennt in Unit-Tests geprüft haben.
- Sie müssen vermutlich ein paar Datenstrukturen aufbauen, bevor Sie Ihre Tests ausführen können – da wäre es doch nett, wenn die gleichen Strukturen für viele Tests zur Verfügung stünden.

Beispiel 2-3 zeigt ein paar einfache Unit-Tests des Dictionary-Objekts aus »Ein Dictionary implementieren« auf Seite 225, bei denen diese drei Features eines Test-Harnischs genutzt werden. Das Dictionary ist ein einfacher Satz aus Schlüssel/Wert-Paaren, daher geht es bei den meisten Tests darum, einen Wert für einen gegebenen Schlüssel zu erhalten und sicherzustellen, dass alles korrekt funktioniert. Beachten Sie, dass ein Schlüssel mit dem Wert NULL nicht akzeptiert wird und wir daher prüfen, ob das Programm gestoppt wird, wenn solch ein Schlüssel auftaucht.

Beispiel 2-3: Ein Test des Dictionary aus Abschnitt »Ein Dictionary implementieren« auf Seite 225 (dict_test.c)

```c
#include <glib.h>
#include "dict.h"

typedef struct {                                          ❶
    dictionary *dd;
} dfixture;

void dict_setup(dfixture *df, gconstpointer test_data){   ❷
    df->dd = dictionary_new();
    dictionary_add(df->dd, "key1", "val1");
    dictionary_add(df->dd, "key2", NULL);
}

void dict_teardown(dfixture *df, gconstpointer test_data){
    dictionary_free(df->dd);
}

void check_keys(dictionary const *d){                     ❸
    char *got_it = dictionary_find(d, "xx");
    g_assert(got_it == dictionary_not_found);
    got_it = dictionary_find(d, "key1");
    g_assert_cmpstr(got_it, ==, "val1");
    got_it = dictionary_find(d, "key2");
    g_assert_cmpstr(got_it, ==, NULL);
}

void test_new(dfixture *df, gconstpointer ignored){
    check_keys(df->dd);
}

void test_copy(dfixture *df, gconstpointer ignored){
    dictionary *cp = dictionary_copy(df->dd);
    check_keys(cp);
    dictionary_free(cp);
}

void test_failure(){                                      ❹
    if (g_test_trap_fork(0, G_TEST_TRAP_SILENCE_STDOUT | G_TEST_TRAP_SILENCE_STDERR)){
        dictionary *dd = dictionary_new();
        dictionary_add(dd, NULL, "blank");
    }
    g_test_trap_assert_failed();
    g_test_trap_assert_stderr("NULL is not a valid key.\n");
}

int main(int argc, char **argv){
    g_test_init(&argc, &argv, NULL);
    g_test_add ("/set1/new test", dfixture, NULL,          ❺
                                dict_setup, test_new, dict_teardown);
    g_test_add ("/set1/copy test", dfixture, NULL,
                                dict_setup, test_copy, dict_teardown);
```

```
    g_test_add_func ("/set2/fail test", test_failure);   ❻
    return g_test_run();
}
```

❶ Die Elemente, die in einem Satz Tests genutzt werden, werden als *Fixture* bezeichnet. Bei GLib muss jedes Fixture ein Struct sein, daher erstellen wir eine Wegwerfstruktur, die vom Setup an die Tests und das Teardown übergeben wird.

❷ Hier befinden sich die Skripte für Setup und Teardown, mit denen die Datenstrukturen für die Tests erstellt werden.

❸ Nachdem die Setup- und Teardown-Funktionen definiert sind, handelt es sich bei den Tests selbst nur um eine Abfolge einfacher Operationen auf den Strukturen im Fixture und um Assertions, die sicherstellen, dass alles nach Plan läuft. Der GLib-Test-Harnisch bietet ein paar zusätzliche Assertions-Makros, wie zum Beispiel das hier verwendete Makro für den String-Vergleich.

❹ GLib testet mit dem POSIX-Systemaufruf `fork` auf Fehler (es läuft also unter Windows nicht ohne POSIX-Subsystem). Durch den `fork`-Aufruf wird ein neues Programm erzeugt, das den Inhalt der `if`-Anweisung ausführt, fehlschlagen sollte und dann `abort` aufruft. Das Programm beobachtet die geforkte Version und prüft, ob sie einen Fehler meldet und ob die richtige Fehlermeldung nach `stderr` geschrieben wurde.

❺ Tests sind über pfadähnliche Strings in Sets zusammengefasst. Das Argument `NULL` könnte ein Zeiger auf ein Dataset sein, das vom Test genutzt wird, aber nicht vom System auf- und abgebaut wird. Beachten Sie, dass sowohl der New- als auch der Copy-Test die gleichen Setup- und Teardown-Funktionen verwenden.

❻ Müssen Sie vor und nach dem Aufruf kein Setup und Teardown durchführen, verwenden Sie diese einfachere Form zum Ausführen des Tests.

Ein Programm als Bibliothek verwenden

Der einzige Unterschied zwischen einer Funktionsbibliothek und einem Programm ist, dass zum Programm eine Funktion `main` gehört, die angibt, wo mit der Ausführung begonnen werden soll.

Dann und wann habe ich eine Datei, die etwas erledigt, was nicht wichtig genug ist, um es als eigenständige dynamische Bibliothek einzurichten. Sie muss trotzdem getestet werden, und ich kann die Tests über eine Präprozessoranweisung in der gleichen Datei wie alles andere unterbringen. Im folgenden Codeschnipsel ist der Code ein Programm, der die Tests ausführt, wenn `Test_operations` definiert ist (auf die verschiedenen Möglichkeiten dazu gehe ich später noch ein). Ist `Test_operations` nicht definiert (der Normalfall), wird der Code ohne `main` kompiliert, um von anderen Programmen genutzt zu werden.

```
    int operation_one(){
        ...
    }
```

```
int operation_two(){
    ...
}

#ifdef Test_operations

    void optest(){
        ...
    }

    int main(int argc, char **argv){
        g_test_init(&argc, &argv, NULL);
        g_test_add_func ("/set/a test", test_failure);
    }

#endif
```

Es gibt ein paar Möglichkeiten, die Variable Test_operations zu definieren. Mit den üblichen Flags können Sie (zum Beispiel in Ihrem Makefile) dies hinzufügen:

```
CFLAGS=-DTest_operations
```

Das Flag -D ist das Compiler-Flag nach POSIX-Standard, das der Zeile #define Test_operations am Anfang jeder .c-Datei entspricht.

Automake (siehe Kapitel 3: *Verpacken Sie Ihr Projekt*) bietet einen Operator +=, sodass Sie mit den üblichen Flags in AM_CFLAGS das Flag -D wie folgt ergänzen können:

```
check_CFLAGS  = $(AM_CFLAGS)
check_CFLAGS += -DTest_operations
```

Das bedingte Einbinden von main kann auch in anderer Hinsicht praktisch werden. So muss ich zum Beispiel häufig eine Analyse auf irgendwelchen seltsamen Datensätzen durchführen. Bevor ich die eigentliche Analyse schreibe, muss ich erst eine Funktion schreiben, die die Daten einliest und säubert. Dann folgen ein paar Funktionen, die mit statistischen Werten kontrollieren, ob die Daten und meine Vorgehensweise vernünftig sind. Das befindet sich alles in *modelone.c*. Eine Woche später habe ich vielleicht eine Idee für ein neues beschreibendes Modell, das natürlich stark auf die bestehenden Funktionen zum Säubern der Daten und zum Anzeigen der grundlegenden Statistiken zurückgreift. Indem ich main bedingt in *modelone.c* einbinde, kann ich das ursprüngliche Programm schnell in eine Bibliothek umwandeln. Hier ein Rahmen für *modelone. c*:

```
void read_data(){
    [Hier Datenbank-Aktivitäten]
}

#ifndef MODELONE_LIB
int main(){
    read_data();
    ...
}
#endif
```

Ich nutze eher `#ifndef` statt `#ifdef`, da ich standardmäßig *modelone.c* als Programm verwende, aber das funktioniert ansonsten genau so wie beim bedingten Einbinden von main zu Testzwecken.

Abdeckung

Wie sieht es mit Ihrer Testabdeckung aus? Gibt es von Ihnen geschriebene Codezeilen, die nicht durch einen Ihrer Tests durchlaufen werden? gcc hat seinen Partner gcov, der zählt, wie häufig jede Codezeile von einem Programm durchlaufen wurde. Die Prozedur:

- Ergänzen Sie die `CFLAGS` Ihres gcc durch `-fprofile-arcs -ftest-coverage`. Setzen Sie eventuell das Flag `-O0`, sodass keine Codezeile wegoptimiert wird.
- Wenn das Programm läuft, erzeugt jede Quelldatei *yourcode.c* ein oder zwei Datendateien: *yourcode.gcda* und *yourcode.gcno*.
- Durch die Anweisung gcov *yourcode.gcda* wird nach `stdout` der Prozentsatz der ausführbaren Codezeilen geschrieben, die von Ihrem Programm auch durchlaufen werden (Deklarationen, `#include`-Zeilen und so weiter zählen nicht), und *yourcode.c.cov* erstellt.
- Die erste Spalte von *yourcode.c.cov* zeigt, wie oft jede ausführbare Zeile von Ihren Tests durchlaufen wurde. Zeilen, die gar nicht angesprungen wurden, erkennen Sie deutlich am dicken, fetten #####. Das sind die Teile, für die Sie sich einen weiteren Test überlegen sollten.

Beispiel 2-4 zeigt ein Shell-Skript, das all diese Schritte zusammenfasst. Ich nutze hier ein Dokument, um das Makefile zu erzeugen, daher kann ich alle Schritte in dieses Skript stecken. Nach dem Kompilieren, Ausführen und gcov-ern des Programms suche ich mit grep nach den #####-Kennzeichen. Das Flag `-C3` von GNU grep zeigt drei Kontextzeilen um gefundene Stellen herum an. Das ist kein POSIX-Standard, aber `pkg-config` oder die Flags zur Testabdeckung sind das ja auch nicht.

Beispiel 2-4: Ein Skript zum Kompilieren für das Ermitteln der Testabdeckung, Ausführen der Tests und Ausgeben der noch nicht getesteten Codezeilen (gcov.sh)

```
cat > makefile << '------'
P=dict_test
objects= keyval.o dict.o
CFLAGS = `pkg-config --cflags glib-2.0` -g -Wall -std=gnu99 \
         -O0 -fprofile-arcs -ftest-coverage
LDLIBS = `pkg-config --libs glib-2.0`
CC=gcc

$(P):$(objects)
------

make
./dict_test
for i in *gcda; do gcov $i; done;
grep -C3 '#####' *.c.gcov
```

Dokumentation einweben

Sie brauchen Dokumentation. Sie wissen das und Sie wissen, dass Sie sie aktuell halten müssen, wenn sich der Code ändert. Aber irgendwie ist das Dokumentieren häufig der erste Aspekt beim Programmieren, der hinten runterfällt. Es ist so einfach zu sagen: »Es läuft, ich werde es später dokumentieren.«

Sie müssen also das Schreiben der Dokumentation so einfach wie möglich gestalten. Daraus folgt direkt, dass Sie die Dokumentation für den Code in der gleichen Datei wie den Code selbst pflegen sollten – und zwar so nahe am jeweiligen Code, wie es geht. Das heißt, dass Sie eine Möglichkeit brauchen, die Dokumentation aus der Codedatei zu extrahieren.

Befindet sich die Dokumentation direkt beim Code, ist auch die Chance größer, dass Sie sie lesen. Es ist eine gute Angewohnheit, die Dokumentation für eine Funktion erneut zu lesen, bevor Sie diese überarbeiten. Dann wissen Sie, was die Funktion (bisher) tat, und Sie werden auch eher daran denken, die Dokumentation zu ändern, wenn sich das Verhalten der Funktion ändert.

Ich werde Ihnen zwei Möglichkeiten vorstellen, Dokumentation in den Code einzuweben: Doxygen und CWEB. Ihr Paketmanager sollte beides problemlos installieren können.

Doxygen

Doxygen ist ein einfaches System mit einfachen Zielen. Es kann am besten dazu eingesetzt werden, jeder Funktion, jeder Struktur und jedem anderen Block eine Beschreibung zu verpassen. Das ist der Fall beim Dokumentieren einer Schnittstelle für Anwender, die keinen Blick auf den Code selbst werfen wollen. Die Beschreibung wird in einem Kommentarblock am Anfang der Funktion, des Struct oder Ähnlichem abgelegt. So ist es einfach, erst den Doku-Kommentar zu schreiben und dann die Funktion selbst, um all den Kompromissen aus dem Weg zu gehen, die Sie sonst eingehen.

Die Syntax für Doxygen ist sehr einfach, und mit einer kurzen Aufzählung kommen Sie schon sehr weit:

- Beginnt ein Kommentarblock mit zwei Sternchen, `/** wie hier */`, parst Doxygen den Kommentar. Kommentarblöcke mit einem Sternchen, `/* wie dieser */`, werden ignoriert.
- Soll Doxygen eine Datei parsen, muss am Anfang der Datei ein Kommentar `/** \file */` stehen. Haben Sie das vergessen, erzeugt Doxygen keine Ausgabe für die Datei und gibt Ihnen dabei auch keinen Hinweis, was fehlt.
- Fügen Sie den Kommentar direkt vor der Funktion, dem Struct und so weiter ein.
- Ihre Funktionsbeschreibungen sollten `\param`-Segmente für die Eingabeparameter und eine `\return`-Zeile für den zu erwartenden Rückgabewert enthalten.
- Mit `\ref` setzen Sie Querverweise auf andere dokumentierte Elemente (einschließlich Funktionen oder Seiten).

- Statt eines Backslashs können Sie auch ein @ nutzen: `@file`, `@mainpage` und so weiter. Dies ist eine Emulation von JavaDoc, das wiederum WEB zu emulieren scheint. Als LaTeX-Anwender bin ich mehr an den Backslash gewöhnt.

Um Doxygen auszuführen, benötigen Sie eine Konfigurationsdatei – und es gibt eine ganze Menge Optionen, die sich konfigurieren lassen. Doxygen besitzt einen pfiffigen Trick dazu. Führen Sie folgenden Befehl aus:

```
doxygen -g
```

Damit wird eine Konfigurationsdatei für Sie erstellt. Sie können diese dann öffnen und nach Bedarf anpassen; die Dokumentation ist natürlich umfassend. Danach rufen Sie doxygen allein auf, um die Ausgabe zu erzeugen. Dabei kann HTML, PDF, XML oder es können Manpages entstehen – so, wie Sie es angegeben haben.

Ist bei Ihnen Graphviz installiert (fragen Sie mal Ihren Paketmanager danach), kann Doxygen sogenannte *Call Graphs* erzeugen: Diagramme, die zeigen, welche Funktionen welche anderen Funktionen aufrufen. Müssen Sie sich zügig mit einem umfangreichen Programm vertraut machen, kann dies eine praktische Möglichkeit sein, schnell ein Gefühl für den Ablauf im Code zu erhalten.

Ich habe Abschnitt »libxml und cURL« auf Seite 264 mit Doxygen dokumentiert. Schauen Sie es sich an und überlegen Sie, wie gut sich das für Sie lesen lässt. Sie können Doxygen drüberlaufen lassen und die so erzeugte HTML-Dokumentation betrachten.

Die Geschichte

Ihre Dokumentation sollte aus mindestens zwei Teilen bestehen: Die technische Dokumentation beschreibt die Details Funktion für Funktion, während eine Geschichte dem Anwender erklärt, worum es in dem Paket geht und wie man vorgeht.

Beginnen Sie mit der Geschichte in einem Kommentarblock mit dem Header `\mainpage`. Erzeugen Sie HTML-Seiten, wird dieser Text auf Ihrer Website in *index.html* erscheinen – die erste Seite, die der Leser zu sehen bekommen sollte. Danach können Sie so viele Seiten anlegen, wie Sie wollen. Nachfolgende Seiten erhalten einen Header der Form:

```
/** \page onewordtag Titel Ihrer Seite
*/
```

Zurück auf der Hauptseite (oder auf einer beliebigen anderen, auch in der Funktionsdokumentation) fügen Sie `\ref` *onewordtag* hinzu, um einen Link auf die neue Seite zu erzeugen. Sie können auch der Hauptseite ein Tag und einen Titel verpassen.

Die »Geschichtsseiten« können sich irgendwo in Ihrem Code befinden. Entweder Sie schreiben die Kommentare möglichst nahe am Code, oder Sie erzeugen eine eigenständige Datei, die nur aus Doxygen-Kommentaren besteht und vielleicht den Namen *documentation.h* trägt.

Literaler Code mit CWEB

TeX, ein System zum Setzen von Dokumenten, wird häufig als Beispiel für ein komplexes System genannt, das sehr gut gemacht ist. Es ist etwa 35 Jahre alt und erzeugt (meiner Meinung nach) immer noch den schönsten Mathematik-Satz aller verfügbaren Satzsysteme. Viele neuere Systeme versuchen erst gar nicht, sich damit zu messen, sondern nutzen TeX als Backend für den Textsatz. Sein Autor Donald Knuth hatte eine Prämie für gefundene Fehler ausgesetzt, aber nachdem viele Jahre vergangen waren, ohne dass einer gemeldet wurde, hat er sie wieder eingestellt.

Dr. Knuth hat die hohe Qualität von TeX mit der Art erklärt, wie sein Code entstand: mit *literaler Programmierung*, bei der vor jedem Codebereich beschrieben wird, was der Zweck und die Funktionsweise des folgenden Codes sind. Das fertige Produkt sieht wie eine textuelle Beschreibung des Codes aus – eingestreut sind ein paar tatsächliche Codeschnipsel, um die Beschreibung für den Computer zu formalisieren (im Gegensatz zum typischen dokumentierten Code, bei dem dieser den Text bei Weitem überwiegt). Knuth hat TeX in WEB geschrieben, einem System, das englischen, beschreibenden Text mit PASCAL-Code kombiniert. Heutzutage ist der Code in C geschrieben, und da TeX schon eine schöne Dokumentation erzeugen kann, können wir es auch gleich als Auszeichnungssprache verwenden. Kommen wir damit zu CWEB.

Es ist leicht, Lehrbücher zu finden, die mit CWEB ihren Inhalt organisieren und präsentieren (zum Beispiel [Hanson 1996]). Wenn jemand anderes Ihren Code verstehen will (das kann auch ein Kollege oder ein Review-Team sein), ist CWEB durchaus sinnvoll.

Ich habe Abschnitt »Ein agentenbasiertes Modell der Gruppenbildung« auf Seite 239 mit CWEB geschrieben. Hier ein kurzer Überblick, sodass Sie wissen, wie Sie es kompilieren und welche CWEB-spezifischen Features es gibt:

- CWEB-Dateien werden üblicherweise mit der Dateierweiterung *.w* abgespeichert.
- Mit `cweave` *groups.w* wird eine *.tex*-Datei erzeugt, danach rufen Sie `pdftex` *groups.tex* auf, um eine PDF-Datei zu erhalten.
- Mit `ctangle` *groups.w* erhalten Sie eine *.c*-Datei. GNU make weiß, wie es mit solchen Dateien umgehen muss, daher reicht ein Aufruf von `make groups`, damit `ctangle` gestartet wird.

Der Tangle-Schritt entfernt Kommentare, daher sind CWEB und Doxygen untereinander inkompatibel. Sie können aber vielleicht eine Header-Datei mit einem Header für jede öffentliche Funktion und Struktur erzeugen, um dieses mit Doxygen in eine Schnittstellenübersicht zu verwandeln, während Sie mit CWEB die eigentlichen Codezeilen beschreiben.

Hier das CWEB-Manual – reduziert auf sieben Punkte:

- Jede Anweisung für CWEB besteht aus einem @, gefolgt von einem einzelnen Buchstaben. Achten Sie darauf, dass Sie `@<Titel@>` schreiben und nicht `@<falscher Titel>@`.

- Jedes Segment besitzt einen Kommentar, gefolgt vom Code. Es ist in Ordnung, einen leeren Kommentar zu haben, aber der Kommentar-Code-Rhythmus muss eingehalten werden, da ansonsten alle möglichen Fehler auftauchen können.
- Beginnen Sie einen Textabschnitt mit einem @, gefolgt von einem Leerzeichen. Dann können Sie Ihren Text schreiben, wobei Sie TeX-Formatierung nutzen.
- Beginnen Sie einen namenlosen Codeblock mit @c.
- Einen benannten Codeblock beginnen Sie mit einem Titel, gefolgt von einem Gleichheitszeichen (weil das eine Definition ist): @<eine Operation@>=.
- Dieser Block wird unformatiert dort eingefügt, wo Sie den Titel verwenden. Damit ist solch ein benannter Codeblock ein Makro, das zum entsprechenden Code erweitert wird – nur ohne die ganzen zusätzlichen Regeln von C-Präprozessormakros.
- Abschnitte (wie die in dem Beispiel zur Gruppenmitgliedschaft, das Einrichten, das Plotten mit Gnuplot und so weiter) beginnen mit einem @* und einem Titel, der mit einem Punkt endet.

Damit sollten Sie für den Einstieg in CWEB gewappnet sein. Schauen Sie sich Abschnitt »Ein agentenbasiertes Modell der Gruppenbildung« auf Seite 239 an und versuchen Sie, es zu »lesen«. Jeder Codeschnipsel im Buch, der mit /** beginnt, besitzt zudem das Doxygen-Format.

> ## Ein besserer Schreiber werden
>
> Es kostet nur unnötig Kraft, sich an die Lage der &-Taste erinnern zu müssen, während man gleichzeitig versucht, ein kompliziertes Zeigerproblem zu beheben. Das ist vielleicht jetzt nicht der Tipp zu C, den Sie erwartet haben, aber ich möchte Ihnen beschreiben, wie ich mir selbst das schnelle Tippen beigebracht habe.
>
> Arbeiten Sie immer noch nach dem Adlersuchsystem, gibt es Unmengen an Tutorials, die Ihnen zeigen, wie Sie »richtig« schreiben lernen. Ihre Suchmaschine wird da sicherlich hilfreicher sein als ich. Ich selbst erreichte irgendwann einen Punkt, an dem ich zwar rein technisch gesehen wusste, wie ich zu tippen hatte, aber nicht weiterkam. Da kam mir der hier beschriebene Tipp gerade recht und sorgte dafür, dass ich jetzt so am Computer arbeiten kann, wie ich es heute tue.
>
> Wenn Sie das nächste Mal am Computer viel mit der Tastatur zu tun haben, holen Sie sich ein leichtes T-Shirt und legen es über die Tastatur. Schieben Sie Ihre Hände dazwischen und beginnen Sie mit dem Schreiben.
>
> Sinn der Sache ist, dieses kurze Spicken zu vermeiden, das wir alle tun, um zu prüfen, wo die Tasten sind. Die sind aber recht immobil und befinden sich immer genau da, wo Sie sie zurückgelassen haben. Die Minipausen, in denen wir die Tastatur anschauen, um sicherzugehen, dass alles am rechten Fleck ist, kosten jedoch Zeit. Wenn Sie alt genug sind, dieses Buch zu lesen, haben Sie bereits jahrelang eine QWERTZ-Tastatur angeschaut, und dieses kurze Spicken macht Sie nur langsamer.
>
> Wenn Sie nicht sehen, auf was Sie tippen, wird Sie das zu Beginn sicherlich frustrieren. Aber kämpfen Sie sich durch die erste Unbehaglichkeit und machen Sie sich auch mit den

> Tasten vertraut, die Sie nur selten verwenden und deren Position Sie nie richtig erlernt haben. Sind Sie mit Ihrer Tastatur vertrauter, können Sie Ihre Denkleistung mehr auf den Code lenken.

Fehlerprüfung

Ein vollständiges Lehrbuch zur Programmierung muss mindestens eine Lektion besitzen, in der darauf hingewiesen wird, wie wichtig der Umgang mit Fehlern ist, die von aufgerufenen Funktionen geschickt werden.

Okay, gehen wir davon aus, dass Sie die Lektion gelernt haben. Jetzt wollen wir uns anschauen, wie und wann Sie Fehler von selbst geschriebenen Funktionen zurückgeben. Es gibt eine Reihe unterschiedlicher Fehlertypen in vielen verschiedenen Kontexten, daher müssen wir die Frage in ein paar Unterfälle aufteilen:

- Was wird der Anwender mit der Fehlermeldung machen?
- Ist der Empfänger ein Mensch oder eine andere Funktion?
- Wie kann der Fehler an den Anwender weitergegeben werden?Ich werde die dritte Frage für später aufheben (Abschnitt »Mehrere Elemente aus einer Funktion zurückgeben« auf Seite 187), aber die ersten beiden Fragen bieten uns schon eine ganze Reihe nachdenkenswerter Aspekte.

Wie ist der Anwender in den Fehler involviert?

Ein gedankenloser Umgang mit Fehlern, bei dem Codeautoren ihren Code mit Fehlerprüfungen aufrüsten, weil man gar nicht genug davon haben kann, ist nicht unbedingt der richtige Ansatz. Sie müssen die Zeilen zur Fehlerprüfung genauso warten wie alle anderen, und jeder Anwender Ihrer Funktion muss sich mit endlosen Listen möglicher Fehlercodes vertraut machen. Werfen Sie dann Fehlercodes, zu denen es keinen sinnvollen Ausweg gibt, bleibt der Anwender der Funktion verunsichert und mit Schuldgefühlen zurück. Es gibt durchaus »Too much Information« (TMI).

Um die Frage anzugehen, wie ein Fehler weiterverarbeitet wird, denken Sie auch an die damit verbundene Frage, nämlich wie der Anwender an der Ursache des Fehlers beteiligt war.

- *Manchmal kann der Anwender nicht wissen, ob ein Eingabewert gültig ist, bevor er die Funktion aufruft.* Das klassische Beispiel ist das Nachschlagen eines Schlüssels in einer Schlüssel/Wert-Liste, der nicht vorhanden ist. In diesem Fall können Sie sich die Funktion als eine Lookup-Funktion vorstellen, die Fehler wirft, wenn der Schlüssel nicht in der Liste zu finden ist, oder Sie sehen die Funktion als eine mit doppelter Funktionalität – entweder werden Schlüssel nachgeschlagen, oder der Anwender wird darüber informiert, ob der Schlüssel vorhanden ist oder nicht.

Oder ein Beispiel aus der Mathematik: Beim Lösen der quadratischen Gleichung muss sqrt(b*b - 4*a*c) berechnet werden. Ist der Term in den Klammern negativ, ist die Wurzel keine reelle Zahl. Es wäre unschön, den Anwender der Funktion erst b*b - 4*a*c berechnen zu lassen, damit er weiß, ob er die Funktion aufrufen darf, daher sollte man darüber nachdenken, ob die Funktion entweder die Lösungen der quadratischen Gleichung zurückgibt oder meldet, ob die Lösungen reell sind oder nicht.

In diesen Beispielen mit einer nicht-trivialen Eingabeprüfung sind »falsche« Eingabewerte kein Fehler, sondern kommen immer wieder vor und gehören zu den erlaubten Werten. Bricht eine Fehlerhandling-Funktion bei Fehlern ab oder hält das Programm auf anderem Weg destruktiv an (wie das der folgende Fehlerhandler macht), sollte diese in solchen Situationen nicht aufgerufen werden.

- *Anwender übergeben offensichtliche falsche Eingabewerte.* Das können ein NULL-Zeiger oder sonst wie falsch formatierte Daten sein. Ihre Funktion muss das prüfen, um eine Schutzverletzung oder andere Fehlfunktionen zu verhindern. Aber man kann sich nur schwer vorstellen, was der Aufrufer mit dieser Information anstellen will. Die Dokumentation für *yourfn* weist vielleicht die Anwender darauf hin, dass der Zeiger nicht NULL sein kann. Wenn diese das ignorieren und den Code int* indata=NULL; *yourfn*(indata) nutzen und Sie einen Fehler wie Error: NULL pointer input zurückgeben, ist nur schwer vorstellbar, was der Aufrufer dann anderes machen wird.

  Eine Funktion hat oft am Anfang viele Zeilen der Form if (input1==NULL) return -1; ... if (input20==NULL) return -1;. Ich finde, dass die Rückmeldung, welche der grundlegenden Anforderungen aus der Dokumentation nicht erfüllt wurde, schon zu viel Information ist.

- *Der Fehler entsteht nur aus der internen Verarbeitung.* Dazu gehören auch Fehler, bei denen eine interne Berechnung eine ungültige Antwort erhalten hat – wie zum Beispiel von Hardware, die nicht reagiert, oder ausgelöst durch eine gekappte Netzwerk- oder Datenbankverbindung.

  Solche Fehler können häufig von Anwendern behoben werden (zum Beispiel indem am Netzwerkkabel gewackelt wird). Oder wenn der Anwender ein GByte Daten im Speicher ablegen will, aber so viel Platz nicht mehr vorhanden ist, bietet sich ein Out-of-Memory-Fehler an. Soll allerdings nur Platz für einen 20-Zeichen-String angefordert werden und das geht schon schief, ist die Maschine entweder überlastet, oder sie brennt – bei beidem lässt sich diese Information vom Aufrufer meist nur schwerlich nutzen, um da sauber wieder rauszukommen. Je nach Kontext können solche »Der Computer brennt«-Fehler kontraproduktiv oder TMI sein.

  Fehler bei der internen Verarbeitung (also Fehler, die nichts mit externen Bedingungen und nicht direkt mit einer irgendwie ungültigen Eingabe zu tun haben), können vom Aufrufer nicht aufgelöst werden. In diesem Fall ist es manchmal schon zu viel Information, dem Anwender die Details zum Fehler zukommen zu lassen. Der Aufrufer muss wissen, dass die Ausgabe nicht sinnvoll ist, aber ein Unterteilen in alle möglichen Fehlerquellen lässt den Anwender (der diese ja alle unterscheiden muss) mit mehr Arbeit zurück.

Der Kontext, in dem der Anwender arbeitet

Wie oben gesehen, nutzen wir häufig eine Funktion, um die Gültigkeit eines Satzes von Eingabewerten zu prüfen. Solch eine Anwendung ist nicht per se ein Fehler, und die Funktion ist dann am nützlichsten, wenn sie einen sinnvollen Wert für diese Fälle zurückgibt, statt einen Fehlerhandler aufzurufen. Der Rest dieses Abschnitts dreht sich daher um die *echten* Fehler.

- Hat der Anwender des Programms Zugriff auf einen Debugger und lässt sich dieser auch sinnvoll einsetzen, ist die schnellste Fehlerreaktion ein Aufruf von abort, womit das Programm abbricht. Dann hat der Anwender Zugriff auf die lokalen Variablen und den Stacktrace. Die Funktion abort gehört schon ewig zum C-Standard (Sie müssen #include <stdlib.h> nutzen).
- Handelt es sich bei dem Anwender des Programms wiederum um ein Java-Programm oder hat der Benutzer keine Ahnung, was ein Debugger ist, ist abort sehr unschön, und die richtige Reaktion ist die Rückgabe eines Fehlercodes, der darauf verweist, dass es ein Problem gibt.

Beide Fälle sind sehr plausibel, daher kann man so entgegenkommend sein, über eine if/then-Abfrage den Anwender entscheiden zu lassen, wie sich das Programm verhalten soll.

Es ist schon lange her, dass ich eine nicht-triviale Bibliothek zu Gesicht bekam, die nicht ihr eigenes Fehlerhandling-Makro mitbrachte. Denn das ist genau das Level, bei der der C-Standard nichts zu bieten hat, aber die Implementierung mit C so einfach ist. Daher schreibt sich jeder seinen eigenen Code.

Das Standardmakro assert (zu erreichen über #include <assert.h>) prüft eine Bedingung von Ihnen und stoppt, sollte diese false sein. Jede Implementierung geht ein bisschen anders vor, aber im Endeffekt läuft es auf folgende Zeile hinaus:

```
#define assert(test) (test) ? 0 : abort();
```

assert allein ist schon nützlich, um in Ihrer Funktion zu prüfen, ob die Zwischenschritte das tun, was sie tun sollen. Ich nutze assert aber auch gern als Dokumentation: Eigentlich ist es ein Test, den der Computer ausführt, aber wenn ich assert(matrix_a->size1 == matrix_b->size2) lese, werde ich ebenfalls daran erinnert, dass die Dimensionen der beiden Matrizen zueinander passen müssen. Allerdings bietet assert nur die erste Art von Reaktion (Abbruch), daher müssen Assertions verpackt werden.

Beispiel 2-5 stellt ein Makro vor, das beide Bedingungen erfüllt, ich werde darauf in Abschnitt »Variadische Makros« auf Seite 177 noch weiter eingehen. Beachten Sie auch, dass manche Anwender sehr gut mit stderr umgehen können, während andere keine Erfahrung damit haben.

Beispiel 2-5: Ein Makro für die Fehlerbehandlung: Fehler werden dokumentiert oder aufgezeichnet; der Anwender entscheidet, ob das Programm abgebrochen wird oder ob es weitergeht (stopif.h)

```
#include <stdio.h>
#include <stdlib.h> //abort
```

```c
/** Auf \c 's' setzen, um das Programm bei einem Fehler zu stoppen.
    Ansonsten geben Funktionen bei einem Fehler einen Wert zurück.*/
char error_mode;

/** Wohin sollen Fehler geschrieben werden? Ist dies \c NULL, wird nach \c stderr geschrie-
ben. */
FILE *error_log;

#define Stopif(assertion, error_action, ...)                    \
        if (assertion){                                         \
            fprintf(error_log ? error_log : stderr, __VA_ARGS__); \
            fprintf(error_log ? error_log : stderr, "\n");      \
            if (error_mode=='s') abort();                       \
            else                 {error_action;}                \
        }
```

Hier ein paar Beispielanwendungen:

```c
Stopif(!inval, return -1, "inval darf nicht NULL sein");
Stopif(isnan(calced_val), goto nanval, "Calced_val war NaN. Räume auf und springe zu-
rück.");
...
nanval:
    free(scratch_space);
    return NAN;
```

Die häufigste Reaktion auf einen Fehler ist einfach die Rückgabe eines Werts. Nutzen Sie das Makro ohne weitere Veränderungen, werden Sie ziemlich häufig return tippen. Das kann aber durchaus sinnvoll sein. Autoren beschweren sich oft, dass sich ausgefeilte try-catch-Umgebungen nicht anders verhalten als die zu Recht verrufenen goto-Einsätze. Es lohnt sich also, den Leser der Codezeilen daran zu erinnern, dass sich der Programmablauf bei einem Fehler ändert und dass die Fehlerbehandlung möglichst einfach gehalten werden sollte.

Wie sollte ein Hinweis auf einen Fehler zurückgegeben werden?

Ich werde diese Frage im Kapitel zum Umgang mit Structs noch genauer beantworten (siehe Abschnitt »Mehrere Elemente aus einer Funktion zurückgeben« auf Seite 187), denn wenn Ihre Funktion eine gewisse Komplexitätsstufe überschritten hat, ergibt es Sinn, ein Struct zurückzugeben. Dann ist es ziemlich einfach und gleichzeitig sehr sinnvoll, dieses Struct um eine Variable zur Fehlerinformation zu ergänzen. Stellen Sie sich zum Beispiel vor, eine Funktion gibt ein Struct mit dem Namen out zurück, das ein char*-Element error enthält:

```c
Stopif(!inval, out.error="inval darf nicht NULL sein"; return out
        , "inval darf nicht NULL sein");
```

GLib besitzt ein Fehlerhandling-System mit seinem eigenen Typ GError, der jeder Funktion (als Zeiger) als Argument mitgegeben werden muss. Die Bibliothek besitzt dabei eine ganze Reihe zusätzlicher Features, die über das oben vorgestellte Makro aus Beispiel 2-5 hinausgehen – einschließlich Fehlerdomänen und das einfach Übergeben von Fehlern aus Unterfunktionen an übergeordnete Funktionen (womit allerdings die Komplexität steigt).

KAPITEL 3
Verpacken Sie Ihr Projekt

Haben Sie das Buch bis hierhin gelesen, kennen Sie die Tools, mit denen die wichtigsten Probleme im Umgang mit C-Code gelöst werden – zum Beispiel das Debuggen und Dokumentieren. Wollen Sie jetzt endlich etwas über echten C-Code lesen, dann springen Sie einfach weiter zu Teil II. Dieses und das nächste Kapitel werden sich um komplexere Tools drehen, die für die Zusammenarbeit mit anderen und das Bereitstellen von Code geht: Werkzeuge zum Erstellen von Paketen und ein Versionskontrollsystem (Revision Control System, RCS). Dabei werden immer wieder Hinweise eingeflochten, wie Sie mit diesen Tools besseren Code auch dann schreiben können, wenn Sie für sich allein arbeiten.

Heutzutage ist das zentrale Tool zum Bereitstellen von Code Autotools, ein System zum automatischen Generieren des perfekten Makefile für ein gegebenes System. Sie sind ihm schon im Abschnitt »Bibliotheken über ihren Quellcode nutzen« auf Seite 23 begegnet, wo Sie mit ihm die GNU Scientific Library zügig installieren konnten. Selbst wenn Sie noch nie direkt mit dem Tool gearbeitet haben, werden sehr wahrscheinlich die Leute, die sich um Ihr Paketverwaltungssystem kümmern, damit den Build für Ihren Computer erzeugen.

Sollten Sie jedoch nicht wissen, wie ein Makefile funktioniert, werden Sie Probleme damit haben, was die Autotools tun. Also werden wir zuerst darauf ein bisschen genauer eingehen müssen. In einer ersten Näherung sind Makefiles strukturierte Sätze von Shell-Befehlen, daher müssen Sie auch die verschiedenen Möglichkeiten kennen, die die Shell zum Automatisieren anbietet. Der Weg ist recht weit, aber am Ende werden Sie diese Dinge können:

- Nutzen Sie die Shell, um Ihre Arbeit zu automatisieren.
- Verwenden Sie Makefiles, um all diese Aufgaben zu organisieren, für die Sie die Shell nutzen.
- Setzen Sie Autotools ein, um die Anwender Makefiles für beliebige Systeme automatisch generieren zu lassen.

Dieses Kapitel nutzt viel Shell-Code und Anweisungen auf der Befehlszeile, da das Bereitstellen von Code stark auf Shell-Skripten (nach POSIX-Standard) aufbaut. Selbst wenn Sie also ein IDE-Anwender sind und die Befehlszeile möglichst vermeiden, lohnt es sich, diese Dinge zu kennen. Zudem ist Ihre IDE vermutlich nur eine dünne Hülle rund um die hier behandelten Shell-Befehle; spuckt Ihre IDE einen kryptischen Fehler aus, kann Ihnen dieses Kapitel eventuell dabei helfen, es zu entziffern.

Die Shell

Eine POSIX-Standard-Shell besitzt folgende Features:

- Umfangreiche Makromöglichkeiten, bei denen Ihr Text durch neuen Text ersetzt wird – also eine *Erweiterungssyntax*.
- Eine Turing-vollständige Programmiersprache.
- Eine interaktive Oberfläche – die Befehlszeile –, eventuell mit vielen benutzerfreundlichen Tricks.
- Ein System zum Aufzeichnen und Wiederverwenden zuvor eingegebener Texte: den Verlauf.
- Viele andere Dinge, auf die ich hier nicht eingehe, wie zum Beispiel eine Job-Steuerung und weitere eingebaute Tools.

Die Shell-Syntax ist sehr umfangreich, daher wird dieser Abschnitt nur ein paar Elemente aufführen, mit denen man mit wenig Aufwand sehr weit kommt. Es gibt da draußen viele verschiedene Shells (weiter unten wird ein Kasten vorschlagen, mal eine andere zu nehmen als die, die Sie jetzt einsetzen), aber sofern nicht extra erwähnt, bleibt es in diesem Abschnitt beim POSIX-Standard.

Ich werde nicht allzu detailliert auf die interaktiven Features eingehen, aber ich muss eines erwähnen, das nicht einmal zum POSIX-Standard gehört: Tab-Vervollständigung. Geben Sie in der bash-Shell den Anfang eines Dateinamens ein und die Tab-Taste, wird der Name automatisch vervollständigt, wenn es nur eine Option gibt. Wenn nicht, drücken Sie erneut auf die Tab-Taste, um eine Liste mit möglichen Namen zu erhalten. Wollen Sie wissen, wie viele Befehle Sie an der Befehlszeile eingeben können, drücken Sie in einer leeren Zeile zweimal die Tab-Taste, damit bash Ihnen die vollständige Liste anzeigt. Andere Shells gehen sogar noch weiter: Geben Sie in der Z-Shell make <tab> ein, wird Ihr Makefile nach den möglichen Zielen durchsucht. Die Friendly Interactive Shell (fish) durchsucht die Manpages nach den zusammenfassenden Zeilen. Geben Sie also man l<tab> ein, erhalten Sie eine einzeilige Zusammenfassung jedes Befehls, der mit L beginnt. Damit können Sie es sich manchmal ersparen, die ganze Manpage aufzurufen.

Es gibt zwei Arten von Shell-Anwendern: diejenigen, die nichts über dieses Tab-Vervollständigen wissen, und die, die es *immer und in jeder einzelnen Zeile einsetzen*. Waren Sie einer derjenigen aus der ersten Gruppe, werden Sie es nun lieben, der zweiten Gruppe anzugehören.

Shell-Befehle durch ihre Ausgabe ersetzen

Eine Shell verhält sich in bestimmten Bereichen wie eine Makrosprache, bei der bestimmte Textabschnitte durch andere Textabschnitte ersetzt werden. Das wird in der Shell-Welt als *Erweiterung* (Expansion) bezeichnet, und es gibt sie in mehreren Varianten: Dieser Abschnitt kümmert sich um die Substitution von Variablen, Befehlen und ein bisschen auch des Verlaufs. Dazu gibt es Beispiele für die Erweiterung der Tilde und arithmetische Substitutionen für kleine Rechnungen. Zur Alias-, Klammer-, Parameter-, Pfadnamen- und zur Glob-Erweiterung sowie zum Aufteilen von Wörtern verweise ich Sie dagegen auf die Anleitung zu Ihrer Shell.

Das Erweitern von Variablen ist einfach. Setzen Sie eine Variable wie

```
onething="ein anderes Ding"
```

an der Befehlszeile und geben später

```
echo $onething
```

ein, wird ein anderes Ding ausgegeben.

In der Shell darf links und rechts vom Gleichheitszeichen kein Leerzeichen stehen, was einen immer mal wieder ärgert.

Startet ein Programm ein neues Programm (in POSIX C wird dazu der Systemaufruf fork() verwendet), wird dem Kindprogramm eine Kopie aller Umgebungsvariablen mitgegeben. So funktioniert im Übrigen auch die Shell selbst: Geben Sie einen Befehl ein, forkt sie einen neuen Prozess und übergibt alle Umgebungsvariablen an den Kindprozess.

Umgebungsvariablen sind dabei eine Untermenge der Shell-Variablen. Treffen Sie eine Zuweisung wie oben, haben Sie eine Variable gesetzt, die die Shell nutzen kann. Geben Sie

```
export onething="ein anderes Ding"
```

ein, steht die Variable in der Shell zur Verfügung, und deren Exportattribut ist gesetzt. Ist es einmal gesetzt, können Sie immer noch den Wert der Variablen ändern.

Für unsere nächste Erweiterung nutzen wir den Backtick ` (Gravis), der nicht dem eher senkrecht stehenden Apostroph ' entspricht.

> Der Apostroph (', nicht der Backtick) zeigt an, dass Sie keine Erweiterung haben wollen. Die Befehle:
>
> ```
> onething="ein anderes Ding"
> echo "$onething"
> echo '$onething'
> ```
>
> ergeben:
>
> ```
> ein anderes Ding
> $onething
> ```

Die Shell | **57**

Durch die Backticks wird der Befehl durch seine Ausgabe ersetzt. Das ist wie im Makro, wo der Befehlstext durch den Ausgabetext ersetzt wird.

Beispiel 3-1 zeigt ein Skript, das C-Code-Zeilen zählt, indem es prüft, bei wie vielen ein ;,) oder } vorkommt. Natürlich ist die Anzahl an Quellcodezeile eine lausige Metrik, daher reicht dieses Zählverfahren aus, und es hat den Vorteil, dass es sich in wenigen Zeilen Shell-Code schreiben lässt.

Beispiel 3-1: Zeilen zählen mit Shell-Variablen und POSIX-Tools (linecount.sh)

```
# Zeilen mit einem ;, ) oder } zählen und das Ergebnis Lines nennen.
Lines=`grep '[;)}]' *.c | wc -l`

# Jetzt zählen, wie viele Zeilen es in einem Verzeichnis gibt, und
# Files nennen.
Files=`ls *.c |wc -l`

echo files=$Files und lines=$Lines

# Arithmetische Erweiterung über doppelte Klammern.
# In bash wird der Rest abgeschnitten, mehr dazu später.
echo lines/file = $(($Lines/$Files))

# Oder diese Variablen in einem Here-Skript einsetzen.
# Durch Setzen von scale=3 werden Ergebnisse auf 3 Dezimalstellen
# genau ausgegeben.
bc << ---
scale=3
$Lines/$Files
---
```

> An der Befehlsziele entspricht der Backtick mehr oder weniger $(). So sind zum Beispiel echo `date` und echo $(date) gleich. Aber make nutzt $() für eigene Zwecke, daher brauchen Sie beim Schreiben von Makefiles die Backticks.

Die Shell für Schleifen nutzen, um auf einem Satz Dateien zu arbeiten

Lassen Sie uns »richtig« programmieren – mit if-Anweisungen und for-Schleifen.

Aber zuerst ein paar Warnhinweise und Ärgernisse zum Shell-Skripting:

- Scope können Sie vergessen – so gut wie alles ist global.
- Es ist im Endeffekt eine Makrosprache – all die Textinteraktionen, vor denen Sie beim Schreiben ein paar Zeilen C-Präprozessorcodes gewarnt wurden (siehe Abschnitt »Robuste und ansprechende Makros schreiben« auf Seite 139), sind für so gut wie jede Zeile Ihres Shell-Skripts relevant.
- Es gibt keinen richtigen Debugger, der auch nur die in Abschnitt »Einen Debugger verwenden« auf Seite 31 beschriebenen Grundlagen beherrscht. Moderne Shells bieten allerdings ein paar Möglichkeiten an, Fehler bei still ablaufenden Skripten zu verfolgen.

- Sie werden sich an all die kleinen Tricks gewöhnen müssen, die leicht vergessen werden, wie zum Beispiel das Verbot, Leerzeichen um das Gleichheitszeichen in onething=another zu verwenden, während sie bei eckigen Klammern in if [-e ff] sein müssen (denn es handelt sich um Schlüsselwörter, die zufällig keine normalen Buchstaben enthalten).

Manche Leute sehen das gar nicht so als Problem an und ♥ die Shell. Ich selbst schreibe Shell-Skripten, um das zu automatisieren, was ich an der Befehlszeile eingeben würde. Wird es komplexer, beispielsweise mit Funktionen, die andere Funktionen aufrufen, nehme ich mir die Zeit, zu Perl, Python, awk oder einem anderen passenden Tool zu wechseln.

Am meisten mag ich die Möglichkeit, durch die Programmierbarkeit den gleichen Befehl auf mehrere Dateien anzuwenden. Lassen Sie uns jede .c-Datei auf dem klassischen Weg sichern, indem wir sie in eine neue Datei mit der Dateiendung *.bkup* kopieren:

```
for file in *.c;
do
  cp $file ${file}.bkup;
done
```

Sie sehen, wo sich das Semikolon befindet: am Ende der Liste mit Dateien, die die Schleife nutzen wird – auf der gleichen Zeile wie die for-Anweisung. Ich weise darauf hin, weil ich beim Zusammenfassen der Befehle in einer Zeile wie:

```
for file in *.c; do cp $file ${file}.bkup; done
```

immer vergesse, dass die Reihenfolge ; do und nicht do ; ist.

Die for-Schleife ist nützlich, wenn man einen Teil des Programms n-mal ausführen lassen will. Für ein einfaches Beispiel durchsucht *benford.sh* unseren C-Code nach Zahlen, die mit einer bestimmten Ziffer beginnen (also am Zeilenanfang oder nach einem Zeichen, das keine Zahl ist), und schreibt jede Zeile mit solch einer Ziffer in eine Datei (siehe Beispiel 3-2):

Beispiel 3-2: Für jede Ziffer i wird im Text nach der Folge (Nicht-Ziffer)i gesucht, und die Anzahl dieser Zeilen wird gezählt (benford.sh)

```
for i in 0 1 2 3 4 5 6 7 8 9; do grep -E '(^|[^0-9.])'$i *.c > lines_with_${i}; done
wc -l lines_with*           //Eine grobe Übersicht der von Ihnen genutzten Ziffern.
```

Der Vergleich mit dem *Benfordschen Gesetz* wird dem Leser als Aufgabe überlassen.

Die geschweiften Klammern in ${i} dienen dazu, den Variablennamen vom folgenden Text zu trennen. Sie brauchen sie hier nicht, aber bei einem Dateinamen wie ${i}lines wären sie notwendig.

Vermutlich haben Sie den Befehl seq auf Ihrem Rechner installiert – er gehört zum BSD/GNU-Standard, nicht zum POSIX-Standard. Dann können wir Backticks nutzen, um eine Folge zu erzeugen:

```
for i in `seq 0 9`; do grep -E '(^|[^0-9.])'$i *.c > lines_with_${i}; done
```

Jetzt ist es einfach, Ihr Programm Tausend Mal laufen zu lassen:

```
for i in `seq 1 1000`; do ./run_program > ${i}.out; done

#oder die Ausgabe an eine einzelne Datei anhängen:
for i in `seq 1 1000`; do
  echo output for run $i: >> run_outputs
  ./run_program >> run_outputs
done
```

Dateien prüfen

Nehmen wir an, dass Ihr Programm Daten aus einer Textdatei auslesen und in eine Datenbank übertragen möchte. Das Einlesen soll nur ein Mal geschehen, also in Pseudo-Code geschrieben: if (Datenbank existiert) then (tue nichts), else (erzeuge Datenbank aus Text).

An der Befehlszeile würden Sie test nutzen, ein vielfältig einsetzbarer Befehl, der im Allgemeinen in die Shell eingebaut ist. Um ihn auszuprobieren, lassen Sie sich mit ls den Inhalt des Verzeichnisses anzeigen, suchen sich einen der dortigen Dateinamen aus und verwenden test, um zu prüfen, ob die Datei vorhanden ist:

```
test -e bekannte_datei
echo $?
```

test gibt selbst nichts aus, aber da Sie ein C-Programmierer sind, wissen Sie, dass jedes Programm eine main-Funktion besitzt, die einen Integer-Wert zurückgibt. Diesen werden wir hier verwenden. Der Rückgabewert wird im Allgemeinen als Problemnummer interpretiert; 0 bedeutet kein Problem, 1 steht in diesem Fall dafür, dass die Datei nicht vorhanden ist. (Wie in Abschnitt »Kümmern Sie sich nicht darum, explizit aus main zurückzukehren« auf Seite 124 besprochen wird, ist der Standard von main, dass 0 zurückgegeben wird.) Die Shell gibt den Rückgabewert nicht aus, speichert ihn aber in der Variablen $?, die Sie per echo anzeigen lassen können.

Der echo-Befehl besitzt selbst einen Rückgabewert, und $? wird diesen enthalten, nachdem Sie echo $? ausgeführt haben. Wollen Sie den Wert von $? eines Befehls weiterverwenden, weisen Sie ihn einer Variablen zu, zum Beispiel returnval=$?.

Jetzt wollen wir den Wert in einer if-Anweisung einsetzen, um nur dann etwas zu tun, wenn eine Datei nicht vorhanden ist. Wie in C steht ! für *not*.

Beispiel 3-3: Eine if/then-Anweisung, die test nutzt – führen Sie sie mehrfach aus (. iftest.sh; . iftest.sh; . iftest.sh) und sehen Sie, wie die Testdatei entsteht und wieder gelöscht wird (iftest.sh)

```
if test ! -e a_test_file; then
    echo Testdatei war nicht vorhanden
    touch a_test_file
else
    echo Testdatei war vorhanden
    rm a_test_file
fi
```

Beachten Sie, dass sich das Semikolon wie bei den for-Schleifen weiter oben an einer ungewöhnlichen Stelle befindet. Zudem haben wir die schnuffige Regel, dass if-Blöcke mit fi beendet werden. else if ist zudem keine gültige Syntax, Sie müssen in solch einem Fall das Schlüsselwort elif verwenden.

Um diese Befehle einfacher wiederholt laufen lassen zu können, wollen wir sie in einer einzelnen Zeile zusammenquetschen. Die Schlüsselwörter [und] entsprechen test – wenn Sie diese Form in anderen Skripten sehen und wissen wollen, was da passiert, finden Sie die Antwort daher in man test.

```
if [ ! -e a_test_file ]; then echo Testdatei war nicht vorhanden; ↵
    touch a_test_file; else echo Testdatei war vorhanden; rm a_test_file; fi
```

Da sich so viele Programme an die Regel halten, dass null »in Ordnung« und ein anderer Rückgabewert »nicht in Ordnung« bedeutet, können wir if-Anweisungen ohne test nutzen, um *wenn das Programm ohne Fehler lief, dann ...* auszuführen. So wird zum Beispiel mit tar gern ein ganzes Verzeichnis in einer einzelnen *.tgz*-Datei verpackt und dann das Verzeichnis gelöscht. Es wäre natürlich ein Desaster, wenn die tar-Datei aus irgendeinem Grund nicht erzeugt wurde, der Verzeichnisinhalt danach aber trotzdem gelöscht wäre. Daher sollten wir prüfen, ob der tar-Befehl erfolgreich abgeschlossen wurde, bevor wir alles löschen:

```
#ein paar Testdateien erzeugen
mkdir a_test_dir
echo testing ... testing > a_test_dir/tt


if tar cz a_test_dir > archived.tgz; then
    echo Komprimieren war erfolgreich. Entferne Verzeichnis.
    rm -r a_test_dir
else
    echo Komprimieren schlug fehl. Tue nichts.
fi
```

Wollen Sie einmal sehen, wie dieses Skript im Fehlerfall reagiert, führen Sie (nach mindestens einem erfolgreichen Lauf) chmod 000 archived.tgz aus, um das Zielarchiv nicht mehr überschreiben zu können, und starten Sie das Skript dann erneut.

Nutzen Sie einen Multiplexer

Beim Programmieren habe ich immer zwei Terminalfenster offen: eines mit dem Code in einem Editor und eines zum Kompilieren und Ausführen des Programms (meist in einem Debugger). Arbeite ich an einem R-Paket, brauche ich ein Terminal mit C-Sidecode, eines mit dem R-Sidecode, ein Terminal zum Kompilieren und Ausführen sowie den Quellcode von R.

Plötzlich ist es sehr wichtig, elegant und schnell zwischen Terminals wechseln zu können.

Es gibt zwei Terminal-Multiplexer, unter denen Sie wählen können und die von jeweils einem der beiden großen GNU-BSD-Rivalen kommen: GNU Screen und tmux. Ihr Paketmanager kann vermutlich beide installieren.

Beide arbeiten mit einem einzelnen Tastenkürzel. Bei GNU Screen ist der Standard Strg-A, während es bei tmux Strg-B ist. Konsens scheint aber zu sein, dass jeder den Standard anpasst und Strg-A nutzt, indem er der Datei *.tmux_conf* in seinem Home-Verzeichnis diese Zeilen hinzufügt:

```
unbind C-b
set -g prefix C-a
bind a send-prefix
```

Die Anleitung führt noch Dutzende weitere Dinge auf, die Sie in Ihren Konfigurationsdateien ergänzen können. Auf der Suche nach Tipps und Dokumentation sollten Sie übrigens beachten, dass Sie Ihre Suchmaschine mit *GNU Screen* füttern, da Sie mit *Screen* alleine nicht sehr weit kommen.

Ist Strg-A als Tastenkürzel gesetzt, wechselt Strg-A Strg-A zwischen zwei Fenstern, und Sie können in der Anleitung nachlesen, was andere Befehlskürzel nach Strg-A bewirken – zum Beispiel in der Fensterliste vor- und zurückspringen oder die Liste komplett anzeigen, um einen Eintrag auszuwählen.

Beide Multiplexer lösen also das Problem mehrerer Fenster. Aber sie können noch bedeutend mehr:

- Strg-A D (für Detach) löst die Sitzung, sodass Ihr Terminal nicht mehr länger die diversen virtuellen Terminals anzeigt, die der Multiplexer kontrolliert. Diese laufen aber weiterhin im Hintergrund.
  - Am Ende eines langen Tages mit GNU Screen/tmux führen Sie ein Detach aus. Sie können sich dann später von zu Hause aus oder am nächsten Morgen mit `screen -r` oder `tmux attach` wieder verbinden und genau dort weitermachen, wo Sie aufgehört haben. Die Möglichkeit, nach einer Verbindungstrennung fortzufahren, ist ebenfalls sehr nützlich, wenn Sie eine instabile Verbindung zu Ihrem Server in Belize oder der Ukraine haben.
  - Der Multiplexer lässt die Programme in ihren virtuellen Terminals auch dann weiterlaufen, wenn Sie ein Detach ausgeführt haben. Das ist nützlich für Prozesse, die über Nacht laufen sollen.
- Man kann ausschneiden und einfügen.
  - Jetzt können wir die Maus bald ganz vergessen: Im Kopiermodus können Sie sich anschauen, was zuletzt im Terminal angezeigt wurde, einen Abschnitt markieren und ihn in per Strg-A (oder ein bis zwei andere Tasten) in die interne Zwischenablage des Multiplexers übernehmen. Zurück im normalen Modus, wird der Text dann mit Strg-A wieder eingefügt.
  - Beim Durchsuchen der Texte nach auszuschneidenden Bereichen können Sie den Verlauf durchgehen und nach Strings suchen.

Diese Multiplexer überführen das Terminal endlich von einem Arbeitsplatz zu einem Arbeitsplatz, der Spaß macht.

fc

`fc` ist ein (POSIX-Standard-)Befehl, der Ihr Getippe an der Shell in ein wiederholbares Skript umwandelt. Geben Sie einmal ein:

```
fc -l   # Das l steht für List und ist wichtig.
```

Sie sehen nun auf dem Bildschirm eine nummerierte Liste Ihrer letzten Befehle. Eventuell können Sie in Ihrer Shell `history` eingeben, um den gleichen Effekt zu erhalten.

Das Flag `-n` unterdrückt die Zeilennummern, sodass Sie die Verlaufselemente 100 bis 200 wie folgt in eine Datei schreiben können:

```
fc -l -n 100 200 > a_script
```

Dann entfernen Sie alle Zeilen mit Experimenten, die nicht funktioniert haben, und haben aus Ihrem Herumspielen an der Befehlszeile ein sauberes Shell-Skript erzeugt.

Sie können das Shell-Skript per `. a_script` ausführen. Der Punkt ist der POSIX-Standardbefehl, um ein Skript ausführen zu lassen. Ihre Shell bietet eventuell auch den zwar nicht standardkompatiblen, aber verständlicheren Befehl `source a_script` an.

Lassen Sie das Flag `-l` weg, wird `fc` zu einem viel interaktiveren Tool. Es wird direkt ein Editor aufgerufen (was bedeutet, dass ein Redirect mit `>` dazu führt, dass Sie hängen bleiben), die Zeilennummern fallen weg, und wenn Sie den Editor beenden, wird der gerade bearbeitete Inhalt direkt ausgeführt. Das ist toll, wenn Sie mal eben die letzten paar Zeilen noch mal laufen lassen wollen, kann aber auch in die Katastrophe führen, wenn Sie nicht aufpassen. Stellen Sie fest, dass Sie das `-l` vergessen haben oder auf andere Weise überraschend im Editor gelandet sind, löschen Sie alles darin, um zu verhindern, dass ungewollt Zeilen ausgeführt werden.

Aber letztendlich steht `fc` für *Fix Command*, und das ist auch sein einfachster Einsatzbereich. Ohne Optionen wird nur die letzte Zeile zum Bearbeiten angeboten. Das ist nett, wenn Sie daran mehr ändern müssen als nur einen Tippfehler.

Probieren Sie eine andere Shell aus

Neben der Shell, die Ihr Betriebssystemhersteller als Standard anbietet, gibt es viele weitere. Ich möchte Ihnen hier ein paar Beispiele dafür geben, was die Z-Shell bietet, um zu zeigen, was ein Wechsel weg von bash bewirken kann.

Die Features und Variablenlisten der Z-Shell sind viele Seiten lang – sparsam ist sie also nicht. Aber warum soll man sich künstlich einschränken, wenn es so viele interaktive Features gibt? (Sind Sie ein Freund spartanischer Ästhetik, sollten Sie sich auch von bash trennen und ash ausprobieren.) Variablen setzen Sie in `~/.zshrc` (oder zum Ausprobieren durch direkte Eingabe an der Befehlszeile). Hier ist eine, die Sie für die folgenden Beispiele benötigen:

```
setopt INTERACTIVE_COMMENTS
#Kommentare wie dieser führen nun zu keinem Fehler mehr
```

Das Erweitern von Globs, wie zum Beispiel das Ersetzen von `file.*` durch `file.c file.o file.h`, liegt in der Verantwortung der Shell. Die nützlichste Erweiterung durch die Zsh ist `**/`, wodurch der Verzeichnisbaum rekursiv durchlaufen wird. Eine POSIX-Standard-Shell wandelt `~` in Ihr Home-Verzeichnis um. Wollen Sie alle *.c*-Dateien irgendwo in Ihrem Bereich sehen, geben Sie Folgendes ein:

```
ls ~/**/*.c
```

Lassen Sie uns von all unseren *.c*-Dateien Sicherungskopien erstellen:

```
# Diese Zeile erzeugt möglicherweise viele Dateien in Ihrem Home-Verzeichnis.
for ff in ~/**/*.c; do cp $ff ${ff}.bkup; done
```

Erinnern Sie sich, dass bash das Ergebnis von Berechnungen immer nur als Integer-Wert zurückgibt, sodass `$((3/2))` zu 1 wird? Zsh und Ksh (und andere) ähneln da eher C – sie liefern einen Gleitkommazahl zurück, wenn Sie den Zähler oder Nenner in einen Float-Wert casten:

```
#Funktioniert in der zsh, liefert Syntax-Error in bash:
echo $((3/2))
echo $((3/2.))

#Das Beispiel zum Zählen von Zeilen weiter oben in neuer Version:
Files=`ls *.c |wc -l`
Lines=`grep '[)};]' *.c | wc -l`

#Umwandeln in Float durch Addieren von 0.0
echo lines/file = $(($Lines/($Files+0.0)))
```

Leerzeichen in Dateinamen können in der bash-Shell zu Problemen führen, da durch die Leerzeichen Listenelemente getrennt werden. Zsh besitzt eine explizite Array-Syntax und muss daher nicht auf die Leerzeichen zurückgreifen.

```
# Erzeuge zwei Dateien, von denen eine Leerzeichen im Namen hat
echo t1 > "test_file_1"
echo t2 > "test file 2"

# Das schlägt in bash fehl, funktioniert aber in Zsh
for f in test* ; do cat $f; done

# Arrays der Zsh
files=(test*)
for f in $files ; do cat $f; done
```

Wenn Sie sich entschließen, die Shell zu wechseln, gibt es dazu zwei Möglichkeiten: Sie können mit `chsh` den Wechsel offiziell im Log-in-System bekannt machen (*/etc/passwd* wird dadurch angepasst). Ist das ein Problem, können Sie am Ende Ihrer *.bashrc* als letzte Zeile `exec -l /usr/bin/zsh` (oder welche Shell Sie auch immer haben wollen) anfügen. Dadurch ersetzt sich die bash bei jedem Start durch Ihre gewünschte Shell.

Soll Ihr Makefile eine Nicht-Standard-Shell verwenden, tragen Sie in der Datei diese Zeile ein:

```
SHELL=command -v zsh
```

(oder welche Shell auch immer Sie möchten.) Der POSIX-Standardbefehl `command -v` gibt den kompletten Pfad zu einem Befehl aus, Sie müssen ihn damit nicht selbst nachschlagen.

> SHELL ist eine etwas ungewöhnliche Variable – sie muss im Makefile gesetzt oder als Argument von make übergeben werden, eine Umgebungsvariable namens SHELL wird ignoriert.

Makefiles vs. Shell-Skripten

Rund um Ihre Projekte haben Sie sicherlich eine ganze Reihe kleiner Prozeduren etabliert (Wörter zählen, Rechtschreibprüfung, Tests laufen lassen, in Versionskontrolle schreiben, Versionskontrolle mit externem Repository synchronisieren, Backup erstellen), die sich alle durch ein Shell-Skript automatisieren lassen könnten. Aber statt für jede kleine Aufgabe ein ein- oder zweizeiliges Skript anzulegen, können Sie auch alle in ein Makefile stecken.

Makefiles wurden bereits in Abschnitt »Makefiles verwenden« auf Seite 16 behandelt. Nachdem wir uns jetzt genauer um die Shell gekümmert haben, gibt es mehr, das wir in ein Makefile stecken können. Hier ein weiteres Beispielziel aus meiner realen Arbeit, das die if/then-Shell-Syntax und test einsetzt. Ich verwende Git, aber es gibt drei Subversion-Repositories, mit denen ich auch zu tun habe, und ich kann mich nie an die richtige Vorgehensweise erinnern. Wie in Beispiel 3-4 habe ich jetzt ein Makefile, das sich das merkt.

Beispiel 3-4: if/then und test in einem Makefile (make_bit)

```
push:
    @if [ "x$(MSG)" = 'x' ] ; then \    ❶
        echo "Anwendung: MSG='wasauchimmer.' make push"; fi
    @test "x$(MSG)" != 'x'               ❷
    git commit -a -m "$(MSG)"
    git svn fetch
    git svn rebase
    git svn dcommit

pull:
    git svn fetch
    git svn rebase
```

❶ Ich brauche eine Beschreibung für jeden Commit, daher definiere ich eine Umgebungsvariable: MSG="Dies ist ein Commit." make. Diese Zeile ist eine if-then-Anweisung, die eine Erinnerung ausgibt, wenn ich es vergesse.

❷ Prüft, ob "x$(MSG)" zu mehr erweitert wird als nur zu "x", um sicherzustellen, dass $(MSG) nicht leer ist. Dies ist eine übliche Vorgehensweise in der Shell, um Probleme mit leeren Strings zu umgehen. Schlägt der Test fehl, läuft make nicht weiter.

Die Befehle, die in einem Makefile ausgeführt werden, sind meist das, was Sie an der Befehlszeile ausgeben – aber nicht immer:

- *Jede Zeile wird getrennt in einer eigenen Shell ausgeführt.* Schreiben Sie dies in Ihr Makefile:

```
clean:
    cd junkdir
    rm -f *       # Nicht in einem Makefile.
```

werden Sie sehr unglücklich werden. Die zwei Zeilen im Skript entsprechen dem folgenden C-Code:

```
system("cd junkdir");
system("rm -f *");
```

Weil `system("`*cmd*`")` dem Aufruf von `sh -c "`*cmd*`"` entspricht, wäre das Skript ebenfalls äquivalent zu:

```
sh -c "cd junkdir"
sh -c "rm -f *"
```

Für Shell-Geeks: (*cmd*) führt *cmd* in einer Subshell aus, daher entspricht der make-Schnipsel auch dieser Eingabe an der Shell-Befehlszeile:

```
(cd junkdir)
(rm -f *)
```

In allen Fällen weiß die zweite Subshell nichts davon, was in der ersten geschah. make ruft zuerst eine Shell auf, die in das Verzeichnis wechselt, das Sie leeren wollen. Dann ist make mit der Shell fertig, startet eine neue Subshell aus dem Verzeichnis, in dem Sie gestartet sind, und ruft rm -f * auf.

Das Positive an dem Ganzen ist, dass make das falsche Makefile für Sie löschen wird. Wollen Sie die Anweisungen wie gewünscht umsetzen, gehen Sie wie folgt vor:

```
cd junkdir && rm -f *
```

Dabei führt && Befehle direkt nacheinander aus – und zwar wie in C (schlägt der erste Befehl fehl, wird der zweite nicht mehr ausgeführt). Oder Sie verwenden einen Backslash, um die beiden Zeilen zu einer zusammenzufassen:

```
cd junkdir&& \
rm -f *
```

Für einen solchen Fall würde ich einem Backslash allerdings nicht vertrauen. In der Realität ist es sowieso besser, Sie nutzen den Befehl rm -f junkdir/*.

- make ersetzt Instanzen von $*x* (für Variablennamen, die aus einem Buchstaben oder Symbol bestehen) oder $(*xx*) (für Variablennamen mit mehr als einem Buchstaben) durch die entsprechenden Werte

- Soll die Shell und nicht make die Ersetzung vornehmen, verdoppeln Sie Ihre $$. Um zum Beispiel mit der Shell Backups in einem Makefile zu erzeugen, verwenden Sie for i in *.c; do cp $$i $${i%%.c}.bkup; done.

- Denken Sie an den Trick aus Abschnitt »Makefiles verwenden« auf Seite 16, um eine Umgebungsvariable direkt vor einem Befehl zu setzen, zum Beispiel CFLAGS=-O3 gcc test.c. Das kann jetzt nützlich sein, weil jede Shell nur für eine Zeile lebt. Vergessen Sie nicht, dass die Zuweisung direkt vor einem Befehl stehen muss – es funktioniert nicht mit Shell-Schlüsselwörtern wie if oder while.

- Ein @ am Anfang einer Zeile sorgt dafür, dass der Befehl ausgeführt wird, aber am Bildschirm nichts zu sehen ist.
- Ein - am Zeilenanfang bedeutet, dass auch dann weitergearbeitet wird, wenn der Befehl einen Wert ungleich null zurückgibt. Ansonsten stoppt das Skript beim ersten Nicht-null-Wert.

Bei einfacheren Projekten und den meisten Ihrer täglichen Ärgernisse kommen Sie mit einem Makefile, das all diese Features der Shell einsetzt, schon sehr weit. Sie kennen die Probleme des Computers, den Sie tagtäglich verwenden – mit dem Makefile können Sie all diese an einer Stelle zusammenfassen und müssen nicht mehr darüber nachdenken.

Wird Ihr Makefile bei einem Kollegen funktionieren? Wenn es sich bei Ihrem Programm um den üblichen Satz an .c-Dateien handelt, alle notwendigen Bibliotheken installiert sind, sich in CFLAGS und LDLIBS in Ihrem Makefile die richtigen Werte für das System Ihres Kollegen befinden, wird vermutlich alles funktionieren, und schlimmstenfalls brauchen Sie ein oder zwei E-Mails, um alle Probleme zu klären. Bauen Sie aber eine dynamische Bibliothek, vergessen Sie das Ganze – die Vorgehensweise zum Erzeugen einer dynamischen Bibliothek unterscheidet sich stark zwischen Mac, Linux, Windows, Solaris und selbst unterschiedlichen Versionen eines Betriebssystems. Soll etwas im großen Stil veröffentlicht werden, muss alles so automatisiert wie möglich sein, denn es ist schwer, E-Mail-Verkehr über das Setzen bestimmter Flags mit Hunderten von Menschen zu haben. Zudem wollen die wenigsten viel Energie aufwenden, um fremden Code zum Laufen zu bringen. Aus all diesen Gründen müssen wir für öffentlich bereitgestellte Pakete eine weitere Schicht einziehen.

Packen Sie Ihren Code mit den Autotools

Die Autotools sorgen dafür, dass Sie eine Bibliothek oder ein Programm mit folgenden drei Zeilen herunterladen und ausführen können:

```
./configure
make
sudo make install
```

Ich möchte nochmals darauf hinweisen, was für ein kleines Wunder das ist: Der Entwickler hat keinerlei Ahnung davon, was für einen Computer Sie haben, wo sich Ihre Programme und Bibliotheken befinden (/usr/bin? /sw? /cygdrive/c/bin?) und was für Eigenheiten Ihr Rechner sonst noch hat – dennoch bereitet configure alles richtig vor, sodass make ohne Probleme laufen kann. Daher steht Autotools im Zentrum jeder modernen Distribution von Bibliotheken oder Programmen. Soll irgendjemand, mit dem Sie nicht regelmäßig Zeit verbringen, Ihren Code nutzen (oder soll eine Linux-Distribution Ihr Programm in ihren Paketmanager aufnehmen), müssen Sie die Autotools den Build für Sie erstellen lassen.

Sie werden schnell feststellen, wie kompliziert die Autotools werden können, aber die Grundlagen sind ziemlich einfach. Am Ende dieses Abschnitts werden wir sechs Zeilen zum Packen des Pakets geschrieben und vier Befehle ausgeführt haben und trotzdem ein vollständiges (wenn auch rudimentäres) Paket in der Hand halten, das verteilt werden kann.

Es gibt verschiedene Pakete, die aus gutem Grund getrennt von den anderen laufen. Aber wie alles entstanden ist, stelle ich mir so vor:

Menon: Ich liebe `make`. Es ist so toll, dass ich all die kleinen Schritte zum Bauen meines Projekts an einem Ort niederschreiben kann.

Sokrates: Ja, Automation ist großartig. Alles sollte immer automatisiert werden.

Menon: Jepp. Ich habe mein Makefile um viele Ziele ergänzt, sodass die Anwender `make` eingeben können, um das Programm zu erstellen, `make install` zum Installieren, `make check` zum Ausführen von Tests und so weiter. Es war ganz schön viel Arbeit, all diese Makefile-Ziele zu schreiben, aber jetzt läuft es dafür schön rund.

Sokrates: Okay, ich werde ein System schreiben – mit dem Namen Automake – das aus einer sehr kleinen Vorlagendatei automatisch Makefiles mit all den üblichen Zielen erstellt.

Menon: Das ist wunderbar. Besonders das Erstellen dynamischer Bibliotheken ist sehr nervig, da es auf jedem System eine andere Vorgehensweise zu geben scheint.

Sokrates: Ja, wirklich nervenaufreibend. Ich werde ausgehend von den Systeminformationen ein Programm zum Generieren der notwendigen Skripten schreiben, mit denen dynamische Bibliotheken aus dem Quellcode erzeugt werden können, und diese dann in Automake-Makefiles stecken.

Menon: Wow, ich muss also nur noch mein Betriebssystem und den Namen meines Compilers mitteilen und erhalten dann den richtigen Code für mein System?

Sokrates: Das ist fehleranfällig. Ich werde ein System namens Autoconf schreiben, das jedes System da draußen kennt und zusammenfasst, was Automake und dein Programm darüber wissen müssen. Autoconf wird dann Automake starten, das die Variablen aus der Zusammenfassung nutzt, um ein Makefile zu erzeugen.

Menon: Ich bin sprachlos – du hast den Prozess der automatischen Erzeugung von Makefiles automatisiert. Das hört sich allerdings so an, als ob wir nun zwar nicht mehr die verschiedenen Plattformen analysieren, stattdessen aber Konfigurationsdateien für Autoconf und Makefile-Vorlagen für Automake schreiben müssen.

Sokrates: Du hast recht. Ich werde ein Tool namens Autoscan schreiben, das die *Makefile.am* durchforstet, die du für Automake geschrieben hast, und die Datei *configure.ac* für Autoconf erzeugt.

Menon: Jetzt musst du nur noch *Makefile.am* automatisch erzeugen.

Sokrates: Wenn du meinst. RTFM und schreib sie doch selbst.

Mit jedem Schritt in dieser Geschichte wurde mehr automatisiert. Automake nutzt ein einfaches Skript, um Makefiles zu erzeugen (wodurch das Kompilieren gegenüber einer direkten Eingabe von Befehlen schon deutlich automatischer abläuft). Autoconf testet die Umgebung und nutzt die daraus gewonnenen Informationen, um Automake auszuführen. Autoscan prüft Ihren Code, um herauszufinden, was Sie brauchen, damit Autoconf läuft. Libtool arbeitet im Hintergrund und unterstützt Automake.

Ein Autotools-Beispiel

Beispiel 3-5 enthält ein Skript, mit dem die Autotools genutzt werden, um sich um ein *Hallo Welt* zu kümmern. Sie können dieses Shell-Skript direkt an der Befehlszeile einfügen (solange Sie sicherstellen, dass sich hinter die Backslashs keine Leerzeichen schummeln). Natürlich läuft es erst, nachdem Sie Ihren Paketmanager gebeten haben, die Autotools zu installieren: Autoconf, Automake und Libtool.

Beispiel 3-5: Hallo Welt packen (auto.conf)

```
if [ -e autodemo ]; then rm -r autodemo; fi
mkdir -p autodemo                           ❶
cd autodemo
cat > hello.c <<\
"--------------"
#include <stdio.h>

int main(){ printf("Hi.\n"); }
--------------


cat > Makefile.am <<\                       ❷
"--------------"
bin_PROGRAMS=hello
hello_SOURCES=hello.c
--------------

autoscan                                    ❸
sed -e 's/FULL-PACKAGE-NAME/hello/' \       ❹
    -e 's/VERSION/1/'   \
    -e 's|BUG-REPORT-ADDRESS|/dev/null|' \
    -e '10i\
AM_INIT_AUTOMAKE' \
        < configure.scan > configure.ac

touch NEWS README AUTHORS ChangeLog         ❺

autoreconf -iv                              ❻
./configure
make distcheck
```

❶ Erzeugt ein Verzeichnis, in dem *hello.c* als Here-Dokument geschrieben wird.

❷ Wir müssen *Makefile.am* selbst erstellen.

❸ autoscan erzeugt *configure.scan*.

❹ Bearbeitet *configure.scan*, um die Spezifikationen Ihres Projekts festzulegen (Name, Version, Kontakt-E-Mail), und fügt die Zeile AM_INIT_AUTOMAKE hinzu, um Automake zu initialisieren. (Ja, das nervt, insbesondere weil Autoscan die Datei *Makefile.am* von

Automake genutzt hat und damit klar wäre, dass wir Automake verwenden wollen.) Sie könnten das auch per Hand machen, aber ich habe hier sed eingesetzt, um diese angepasste Version direkt nach *configure.ac* zu streamen.

- ❺ Diese vier Dateien werden von den GNU Coding Standards gefordert, daher müssen sie vorhanden sein, damit die GNU Autotools weiterarbeiten. Ich habe ein bisschen geschummelt und mithilfe des POSIX-Standardtools touch leere Versionen erzeugt – Ihre sollten wirklich Inhalt haben.

- ❻ Mit der vorhandenen *configure.ac* wird autoreconf ausgeführt, damit all die Dateien erzeugt werden, mit denen das Programm bereitgestellt wird (vor allem *configure*). Das Flag -i sorgt für zusätzliche Standarddateien, die vom System benötigt werden.

Was machen alle diese Makros? Das Programm *hello.c* selbst ist gerade einmal drei Zeilen lang, und *Makefile.am* besteht aus zwei Zeilen – das macht fünf Zeilen selbst geschriebenen Text. Bei Ihnen sieht es vielleicht ein bisschen anders aus, aber wenn ich nach dem Ausführen der Skripte im Verzeichnis wc -l * aufrufe, erhalte ich 11.000 Zeilen Text, wobei allein das configure-Skript 4.700 Zeilen lang ist.

Das ist so umfangreich, weil es so portabel ist: Bei Ihren Empfängern sind die Autotools sehr wahrscheinlich nicht installiert, und wer weiß, was sonst noch fehlt. Daher baut das Skript einzig auf eine grundlegende POSIX-Konformität.

In dem 600-zeiligen Makefile habe ich 73 Ziele gezählt.

- Das Standardziel, das genutzt wird, wenn Sie an der Befehlszeile nur make eingeben, erzeugt die ausführbare Datei.
- sudo make install installiert dieses Programm, wenn Sie das wünschen; mit sudo make uninstall räumen Sie es wieder ab.
- Es gibt sogar die verwirrende Option make Makefile (die tatsächlich praktisch ist, wenn Sie *Makefile.am* angepasst haben und das Makefile schnell wieder erzeugen wollen).
- Als Autor des Pakets werden Sie daran interessiert sein, make distcheck aufzurufen. Damit wird eine *tar*-Datei erzeugt, in der sich alles befindet, was ein Anwender braucht, um nach dem Auspacken den üblichen Dreisprung ./configure; make; sudo make install durchführen zu können (ohne die Hilfe des Autotools-Systems, das Sie auf Ihrem Entwicklungsrechner besitzen) und zu überprüfen, ob die Distribution in Ordnung ist (zum Beispiel durch Ausführen von Tests, die Sie festgelegt haben – siehe weiter unten).

Abbildung 3-1 fasst die Geschichte als Ablaufdiagramm zusammen.

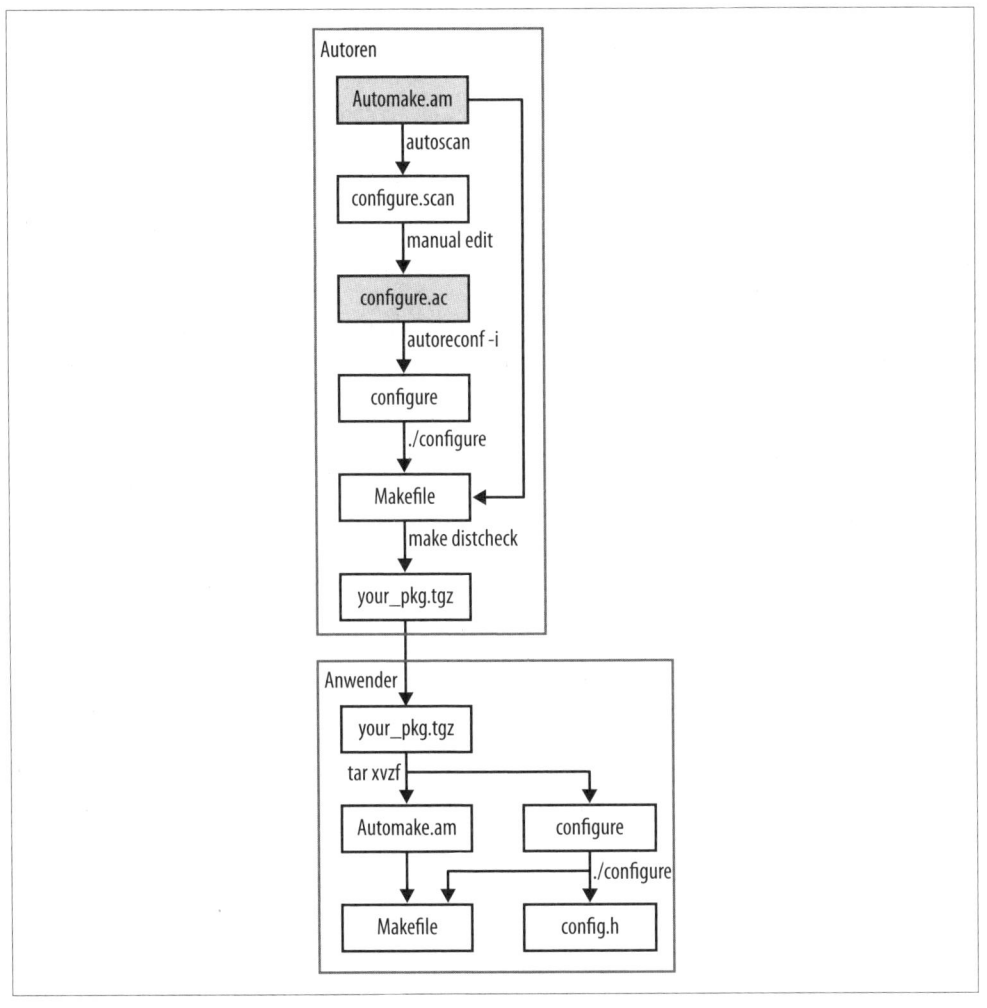

Abbildung 3-1: Ein Autotools-Ablaufplan. Sie selbst schreiben nur zwei dieser Dateien (die mit dunklerem Hintergrund), alles andere wird von den jeweiligen Befehlen automatisch erzeugt.

Sie schreiben nur zwei von diesen Dateien (die mit dunklem Hintergrund) – alles andere wird durch die entsprechenden Befehle erzeugt. Lassen Sie uns zuerst den unteren Bereich betrachten: Der Anwender erhält Ihr Paket als Tarball und entpackt es über `tar xvzf your_pkg`.tgz. Damit wird ein Verzeichnis mit Ihrem Code, *Makefile.am*, *configure* und einer Menge anderer Dateien erzeugt, auf die ich hier nicht weiter eingehe. Der Anwender gibt dann `./configure` ein und erzeugt damit *configure.h* und das *Makefile*. Jetzt ist alles da, was der Anwender zur Eingabe von `make; sudo make install` benötigt.

Als Autor ist Ihr Ziel, diesen Tarball zu erstellen und dabei qualitativ hochwertige Dateien, nämlich *configure* und *Makefile.am*, zu erzeugen, sodass der Anwender seinen Teil ohne Probleme durchführen kann. Beginnen Sie, indem Sie *Makefile.am* selbst schreiben. Dann führen Sie `autoscan` aus, um eine erste *configure.scan* zu erhalten. Diese bearbeiten Sie und wandeln sie in eine *configure.ac* um. (Hier nicht erwähnt: die vier Dateien, die von den GNU Coding Standards benötigt werden: *NEWS*, *README*, *AUTHORS* und *ChangeLog*.) Dann führen Sie `autoreconf -iv` aus, um das configure-Skript zu erhalten (plus viele weitere spezielle Dateien). Dieses Konfigurationsskript können Sie jetzt ausführen, um das Makefile zu bekommen. Mit dem Makefile können Sie dann `make distcheck` aufrufen, um den auszuliefernden Tarball zu erzeugen.

Beachten Sie, dass es eine gewissen Überlappung gibt: Sie verwenden die gleichen Dateien *configure* und *Makefile* wie die Anwender, aber Sie wollen ein Paket erstellen, während der Anwender das Paket installieren möchte. Sie haben damit die Möglichkeit, den Code zu installieren und zu testen, ohne das Paket komplett erstellen zu müssen, während der Anwender es notfalls neu packen kann.

Das Makefile durch makefile.am beschreiben

Ein klassisches Makefile beschreibt zur Hälfte die Struktur der Abhängigkeiten Ihres Projekts und zur anderen Hälfte die Variablen und Prozeduren, die für das Projekt auszuführen sind. Ihre *Makefile.am* konzentriert sich auf die Struktur dessen, was kompiliert werden muss, und darauf, wovon es abhängt – die spezifischen Daten werden durch das eingebaute Wissen von Autoconf und Automake zum Kompilieren auf unterschiedlichen Plattformen aufgefüllt.

Makefile.am besteht aus zwei Arten von Einträgen, die ich als *Formvariablen* und *Inhaltsvariablen* bezeichnen werde.

Formvariablen

Eine Datei, die vom Makefile berücksichtigt werden soll, kann beliebig viele Ziele haben, die jeweils durch einen kurzen String beschrieben werden.

bin
Installiere dort, wo auf dem System Programme abgelegt sind, zum Beispiel */usr/bin* oder */usr/local/bin*.

include
Installiere dort, wo Header-Dateien abgelegt sind, zum Beispiel */usr/local/include*.

lib
Installiere dort, wo Bibliotheken abgelegt sind, zum Beispiel */usr/local/lib*.

pkgbin
Hat Ihr Projekt den Namen `project`, installiere in einem Unterverzeichnis des Programmverzeichnisses, zum Beispiel */usr/local/bin/project/* (genauso für `pkginclude` oder `pkglib`).

check
Nutze für das Testen des Programms, wenn der Anwender `make check` eingibt.

noinst
> Behalte die Datei, um sie von einem anderen Ziel nutzen zu können.

Automake erzeugt Standard-Make-Skripten, wobei es unterschiedliche Versionen gibt:

```
PROGRAMS
HEADERS
LIBRARIES       (statische Bibliotheken)
LTLIBRARIES     (dynamische Bibliotheken, erzeugt per Libtool)
DIST            (Elemente, die mit dem Paket verteilt werden, wie z. B. Datendateien)
```

Ein Ziel plus ein Standardskript entspricht einer Formvariable, zum Beispiel:

```
bin_PROGRAMS        Programme, die gebaut und installiert werden sollen
check_PROGRAMS      Programme, die zum Testen gebaut werden sollen
include_HEADERS     Header, die im systemweiten Include-Verzeichnis zu installieren sind
lib_LTLIBRARIES     Dynamische Bibliotheken via Libtool
noinst_LIBRARIES    Statische Bibliothek (ohne Libtool), die später benötigt wird
noinst_DIST         Nur mit dem Paket zu verteilen, ohne weiteres Handling
python_PYTHON       Python-Code, der Byte-kompiliert und bei den Python-Paketen instal-
                    liert werden soll
```

Diese Variablen können Sie nun einsetzen, um festzulegen, wie mit jeder einzelnen Datei umgegangen werden soll. Im »Hallo Welt«-Beispiel von oben gab es nur eine Datei, um die sich die Autotools kümmern mussten:

```
bin_PROGRAMS = hello
```

Ein anderes Beispiel: In `noinst_DIST` lege ich Daten ab, die für Tests nach dem Kompilieren benötigt werden, aber nicht installiert werden müssen. Tragen Sie in einer Zeile so viele Elemente ein, wie Sie möchten, zum Beispiel:

```
pkginclude_HEADERS = firstpart.h secondpart.h
noinst_DIST = sample1.csv sample2.csv \
              sample3.csv sample4.csv
```

Inhaltsvariablen

Elemente unter `noinst_DIST` werden einfach nur in das Distributionspaket kopiert, während `HEADERS` in das Zielverzeichnis wandern und ihre Berechtigungen entsprechend gesetzt werden. Damit sind diese beiden Formen schon erledigt.

Bei den Kompilierungsschritten, zum Beispiel bei ..._PROGRAMS und ..._LDLIBRARIES, muss Automake mehr Details darüber wissen, wie das Kompilieren ablaufen soll. Zumindest muss ihm bekannt sein, welche Quellcodedateien kompiliert werden. Daher benötigen wir für jedes Element rechts vom Gleichheitszeichen einer Formvariablen zum Kompilieren eine Variable, die die Quellen angibt. So brauchen wir zum Beispiel für diese beiden Programme zwei SOURCES-Zeilen:

```
bin_PROGRAMS= weather wxpredict
weather_SOURCES= temp.c barometer.c
wxpredict_SOURCES=rng.c tarotdeck.c
```

Das kann für ein einfaches Paket alles sein, was Sie brauchen.

> Hier wurde erneut das Prinzip über den Haufen geworfen, das besagt, dass etwas, das unterschiedliche Dinge tut, auch unterschiedlich aussehen soll: Die Namen der Inhaltsvariablen besitzen die gleiche Struktur `lower_UPPER` wie die weiter oben gezeigten Formvariablen, enthalten aber ganz andere Werte und dienen auch einem anderen Zweck.

Rufen Sie sich von der Beschreibung der guten alten Makefiles in Erinnerung, dass make schon bestimmte Regeln eingebaut hat. Diese verwenden Variablen wie `CFLAGS`, um an den Details der Ausführung drehen zu können. Die Formvariablen von Automake definieren im Endeffekt weitere Standardregeln, die jeweils ihren eigenen Satz zugehöriger Variablen besitzen.

So kann zum Beispiel die Regel für das Linken von Objektdateien zu einer ausführbaren Datei in etwa so aussehen:

```
$(CC) $(LDFLAGS) temp.o barometer.o $(LDADD) -o weather
```

> GNU Make verwendet `LDLIBS` als Bibliotheksvariable im zweiten Teil des Link-Befehls, während GNU Automake auf `LDADD` als zweite Hälfte des Link-Befehls setzt.

Es ist nicht allzu schwierig, Ihre bevorzugte Internetsuchmaschine dazu zu bewegen, die Dokumentation zu finden, die beschreibt, wie eine bestimmte Formvariable im Ergebnis-Makefile zu einer Reihe von Zielen führt. Ich habe aber festgestellt, dass es viel einfacher ist, die Funktionsweise von Automake zu erlernen, indem man es ausführt und sich anschaut, wie das erzeugte Makefile aussieht.

Sie können alle diese Variablen pro Programm oder pro Bibliothek setzen, wie zum Beispiel `weather_CFLAGS=-O1`. Oder Sie nutzen `AM_VARIABLE`, um eine Variable für alle Compiler- und Link-Vorgänge zu nutzen. Dies sind meine am häufigsten genutzten Compiler-Flags, die Sie schon im Abschnitt »Makefiles verwenden« auf Seite 16 kennengelernt haben:

```
AM_CFLAGS=-g -Wall -O3
```

Ich habe -std=gnu99 (damit der gcc einen weniger alten Standard nutzt) nicht mit aufgenommen, da es sich dabei um ein Compiler-spezifisches Flag handelt. Füge ich in der *configure.ac* den Wert `AC_PROG_CC_C99` ein, setzt Autoconf für mich die Variable `CC` auf `gcc -std=gnu99`. Autoscan ist (noch) nicht schlau genug, dies in die Datei *configure.scan* einzufügen, die es für Sie generiert, daher werden Sie den Wert selbst in *configure.ac* eintragen müssen. (Aktuell gibt es noch kein Makro `AC_PROG_CC_C11`.)

Die spezielleren Regeln überschreiben die `AM_`-basierten Regeln – wollen Sie also für ein Flag die allgemeinen Regeln beibehalten und nur etwas hinzufügen, müssen Sie so vorgehen:

```
AM_CFLAGS=-g -Wall -O3
hello_CFLAGS = $(AM_CFLAGS) -O0
```

Tests hinzufügen

Ich habe Ihnen die Dictionary Library noch nicht vorgestellt (das kommt in Abschnitt »Strukturen und Dictionaries erweitern« auf Seite 220), aber Sie kennen schon den Test-Harnisch dafür (siehe »Unit-Tests« auf Seite 41). Wird die Bibliothek über die Autotools bereitgestellt, ist es sinnvoll, die Tests erneut auszuführen. Was brauchen wir dafür?

- Eine Bibliothek muss basierend auf *dict.c* und *keyval.c* gebaut werden. Sie besitzt die Header *dict.h* und *keyval.h*, die zusammen mit der Bibliothek veröffentlicht werden müssen.
- Wir benötigen ein Testprogramm, das Automake kennen muss – nicht zum Installieren, aber zum Testen.
- Außerdem das Programm dict_use, das die Bibliothek einsetzt.

Beispiel 3-6 enthält alle diese Punkte. Zuerst wird die Bibliothek gebaut, sodass sie zum Erzeugen des Programms und des Test-Harnischs genutzt werden kann. Die Variable TESTS legt fest, welche Programme oder Skripte ausgeführt werden, wenn der Anwender make check eintippt.

Beispiel 3-6: Eine Automake-Datei für Tests (dict.automake)

```
AM_CFLAGS=`pkg-config --cflags glib-2.0` -g -O3 -Wall        ❶

lib_LTLIBRARIES=libdict.la                                    ❷
libdict_la_SOURCES=dict.c keyval.c                            ❸

include_HEADERS=keyval.h dict.h

bin_PROGRAMS=dict_use
dict_use_SOURCES=dict_use.c
dict_use_LDADD=libdict.la                                     ❹

TESTS=$(check_PROGRAMS)                                       ❺
check_PROGRAMS=dict_test
dict_test_LDADD=libdict.la
```

❶ Hier habe ich geschummelt, da bei anderen Anwendern pkg-config eventuell nicht installiert ist. Wenn wir nicht annehmen können, dass pkg-config vorhanden ist, ist es nur möglich, über die Autoconf-Werte AC_CHECK_HEADER und AC_CHECK_LIB nach der Bibliothek zu schauen. Wird dann etwas nicht gefunden, muss der Anwender gebeten werden, die Umgebungsvariablen CFLAGS oder LDFLAGS anzupassen und die korrekten Flags -I oder -L zu setzen. Da wir noch nicht bei *configure.ac* angekommen sind, verwende ich hier pkg-config.

❷ Zuerst muss die dynamische Bibliothek gebaut werden (per Libtool, daher das LT in LTLIBRARIES).

❸ Beim Erzeugen einer Inhaltsvariablen aus einem Dateinamen ändern Sie alles, das nicht Buchstabe, Ziffer oder @ ist, in einen Unterstrich. So wird aus libdict.la ⇒ libdict_la.

❹ Nachdem wir angegeben haben, wie eine dynamische Bibliothek erzeugt wird, können wir diese verwenden, um das Programm und die Tests zu erstellen.

❺ Die Variable TESTS gibt die Tests an, die ausgeführt werden, wenn der Anwender make check aufruft. Da es sich dabei häufig um Shell-Skripte handelt, die nicht kompiliert werden müssen, ist es eine eigenständige Variable, die sich von check_PROGRAMS unterscheidet – denn Letztere enthält Testprogramme, die kompiliert werden müssen. In unserem Fall sind beide gleich, und wir setzen den Wert der einen auf den der anderen.

Makefile-Elemente hinzufügen

Haben Sie herumprobiert und nachgelesen und festgestellt, dass Automake mit bestimmten ungewöhnlichen Zielen nicht umgehen kann, haben Sie die Möglichkeit, diese in *Makefile.am* einzutragen – so wie Sie es beim normalen Makefile machen würden. Fügen Sie die Einträge nach folgendem Schema irgendwo in Ihrer *Makefile.am* ein:

```
target: deps
    script
```

Automake kopiert das dann unverändert in das erzeugte Makefile. So gibt zum Beispiel *Makefile.am* in Abschnitt »Python als Host« auf Seite 99 explizit an, wie ein Python-Paket kompiliert wird, da Automake selbst nichts davon weiß (es weiß nur, wie es eigenständige *.py*-Dateien byte-kompilieren kann).

Variablen, die nicht das Format von Automake erfüllen, werden unverändert hinzugefügt. Das ist insbesondere für die Zusammenarbeit mit Autoconf nützlich. Denn wenn in *Makefile.am* die folgenden Variablen definiert sind:

```
TEMP=@autotemp@
HUMIDITY=@autohum@
```

und Ihre *configure.ac* diese Einträge besitzt:

```
#configure ist ein einfaches Shell-Skript, dies sind Shell-Variablen
autotemp=40
autohum=.8

AC_SUBST(autotemp)
AC_SUBST(autohum)
```

findet sich im erzeugten Makefile folgender Text:

```
TEMP=40
HUMIDITY=.8
```

So haben Sie eine einfache Verbindung vom Shell-Skript, das Autoconf ausgibt, zum erzeugten Makefile.

Das configure-Skript

Das Shell-Skript *configure.ac* erzeugt zwei Dateien: ein Makefile (mit der Hilfe von Automake) und eine Header-Datei namens *config.h*.

Haben Sie schon einmal eine der bisher erzeugten *configure.ac*-Dateien geöffnet, wird Ihnen aufgefallen sein, dass sie überhaupt nicht wie ein Shell-Skript aussieht. Das liegt daran, dass sehr viele Makros verwendet werden (in der Makrosprache m4), die von Autoconf vordefiniert sind. Seien Sie versichert, dass jedes einzelne schließlich zu vertraut aussehenden Shell-Befehlen gewandelt werden wird. *configure.ac* ist keine Vorlage oder Definition für das Erzeugen des Shell-Skripts configure – es *ist* configure, nur durch sehr beeindruckende Makros komprimiert.

Die Sprache m4 besitzt keine komplexe Syntax. Jedes Makro sieht wie eine Funktion aus, wobei in Klammern nach dem Makronamen durch Kommata getrennt die Argumente übergeben werden (wenn es welche gibt, ohne Argumente können auch die Klammern wegfallen). Wo bei den meisten Sprachen 'literaler Text' steht, nutzt m4-via-Autoconf [literaler Text], und um Überraschungen zu vermeiden, wenn m4 Ihre Eingaben ein wenig zu aggressiv parst, packen Sie alle Ihre Makroeingaben in diese eckigen Klammern.

Die erste Zeile, die Autoscan erzeugt, ist ein gutes Beispiel:

```
AC_INIT([FULL-PACKAGE-NAME], [VERSION], [BUG-REPORT-ADDRESS])
```

Wir wissen, dass dies zu ein paar Hundert Zeilen Shell-Code führt, und irgendwo da drin werden die angegebenen Elemente gesetzt. Passen Sie die Werte in den eckigen Klammern nach Ihrem Geschmack an. Häufig können Sie auch Elemente weglassen, daher ist das Folgende durchaus gültig, wenn Sie nichts von den Anwendern hören wollen:

```
AC_INIT([hello], [1.0])
```

Im Extremfall können Sie auch keine Argumente mitgeben – zum Beispiel beim Makro AC_OUTPUT –, in dem Fall können Sie auch die Klammern weglassen.

> Die Dokumentation zu m4 nutzt für optionale Argumente – und das denke ich mir jetzt nicht aus – eckige Klammern. Behalten Sie also im Hinterkopf, dass eckige Klammern in m4-Makros für Autoconf für nicht zu parsenden Text stehen, während sie in der m4-Dokumentation auf ein optionales Argument hinweisen.

Welche Makros brauchen wir für eine nutzbare Autoconf-Datei? Die folgende Liste führt sie in der Reihenfolge ihres Auftretens auf:

- AC_INIT(…), wie schon gezeigt.
- AM_INIT_AUTOMAKE, damit Automake das Makefile erzeugt.
- LT_INIT richtet Libtool ein, das Sie nur benötigen, wenn Sie eine dynamische Bibliothek installieren.
- AC_CONFIG_FILES([*Makefile subdir/Makefile*]), das Autoconf anweist, die aufgeführten Dateien zu durchlaufen und Variablen wie @cc@ durch die passenden Werte zu ersetzen. Besitzen Sie mehrere Makefiles (meist in Unterverzeichnissen), geben Sie sie hier an.
- AC_OUTPUT für die Ausgabe.

Wir haben also die Spezifikation für ein funktionierendes Build-Paket für ein beliebiges POSIX-System – und das Ganze in vier oder fünf Zeilen, von denen Autoscan vermutlich schon drei für Sie erstellt hat.

Aber die wahre Kunst, die *configure.ac* von einem funktionalen zu einem intelligenten Tool befördert, ist das Vorhersehen von Problemen, die manche Anwender eventuell haben könnten, und das Finden der Autoconf-Makros, die diese Probleme erkennen (und möglichst beheben). Sie haben schon ein Beispiel kennengelernt, als ich empfahl, der Datei *configure.ac* die Zeile `AC_PROG_CC_C99` hinzuzufügen, um möglichst einen C99-Compiler zu verwenden. Der POSIX-Standard legt zwar fest, dass jedes System einen solchen Compiler unter dem Namen `c99` bereitstellt, aber nur weil POSIX das festlegt, heißt es nicht, dass jedes System das auch hat. Genau das Berücksichtigen solcher Dinge macht aber ein gutes *configure*-Skript aus.

Das Vorhandensein von Bibliotheken ist das beste Beispiel für eine Vorbedingung, die geprüft werden muss. Zur Ausgabe von Autoconf gehört, wie schon beschrieben, *config.h*. Das ist ein Standard-C-Header mit einer ganzen Reihe von `#define`-Anweisungen. Hat Autoconf zum Beispiel das Vorhandensein der GSL geprüft, würden Sie dort folgende Zeile finden:

```
#define HAVE_LIBGSL 1
```

Sie können dann in Ihrem C-Code #ifdefs einsetzen, um darauf entsprechend zu reagieren.

Die Prüfung von Autoconf sucht nicht nur anhand eines Namensschemas nach einer Bibliothek und hofft, dass sie funktioniert. Sie schreibt ein Programm, das nichts weiter tut und nur eine der Funktionen aus der Bibliothek einsetzt. Dann versucht sie, das Programm mit der Bibliothek zu verlinken. Klappt das, konnte der Linker die Bibliothek wie gewünscht finden und einsetzen. Autoscan kann daher keine Prüfung für die Bibliothek automatisch generieren, da es nicht weiß, welche Funktionen dort zu finden sind. Das Makro zur Kontrolle einer Bibliothek ist ein Einzeiler, dem Sie den Bibliotheksnamen und eine Funktion mitgeben, die für die Prüfung genutzt werden kann. Ein Beispiel:

```
AC_CHECK_LIB([glib-2.0],[g_free])
AC_CHECK_LIB([gsl],[gsl_blas_dgemm])
```

Fügen Sie der Datei *configure.ac* für jede Bibliothek, die Sie verwenden und die nicht garantiert zum C-Standard gehört, solch eine Zeile hinzu. Diese Einzeiler führen dann zu den entsprechenden Shell-Skripten in `configure`.

Erinnern Sie sich, dass Paketmanager Bibliotheken immer aufteilen in das Paket mit dem Binärobjekt der dynamischen Bibliothek und das Entwicklerpaket mit den Headern? Anwender Ihrer Bibliothek denken vielleicht nicht daran, das Header-Paket zu installieren (vielleicht wissen sie nicht einmal davon), daher prüfen Sie das zum Beispiel mit folgenden Zeilen:

```
AC_CHECK_HEADER([gsl/gsl_matrix.h], , [AC_MSG_ERROR(
    [Konnte die GSL-Header-Dateien nicht finden (Ich habe nach \
    <gsl/gsl_matrix.h> im Include-Pfad gesucht). Verwenden Sie einen \
    Paketmanager, vergessen Sie nicht, neben libgsl auch das Paket \
    libgsl-devel zu installieren.])])
```

Beachten Sie die zwei Kommata: Die Argumente für das Makro sind (*zu prüfender Header, Aktion wenn gefunden, Aktion wenn nicht gefunden*), und wir lassen das zweite leer.

Was könnte beim Kompilieren noch schiefgehen? Es ist schwer, ein Meister all der Probleme auf allen Rechnern der Welt zu werden, da wir ja immer nur eine Handvoll Rechner zur Verfügung haben. Autoscan macht schon ein paar gute Vorschläge, und wenn Sie autoreconf ausführen, erhalten Sie ein paar weitere Hinweise darauf, was für Elemente Sie *configure.ac* hinzufügen könnten. Die Ratschläge sind gut – halten Sie sich daran. Aber die beste Referenz, die ich kenne – aus intensivem Lesen des POSIX-Standards, Implementierungsfehlern und praktischer Erfahrung – ist die Autoconf-Anleitung selbst. Darin sind Probleme aufgeführt, um die sich Autoconf kümmert, sodass es für uns dankenswerterweise unwichtige Erbsenzählerei ist,[1] manches ist aber auch ein guter Hinweis für Ihren eigenen Coding-Stil, und manche der Beschreibungen von System-Spirenzchen enthalten ein Autoconf-Makro, das Sie in die *configure.ac* Ihres Pakets packen sollten, wenn es für Ihre Situation relevant ist.

Weitere Shell-Elemente

Da es sich bei *configure.ac* um eine komprimierte Version des configure-Skripts handelt, dass der Anwender ausführen wird, können Sie dort beliebigen Shell-Code einfügen. Aber zuvor sollten Sie ganz sicher sein, dass das, was Sie vorhaben, nicht schon durch Makros erledigt werden kann. Ist Ihre Situation wirklich so einmalig, dass noch kein Autotools-Anwender zuvor darüber gestolpert ist?

Finden Sie dies nicht im Autoconf-Paket selbst, können Sie im GNU-Autoconf-Makroarchiv (*http://www.gnu.org/software/autoconf-archive/*) nach weiteren Makros suchen. Sichern Sie diese dann in einem Unterverzeichnis *m4* in Ihrem Projektverzeichnis, wo Autoconf sie finden und einsetzen kann. In [Calcote 2010] erhalten Sie zudem eine unbezahlbare Übersicht über die kritischen Details der Autotools.

Eine Information an die Anwender, dass sie den Konfigurationsprozess nun überstanden haben, wird diese sicher freuen. Hier brauchen Sie kein Makro – echo reicht:

---

1 Zum Beispiel: »Solaris 10 dtksh und die UnixWare 7.1.1 Posix Shell ... erweitern Variablen falsch, die eine 1024- oder 4096-Byte-Puffergrenze innerhalb eines Here-Dokuments überschreiten.«

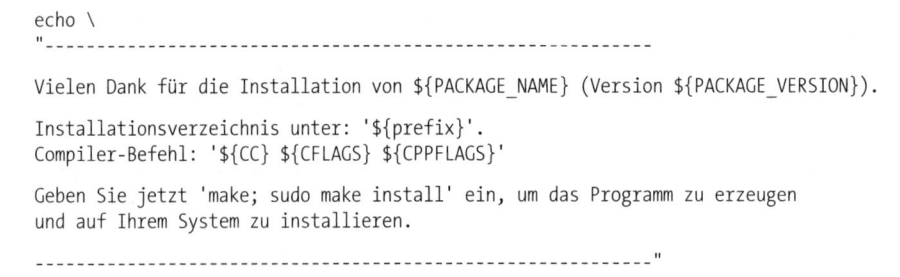

```
echo \
"----------------------------------------------------------

Vielen Dank für die Installation von ${PACKAGE_NAME} (Version ${PACKAGE_VERSION}).

Installationsverzeichnis unter: '${prefix}'.
Compiler-Befehl: '${CC} ${CFLAGS} ${CPPFLAGS}'

Geben Sie jetzt 'make; sudo make install' ein, um das Programm zu erzeugen
und auf Ihrem System zu installieren.

----------------------------------------------------------"
```

Die Information nutzt eine Reihe von Variablen, die durch Autoconf definiert wurden. Es gibt eine Dokumentation dazu, welche Shell-Variablen das System für Sie definiert, aber auch ein Durchstöbern von configure selbst kann helfen.

Ein weiteres, umfangreicheres Beispiel für den Einsatz der Autotools finden Sie beim Verlinken mit einer Python-Bibliothek in Abschnitt »Python als Host« auf Seite 99.

KAPITEL 4
Versionsverwaltung

Look at the world through your Polaroid glasses
Things'll look a whole lot better for the working classes.

Gang of Four, »I Found that Essence Rare«

Dieses Kapitel dreht sich um Versionsverwaltungssysteme (Revision Control System, RCS), die Schnappschüsse der vielen verschiedenen Versionen eines Projekts während seiner Entwicklungszeit verwalten – wie die Entwicklungsstufen eines Buchs oder eines Programms. Ein RCS verschafft uns drei wichtige Aspekte:

- Unser Dateisystem besitzt nun eine zeitliche Dimension, sodass wir auch sehen können, wie eine Datei letzte Woche aussah und was sich seitdem geändert hat. Selbst ohne die anderen Aspekte macht mich allein schon diese Möglichkeit zu einem selbstsichereren Programmierer oder Autor.

- Wir können mehrere Versionen eines Projekts vorhalten – zum Beispiel meine und die meines Koautors. Selbst wenn es nur um meine eigene Arbeit geht, möchte ich vielleicht eine Version eines Projekts (ein *Branch* oder *Zweig*) mit einem experimentellen Feature haben, die von der stabilen Version getrennt ist – denn diese soll ohne Überraschungen laufen.

  Auch gibt es auf der Website *http://github.com* über 45.000 Projekte, die sich selbst als hauptsächlich in C geschrieben beschreiben, dazu weitere kleinere Hosts für RCS-Repositories, wie zum Beispiel GNU Savannah. Selbst wenn Sie den Code nicht verändern wollen, ist ein Klonen dieser Repositories die schnellste Möglichkeit, das Programm oder die Bibliothek zur eigenen Verwendung auf Ihre Festplatte zu bekommen. Ist Ihr eigenes Projekt bereit zur Veröffentlichung (oder auch schon vorher), können Sie das Repository als weitere Distributionsvariante öffentlich machen.

- Nachdem Sie und ich beide Versionen des gleichen Projekts besitzen und wir beide an unseren Versionen der Codebase herumhacken können, haben wir mit Versionsverwaltung die Möglichkeit, unsere unterschiedlichen Varianten so einfach wie möglich wieder miteinander zu verschmelzen.

Dieses Kapitel behandelt Git, eine *verteilte Versionsverwaltung*. Das bedeutet, dass jede Kopie des Projekts mit ihrer Projekthistorie als eigenständiges Repository dient. Es gibt auch andere Systeme, Mercurial und Bazaar seien in dieser Kategorie als die anderen Großen genannt. Viele der Features sind in allen diesen Systemen vorhanden, und die früher bestehenden Unterschiede sind immer kleiner geworden. Sie sollten also nach dem Lesen dieses Kapitels keine Probleme damit haben, eines der Systeme nutzen zu können.

Änderungen per diff

Die rudimentärsten Instrumente der Versionsverwaltung sind `diff` und `patch`, die zum POSIX-Standard gehören und daher mit großer Sicherheit auf Ihrem System vorhanden sind. Sie haben bestimmt auf Ihrer Festplatte irgendwo zwei Dateien, die sich sehr ähneln. Wenn nicht, schnappen Sie sich eine Textdatei, ändern ein paar Zeilen und speichern die angepasste Version unter neuem Namen ab. Versuchen Sie dann Folgendes:

```
diff f1.c f2.c
```

Sie sehen damit eine Ausgabe – für den Computer besser lesbar als für Menschen – mit den Unterschieden zwischen den beiden Dateien. Leiten Sie die Ausgabe per `diff f1.c f2.c > diffs` in eine Datei um und öffnen *diffs* dann in Ihrem Texteditor, erhalten Sie eventuell eine farblich hervorgehobene Version, die besser lesbar ist. Sie sehen dort ein paar Zeilen mit dem Namen und dem Pfad der Datei, dazu eventuell ein paar Zeilen Kontext, der sich nicht geändert hat, und Zeilen beginnend mit + und -, die angeben, was hinzugefügt und was entfernt wurde. Lassen Sie `diff` mit dem Flag -u laufen, erhalten Sie um die Zeilen mit Ergänzungen und Löschungen noch Kontextzeilen.

Haben Sie zwei Verzeichnisse mit zwei Versionen Ihres Projekts *v1* und *v2*, erzeugen Sie eine einzelne Diff-Datei im vereinheitlichten Diff-Format für die gesamten Verzeichnisse mit der Rekursivoption -r:

```
diff -ur v1 v2 > diff-v1v2
```

Der Befehl `patch` liest Diff-Dateien ein und führt die dort angegebenen Änderungen aus. Haben Sie und ein Freund beide *v1* des Projekts, können Sie *diff-v1v2* an Ihren Freund senden, und der führt dann dies aus:

```
patch < diff-v1v2
```

Damit werden alle Ihre Änderungen auf seine Kopie von *v1* angewandt.

Wenn Sie keine Freunde haben, können Sie ab und zu `diff` für Ihren eigenen Code ausführen und damit eine Art Änderungsprotokoll erstellen. Stellen Sie fest, dass Sie einen Fehler in Ihren Code eingebaut haben, sind die Diffs die erste Anlaufstelle, um zu schauen, was Sie verändert haben. Reicht das nicht aus und Sie *v1* schon gelöscht, können Sie den Patch umgekehrt auf das Verzeichnis *v2* anwenden: `patch -R < diff-v1v2`. Damit wird Version 2 zu Version 1 zurückgesetzt. Waren Sie schon bei Version 4, wäre es sogar denkbar, dass Sie eine ganze Folge von Diffs anwenden, um in der Zeit zurückzureisen:

```
cd v4
patch -R < diff-v3v4
patch -R < diff-v2v3
patch -R < diff-v1v2
```

Ich schreibe *denkbar*, weil es sehr aufwendig und fehlerlastig ist, solch eine Folge von Diffs selbst zu verwalten.

Dafür gibt es schließlich die Versionsverwaltung, die sich für Sie um die Diffs kümmert.

Git-Objekte

Git ist ein C-Programm wie jedes andere und baut auf einem kleinen Satz von Objekten auf. Das entscheidende Objekt ist das Commit-Objekt, bei dem es sich um eine Reihe von Diffs handelt – den oben vorgestellten vereinheitlichten Diffs sehr ähnlich. Hat man ein vorheriges Commit-Objekt und ein paar Änderungen in dieser Baseline, kapselt ein neues Commit-Objekt diese Informationen. Es wird dabei durch den *Index* unterstützt, eine Liste von Änderungen, die seit dem letzten Commit-Objekt registriert wurden, und die vor allem dazu da ist, das nächste Commit-Objekt zu erzeugen.

Die Commit-Objekte sind so miteinander verbunden, dass sie einen Baum bilden. Jedes Objekt besitzt (mindestens) ein Eltern-Commit-Objekt. Das Hinauf- und Herabwandern im Baum entspricht dem Anwenden von `patch` und `patch -R` zwischen verschiedenen Versionen.

Das Repository selbst ist im Git-Quellcode kein echtes, eigenständiges Objekt, aber ich stelle es mir als eines vor, da die üblichen Operationen, die man definieren würde, wie zum Beispiel New, Copy und Free, auf das gesamte Repository angewendet werden können. Sie erhalten ein neues Repository in dem Verzeichnis, in dem Sie gerade arbeiten, mit:

```
git init
```

Okay, jetzt steht Ihnen eine Versionsverwaltung zur Verfügung. Sie sehen sie vielleicht nicht, da Git all seine Dateien in einem Verzeichnis namens *.git* ablegt und der Punkt am Anfang normalerweise dafür sorgt, dass Tools wie `ls` diese Dateien als verborgen betrachten. Sie können sie aber zum Beispiel mit `ls -a` oder über eine Option *Verborgene Dateien anzeigen* in Ihrem Dateimanager sichtbar machen.

Alternativ können Sie auch ein Repository über `git clone` kopieren. So erhalten Sie zum Beispiel ein Projekt von Savannah oder Github. Um den Quellcode von Git per `git` zu erhalten, führen Sie diesen Befehl aus:

```
git clone git://github.com/gitster/git.git
```

Wollen Sie etwas in einem Repository in *~/myrepo* ausprobieren, möchten aber nichts kaputt machen, wechseln Sie in ein temporäres Verzeichnis, zum Beispiel per `mkdir ~/tmp; cd ~/tmp`) klonen dort Ihr Repository mit `git clone ~/myrepo` und beginnen zu experimentieren. Löschen Sie den Klon, nachdem Sie fertig sind (mit `rm -rf ~/tmp/myrepo`), hat das keine Auswirkungen auf das Original.

Da sich alle Daten zu einem Repository in Ihrem Projektverzeichnis im Unterverzeichnis *.git* befinden, geschieht das Löschen eines Repository sehr einfach:

```
rm -rf .git
```

Dadurch, dass sich das gesamte Repository so schön an einem Ort befindet, können Sie einfach Kopien zwischen Ihrem Arbeitsplatz und zu Hause verschieben, alles für ein schnelles Experiment in ein temporäres Verzeichnis kopieren und so weiter – ganz ohne Scherereien.

Wir sind fast so weit, Commit-Objekte erzeugen zu können, aber da diese die Diffs seit dem Startpunkt oder einem vorherigen Commit zusammenfassen, brauchen wir ein paar Diffs zum Ausprobieren. Der Index (in Git: struct index_state) ist eine Liste mit Änderungen, die im nächsten Commit zusammengefasst werden sollen. Er existiert, da wir nicht jede Änderung im Projektverzeichnis aufzeichnen lassen wollen. So werden zum Beispiel aus *gnomes.c* und *gnomes.h* die Dateien *gnomes.o* und das Executable *gnomes*. Ihr RCS sollte *gnomes.c* und *gnomes.h* berücksichtigen, die anderen Dateien aber nur bei Bedarf erzeugen lassen. Entscheidend für den Index ist daher das Hinzufügen von Elementen zur Liste mit Änderungen. Verwenden Sie dazu:

```
git add gnomes.c gnomes.h
```

Andere typische Änderungen an der Dateiliste müssen ebenfalls dem Index hinzugefügt werden:

```
git add newfile
git rm oldfile
git mv flie file
```

Änderungen, die Sie an schon verwalteten Dateien vornehmen, werden nicht automatisch zum Index hinzugefügt, was für die Nutzer anderer Versionsverwaltungen überraschend sein mag (siehe dazu mehr weiter unten). Fügen Sie jede einzelne Änderung individuell per git add *changedfile* hinzu oder verwenden Sie:

```
git add -u
```

Dadurch werden die Änderungen aller durch Git verwalteten Dateien zum Index hinzugefügt.

Irgendwann haben Sie dann genug Änderungen im Index gesammelt, um sie als Commit-Objekt im Repository zu dokumentieren. Ein neues Commit-Objekt erzeugen Sie wie folgt:

```
git commit -a -m "Ein initiales Commit."
```

Das Flag -m verpasst der Version einen Text, den Sie lesen können, wenn Sie später git log aufrufen. Lassen Sie die Nachricht weg, startet Git den Texteditor, der in der Umgebungsvariablen EDITOR definiert ist, sodass Sie den Text dort eingeben können. (Der Standardeditor ist im Allgemeinen vi. Exportieren Sie die Variable im Startskript Ihrer Shell, zum Beispiel in *.bashrc* oder *.zshrc*, wenn Sie etwas anderes haben wollen.)

Das Flag -a weist Git darauf hin, dass möglicherweise vergessen wurde, git add -u laufen zu lassen, und dass dies bitte noch gemacht werden soll. In der Praxis bedeutet das, Sie müssen git add -u nie explizit aufrufen, sofern Sie immer an das Flag -a denken, wenn Sie git commit -a aufrufen.

> Man findet jede Menge Git-Experten, die sich viele Gedanken um das Erzeugen kohärenter, sauberer Commits machen. Statt Commit-Texte wie »Indexobjekt hinzugefügt, dazu ein paar Bugfixes« würde ein erfahrener Git-Autor zwei Commits erstellen – einen mit der Beschreibung »Indexobjekt hinzugefügt« und einen mit »Bugfixes«. Unsere Programmierer können so genau vorgehen, weil dem Index nichts automatisch hinzugefügt wird. Damit haben sie die Möglichkeit, eine exakte Änderung im Code anzugeben, den Index in ein Commit-Objekt zu schreiben und dann dem nun sauberen Index weitere Elemente hinzuzufügen, um das nächste Commit-Objekt zu erzeugen. Ich habe von einem Blogger gelesen, der sein Vorgehen beim Commit über mehrere Seiten beschreibt: »Bei den kompliziertesten Fällen drucke ich die Diffs aus, kontrolliere sie und nutze sechs verschiedene Textmarker für die unterschiedlichen Stellen ...« Aber solange Sie noch kein Git-Experte sind, ist dieser Detailgrad mehr, als Sie brauchen oder überhaupt wollen. Es ist also eine fortgeschrittene Technik, -a bei git commit nicht zu verwenden, und viele machen sich darum gar keine Gedanken. In einer perfekten Welt würde -a der Standard sein, aber die Welt ist nicht perfekt – vergessen Sie das Flag daher nicht.

Durch den Aufruf von git commit -a wird ein neues Commit-Objekt mit allen Änderungen, die der Index verfolgen konnte, in das Repository geschrieben und der Index danach geleert. Nachdem Sie Ihre Arbeit gesichert haben, können Sie nun weitermachen. Zudem – und das ist einer der großen Vorteile der Versionskontrolle – können Sie löschen, was Sie wollen, denn es ist ja möglich, alles jederzeit wiederherzustellen, falls Sie es doch noch brauchen. Vermüllen Sie den Code nicht durch große auskommentierte Blöcke mit nicht mehr benötigten Routinen – löschen Sie sie!

> Nach dem Commit werden Sie sich mit ziemlicher Sicherheit vor die Stirn schlagen, weil Sie vergessen haben, etwas mit aufzunehmen. Statt einen weiteren Commit durchzuführen, können Sie git commit --amend -a ausführen, um Ihren letzten Commit zu wiederholen.

Dualität von Diff und Snapshot

Physiker sehen Licht manchmal als Welle und manchmal als Teilchen an – genauso stellt man sich ein Commit-Objekt manchmal am besten als vollständigen Snapshot des Projekts zu einem bestimmten Zeitpunkt vor, manchmal aber auch einfach als Diff zum Elternobjekt. Aus beiden Perspektiven gehören die Änderungen des Programmierers, der Name des Objekts (wie wir später noch sehen werden), die mit dem Flag -m zugefügte Beschreibung und (sofern es sich nicht um den initialen Commit handelt) ein Zeiger zu dem oder den Eltern-Commit-Objekten dazu.

> Und ist ein Commit nun intern ein Diff oder ein Snapshot? Das kommt darauf an. Früher hat Git immer einen Snapshot abgespeichert, bis Sie `git gc` (Garbage Collect) ausgeführt haben, um die Snapshots zu Deltas/Diffs zu komprimieren. Die Anwender beschwerten sich aber, dass sie immer daran denken müssten, `git gc` auszuführen. Daher wird dieser Befehl nun automatisch nach bestimmten Befehlen ausgeführt. Das heißt, Git speichert sehr wahrscheinlich (aber nicht immer) Diffs.

Haben Sie ein Commit-Objekt erzeugt, wird sich Ihre Interaktion mit ihm danach vor allem auf das Anzeigen seines Inhalts beschränken. Sie werden `git diff` nutzen, um sich die Diffs anzeigen zu lassen, die das Commit-Objekt ausmachen, und `git log`, um die Metadaten zu betrachten.

Der wichtigste Metadatenwert ist der Name des Objekts, der einer unerfreulichen, aber sinnvollen Namenskonvention folgt: Es handelt sich um den SHA1-Hash, eine 40-stellige Hexadezimalzahl, die einem Objekt zugewiesen werden kann. Dabei kann man davon ausgehen, dass keine zwei Objekte den gleichen Hash besitzen, während das gleiche Objekt in jeder Kopie des Repository immer den gleichen Namen besitzt. Bestätigen Sie Ihre Dateien per Commit, werden die ersten paar Ziffern des Hash am Bildschirm angezeigt, und Sie können `git log` ausführen, um die Liste der Commit-Objekte im Verlauf des aktuellen Commit-Objekts anzeigen zu lassen – mit ihrem Hash und der Beschreibung, die Sie beim Einchecken vergeben haben (mit `git help log` werden die anderen verfügbaren Metadaten aufgeführt). Glücklicherweise benötigen Sie vom Hash nur so viele Ziffern, dass der Commit eindeutig identifiziert werden kann. Schauen Sie sich also das Log an und wollen die Revision fe9c49cddac5150dc974de1f7248a1c5e3b33e89 auschecken, können Sie folgenden Befehl nutzen:

```
git checkout fe9c4
```

Damit reisen Sie mit Diffs in der Zeit zurück – ähnlich wie dies auch fast mit `patch` möglich ist – und versetzen das Projekt in den Status von Commit fe9c4.

Da ein gegebenes Commit-Objekt nur Zeiger auf seine Elternobjekte besitzt, aber nicht auf seine Kindobjekte, sehen Sie in der Liste der Objekte, die Sie mit `git log` nach dem Auschecken eines älteren Commits erhalten, nur die Objekte, die zu diesem Commit führten, nicht aber die neueren Commits. Das selten genutzte `git reflog` gibt Ihnen die vollständige Liste der Commit-Objekte, die das Repository kennt. Einfacher springen Sie aber wieder zur aktuellsten Version des Projekts über ein *Tag* zurück – ein leicht lesbarer Name, nach dem Sie nicht im Log suchen müssen. Tags werden im Repository als eigenständige Objekte verwaltet. Sie besitzen einen Zeiger auf das getaggte Commit-Objekt. Das am häufigsten verwendete Tag ist master, das sich auf das letzte Commit-Objekt des Master-Branch bezieht. (Wir haben uns noch nicht mit Branches beschäftigt, daher wird dies der einzige Branch sein, den Sie haben.) Um also zum aktuellsten Zustand zurückzukehren, nutzen Sie:

```
git checkout master
```

Zurück zu git diff: Damit wird angezeigt, welche Änderungen Sie seit der letzten per Commit eingecheckten Version vorgenommen haben. Die Ausgabe ist das, was per git commit -a in das nächste Commit-Objekt geschrieben würde. Wie bei der Ausgabe des klassischen diff schreibt git diff > *diffs* die Unterschiede in eine Datei, die Sie vielleicht mit Hervorhebungen versehen in einem Texteditor anzeigen lassen wollen.

Ohne Argumente zeigt git diff das Diff zwischen dem letzten Commit und dem aktuellen Stand des Projektverzeichnisses an. Mit dem Namen eines Commit-Objekts zeigt git diff die Unterschiede zwischen diesem Objekt und dem aktuellen Stand des Verzeichnisses. Mit zwei Namen werden die Änderungen zwischen diesen beiden Commit-Objekten ausgegeben:

```
git diff Unterschiede zwischen Arbeitsverzeichnis und letztem Commit.
git diff 234e2a  Unterschiede zwischen Arbeitsverzeichnis und Commit-Objekt.
git diff 234e2a 8b90ac  Änderungen zwischen beiden Commit-Objekten.
```

Jetzt wissen Sie, wie Sie:

- inkrementell Versionen Ihres Projekts sichern,
- ein Log Ihrer eingecheckten Versionen erhalten,
- herausfinden, was Sie zuletzt geändert oder hinzugefügt haben, und
- ältere Versionen auschecken, sodass Sie einen früheren Zustand wiederherstellen.

Das Vorhandensein eines Backup-Systems, das so organisiert ist, dass Sie Code ohne Sorgen löschen und wiederherstellen können, macht Sie schon zu einem besseren Programmierer.

Der Stash

Sie werden bei der Arbeit mit Git bald feststellen, dass es nichts tun mag, solange sich noch Änderungen im aktuellen Arbeitsverzeichnis befinden, die nicht per Commit bestätigt wurden. Sie werden im Allgemeinen gebeten, Ihre Arbeit per Commit zu bestätigen und dann die eigentlich gewünschte Operation erneut auszuführen. Das ist sinnvoll, denn ansonsten könnte Ihre ungesicherte Arbeit verloren sein. Sie müssen sie irgendwo so ablegen, dass Sie wieder darauf zurückgreifen können, wenn Sie mit dem Stöbern in Ihrem Archiv fertig sind.

Daher setzen wir den *Stash* ein. Dies ist ein spezielles Commit-Objekt, mehr oder weniger identisch zu git commit -a, aber mit ein paar speziellen Eigenschaften. So wird zum Beispiel auch der ganze nicht verwaltete Kram in Ihrem Arbeitsverzeichnis mit gesichert. Hier die typische Vorgehensweise:

```
git stash
# Code ist jetzt im Zustand des letzten Check-ins.
git checkout fe9c4

# Herumschauen.

git checkout master    # Oder mit welchem sonstigen Commit Sie begonnen haben.
```

```
# Code ist jetzt wie beim letzten Check-in, daher Stash-Diffs wieder einspielen:
git stash pop
```

Eine manchmal auch sinnvolle Alternative für das Auschecken von Änderungen in Ihrem Arbeitsverzeichnis ist git reset --hard. Damit wird das Arbeitsverzeichnis in den Zustand des letzten Check-outs zurückversetzt. Der Befehl klingt sehr heftig, und das ist er auch: Sie werfen damit alles weg, was Sie seit dem letzten Check-out verändert haben.

Bäume und ihre Zweige

In einem Repository gibt es nur einen Baum, der erzeugt wird, wenn der erste Autor eines neuen Repository git init laufen lässt. Sie sind vielleicht mit Baum-Datenstrukturen vertraut. Diese bestehen aus einer Reihe von Knoten, die jeweils Verbindungen zu Kindern und eine Verbindung zu einem Elternknoten besitzen. (In exotischen Bäumen wie dem von Git sind auch mehrere Elternknoten möglich.)

Natürlich haben alle per Commit eingecheckten Objekte außer dem ersten einen Elternknoten, und die Objekte selbst enthalten die Diffs zwischen sich selbst und dem Eltern-Commit. Der letzte Knoten in der Folge, das Ende des Zweigs bzw. Branch, ist mit einem Branch-Namen versehen. Für unsere Zwecke gibt es eine Eins-zu-eins-Relation zwischen Branch-Enden und der Folge von Diffs, die zu diesem Branch führten. Wir können also gleichbedeutend vom Branch und vom Commit-Objekt am Ende des Branch reden. Ist das Ende des master-Branch der Commit 234a3d, sind daher git checkout master und git checkout 234a3d identisch (bis ein neuer Commit geschrieben wurde und das Label master erhält). Das bedeutet auch, dass die Liste mit den Commit-Objekten eines Branch jederzeit wieder neu aufgebaut werden kann, indem am Commit mit dem Namen des Branch begonnen und dann zurück zum Ursprung des Baums gewandert wird.

Üblich ist, den Master-Branch jederzeit funktionsfähig zu haben. Wollen Sie ein neues Feature hinzufügen oder eine Fragestellung angehen, erzeugen Sie einen neuen Branch. Funktioniert der Code im Branch, können Sie das neue Feature mit den im folgenden beschriebenen Funktionen zurück in den Master-Branch mergen.

Es gibt zwei Möglichkeiten, einen neuen Branch aus dem aktuellen Status Ihres Projekts zu erzeugen:

```
git branch new_leaf       # Einen neuen Branch erzeugen ...
git checkout new_leaf     # dann den eben erzeugten Branch auschecken ...
   #oder mit folgendem Befehl beide Schritte auf einmal ausführen:
git checkout -b new_leaf
```

Haben Sie den neuen Branch erzeugt, wechseln Sie zwischen den beiden Branches mit git checkout master und git checkout newleaf.

In welchem Branch sind Sie gerade? Finden Sie es heraus:

```
git branch
```

Damit werden alle Branches aufgelistet, und der momentan aktive erhält ein *.

Was würde passieren, wenn Sie eine Zeitmaschine bauten, vor Ihre Geburt zurückreisten und Ihre Eltern töteten? Wenn wir etwas aus Science-Fiction-Filmen gelernt haben, dann, dass sich durch das Ändern der Vergangenheit nicht die Gegenwart ändert, sondern eine neue alternative Vergangenheit abspalten. Checken Sie also eine alte Version aus, nehmen darin Änderungen vor und checken ein neues Commit-Objekt damit ein, haben Sie nun einen neuen Branch, der sich vom Master-Branch unterscheidet. Wird die Vergangenheit dergestalt aufgespalten, erhalten Sie beim Aufruf von git branch die Ausgabe (no branch). Nicht mit einem Tag versehene Branches führen gern einmal zu Problemen, daher sollten Sie in solch einem Fall `git branch -m new_branch_name` aufrufen, um den gerade abgespaltenen Branch mit einem Namen zu versehen.

> **Visuelle Hilfen**
>
> Es gibt eine Reihe von grafischen Oberflächen, die besonders beim Begutachten von Branches und Merges hilfreich sind. Versuchen Sie es mit gitk oder git gui für Tk-basierte GUIs oder git instaweb für einen Webserver, mit dem Sie über Ihren Browser interagieren können. Oder Sie fragen Ihren Paketmanager oder eine Internetsuchmaschine nach weiteren Vorschlägen.

Merging

Bisher haben wir neue Commit-Objekte erzeugt, indem wir von einem anderen Commit-Objekt ausgegangen sind und darauf eine Reihe von Diffs aus dem Index angewendet haben. Bei einem Branch handelt es sich ebenfalls um eine Folge von Diffs, daher könnten wir mit einem beliebigen Commit-Objekt und einer Liste von Diffs aus einem Branch ein neues Commit-Objekt erstellen, in dem die Diffs des Branch auf das bestehende Commit-Objekt angewendet werden. Dies ist ein *Merge*. Um alle Änderungen, die im Rahmen von *newleaf* entstanden sind, zurück in *master* zu mergen, wechseln Sie nach *master* und verwenden git merge:

```
git checkout master
git merge newleaf
```

Sie haben zum Beispiel von master ausgehend einen Branch verwendet, um ein neues Feauture zu entwickeln. Alle Tests waren erfolgreich. Nun können Sie alle Diffs aus dem Entwicklungs-Branch zurück nach master bringen und damit ein neues Commit-Objekt erzeugen, in dem das neue Feature auch zu finden ist.

Nehmen wir an, dass Sie während der Arbeit am neuen Feature niemals master ausgecheckt haben und daher dort auch keine Änderungen vornahmen. Das Anwenden der Folge von Diffs aus dem anderen Branch wäre dann einfach ein Wiedergeben all der Änderungen aus den Commit-Objekten im Branch. In Git nennt man das ein *Fast-Forward*.

Haben Sie aber Änderungen an `master` vorgenommen, reicht es nicht mehr, einfach schnell alle Diffs anzuwenden. Gehen wir zum Beispiel davon aus, dass zu dem Zeitpunkt, da der Branch abgespalten wurde, *gnomes.c* folgenden Inhalt hatte:

```
short int height_inches;
```

In `master` haben Sie den einschränkenden Typ entfernt:

```
int height_inches;
```

Der Zweck von *newleaf* war, in metrische Maße umzurechnen:

```
short int height_cm;
```

Hier kommt Git nicht weiter. Um zu wissen, wie diese Zeilen kombiniert werden sollen, muss das Programm wissen, was Sie vorhatten. Die Lösung von Git ist, Ihre Textdatei so anzupassen, dass beide Versionen enthalten sind, zum Beispiel:

```
<<<<<<< HEAD
int height_inches;
=======
short int height_cm;
>>>>>>> 3c3c3c
```

Der Merge wird in Warteposition gebracht, bis Sie die Datei angepasst haben und nur noch die gewünschte Änderung darin zu finden ist. In diesem Fall würden Sie die fünf Zeilen von Git vermutlich wie folgt reduzieren:

```
int height_cm;
```

Dies ist das Vorgehen, um Merges im Nicht-Fast-Forward-Modus umzusetzen (es gibt also Änderungen in beiden Branches):

1. Rufen Sie git merge *other_branch* auf.
2. Sehr wahrscheinlich wird Ihnen mitgeteilt, dass es Konflikte gibt, die Sie auflösen müssen.
3. Prüfen Sie die Liste der nicht gemergeten Dateien mithilfe von `git status`.
4. Wählen Sie eine Datei zur manuellen Bearbeitung aus. Öffnen Sie sie in einem Texteditor und finden Sie die Zeichen, die auf den Inhaltskonflikt hinweisen. Handelt es sich um einen Konflikt mit einem Dateinamen oder einem Ablageort einer Datei, verschieben Sie die Datei entsprechend.
5. Rufen Sie git add *your_now_fixed_file* auf.
6. Wiederholen Sie die Schritte 3 bis 5, bis alle nicht gemergeten Dateien eingecheckt sind.
7. Rufen Sie git `commit` auf, um den Merge abzuschließen.

Akzeptieren Sie all diese manuellen Schritte. Git ist beim Merging sehr konservativ und wird nichts automatisch tun, was unter irgendwelchen Umständen dafür sorgen könnte, dass Ihre Arbeit verloren geht.

Haben Sie den Merge abgeschlossen, finden sich alle Diffs aus dem Seiten-Branch im abschließenden Commit-Objekt des Ziel-Branch. Üblicherweise wird der Seiten-Branch dann gelöscht:

```
git delete other_branch
```

Das Tag *other_branch* wird gelöscht, aber die Commit-Objekte, die es repräsentierten, finden sich weiterhin im Repository.

Der Rebase

Stellen Sie sich vor, Sie haben einen Main-Branch, von dem am Montag ein Test-Branch abgezweigt wurde. Dienstag bis Donnerstag haben Sie sowohl am Main-Branch als auch am Test-Branch umfassende Änderungen vorgenommen. Am Freitag versuchen Sie, den Test-Branch zurück in den Main-Branch zu mergen. Aber es gibt viel zu viele kleine Konflikte, die Sie auflösen müssten.

Lassen Sie uns mit der Woche lieber noch mal anfangen. Am Montag spalten Sie den Test-Branch ab, das heißt, die letzten Commits in beiden Branches haben einen gemeinsamen Vorfahren am Montag im Main-Branch. Dienstag haben Sie einen neuen Commit im Main-Branch, vielleicht hat er den Namen abcd123. Vor Feierabend spielen Sie alle Diffs aus dem Main-Branch in den Test-Branch ein:

```
git branch testing   # im Test-Branch weitermachen
git rebase abcd123
# oder mit gleichem Ergebnis: git rebase main
```

Mit dem Befehl rebase werden alle Änderungen des Main-Branch seit dem gemeinsamen Vorfahren in den Test-Branch eingespielt. Sie müssen auch hier vielleicht Dinge manuell mergen, aber das sind nur die Änderungen eines Tages, sodass die Aktion hoffentlich besser umsetzbar ist.

Nachdem alle Änderungen bis zu abcd123 in beiden Branches vorhanden sind, ist es so, als wurden die Branches von diesem Commit abgespalten und nicht von dem montäglichen Commit. Daher kommt der Name der Prozedur: Der Test-Branch wurde auf eine neue Basis gesetzt und von einem anderen Commit des Main-Branch abgezweigt.

Diese Rebases führen Sie auch am Mittwoch, Donnerstag und Freitag durch. Jeder einzelne ist gut handhabbar, da es immer nur um die Änderungen eines Tages geht.

Rebases werden häufig als fortgeschrittene Technik in Git angesehen, weil andere Systeme mit nicht so guten Möglichkeiten, Diffs anzuwenden, dieses nicht ermöglichen. Aber in der Praxis sind Rebasing und Merging zwei Seiten einer Medaille: Beide wenden Diffs aus einem anderen Branch an, um ein Commit zu erzeugen. Der Unterschied ist nur, ob Sie versuchen, die Enden zweier Branches miteinander zu verknüpfen (dann ist es ein Merge), oder ob beide Branches weiterhin eigenständig leben sollen (dann ist es ein Rebase). Üblicherweise werden die Änderungen am Main-Branch per Rebase auf die Seiten-Branches angewendet, während die Diffs aus dem Seiten-Branch per Merge in den Main-Branch wandern – es gibt also eine Symmetrie zwischen beiden Praktiken. Und wie schon erwähnt, kann es der finale Merge sehr schwierig und schmerzhaft sein, wenn man die Diffs aufhäuft, daher ist es sehr sinnvoll, häufig ein Rebase vorzunehmen.

Remote-Repositories

Bis hierhin ging es immer nur um einen Baum. Haben Sie ein Repository von woandersher geklont, besitzen Sie und das ursprüngliche Repository im Moment des Klonens den gleichen Baum mit den gleichen Commit-Objekten. Aber Sie und Ihre Kollegen werden weiterarbeiten und damit neue und andere Commit-Objekte hinzufügen.

Ihr Repository besitzt eine Liste mit *Remotes*, bei denen es sich um Zeiger auf andere Repositories handelt, die mit diesem verbunden sind. Haben Sie Ihr Repository per `git clone` erhalten, hat das Quell-Repository in diesem Zusammenhang den Namen `origin`. Im Allgemeinen ist dies das einzige Remote, das Sie je nutzen werden.

Nach dem ersten Klonen und Ausführen von `git branch` sehen Sie nur einen einsamen Branch – egal wie viele Branches das ursprüngliche Repository besaß. Mit dem Aufruf von `git branch -a` werden alle Branches angezeigt, die Git kennt, und Sie werden die aus dem Remote-Repository und die eigenen, lokalen sehen. Haben Sie ein Repository von Github oder ähnlichen Websites geklont, können Sie damit kontrollieren, ob andere Programmierer weitere Zweige in das zentrale Repository eingebracht haben.

Diese Kopien der Branches in Ihrem lokalen Repository haben den Status zum Zeitpunkt des ersten Herunterladens. Um in der nächsten Woche diese Remote-Branches mit Informationen aus dem Quell-Repository zu aktualisieren, rufen Sie `git fetch` auf.

Nachdem Sie nun aktuelle Remote-Branches in Ihrem Repository haben, könnten Sie mit dem vollständigen Namen des Branch mergen, zum Beispiel mit `git merge remotes/origin/master`.

Als Kurzform von `git fetch; git merge remotes/origin/master` geht auch:

    git pull origin master

Damit werden die Remote-Änderungen heruntergeladen und alle auf einmal in Ihr aktuelles Repository eingespielt.

Das Gegenstück ist `push`, mit dem Sie das Repository mit Ihrem letzten Commit aktualisieren (nicht aber mit Ihrem Index oder dem Status des Arbeitsverzeichnisses). Nutzen Sie einen Branch namens `bbranch` und wollen diesen unter dem gleichen Namen ins Remote-Repository hochladen, verwenden Sie:

    git push origin bbranch

Es ist sehr wahrscheinlich, dass das Anwenden der Diffs aus Ihrem Branch beim Hochladen in den Remote-Branch nicht im Fast-Forward-Modus möglich ist (wenn doch, haben Ihre Kollegen nichts getan). Zum Auflösen eines Nicht-Fast-Forward-Merge benötigt man im Allgemeinen den Eingriff einer Person, aber beim Remote-Repository ist sehr wahrscheinlich keine vorhanden. Daher erlaubt Git nur Fast-Forward-Pushes. Wie können Sie dann garantieren, dass Ihr Push ein Fast-Forward ist?

1. Rufen Sie `git pull origin` auf, um die Änderungen seit Ihrem letzten Pull zu erhalten.
2. Mergen Sie wie oben beschrieben, wobei Sie die Änderungen vornehmen, die der Computer nicht zusammenführen kann.
3. Rufen Sie `git commit -a -m "Merges erledigt"` auf.
4. Rufen Sie `git push origin master` auf, da Git nun nur einen einzelnen Diff anwenden muss, der automatisch umgesetzt werden kann.

Das zentrale Repository

Trotz all der Diskussionen über Dezentralisierung ist das einfachste Setup für eine gemeinsame Nutzung ein zentrales Repository, das jeder klont. Denn dann besitzt jeder das gleiche Quell-Repository. So funktioniert im Allgemeinen der Download von Github oder Savannah. Setzen Sie ein Repository für so etwas auf, nutzen Sie `git init --bare`. Dann kann niemand direkt in diesem Verzeichnis arbeiten, und die Nutzer müssen das Repository klonen, um etwas tun zu können. Es gibt auch ein paar Berechtigungs-Flags, die nützlich sein können. Mit `--shared=group` wird zum Beispiel allen Mitgliedern einer POSIX-Gruppe das Lesen und Schreiben auf dem Repository erlaubt.

Sie können nicht in einen Branch auf einem »nicht-kahlen« Remote-Repository pushen, auf dem der Repository-Besitzer ausgecheckt hat – das führt zu Chaos. In solchen Fällen bitten Sie Ihren Kollegen, mit `git branch` zu einem anderen Branch zu wechseln und dort ein Push durchzuführen, während sich der Ziel-Branch im Hintergrund befindet.

Oder Ihr Kollege setzt ein öffentliches »kahles« Repository und ein privates Arbeits-Repository auf. Sie schieben Ihre Änderungen in das öffentliche Repository, während Ihr Kollege die Änderungen von dort in sein Arbeits-Repository holt, wenn es für ihn passt.

Die Struktur eines Git-Repository ist nicht sehr komplex: Es gibt Commit-Objekte, die Änderungen seit einem Eltern-Commit-Objekt enthalten. Diese sind in einem Baum organisiert, wobei ein Index die Änderungen sammelt, die im nächsten Commit vorgenommen werden sollen. Aber mit diesen Elementen können Sie mehrere Versionen Ihrer Arbeit verwalten, Dinge ohne Sorge löschen, experimentelle Branches anlegen und wieder in den Main-Branch zurückmergen, wenn alle Tests erfolgreich waren, und die Arbeit Ihrer Kollegen mit Ihrer eigenen zusammenführen. Ab hier werden `git help` und Ihre bevorzugte Internetsuchmaschine erklären, was Sie noch machen können und was es für Tricks gibt.

KAPITEL 5
Mit anderen zusammenspielen

Die Menge der Programmiersprachen scheint unendlich zu sein, und ein großer Teil von ihnen besitzt eine C-Schnittstelle. Dieses kurze Kapitel gibt ein paar allgemeine Hinweise über den Prozess und stellt detailliert die Schnittstelle von Python vor.

Jede Sprache besitzt ihre eigenen Regeln für das Erstellen von Paketen und für die Distribution. Nachdem Sie den Bridge-Code in C und in der Hostsprache geschrieben haben, müssen Sie daher jetzt noch das Paketsystem dazu bringen, alles zu kompilieren und zu linken. Das gibt mir die Möglichkeit, fortgeschrittenere Tricks der Autotools vorzustellen, wie zum Beispiel die bedingte Verarbeitung eines Unterverzeichnisses und das Hinzufügen von Installations-Hooks.

Das Vorgehen

Ich kann Ihnen nicht genauer erklären, wie Sie den Bridge-Code für jede Sprache schreiben (hier die Hostsprache), die C-Code aufruft, aber es müssen immer die gleichen Probleme behandelt werden:

- Schreiben Sie auf der C-Seite Funktionen, die sich leicht von anderen Sprachen aufrufen lassen.
- Schreiben Sie in der Hostsprache die Wrapper-Funktion, die die C-Funktion aufruft.
- Kümmern Sie sich um die Datenstrukturen auf C-Seite. Können sie in beide Richtungen übermittelt werden?
- Verlinken Sie mit der C-Bibliothek. Damit meine ich: Ist alles kompiliert, müssen wir zur Laufzeit sicherstellen, dass das System weiß, wo es die Bibliothek findet.

Schreiben, damit es von anderen Sprachen gelesen werden kann

Die Hostsprache hat keinen Zugriff auf Ihren Quellcode, und es gibt beim Aufruf des C-Codes vom Host aus immer Einschränkungen.

- Makros werden vom Präprozessor ausgewertet, daher weiß die erstellte dynamische Bibliothek nichts davon. In Kapitel 10: *Bessere Strukturen* behandle ich viele Möglichkeiten für den Einsatz von Makros, um Funktionen angenehmer innerhalb von C zu nutzen können. So brauchen Sie vielleicht gar keine Skriptsprache, um eine freundlichere Schnittstelle zu erhalten. Aber wenn Sie die Bibliothek auch außerhalb von C verlinken müssen, stehen diese Makros nicht zur Verfügung, und Ihre Wrapper-Funktion muss all das nachbauen, was sonst Ihre Funktionsmakros erledigen.

- Jeder Aufruf einer C-Funktion vom Host aus benötigt ein bisschen Aufwand, daher ist es wichtig, die Anzahl der Schnittstellenfunktionen begrenzt zu halten. Manche C-Bibliotheken besitzen einen Satz Funktionen, mit dem Sie die vollständige Kontrolle haben, und »einfache« Wrapper-Funktionen, mit denen sich der übliche Ablauf in einem Aufruf erledigen lässt. Besitzt Ihre Bibliothek Dutzende von Funktionen, sollten Sie sich über solche einfachen Schnittstellenfunktionen Gedanken machen. Es ist besser, ein Hostpaket zu haben, das nur die Basisfunktionalität der C-Bibliothek bereitstellt, als sich um ein Hostpaket kümmern zu müssen, das nicht wartbar ist und schnell kaputtgehen kann.

- Objekte sind in dieser Situation toll. Die kurze Version von Kapitel 11: *Objektorientierte Programmierung in C*, in der dies im Detail behandelt wird, ist: Eine Datei definiert eine Struktur und eine Reihe von Funktionen, die mit der Struktur zusammenarbeiten, einschließlich `struct_new`, `struct_copy`, `struct_free`, `struct_print` und so weiter. Ein sauber entworfenes Objekt besitzt nur eine geringe Zahl an Schnittstellenfunktionen oder bietet zumindest eine minimale Untermenge für den Einsatz durch die Hostsprache an. Wie im nächsten Abschnitt behandelt, ist eine zentrale Struktur mit den Daten auch einfacher zu handhaben.

Die Wrapper-Funktion

Für jede C-Funktion, die Ihre Anwender vermutlich nutzen werden, brauchen Sie auch eine Wrapper-Funktion auf der Hostseite. Diese Funktion erfüllt mehrere Zwecke:

- Unterstützen des Anwenders. Benutzer der Hostsprache, die C nicht kennen, wollen sich nicht mit dem Aufrufsystem herumschlagen. Sie gehen davon aus, dass im Hilfesystem etwas über Ihre Funktionen steht. Dieses Hilfesystem ist vermutlich direkt mit den Funktionen und Objekten der Hostsprache verbunden. Wenn die Anwender daran gewöhnt sind, dass Funktionen Elemente von Objekten sind, Sie dies aber auf C-Seite so nicht eingerichtet haben, können Sie das Objekt auf Hostseite erstellen.

- Umwandeln. Die Darstellung von Integer-, String- und Gleitkommawerten kann auch auf Hostseite `int`, `char*` und `double` sein, aber in den meisten Fällen benötigen Sie eine Umwandlung zwischen dem Hosttyp und dem C-Datentyp. Tatsächlich brauchen Sie diese Umwandlung zwei Mal: einmal vom Host nach C und nach dem Aufruf der C-Funktion von C zurück zum Host. Ein Beispiel erhalten Sie weiter unten für Python.

Die Anwender möchten mit einer Funktion auf Hostseite arbeiten, daher werden Sie nicht umhinkommen, eine Hostfunktion für jede Funktion auf C-Seite zu erstellen. Jetzt haben Sie aber plötzlich doppelt so viele Funktionen, um die Sie sich kümmern müssen. Es gibt dabei Redundanzen, da Standardwerte für die Eingabeparameter auf C-Seite im Allgemeinen auch auf Hostseite definiert werden müssen, und Argumentlisten vom Host in der Regel immer geprüft werden müssen, wenn Sie sie auf C-Seite ändern. Sie werden es nicht vermeiden können: Es wird Redundanzen geben, und Sie müssen daran denken, jedes Mal den Code auf Hostseite zu prüfen, wenn Sie die Schnittstelle auf C-Seite ändern. Gewöhnen Sie sich daran.

Datenstrukturen über die Grenze schmuggeln

Vergessen Sie die Nicht-C-Sprache kurz. Gehen wir stattdessen von den zwei C-Dateien *struct.c* und *user.c* aus. In Letzterer wird eine Datenstruktur als lokale Variable erzeugt, wobei die erste Datei statisch verlinkt wird.

Die einfachste Möglichkeit, sich zwischen den Dateien auf die Daten zu beziehen, ist ein einfacher Zeiger: *struct.c* alloziert den Zeiger, *user.c* empfängt ihn, und alles läuft. Die Definition der Struktur ist vielleicht öffentlich, dann kann die User-Datei sich die Daten, auf die mit dem Zeiger verwiesen wird, anschauen und Änderungen vornehmen. Es gibt es keinen Unterschied in dem, was *struct.c* und *user.c* sehen.

Schickt dagegen *struct.c* eine Kopie der Daten, haben wir nach den ersten Änderungen durch den Anwender Unterschiede zwischen den Daten, die von den beiden Dateien verwaltet werden. Gehen wir davon aus, dass die empfangenen Daten genutzt und direkt danach weggeworfen werden, nicht beschreibbar sind oder dass sich *struct.c* nicht mehr um die Daten kümmert, ist es kein Problem, die Eigentümerschaft an den Anwender zu übergeben.

Datenstrukturen, auf die *struct.c* erneut zugreifen wird, sollten also nur per Zeiger übergeben werden; bei einmalig zu nutzenden Daten können wir sie auch selbst weiterreichen.

Was, wenn die Struktur der Daten nicht öffentlich ist? Es scheint, dass die Funktion in *user.c* einen Zeiger erhalten würde und dann nichts mehr damit anstellen könnte. Aber wir können etwas machen: den Zeiger zurück an *struct.c* schicken. Wenn Sie darüber nachdenken, werden Sie feststellen, dass das eine ziemlich verbreitete Vorgehensweise ist. Sie haben vielleicht eine verkettete Liste als Objekt, die über eine Allokationsfunktion erzeugt wurde (auch wenn GLib keine solche besitzt). Dann nutzen Sie g_list_append, um Elemente hinzuzufügen, mit g_list_foreach führen Sie eine Operation für alle Listenelemente aus und so weiter. Dabei wird einfach immer der Zeiger auf die Liste von einer Funktion an die nächste weitergereicht.

Bei der Schnittstelle zwischen C und einer Sprache, die nicht weiß, wie sie eine C-Struktur lesen muss, wird dies als *opaker Zeiger* oder *externer Zeiger* bezeichnet. Wie bei den beiden *.c*-Dateien gibt es keine Unklarheit darüber, wem die Daten gehören, und mit ausreichend Schnittstellenfunktionen können wir immer noch viel erreichen. Damit ist das Problem der gemeinsam genutzten Daten für einen Großteil der existierenden Hostsprachen gelöst, da es einen expliziten Mechanismus zum Übergeben eines opaken Zeigers gibt.

Unterstützt die Hostsprache keine opaken Zeiger, geben Sie den Zeiger trotzdem zurück. Eine Adresse ist ein Integer-Wert, und es sorgt nicht für Mehrdeutigkeiten, wenn man sie so behandelt (Beispiel 5-1).

Beispiel 5-1: Es ist in Ordnung, eine Zeigeradresse als Interger-Wert zu behandeln – es gibt zwar keinen Grund, das je im klassischen C zu tun, aber bei manchen Hostsprachen kann es notwendig sein (size_t.c)

```
#include <stdio.h>

int main(){
    char *astring = "Ich bin irgendwo im Speicher.";
    size_t location = (size_t)astring;     ❶
    printf("%s\n", (char*)location);       ❷
}
```

❶ Der Typ size_t ist dazu gedacht, Adressen als Integer-Werte zu speichern, daher ist auch sichergestellt, dass alle Adressen korrekt abgelegt werden können. Wollen Sie übrigens eine Variable vom Typ size_t ausgeben, nutzen Sie in Ihren printf-Anweisungen %zu.

❷ Natürlich gehen durch ein Casting eines Zeigers in einen Integer-Wert alle Typinformationen verloren, daher müssen wir explizit den Typ des Zeigers wieder angeben. Das ist leider eine schöne Fehlerquelle, darum ist diese Technik nur beim Umgang mit Systemen nützlich, die keine Zeiger verstehen.

Was kann schiefgehen? Ist der Bereich der Integer-Werte in Ihrer Hostsprache zu klein, wird es abhängig von der Position Ihrer Daten im Speicher Fehler geben. Dann ist es besser, den Zeiger in einen String zu schreiben. Erhalten Sie den String zurück, parsen Sie ihn per atol (ASCII to Long Int). Es gibt immer einen Weg.

Zudem gehen wir davon aus, dass der Zeiger nach der ersten Übergabe an den Host nicht verschoben oder freigegeben ist, falls der Host erneut danach fragt. Gibt es nämlich zum Beispiel auf C-Seite einen Aufruf von realloc, muss ein neuer opaker Zeiger (auf welchem Weg auch immer) erneut an den Host übermittelt werden.

Linken

Dynamisches Linken funktioniert über die POSIX-Standardfunktion dlopen, die eine dynamische Bibliothek öffnet, und die Funktion dlsym, die ein Handle von dlopen übernimmt und einen Zeiger auf dieses Objekt zurückgibt. Windows-Systeme besitzen ein ähnliches Setup, nur heißen die Funktionen LoadLibrary und GetProcAddress – aus Gründen der Einfachheit bleibe ich bei den POSIX-Namen. Ihre Hostsprache muss Ihnen mitteilen, welche C-Funktionen und -Variablen es per dlsym anspricht. Sie können also erwarten, dass es einen Registrierungsschritt gibt, in dem Sie die Objekte aufführen, für die dlsym aufgerufen wird. Manche Systeme kümmern sich automatisch um die Aufrufe von `dlopen` und `dlsym` für C-Code, der mit den Pakettools des Hostsystems gepackt wurde. Bei anderen müssen Sie hingegen alles selbst angeben, was aber schlimmstenfalls eine sich strukturell wiederholende Zeile pro Symbol ist.

Aber es gibt noch eine weitere Linking-Ebene: Was, wenn Ihr C-Code eine Bibliothek im System benötigt und daher selbst auf ein Verlinken zur Laufzeit angewiesen ist (wie bei Abschnitt »Runtime-Linking« auf Seite 15)? In der C-Welt ist die Antwort einfach: Man verwendet Autotools, um nach dem Bibliothekssfad für die Bibliothek zu suchen und die richtigen Compiler-Flags zu setzen. Unterstützt das Build-System Ihrer Hostsprache die Autotools, werden Sie kein Problem mit dem Linken anderer Bibliotheken im System haben. Können Sie auf `pkg-config` zurückgreifen, funktioniert es eventuell auch. Sind aber weder die Autotools noch `pkg-config` in Reichweite, wünsche ich Ihnen viel Glück für Ihren Weg, auf dem Zielsystem Ihre Bibliothek stabil zu verlinken. Es scheint eine ganze Reihe von Autoren von Skriptsprachen zu geben, die immer noch davon ausgehen, dass das Linken einer C-Bibliothek von einer anderen aus ein exzentrischer Spezialfall ist, der jedes Mal manuell gehandhabt werden muss.

Python als Host

Der Rest dieses Kapitels dreht sich um ein Beispiel mit Python, bei dem die bisherigen Überlegungen für die Funktion zu idealen Gasen genutzt werden. Die Funktion wird in Beispiel 10-11 vorgestellt, hier sollten Sie sie einfach so nehmen, wie sie ist, da wir uns um das Zusammenstellen zu einem Paket kümmern wollen. Python besitzt eine umfangreiche Onlinedokumentation, in der alle Details beschrieben sind, in Beispiel 5-2 sind nur ein paar der abstrakten Schritte beschrieben (was aber ausreichend ist): Registrieren der Funktion, Umwandeln der Eingabewerte aus dem Hostformat in die üblichen C-Formate und Rückwandeln aus den C-Formaten in das Hostformat. Dann werden wir uns um das Linken kümmern.

Die Bibliothek für ideale Gase enthält nur eine Funktion, mit der der Druck eines idealen Gases für eine gegebene Temperatur berechnet wird. Das hier erstellte Paket wird daher nur unwesentlich interessanter sein als die klassischen »Hallo Welt«-Beispiele. Dennoch werden wir dann Python starten und Folgendes eingeben können:

```
from pvnrt import *
pressure_from_temp(100)
```

Dann weiß Python, wo es das Paket `pvnrt` findet und wie die C-Funktion zu erreichen ist (`ideal_pressure`), die man aufruft, wenn die Python-Funktion `pressure_from_temp` gestartet wird.

Die Geschichte beginnt mit Beispiel 5-2. Dort findet sich C-Code, der die Python-API nutzt, um die C-Funktion zu umhüllen und sie als Teil des Python-Pakets zu registrieren, damit sie danach eingerichtet wird.

Beispiel 5-2: Der Wrapper für die ideale Gas-Funktion (py/ideal.py.c)

```
#include <Python.h>
#include "../ideal.h"

static PyObject *ideal_py(PyObject *self, PyObject *args){
    double intemp;
    if (!PyArg_ParseTuple(args, "d", &intemp)) return NULL;      ❶
    double out = ideal_pressure(.temp=intemp);
    return Py_BuildValue("d", out);                              ❷
}

static PyMethodDef method_list[] = {                             ❸
    {"pressure_from_temp",  ideal_py, METH_VARARGS,
     "Ermittelt den Druck für ein Mol Dreck aus der Temperatur"},
    {NULL, NULL, 0, NULL}
};

PyMODINIT_FUNC initpvnrt(void) {
    Py_InitModule("pvnrt", method_list);
}
```

❶ Python schickt ein einzelnes Objekt, das auf alle Funktionsargumente lauscht – ähnlich wie argv. In dieser Zeile werden die Argumente in eine Liste von C-Variablen eingelesen – definiert durch die Formatspezifikation (wie bei scanf). Wollten wir einen Double-, einen String- und einen Integer-Wert parsen, sähe das so aus: PyArg_ParseTuple(args, "dsi", &indbl, &instr, &inint).

❷ Die Ausgabe übernimmt ebenfalls eine Liste von Typen und C-Werten und gibt ein einzelnes Bundle für den Einsatz in Python zurück.

❸ Im Rest geht es um das Registrieren dieser Datei. Wir müssen eine {NULL, NULL, 0, NULL}-terminierte Liste der Methoden in der Funktion erstellen (mit Python-Name, C-Funktion, Aufrufkonventionen und einzeiliger Dokumentation) und dann eine Funktion namens init*pkgname* schreiben, die diese Liste einliest.

Das Beispiel zeigt, wie Python das Umsetzen von Ein- und Ausgabewerten ohne großes Tamtam handhabt (auf der C-Seite, andere Systeme machen das eventuell auf der Hostseite). Die Datei endet mit einem Registrierungsabschnitt, was auch nicht das Schlechteste ist.

Jetzt zum Kompilieren, wo echte Probleme auftreten können.

Kompilieren und linken

Wie Sie in Abschnitt »Packen Sie Ihren Code mit den Autotools« auf Seite 67 gesehen haben, brauchen Sie zum Einrichten der Autotools für das Erzeugen der Bibliothek eine zweizeilige *Makefile.am* und eine kleine Änderung der Vorlage in der Datei *configure.ac*, die von Autoscan erstellt wird. Aber Python hat sein eigenes Build-System Distutils. Das müssen wir ebenfalls einrichten und dann die Autotools-Dateien so anpassen, dass Distutils automatisch läuft.

Das bedingte Unterverzeichnis für Automake

Ich habe mich dazu entschieden, alle mit Python in Verbindung stehenden Dateien in ein Unterverzeichnis des Projektordners zu stecken. Erkennt Autoconf die Entwicklungstools für Python, sollen sie in dieses Unterverzeichnis wechseln und dort ihre Arbeit erledigen. Werden die Tools nicht gefunden, kann ich das Unterverzeichnis ignorieren.

Beispiel 5-3 zeigt eine *configure.ac*-Datei, die auf die Anwesenheit von Python und seinen Entwicklungs-Headern prüft und das Unterverzeichnis *py* nur dann kompiliert, wenn die richtigen Komponenten gefunden werden. Die ersten paar Zeilen wurden, wie im vorigen Beispiel, von autoscan übernommen und ein bisschen ergänzt. Die nächste Zeile (übernommen aus der Dokumentation zu Automake) prüft auf Python. Damit wird eine Variable PYTHON mit dem Pfad zu Python erzeugt, für *configure.ac* zwei Variablen HAVE_PYTHON_TRUE und HAVE_PYTHON_FALSE und für das Makefile eine Variable namens HAVE_PYTHON.

Fehlen Python oder seine Header, wird die Variable PYTHON auf : gesetzt. Das können wir später prüfen. Sind die erforderlichen Tools vorhanden, nutzen wir einen einfachen if-then-fi-Block der Shell, um Autoconf zu bitten, das Unterverzeichnis *py* bei der Konfiguration mit einzubeziehen.

Beispiel 5-3: Eine configure.ac-Datei für den Python-Build (py/configure.ac)

```
AC_PREREQ([2.68])
AC_INIT([pvnrt], [1], [/dev/null])
AC_CONFIG_SRCDIR([ideal.c])
AC_CONFIG_HEADERS([config.h])

AM_INIT_AUTOMAKE
AC_PROG_CC_C99
LT_INIT

AM_PATH_PYTHON(,, [:])                                  ❶
AM_CONDITIONAL([HAVE_PYTHON], [test "$PYTHON" != :])

if test "$PYTHON" != : ; then                           ❷
AC_CONFIG_SUBDIRS([py])
fi

AC_CONFIG_FILES([Makefile py/Makefile])                 ❸
AC_OUTPUT
```

❶ Diese Zeilen prüfen auf die Anwesenheit von Python und setzen die Variable PYTHON auf :, wenn es nicht da ist. Zudem wird eine entsprechende Variable HAVE_PYTHON hinzugefügt.

❷ Ist die Variable PYTHON gesetzt, kümmert sich Autoconf auch um das Unterverzeichnis *py*, ansonsten wird es ignoriert.

❸ Es gibt eine *Makefile.am* im Unterverzeichnis *py*, die in ein Makefile umgewandelt werden muss. Autoconf muss auch darüber informiert werden.

In diesem Kapitel lernen Sie einige weitere Autotools-Syntaxelemente kennen, wie zum Beispiel das `AM_PATH_PYTHON`-Makro und die noch folgenden Automake-Ziele `all-local` und `install-exec-hook`. Die Autotools sind so aufgebaut, dass sie als grundlegendes System arbeiten (was ich hoffentlich in Kapitel 3: *Verpacken Sie Ihr Projekt* deutlich erklärt habe), das einen Hook für jede mögliche Eventualität oder Ausnahme besitzt. Man muss sich diese Hooks nicht merken, und man kann sie meistens auch nicht aus den Grundprinzipien ableiten. Arbeitet man mit den Autotools und stolpert über eine ungewöhnliche Situation, begibt man sich eben in den Anleitungen oder im Internet auf die Suche nach einer Lösung.

Wir müssen auch noch Automake über das Unterverzeichnis informieren – einfach mit einem weiteren `if`/`then`-Block (siehe Beispiel 5-4).

Beispiel 5-4: Eine Makefile.am-Datei für das Root-Verzeichnis eines Projekts mit einem Python-Unterverzeichnis (py/Makefile.am)

```
pyexec_LTLIBRARIES=libpvnrt.la
libpvnrt_la_SOURCES=ideal.c

SUBDIRS=.

if HAVE_PYTHON         ❶
SUBDIRS += py
endif
```

❶ Autoconf setzt die Variable `HAVE_PYTHON` – hier wird sie verwendet. Ist sie vorhanden, fügt Automake *py* der Liste der Verzeichnisse hinzu, um die es sich kümmern muss; ansonsten wird nur mit dem aktuellen Verzeichnis gearbeitet.

Mit den ersten beiden Zeilen wird festgelegt, dass Libtool eine dynamische Bibliothek erstellen soll, die zusammen mit den ausführbaren Dateien von Python installiert wird. Diese Bibliothek hat den Namen `libpvnrt`, und sie basiert auf dem Quellcode aus `ideal.c`. Danach gebe ich das erste Unterverzeichnis an, das bearbeitet werden soll: . (das aktuelle Verzeichnis). Die statische Bibliothek muss vor dem Python-Wrapper für die Bibliothek gebaut werden. Das garantieren wir, indem wir . an den Anfang der Liste in `SUBDIRS` setzen. Ist die Prüfung auf `HAVE_PYTHON` erfolgreich, können wir dann den Operator `+=` von Automake nutzen, um das Verzeichnis *py* der Liste hinzuzufügen.

Damit haben wir dafür gesorgt, dass das Verzeichnis *py* nur dann berücksichtigt wird, wenn die Entwicklungstools für Python vorhanden sind. Jetzt wollen wir in das Unterverzeichnis *py* selbst hinabsteigen und uns anschauen, wie wir es schaffen, dass Distutils und die Autotools miteinander reden.

Distutils mit Unterstützung durch die Autotools

Sie haben sich vermutlich mittlerweile mit dem Vorgehen beim Kompilieren selbst komplexer Programme und Bibliotheken vertraut gemacht:

- Angeben der beteiligten Dateien (zum Beispiel über *your_program_*SOURCES in *Makefile.am* oder direkt über die Liste objects im Beispiel-Makefile wie in diesem Buch).
- Angeben der Compiler-Flags (universell über die Variable CFLAGS).
- Angeben der Flags und zusätzlichen Bibliotheken für den Linker (zum Beispiel LDLIBS für GNU Make oder LDADD für GNU Autotools).

Dies sind die drei Schritte, und auch wenn Sie ohne Zweifel viele Wege entdeckt haben, diese Schritte durcheinanderzubringen, ist die Aufgabe klar genug. Ich habe Ihnen bisher gezeigt, wie die drei Punkte über ein einfaches Makefile, über die Autotools und selbst über Shell-Aliasse kommuniziert werden können. Jetzt müssen wir sie auch den Distutils mitteilen. Beispiel 5-5 bietet eine Datei *setup.py*, mit der die Produktion eines Python-Pakets gesteuert werden kann.

Beispiel 5-5: Eine Datei setup.py zum Steuern der Produktion eines Python-Pakets (py/setup.py)

```
from distutils.core import setup, Extension

py_modules= ['pvnrt']

Emodule = Extension('pvnrt',
        libraries=['pvnrt'],        ❶
        library_dirs=['..'],        ❷
        sources = ['ideal.py.c'])   ❸

setup (name = 'pvnrt',              ❹
       version = '1.0',
       description = 'Druck p * Volumen V = n * R * Temperatur',
       ext_modules = [Emodule])
```

❶ Die Quellen und die Linker-Flags. Die Zeile mit libraries legt fest, dass der Linker das Flag -lpvnrt erhält.

❷ Mit dieser Zeile werden die Linker-Flags durch -L.. ergänzt, um anzuzeigen, dass auch dort nach Bibliotheken gesucht werden soll. Das muss manuell angegeben werden.

❸ Aufzählen der Quelldateien – wie in Automake.

❹ Hier geben wir die Metadaten für das Paket an, die von Python und den Distutils genutzt werden.

Die Spezifikation des Produktprozesses für die Distutils von Python wird in *setup.py* definiert (siehe Beispiel 5-5). Darin finden sich ein paar typische Elemente eines Pakets: sein Name, seine Version, eine einzeilige Beschreibung und so weiter. Hier werden wir die drei angegebenen Elemente kommunizieren:

- Die C-Quellcodedateien des Wrappers für die Hostsprache (im Gegensatz zur Bibliothek, um die sich die Autotools selbst kümmern) sind in einem Array namens sources aufgeführt.
- Python kennt die Umgebungsvariable CFLAGS. Makefile-Variablen werden nicht an Programme exportiert, die von make aufgerufen werden, daher wird in der *Make-*

file.am für das Verzeichnis *py* in Beispiel 5-6 eine Shell-Variable namens CFLAGS auf die Autoconf-@CFLAGS@ gesetzt – direkt vor dem Aufruf von python setup.py build.

- Für die Distutils von Python müssen Sie die Bibliotheken von den Bibliothekspfaden trennen. Da sie sich nicht sehr häufig ändern, können Sie die Liste der Bibliotheken wie im Beispiel vermutlich manuell schreiben (vergessen Sie nicht die statische Bibliothek, die vom Haupt-Build der Autotools erzeugt wird). Die Verzeichnisse unterscheiden sich aber von Rechner zu Rechner, daher lassen wir die Autotools AM_LDADD für uns erzeugen.

Ich habe mich dazu entschlossen, ein Setup-Paket zu schreiben, für das der Anwender die Autotools aufruft, die dann wiederum die Distutils starten. Der nächste Schritt ist daher, die Autotools darüber zu informieren, dass die Distutils aufrufen müssen.

Tatsächlich ist das die einzige Aufgabe von Automake im Verzeichnis *py*, daher wird sich *Makefile.am* dort nur darum kümmern. Wie in Beispiel 5-6 brauchen wir einen Schritt zum Kompilieren des Pakets und einen zum Installieren. Beide Schritte sind mit einem Makefile-Ziel verbunden. Für das Setup ist das Ziel all-local, das aufgerufen wird, wenn der Anwender make startet. Zur Installation ist das Ziel install-exec-hook, das beim Aufruf von make install genutzt wird.

Beispiel 5-6: Automake so einrichten, dass die Distutils von Python angesteuert werden (py/Makefile.py.am)

```
all-local: pvnrt

pvnrt:
        CFLAGS='@CFLAGS@' python setup.py build

install-exec-hook:
        python setup.py install
```

Jetzt kennt Automake alle Informationen, die es im Hauptverzeichnis zum Erzeugen der Bibliothek benötigt, die Distutils wissen, was sie im Verzeichnis *py* zu tun haben, und Automake weiß, dass es die Distutils im richtigen Moment starten muss. Nun kann der Anwender wie üblich ./configure;make;sudo make install eingeben und sowohl die C-Bibliothek als auch den Python-Wrapper bauen.

TEIL II
Die Sprache

Dies ist der Teil, in dem wir uns über die Sprache C selbst Gedanken machen.

Der Prozess besteht aus zwei Teilen: Wir überlegen uns, welche Sprachelemente wir nicht einsetzen, und dann schauen wir uns nach neuen Dingen um. Manche dieser neuen Dinge sind syntaktische Features – zum Beispiel die Möglichkeit, eine Liste mit Struct-Elementen über den Namen zu initialisieren. Dann gibt es Funktionen, die von anderen geschrieben wurden und jetzt der Allgemeinheit zur Verfügung stehen, wie zum Beispiel die Funktionen, mit denen wir schmerzfrei mit Strings arbeiten können.

Die Kapitel behandeln die folgenden Themen:

Kapitel 6: *Ihr Weg zum Zeiger* ist eine Anleitung für diejenigen, die sich mit Zeigern unwohl fühlen.

Kapitel 7: *C-Syntax, die Sie ignorieren können* beginnt mit dem Bau des Gebäudes, indem wir Altes abreißen. Ich stelle Konzepte vor, die von den üblichen Lehrbüchern behandelt werden, meiner Meinung nach aber nicht mehr diese Bedeutung haben oder sogar direkt als veraltet bezeichnet werden sollten.

Kapitel 8: *Hindernisse und Gelegenheiten* dreht sich um C-Konzepte, die zu nützlich sind, um sie wegzuwerfen, aber eine Reihe von subtilen Stolperfallen bieten.

In Kapitel 9: *Text* kümmere ich mich um Strings und zeige, wie Sie mit ihnen arbeiten können, ohne Speicher anfordern oder Zeichen zählen zu müssen. malloc wird sich sehr einsam fühlen, weil Sie es niemals aufrufen werden.

Kapitel 10: *Bessere Strukturen* stellt die neuen Dinge vor, mit denen wir Funktionsaufrufe im ISO-C-Standard vornehmen können, um zum Beispiel Eingabeparameter beliebiger Länge (etwa sum(1, 2.2, [...] 39, 40)) oder benannte, optionale Elemente zu haben (zum Beispiel new_person(.name="Joe", .age=32, .sex='M')). Diese Syntax-Features haben mir das Leben gerettet. Ohne sie hätte ich C schon vor langer Zeit fallen gelassen.

Ihre typische Bibliothek arbeitet mit ein paar zentralen Strukturen und einem Satz Funktionen, der auf ihnen tätig ist – ein objektorientiertes Setup. Wir haben nicht die voluminöse, aufgeblasene Objektsyntax bestimmter anderer Sprachen, aber Kapitel 11:

Objektorientierte Programmierung in C zeigt, dass Sie trotzdem alles zur Verfügung haben, um objektbasierte Bibliotheken und Programme auf hohem Niveau schreiben zu können.

Nachdem Sie wissen, wie Sie eine Bibliothek strukturieren, wollen wir in Kapitel 12: *Bibliotheken* ein paar davon verwenden, um fortgeschrittene Mathematik zu nutzen, mit einem Internetserver über ein beliebiges Protokoll zu sprechen, eine Datenbank laufen zu lassen und andere tolle Dinge zu machen.

KAPITEL 6
Ihr Weg zum Zeiger

He's the one
Who likes all our pretty songs
And he likes to sing along
And he likes to shoot his gun
But he don't know what it means.

Nirvana, »In Bloom«

Wie ein Lied über Musik oder ein Film über Hollywood handelt es sich bei einem Zeiger um Daten, die andere Daten beschreiben. Es ist nicht schwer, sich überwältigen zu lassen: Schließlich müssen Sie sich mit Referenzen auf Referenzen, Aliassen, der Speicherverwaltung und `malloc` herumschlagen. Aber es geht zum Glück auch in kleinen Häppchen. So können wir zum Beispiel Zeiger als Aliasse verwenden, ohne uns mit `malloc` auseinandersetzen zu müssen, das bei Weitem nicht so häufig auftauchen muss, wie es die Lehrbücher aus den 90ern uns weismachen wollen. Die C-Syntax kann zwar mit seinen Sternchen sehr verwirrend sein, andererseits erhalten wir dabei aber auch Tools für den Umgang mit besonders komplizierten Zeigersituationen wie Zeigern auf Funktionen.

Automatischer, statischer und manueller Speicher

C bietet drei Grundmodelle zur Speicherverwaltung an. Das sind zwei mehr als bei den meisten anderen Sprachen und zwei mehr, als Sie eigentlich einsetzen wollten. Und nur für Sie bringe ich weiter unten in Kapitel 12: *Bibliotheken* noch zwei – genau, zwei – weitere Speichermodelle als Bonus ins Spiel.

Automatisch
Sie deklarieren eine Variable bei ihrer ersten Verwendung, und sie wird wieder entfernt, wenn ihr Gültigkeitsbereich verlassen wird. Ohne das Schlüsselwort `static` ist jede Variable innerhalb einer Funktion automatisch. Ihre typische Programmiersprache besitzt nur automatische Daten.

Statisch
: Statische Variablen existieren während der gesamten Laufzeit des Programms an der gleichen Stellen. Array-Größen werden beim Start festgelegt, aber die Werte können sich ändern (es ist also nicht ganz statisch). Daten werden initialisiert, bevor main aufgerufen wird, daher muss die gesamte Initialisierung mit Konstanten durchgeführt werden, für die keine Rechnungen erforderlich sind. Variablen, die außerhalb von Funktionen (im Gültigkeitsbereich der Datei) oder mit dem Schlüsselwort static innerhalb von Funktionen deklariert werden, sind statisch. Ein Vorteil: Vergessen Sie, eine statische Variable zu initialisieren, wird die auf null (oder NULL) gesetzt.

Manuell
: Zum manuellen Typ gehören die Funktionen malloc und free – und hier passieren die meisten Fehler. Dieses Speichermodell ist der Grunddafür, dass Helden weinen, wenn sie in C programmieren müssen. Zudem handelt es sich um die einzige Art von Speicher, bei der die Größe von Arrays noch nach der Deklaration angepasst werden kann.

Hier eine kleine Tabelle mit den Unterschieden zwischen den drei Speichervarianten. Ich gehe auf die meisten der Punkte in den nächsten paar Kapiteln genauer ein.

	Statisch	Auto	Manuell
Beim Starten auf null gesetzt	◊		
Begrenzt auf Gültigkeitsbereich	◊	◊	
Kann Werte beim Initialisieren setzen	◊	◊	
Kann nicht-konstante Werte beim Initialisieren setzen		◊	
sizeof gibt die Array-Größe an	◊	◊	
Bleibt über Funktionsaufrufe hinweg bestehen	◊		◊
Kann global sein	◊		◊
Array-Größe zur Laufzeit setzen		◊	◊
Größe kann angepasst werden			◊
Helden weinen			◊

Bei einigen dieser Dinge handelt es sich um Features, die Sie bei einer Variablen erwarten, wie zum Beispiel das Anpassen der Größe oder eine bequeme Initialisierung. Bei anderen, wie zum Beispiel der Möglichkeit zum Setzen der Werte bei der Initialisierung, handelt es sich um technische Konsequenzen aus der Speicherverwaltung. Wollen Sie also beispielsweise eigentlich nur zur Laufzeit die Größe anpassen, müssen Sie sich plötzlich um malloc und den Zeiger-Heap kümmern. Könnten wir alles ausräumen und neu anfangen, würden wir nicht drei verschiedene Feature-Sätze mit drei Sätzen technischer Ärgernisse verbinden. Aber so ist es nun einmal.

Immer geht es darum, wo Sie im Speicher Ihre Daten ablegen. Das ist etwas anderes als die Daten selbst, was zu weiterem großem Spaß führen kann:

1. Haben Sie Ihre `struct`, `char`, `int`, `double` oder andere Variablen entweder außerhalb einer Funktion oder innerhalb einer Funktion mit dem Schlüsselwort `static` deklariert, ist sie statisch, ansonsten automatisch.
2. Haben Sie einen Zeiger deklariert, besitzt der Zeiger selbst einen Speichertyp – sehr wahrscheinlich abhängig von Regel 1 automatisch oder statisch. Aber der Zeiger kann auf einen beliebigen der drei Arten von Daten zeigen: statische Zeiger auf per `malloc` angeforderte Daten, automatische Zeiger auf statische Daten – alle Kombinationen sind möglich.

Regel 2 bedeutet, dass Sie das Speichermodell nicht an der Notation erkennen können. Einerseits ist es nett, dass wir uns nicht mit einer Notation für Auto-Arrays und einer für manuelle Arrays herumschlagen müssen – andererseits müssen Sie sich immer darüber im Klaren sein, womit Sie da gerade arbeiten. Sonst versuchen Sie, ein automatisches Array in der Größe zu verändern oder geben ein manuelles Array nicht frei. Das ist der Grund, dafür, dass die Aussage »Zeiger und Arrays sind in C identisch« genauso zuverlässig ist wie »Der tut nichts, der will nur spielen«.

Sie sind dran: Schauen Sie sich vorhandenen Code auf Ihrem Rechner an und prüfen Sie den Typ: Welche Daten sind statisch, automatisch oder manuell abgelegt? Welche Variablen sind Auto-Zeiger auf manuellen Speicher, Auto-Zeiger auf statische Werte und so weiter. Haben Sie selbst keinen Code, üben Sie mit Beispiel 6-6.

Der Stack und der Heap

Jede Funktion besitzt einen Bereich im Speicher, einen *Frame*, der Informationen über die Funktion enthält. Dazu gehört zum Beispiel der Ort, an den zurückgesprungen werden soll, und Raum für all die automatisch allozierten Variablen.

Ruft eine Funktion (wie zum Beispiel `main`) eine andere Funktion auf, wird der Frame der aufrufenden Funktion angehalten und eine neue Funktion zum *Stack* mit den Frames hinzugefügt. Ist eine Funktion abgeschlossen, wird deren Frame zurück vom Stack genommen, und alle Variablen in diesem Frame verschwinden aus dem Prozess.

Leider besitzt der Stack eine künstliche Größenbeschränkung, die schneller zuschlägt, als man denkt – sie liegt irgendwo bei zwei bis drei MByte (aktuell unter Linux). Das ist zwar genug, um alle Tragödien Shakespeares aufzunehmen, machen Sie sich also keine Sorgen darüber, ein Array mit 10.000 Integer-Werte anzufordern. Aber es finden sich leicht größere Datensätze, und die aktuellen Grenzen des Stacks erfordern, dass wir woanders Platz anfordern – mit `malloc`.

Speicher, der per `malloc` alloziert wird, liegt nicht auf dem Stack, sondern woanders im System – in einem Bereich namens *Heap*. Der Heap kann ebenfalls eine Größenbeschränkung besitzen (muss er aber nicht). Auf einem typischen PC kann man davon ausgehen, dass die Größe des Heap in etwa der des gesamten verfügbaren Speichers entspricht.

Persistente Statusvariablen

Dieses Kapitel dreht sich vor allem um die Interaktion von automatischem und manuellem Speicher und Zeigern. Statische Variablen bleiben ein bisschen außen vor. Aber diese statischen Variablen erledigen gute Arbeit, daher wollen wir eine kleine Pause einlegen und erklären, was sie für uns tun können.

Statische Variablen können einen lokalen Gültigkeitsbereich haben. Sie können also Variablen nutzen, die nur in einer Funktion existieren, aber wenn die Funktion verlassen wird, behält die Variable ihren Wert bei. Das ist toll, wenn Sie einen internen Zähler oder einen wiederverwendbaren Ablagebereich haben wollen. Da eine statische Variable nie verschoben wird, bleibt ein Zeiger auf eine statische Variable auch nach dem Verlassen der Funktion gültig.

Beispiel 6-1 zeigt ein klassisches Lehrbuchbeispiel: die Fibonacci-Folge. Wir deklarieren die ersten beiden Elemente als 0 und 1. Jedes folgende Elemente ist die Summe der beiden vorherigen beiden Elemente.

Beispiel 6-1: Die Fibonacci-Folge, erzeugt durch eine Zustandsmaschine (fibo.c)

```
#include <stdio.h>

long long int fibonacci(){
    static long long int first = 0;
    static long long int second = 1;
    long long int out = first+second;
    first=second;
    second=out;
    return out;
}

int main(){
    for (int i=0; i< 50; i++)
        printf("%lli\n", fibonacci());
}
```

Schauen Sie sich an, wie unwichtig `main` ist. Die Funktion `fibonacci` ist eine kleine Maschine, die von allein läuft – `main` muss sie nur kurz anstupsen, damit die Funktion einen weiteren Wert ausspuckt. Das bedeutet, die Funktion ist eine einfache *Zustandsmaschine*, und statische Variablen sind der entscheidende Trick für deren Implementierung in C.

Wie können wir diese statischen Zustandsmaschinen in einer Welt nutzen, in der jede Funktion Thread-sicher sein muss? Das ISO-C-Komitee hat das berücksichtigt, und C11 enthält einen Speichertyp `_Thread_local`. Schreiben Sie einfach Folgendes in Ihre Deklarationen:

```
static _Thread_local int counter;
```

So haben Sie für jeden Thread einen eigenen Zähler. Ich werde darauf detaillierter in Abschnitt »Einfaches Threading mit Pthreads« auf Seite 251 eingehen.

> ### Statische Variablen deklarieren
>
> Statische Variablen, selbst die innerhalb einer Funktion, werden beim Programmstart noch vor main initialisiert. Daher können Sie sie nicht mit einem nicht-konstanten Wert initialisieren.
>
> ```
> //Das geht schief: gsl_vector_alloc() kann nicht vor main() aufgerufen werden.
> static gsl_vector *scratch = gsl_vector_alloc(20);
> ```
>
> Das ist blöd, lässt sich aber leicht mit einem Makro lösen. Es wird mit 0 begonnen und beim ersten Einsatz alloziert:
>
> ```
> #define Staticdef(type, var, initialization) \
>     static type var = 0; \
>     if (!(var)) var = (initialization);
>
> //Anwendung:
> Staticdef(gsl_vector*, scratch, gsl_vector_alloc(20));
> ```
>
> Das funktioniert, solange wir nie erwarten, dass initialization 0 sein kann (oder im Zeigerumfeld NULL). In diesem Fall wird es bei jeder neuen Runde re-initialisiert. Das kann aber durchaus akzeptabel sein.

Zeiger ohne malloc

Wenn ich meinen Computer anweise, A *auf* B *zu setzen*, könnte ich eines von zwei Dingen meinen:

- Kopiere den Wert von B nach A. Erhöhe ich A mit A++, ändert sich B nicht.
- Lasse A ein Alias für B sein. Dann erhöht A++ auch B.

Jedes Mal, wenn in Ihrem Code steht: *Setze* A *auf* B, müssen Sie wissen, ob Sie eine Kopie oder einen Alias erzeugen. Diese Frage ist nicht auf C beschränkt.

Bei C erstellen Sie immer eine Kopie, aber wenn Sie die Adresse der Daten kopieren, um die es geht, handelt es sich bei der Kopie des Zeigers um einen neuen Alias für die Daten. Das ist eine gute Implementierung von Aliassen.

In anderen Sprachen gibt es andere Vorgehensweisen: Sprachen aus der LISP-Familie bauen stark auf Aliassen auf und besitzen set-Befehle für Kopien. Python kopiert Skalare immer, Listen werden aber per Alias übernommen (sofern Sie nicht copy oder deepcopy nutzen). Es ist also wichtig, zu wissen, was passiert, um eine ganze Reihe Fehler von Anfang an zu vermeiden.

Die GNU Scientific Library besitzt Vektor- und Matrixobjekte, die beide ein data-Element enthalten. Dieses ist ein Array mit double-Werten. Nehmen wir an, wir haben über ein typedef Pärchen aus Matrix und Vektor und ein Array dieser Pärchen:

```
typedef struct {
    gsl_vector* vector;
    gsl_matrix* matrix;
} datapair;

datapair your_data[100];
```

Dann ist dies das erste Element der ersten Matrix:

```
your_data[0]->matrix->data[0]
```

Sind Sie mit dieser Schreibweise vertraut, ist es kein Problem, den Inhalt zu verstehen, aber das Tippen ist trotzdem nervig. Erstellen wir einen Alias:

```
double *elmt1 = your_data[0]->matrix->data[0];
```

Von den beiden gezeigten Zuweisungsmöglichkeiten steht das Gleichheitszeichen hier für einen Alias: Es wird nur ein Zeiger kopiert, und wenn wir *elmt1 ändern, werden die Daten, die tief in your_data vergraben sind, ebenfalls modifiziert.

Das Verwenden von Aliassen ist malloc-frei und zeigt, dass wir haufenweise Zeiger nutzen können, ohne uns um die Speicherverwaltung Sorgen machen zu müssen.

Ein anderes Beispiel, bei dem malloc manchmal unnötigerweise auftaucht, ist der Einsatz einer Funktion, die einen Zeiger als Eingabewert erwartet:

```
void increment(int *i){
    (*i)++;
}
```

Anwender der Funktion, die Zeiger zu sehr mit malloc in Verbindung bringen, gehen vielleicht davon aus, dass sie Speicher anfordern müssen, um diesen dann der Funktion zu übergeben:

```
int *i = malloc(sizeof(int)); //so viel unnötiger Aufwand
*i = 12;
increment(i);
...
free(i);
```

Stattdessen lassen wir einfach die automatische Speicherallokation ihre Arbeit erledigen:

```
int i=12;
increment(&i);
```

> **Sie sind dran:** Ich habe Ihnen weiter oben geraten, dass Sie jedes Mal, wenn eine Codezeile sagt: *Setze A auf B*, wissen müssen, ob Sie einen Alias oder eine Kopie erzeugen. Nehmen Sie sich irgendwelchen Code vor, den Sie gerade greifbar haben (in welcher Sprache auch immer), schauen Sie ihn sich Zeile für Zeile an und fragen Sie sich, was für Zuweisungen darin vorkommen. Gibt es Stellen, an denen Sie eine Kopie sinnvollerweise durch einen Alias ersetzen könnten?

Strukturen werden kopiert, Arrays werden als Alias weitergegeben

Wie in Beispiel 6-2 ist das Kopieren einer Struktur mit einer Zeile Code erledigt.

Beispiel 6-2: Nein, Sie müssen die Elemente eines Struct nicht Element für Element kopieren (copy-structs.c)

```
#include <assert.h>

typedef struct{
    int a, b;
    double c, d;
    int *efg;
} demo_s;

int main(){
    demo_s d1 = {.b=1, .c=2,
                .d=3, .efg=(int[]){4,5,6}};
    demo_s d2 = d1;

    d1.b=14;                ❶
    d1.c=41;
    d1.efg[0]=7;

    assert(d2.a==0);        ❷
    assert(d2.b==1);
    assert(d2.c==2);
    assert(d2.d==3);
    assert(d2.efg[0]==7);
}
```

❶ Ändern wir d1 und schauen wir, ob sich d2 geändert hat.

❷ Diese Assertions werden alle erfolgreich durchlaufen.

Wie schon zuvor sollten Sie immer wissen, ob es sich bei Ihrer Zuweisung um eine Kopie der Daten oder um einen neuen Alias handelt. Was haben wir dann hier? Durch die Änderung von d1.b haben sich d1.c und d2 nicht geändert, daher handelt es sich um eine Kopie. Aber eine Kopie eines Zeigers zeigt immer noch auf die ursprünglichen Daten. Ändern wir also d1.efg[0], betrifft das auch die Kopie eines Zeigers d2.efg. Benötigen Sie also eine *tiefe Kopie*, bei der die Inhalte von Zeigern ebenfalls kopiert werden, müssen Sie eine Funktion zum Kopieren eines Struct haben. Gibt es keine Zeiger, die Sie »nachverfolgen« müssen, ist solch eine Kopierfunktion übertrieben, und es reicht das Gleichheitszeichen.

Wenn d2=d1 funktioniert hat, wäre es schön, wenn es eine einfache Vergleichsfunktion wie assert(d1==d2) gäbe, aber das ist standardmäßig nicht der Fall. Sie können den Vergleich aber immer noch vornehmen, indem Sie beide Strukturen als Bit-Stream betrachten und memcmp einsetzen (dafür benötigen Sie #include <string.h>):

```
memcmp(&d1, &d2, sizeof(demo_s));
```

Entspricht die Folge der Bits aus d1 der aus d2, gibt diese Funktion 0 zurück – so wie strcmp(*str1*, *str2*) diesen Wert liefert, wenn die beiden Strings übereinstimmen.

Bei Arrays erzeugt das Gleichheitszeichen einen Alias und keine Kopie der Daten selbst. In Beispiel 6-3 versuchen wir den gleichen Test, indem wir eine Kopie erstellen, das Original ändern und dann der Wert der Kopie prüfen.

Beispiel 6-3: Structs werden kopiert, aber ein Array erzeugt einen Alias (copystructs2.c)

```
#include <assert.h>

int main(){
    int abc[] = {0, 1, 2};
    int *copy = abc;

    copy[0] = 3;
    assert(abc[0]==3); ❶
}
```

❶ Erfolgreich: Das Original hat sich zusammen mit der Kopie geändert.

Beispiel 6-4 zeigt, wie man langsam auf einen großen Crash zusteuern kann. Es besteht zum größten Teil aus zwei Funktionen, die automatisch zwei Blöcke allozieren: Die erste Funktion alloziert ein Struct, die zweite ein kleines Array. Da es sich um automatischen Speicher handelt, wissen wir, dass die entsprechenden Speicherblöcke am Ende jeder Funktion wieder freigegeben werden.

Eine Funktion, die mit `return x` endet, gibt den Wert von x an die aufrufende Funktion zurück (C99 & C11 §6.8.6.4(3)). Das scheint einfach zu sein, aber der Wert muss für die aufrufende Funktion kopiert werden, da der Frame der Unterfunktion ja zerstört wird. Wie schon zuvor erhält die aufrufende Funktion für ein Struct, eine Zahl oder sogar einen Zeiger eine Kopie der zurückgegebenen Daten – bei einem Array erhält die Funktion aber einen Zeiger auf das Array und nicht eine Kopie der Daten im Array.

Das ist eine böse Falle, denn der zurückgegebene Zeiger kann auf ein automatisch alloziertes Array mit Daten verweisen, das beim Verlassen der Funktion zerstört wurde. Ein Zeiger auf einen Speicherblock, der schon zerstört wurde, ist schlimmer als nur nutzlos.

Beispiel 6-4: Sie können ein Struct aus einer Funktion zurückgeben, aber kein Array (automem.c)

```
#include <stdio.h>

typedef struct powers {
    double base, square, cube;
} powers;

powers get_power(double in){
    powers out = {.base   = in,                    ❶
                  .square = in*in,
                  .cube   = in*in*in};
    return out;                                    ❷
}

int *get_even(int count){
    int out[count];
    for (int i=0; i< count; i++)
```

```
        out[i] = 2*i;
    return out;    //schlecht.                                ❸
}

int main(){
    powers threes = get_power(3);
    int *evens = get_even(3);
    printf("threes: %g\t%g\t%g\n", threes.base, threes.square, threes.cube);
    printf("evens: %i\t%i\t%i\n", evens[0], evens[1], evens[2]);  ❹
}
```

❶ Die Initialisierung geschieht über eigene Initialisierer. Sind Ihnen diese bisher noch nicht über den Weg gelaufen, gedulden Sie sich noch ein paar Kapitel.

❷ Dies ist erlaubt. Beim Verlassen wird eine Kopie des lokalen, automatisch allozierten out erzeugt und die lokale Version dann zerstört.

❸ Dies ist nicht gut. Hier werden Arrays wie Zeiger behandelt, daher wird beim Verlassen eine Kopie des Zeigers auf out erzeugt. Aber nachdem der automatisch allozierte Speicher zerstört wurde, zeigt der Zeiger nun auf ungültige Daten. Ist Ihr Compiler auf Zack, warnt er Sie hier.

❹ In der Funktion, die get_even aufgerufen hat, ist evens ein gültiger Zeiger auf ein int, allerdings zeigt dieser auf schon freigegebene Daten. Das kann zu einem Segfault führen, Müll ausgeben oder – mit Glück – die richtigen Werte anzeigen (was hier sehr wahrscheinlich der Fall ist).

Benötigen Sie eine Kopie eines Arrays, können Sie das immer noch in einer Zeile erreichen, aber dann müssen wir uns wieder in die Untiefen der Speicherfunktionen begeben (siehe Beispiel 6-5).

Beispiel 6-5: Um ein Array zu kopieren, brauchen Sie memcpy – das ist zwar vorsintflutlich, aber es funktioniert (memcpy.c)

```
#include <assert.h>
#include <string.h> //memcpy

int main(){
    int abc[] = {0, 1, 2};
    int *copy1, copy2[3];

    copy1 = abc;
    memcpy(copy2, abc, sizeof(int)*3);

    abc[0] = 3;
    assert(copy1[0]==3);
    assert(copy2[0]==0);
}
```

malloc und Speichertricks

Jetzt zu dem Teil, in dem wir direkt mit den Speicheradressen arbeiten. Diese werden häufig manuell per malloc alloziert.

Der einfachste Weg, Fehler im Umgang mit malloc zu vermeiden, ist – malloc nicht zu verwenden. Früher (in den 1980ern und 1990ern) haben wir malloc für alle möglichen Arten von String-Bearbeitungen genutzt, aber in Kapitel 9: *Text* werden Sie sehen, dass wir alles haben, was wir heute dazu brauchen, ohne malloc ein einziges Mal einsetzen zu müssen. Wir benötigten malloc für den Umgang mit Arrays, deren Größe zur Laufzeit gesetzt werden musste – das kommt immer wieder vor, aber mit »Lassen Sie Deklarationen fließen« auf Seite 124 ist auch das überflüssig.

Dies ist meine mehr oder weniger vollständige Liste aller Gründe, malloc noch einzusetzen:

1. Für das Anpassen der Größe eines schon bestehenden Arrays brauchen wir noch realloc, was nur für Speicherblöcke sinnvoll nutzbar ist, die zuvor per malloc alloziert wurden.
2. Wie schon beschrieben, können Sie kein Array aus einer Funktion zurückgeben.
3. Manche Objekte sollen weit über ihre Initialisierungsfunktion hinaus bestehen bleiben. Dafür werden wir in Abschnitt »Lassen Sie Ihren Code auf Zeigern auf Objekte basieren« auf Seite 229 die entsprechende Speicherverwaltung in new/copy/free-Funktionen verpacken, sodass sie unsere Prozeduren nicht befleckt.
4. Automatischer Speicher wird auf dem Stack für Funktionsframes alloziert. Dieser kann aber auf ein paar Megabyte beschränkt sein (oder sogar weniger). Daher sollten große Datenblöcke (also alles, was in MByte gemessen wird) auf dem Heap statt auf dem Stack alloziert werden. Auch hier werden Sie vermutlich Ihre Daten in einer Art Objekt speichern, sodass dies in der Praxis zu einem Aufruf einer Funktion *object_new* führen wird und weniger zum Aufruf von malloc selbst.
5. Dann und wann werden Sie Funktionsarten finden, bei denen ein Zeiger zurückgegeben werden muss. So ist es zum Beispiel in Abschnitt »Einfaches Threading mit Pthreads« auf Seite 251 für die Vorlage notwendig, eine Funktion zu schreiben, die ein void * zurückgibt. Wir haben das umgangen, indem wir einfach NULL zurückgeben, aber manchmal kommen wir nicht darum herum. Beachten Sie auch, dass in Abschnitt »Mehrere Elemente aus einer Funktion zurückgeben« auf Seite 187 über die Rückgabe von Structs aus einer Funktion gesprochen wird, sodass wir recht komplexe Rückgabewerte anbieten können, ohne eine Speicherallokation vornehmen zu müssen.

Ich habe diese Liste geschrieben, um Ihnen zu zeigen, dass sie gar nicht so lang ist – dazu kommt, dass Punkt 5 ein echter Ausnahmefall ist und Punkt 4 häufig ein Spezialfall von Punkt 3, da riesige Datensätze gern in objektartige Datenstrukturen gesteckt werden. In produktivem Code gibt es häufig nur sehr wenige Vorkommen von malloc, meist verpackt in new/copy/free-Funktionen, sodass sich der Hauptcode nicht weiter mit Speicherverwaltung herumschlagen muss.

Das Schicksal liegt in den Sternen

Okay, uns ist jetzt klar, dass Zeiger und Speicherverwaltung getrennte Konzepte sind, aber der Umgang mit den Zeigern selbst kann immer noch ein Problem sein, denn – nun ja, all diese Sterne sind ganz schön verwirrend.

Der offensichtliche Grund für die Deklarationssyntax der Zeiger ist, dass so Einsatz und Deklaration ähnlich aussehen. Denn schauen Sie sich diese Zeile an:

```
int *i;
```

*i ist ein Integer, daher ist es nur natürlich, dass wir die Deklaration von *i als Integer über int *i erreichen.

Das ist alles gut und schön, und wenn Ihnen das hilft – super. Ich bin mir nicht sicher, ob ich einen weniger mehrdeutigen Weg dafür entwerfen könnte.

Es gibt eine bekannte Designregel, die in »The Design of Everyday Things« vorgestellt wird: *Dinge, die deutlich unterschiedliche Funktionen haben, sollten nicht gleich aussehen* [Norman 2002]. Dieses Buch liefert als Beispiel die Steuerelemente von Flugzeugen, bei denen zwei gleich aussehende Hebel häufig völlig verschiedene Dinge tun. In einer kritischen Situation ist das eine Einladung für menschliches Versagen.

Diesen Fehler macht auch die C-Syntax, da *i in einer Deklaration und *i außerhalb einer Deklaration sehr unterschiedliche Dinge tun, beispielsweise:

```
int *i = malloc(sizeof(int));   //richtig
*i = 23;                        //richtig
int *i = 23;                    //falsch
```

Ich habe die Regel, dass die Deklaration wie die Anwendung aussieht, aus meinem Hirn verbannt. Stattdessen nutze ich diese – für mich sehr hilfreiche – Regel: Bei einer Deklaration steht ein Stern für einen Zeiger; außerhalb einer Deklaration steht ein Stern für den Wert des Zeigers.

Hier ein paar gültige Codezeilen:

```
int i = 13;
int *j = &i;
int *k = j;
*j = 12;
```

Mit der vorgeschlagenen Regel sehen Sie, dass in der zweiten Zeile die Initialisierung korrekt ist, da es sich bei *j um eine Deklaration und damit einen Zeiger handelt. In der dritten Zeile ist *k ebenfalls die Deklaration eines Zeigers, daher ist es sinnvoll, ihm j zuzuweisen – ebenfalls ein Zeiger. In der letzten Zeile ist *j keine Deklaration, daher steht es für einen normalen Integer-Wert, und wir können ihm 12 zuweisen (und i damit ebenfalls verändern).

Hier also mein erster Tipp: Sehen Sie *i in einer Deklarationszeile, ist es ein Zeiger auf etwas – sehen Sie *i in einer Nicht-Deklarationszeile, ist es der Wert, auf den gezeigt wird.

Nach ein bisschen Zeigerarithmetik werde ich noch einen weiteren Tipp zum Meistern schräger Zeigerdeklarationssyntax präsentieren.

All die Zeigerarithmetik, die Sie kennen müssen

Ein Element eines Arrays kann durch einen Offset von der Array-Basis ausgedrückt werden. Sie können einen Zeiger `double *p` deklarieren, der als Ihre Basis dient. Dann verwenden Sie die Offsets von dieser Basis ausgehend als Array: An der Basis selbst finden Sie die Inhalte des ersten Elements `p[0]`. Einen Schritt von der Basis entfernt findet sich das zweite Element `p[1]` und so weiter. Geben Sie mir also einen Zeiger und den Abstand von einem Element zum nächsten, erhalte ich ein Array.

Sie könnten einfach die Basis plus den Offset direkt in der Form (p+1) hinschreiben. Wie Ihnen die Lehrbücher erklären, entspricht `p[1]` exakt der Form `*(p+1)`, daher ist das erste Element in einem Array `p[0] == *(p+0)`. K & R nutzen ganze sechs Seiten dafür (2. Auflage, Abschnitte 5.4 und 5.5).

Die Theorie führt zu ein paar Regeln für die Notation von Arrays und ihren Elemente:

- Deklarieren Sie Arrays entweder über die explizite Zeigerform `double *p` oder die statische/automatische Form `double p[100]`.
- In beiden Fällen ist das *n*-te Array-Element `p[n]`. Vergessen Sie nicht, dass das erste Element 0 ist, nicht 1. Sie erreichen es über die besondere Form `p[0] == *p`.
- Benötigen Sie die Adresse des *n*-ten Elements (nicht dessen Wert), nutzen Sie den Ampersand: `&p[n]`. Natürlich ist der nullte Zeiger einfach `&p[0] == p`.

Beispiel 6-6 zeigt ein paar dieser Regeln im Einsatz.

Beispiel 6-6: Ein bisschen einfache Zeigerarithmetik (arithmetic.c)

```
#include <stdio.h>

int main(){
    int evens[5] = {0, 2, 4, 6, 8};
    printf("Die erste gerade Zahl ist natürlich %i\n", *evens);       ❶
    int *positive_evens = &evens[1];                                   ❷
    printf("Die erste positive gerade Zahl ist %i\n", positive_evens[0]); ❸
}
```

❶ `evens[0]` in der Sonderform `*evens`.

❷ Die Adresse von Element 1, einem neuen Zeiger zugewiesen.

❸ Die übliche Art, auf das erste Element eines Arrays zu verweisen.

Ich werde noch einen netten Trick vorstellen, der auf der Zeigerarithmetikregel basiert, dass p+1 die Adresse des nächsten Elements in einem Array ist: `&p[1]`. Mit dieser Regel benötigen Sie keinen Index für for-Schleifen, die ein Array durchlaufen. Beispiel 6-7 nutzt einen einzelnen Zeiger, der am Anfang der Liste beginnt und dann das Array mit p++ durchläuft, bis er den NULL-Marker am Ende erreicht. Der nächte Tipp zur Zeigerdeklaration wird das noch verständlicher machen.

Beispiel 6-7: Wir können ausnutzen, dass p++ *für »zum nächsten Zeiger springen« steht, um Schleifen zu rationalisieren (pointer_arithmetic1.c)*

```
#include <stdio.h>

int main(){
    char *list[] = {"erstes", "zweites", "drittes", NULL};
    for (char **p=list; *p != NULL; p++){
        printf("%s\n", p[0]);
    }
}
```

Sie sind dran: Wie würden Sie das implementieren, wenn Sie den Trick mit p++ nicht kennten?

Die Denkweise »Basis plus Offset« hilft uns nicht viel für schöne Syntaxtricks, aber es erklärt, wie C arbeitet. Schauen Sie sich dazu zum Beispiel folgendes struct an:

```
typedef struct{
    int a, b;
    double c, d;
} abcd_s;

abcd_s list[3];
```

Als Gedankenmodell können Sie sich list als unsere Basis vorstellen, während Sie mit list[0].b auf b zugreifen können. Mit der Position von list als Integer-Wert (size_t) &list finden Sie b dann bei (size_t)&list + sizeof(int), und list[2].d liegt damit bei (size_t)&list + 6*sizeof(int) + 5*sizeof(double). Mit dieser Denkweise ist ein Struct einem Array sehr ähnlich, nur dass die Elemente Namen statt Nummern tragen und es unterschiedliche Typen und Größen gibt.

Das ist nicht ganz korrekt, da es die *Anordnung* gibt: Das System kann sich dazu entschließen, dass die Daten in Blöcken einer gewissen Größe vorliegen. Daher können Felder zusätzlichen Raum am Ende besitzen, damit das nächste Feld an der »richtigen« Stelle beginnt, und das Struct hat eventuell Platz zum Auffüllen an seinem Ende, sodass eine Liste mit Structs ebenfalls entsprechend angeordnet ist (C99 & C11 Abschnitte 6.7.2.1(15) und (17)). Der Header *stddef.h* definiert das Makro offsetof, mit dem die Denkweise »Basis plus Offset« wieder funktioniert: list[2].d befindet sich in Wirklichkeit bei (size_t)&list + 2*sizeof(abcd_s) + offsetof(abcd_s, d).

Es gibt übrigens kein Ausrichten am Anfang eines Struct, daher befindet sich list[2].a bei (size_t)&list+ 2*sizeof(abcd_s).

Hier eine nette Funktion, die rekursiv die Anzahl der Elemente in einer Liste zählt, bis ein Null-Element erreicht wird. Nehmen wir an (eine dumme Idee), dass wir gern diese Funktion für eine beliebige Art von Liste nutzen wollten, bei der ein Null-Wert sinnvoll ist, dann würden wir einen void-Zeiger als Eingabeparameter nutzen.

```
int f(void *in){
    if (*(int*)in==0) return 1;
    else return 1 + f(&(a_list[1]));   //Das funktioniert nicht
}
```

Die »Basis plus Offset«-Regel erklärt, warum das nicht funktioniert. Um sich auf a_list[1] beziehen zu können, muss der Compiler die exakte Länge von a_list[0] kennen, damit er weiß, wie weit er von der Basis aus springen muss. Aber ohne einen mitgelieferten Typ kann er diese Länge nicht ermitteln.

Typedef als lehrreiches Tool

Immer dann, wenn Sie einen komplexen Typ zusammenstellen, was häufig in einer Zeiger-nach-Zeiger-nach-Zeiger-Situation vorkommt, sollten Sie sich selbst fragen, ob ein typedef die Lage klarer machen könnte.

Zum Beispiel reduziert diese beliebte Definition:

```
typedef char* string;
```

die Unübersichtlichkeit rund um String-Arrays. Gleichzeit wird klarer, was das Ziel der Aktion ist.

Wurde im vorherigen Beispiel mit der Zeigerarithmetik p++ klar, dass es sich bei char *list[] um eine Liste mit Strings handelt und dass *p ein String ist?

Beispiel 6-8 zeigt die for-Schleife aus Beispiel 6-7, nur umgeschrieben: char * wird durch string ersetzt.

Beispiel 6-8: Durch typedef wird unübersichtlicher Code ein bisschen lesbarer (pointer_arithmetic2.c)

```
#include <stdio.h>
typedef char* string;

int main(){
    string list[] = {"erstes", "zweites", "drittes", NULL};
    for (string *p=list; *p != NULL; p++){
        printf("%s\n", *p);
    }
}
```

Die Deklarationszeile für list liest sich nun sehr schön, und sie macht gleichzeitig deutlich, dass es sich um eine Liste mit Strings handelt. Der Codeschnipsel string *p sollte zudem zeigen, dass es sich bei p um einen Zeiger auf einen String handelt und *p damit ein String ist.

Letztendlich müssen Sie aber immer noch daran denken, dass ein String ein Zeiger auf ein char ist – so darf der Wert auch NULL sein.

Man kann das Ganze noch weiter treiben, zum Beispiel ein 2-D-Array mit Strings definieren, indem man das obige typdef nutzt und typedef stringlist string* anfügt. Das kann manchmal helfen, manchmal ist es aber auch nur mehr Text, an den man sich erinnern muss.

Konzeptionell ist die Syntax für einen Funktionstyp eigentlich ein Zeiger auf eine Funktion eines definierten Typs. Stellen wir uns eine Funktion mit diesem Header vor:

```
double a_fn(int, int); //eine Deklaration
```

Nun fügen wir einen Stern hinzu (und Klammern, um die Reihenfolge richtig zu belassen), um einen Zeiger auf diese Art von Funktion zu beschreiben:

```
double (*a_fn_type)(int, int);    //ein Typ: Zeiger-auf-Funktion
```

Und dann kommt noch ein `typedef` davor, um einen Typ zu definieren:

```
typedef double (*a_fn_type)(int, int); //typedef für Zeiger auf eine Funktion
```

Jetzt können Sie dies als Typ wie jeden anderen nutzen – zum Beispiel, um eine Funktion zu deklarieren, die eine andere Funktion als Eingabewert erwartet:

```
double apply_a_fn(a_fn_type f, int first_in, int second_in){
    return f(first_in, second_in);
}
```

Durch die Möglichkeit, Typen für Zeiger auf Funktionen zu definieren, lassen sich sehr leicht Funktionen schreiben, die andere Funktionen als Eingabeparameter erwarten, ohne dass man sich mit der korrekten Position von Sternen herumschlagen muss.

Letztendlich ist die Sache mit den Zeigern viel einfacher, als die Lehrbücher uns weismachen wollen, denn es geht um Kopie oder Alias – nicht um die verschiedenen Arten von Speicherverwaltung. Komplexe Konstrukte wie Zeiger-auf-Zeiger-auf-Strings sind immer verwirrend, aber das liegt daran, dass sich unsere Vorfahren als Jäger und Sammler nie damit beschäftigen mussten. Mit dem `typedef` gibt uns C wenigstens ein Werkzeug an die Hand, das das Ganze vereinfacht.

KAPITEL 7
C-Syntax, die Sie ignorieren können

> I believe it is good
> Let's destroy it.
>
> Porno for Pyros, »Porno for Pyros«

In den 1980ern wurde der Synthesizer zu einem gebräuchlichen und einsetzbaren Werkzeug für Musiker. Daher ist es nicht schwer, Musik, hergestellt mit der damals neuen Technologie, als klassische 80er-Jahre-Musik zu erkennen. Ähnlich, aber unauffälliger, gab es diesen Schritt auch mit Drum-Computern in den späten 1990ern. Vergleichen Sie das mal mit der Tanzmusik aus der Swing-Ära, als es vor allem darum ging, mit Blechblasinstrumenten einen Tanzsaal zu beschallen, ehe es all die elektronischen Verstärker für die Instrumente gab.

Es gab eine Zeit, da C eine hochmoderne Sprache war, die Assembler-Code ersetzen und in Konkurrenz mit FORTRAN, COBOL und all den anderen Sprachen in Großbuchstaben treten sollte, die die letzten Jahrzehnte nicht so gut überstanden (na gut, C hat eigentlich auch nur Großbuchstaben im Namen). Aber wenn Sie sich C-Code aus den 1980ern anschauen, erkennen Sie, dass er damals geschrieben wurde.

Es geht hier nicht um stylische Details wie die Position der geschweiften Klammern. Ja, älterer Code ging recht großzügig mit dem Platz um:

```c
if (x > 0)
{
    return 1;
}
```

Skriptsprachen tendieren eher dazu, diese vier Zeilen in einem Einzeiler zusammenzufassen:

```c
if (x > 0) return 1;
```

Ich will Ihnen aber nicht erzählen, wie Sie Ihre geschweiften Klammern zu setzen haben.

Stattdessen geht es um grundlegendere Features von C, die damals sinnvoll waren, aber Einfluss auf die Lesbarkeit und Wartbarkeit von Code hatten. In vielen Fällen wurden die vorhandenen Lehrbücher nicht an die praktischen Elemente angepasst, die C 1999 erhalten hat – damit macht man es sich schwerer, als es nötig ist. Es ist ein großer

Retro-Spaß, wenn Musiker so tun, als würden sie in den späten 70ern leben – bei Programmierern ist das indiskutabel.

Kümmern Sie sich nicht darum, explizit aus main zurückzukehren

Zum Aufwärmen wollen wir aus jedem Programm, das Sie schreiben, eine Zeile herauswerfen.

Ihr Programm muss eine Funktion `main` besitzen, die den Rückgabewert vom Typ `int` besitzt. In Ihrem Programm muss also mindestens das Folgende zu finden sein:

```
int main(){ ... }
```

Sie glauben vielleicht, dass Sie daher auch eine `return`-Anweisung brauchen, die festlegt, welcher Integer-Wert durch `main` zurückgegeben wird. Aber der C-Standard weiß, wie selten das gebraucht wird, und erspart Ihnen die Mühe: »... wird die schließende geschweifte Klammer } erreicht, die die Funktion beendet, wird der Wert 0 zurückgegeben.« (C99 & C11 §5.1.2.2(3)). Schreiben Sie also `return 0;` nicht als letzte Zeile Ihres Programms, wird dies implizit gemacht.

Weiter oben haben ich Ihnen diese Version von *hello.c* gezeigt – jetzt wissen Sie, warum ein `main` funktionierte, das nur ein `#include` und eine Zeile Code enthält:

```
#include <stdio.h>
int main(){ printf("Hallo Welt.\n"); }
```

Sie sind dran: Durchforsten Sie Ihr Programm und löschen Sie die Zeile `return 0` aus `main`. Probieren Sie aus, ob das einen Unterschied macht.

Lassen Sie Deklarationen fließen

Denken Sie daran zurück, da Sie das letzte Mal ein Theaterstück lasen. Am Anfang des Texts gibt es die *Dramatis Personæ*, eine Aufzählung der Figuren. Solch eine Liste bringt Ihnen vermutlich nicht viel, bevor Sie mit dem Stück beginnen; sind Sie wie ich, werden Sie diese Seite übersprungen und sich direkt dem Stück zugewandt haben. Stecken Sie mitten in der Geschichte und haben vergessen, wer Benvolio ist, ist es nett, an den Anfang zurückblättern und eine kurze Beschreibung zu erhalten (Romeos Freund und Motagues Neffe), aber das liegt daran, dass Sie es auf Papier lesen. Befände sich der Text auf einem Bildschirm, könnten Sie einfach nach dem ersten Auftauchen von Benvolio suchen.

Kurz gesagt: Die *Dramatis Personæ* sind für den Leser nicht sehr sinnvoll. Es wäre besser, die Charaktere bei ihrem ersten Auftreten einzuführen.

Ich sehe solchen Code sehr häufig:

```
#include <stdio.h>

int main(){
    char *head;
    int i;
    double ratio, denom;

    denom=7;
    head = "Es gibt einen Kreis mit Dingen, die durch 7 dividiert werden.";
    printf("%s\n", head);
    for (i=1; i<= 6; i++){
        ratio = i/denom;
        printf("%g\n", ratio);
    }
}
```

Wir haben drei oder vier Zeilen einführenden Text (Sie dürfen selbst entscheiden, wie Sie Leerraum zählen), gefolgt von der eigentlichen Routine.

Dies ist ein Rückblick auf ANSI C89, bei dem alle Deklarationen aufgrund technischer Beschränkungen früher Compiler am Anfang des Blocks stehen mussten. Wir müssen immer noch unsere Variablen deklarieren, aber wir können dem Autor und den Lesern die Last ein wenig abnehmen, indem wir dies direkt vor dem ersten Einsatz machen:

```
#include <stdio.h>

int main(){
    double denom = 7;
    char *head = "Es gibt einen Kreis mit Dingen, die durch 7 dividiert werden.";
    printf("%s\n", head);
    for (int i=1; i<= 6; i++){
        double ratio = i/denom;
        printf("%g\n", ratio);
    }
}
```

Hier werden die Deklarationen erst bei Bedarf vorgenommen, sodass sich der Aufwand darauf reduziert, einen Typnamen vor die erste Anwendung zu setzen. Besitzt Ihr Editor Syntaxh-Highlighting, lassen sich die Deklarationen immer noch leicht finden (und wenn er das nicht tut, dann holen Sie sich gefälligst einen – es gibt Hunderte, aus denen Sie wählen können!).

Wenn ich mir nicht vertrauten Code lese, will ich bei einer Variablen immer gleich schauen, wo sie deklariert wurde. Befindet sich die Deklaration direkt beim ersten Einsatz oder in der Zeile davor, habe ich ein paar Sekunden eingespart. Aufgrund der Empfehlung, den Gültigkeitsbereich einer Variablen so klein wie möglich zu halten, reduzieren wir damit auch noch die Menge an Variablen, was bei einer längeren Funktion hilfreich sein kann.

In diesem Beispiel befinden sich die Deklarationen am Anfang ihres jeweiligen Blocks, gefolgt von den Nicht-Deklarationszeilen. Das hat sich bei dem Beispiel einfach so ergeben, aber Sie können Deklarationen und andere Anweisungen frei mischen.

Ich habe die Deklaration von denom am Anfang der Funktion belassen, aber wir könnten sie ebenfalls in die Schleife ziehen (weil die Variable nur dort verwendet wird). Wir können darauf vertrauen, dass der Compiler schlau genug ist, die Variable nicht bei jedem Durchlauf der Schleife erst zu allozieren und dann wieder zu deallozieren (auch wenn das theoretisch gemacht wird – siehe C99 & C11 §6.8(3)). Wie beim Index ist das für die Schleife zwar bequem, aber nicht nötig, jedoch reduziert man den Gültigkeitsbereich auf genau die Schleife.

> **Wird diese neue Syntax mein Programm verlangsamen?**
>
> Nein.
>
> Der erste Schritt des Compilers besteht darin, Ihren Code in eine sprachunabhängige interne Darstellung zu parsen. So kann der gcc (GNU Compiler Collection) kompatible Objektdateien für C, C++, ADA und FORTRAN erzeugen – nach dem Parsen sehen alle gleich aus. Daher werden die grammatikalischen Annehmlichkeiten von C99, die Ihren Text besser lesbar machen, normalerweise wegabstrahiert, bevor die ausführbare Datei erstellt wird.
>
> Der Computer, der Ihr Programm ausführt, wird nur die Maschinenanweisungen aus dem Compiler sehen, daher ist es egal, ob sich der ursprüngliche Code an C89, C99 oder C11 orientiert.

Die Array-Größe zur Laufzeit setzen

Wenn Sie Deklarationen an einer von Ihnen gewünschten Stelle vornehmen, können Sie Arrays allozieren, deren Länge zur Laufzeit bestimmt wird – auf Basis von Berechnungen vor der Deklaration.

Auch das war nicht immer gültig: Vor einem Vierteljahrhundert mussten Sie die Länge eines Arrays entweder schon beim Kompilieren kennen oder malloc einsetzen.

Nehmen wir zum Beispiel an, dass Sie einen Satz Threads erzeugen wollen, die Anzahl aber vom Anwender an der Befehlszeile vorgegeben wird.[1] Früher hätte man die Länge des Arrays vom Anwender über atoi(argv[1]) ermittelt (also das erste Befehlszeilenargument in einen Integer-Wert umgewandelt) und dann ein Array der richtigen Länge alloziert.

```
pthread_t *threads;
int thread_count;
thread_count = atoi(argv[1]);
threads = malloc(thread_count * sizeof(pthread_t));
...

free(threads);
```

---

1 Dieses Beispiel wurde durch *http://www.marco.org/2008/05/31/parallelize-shell-utility-to-execute-command-batches* inspiriert (gefunden über One Thing Well – *http://onethingwell.org/post/9960491695/parallelize*), auch wenn der Code hier vom Original abweicht.

Das lässt sich aber nun viel einfacher schreiben:

```
int thread_count = atoi(argv[1]);
pthread_t threads[thread_count];
...
```

Es gibt weniger Möglichkeiten, Fehler zu hinterlassen, und es liest sich wie das Deklarieren eines Arrays und nicht wie das Initialisieren von Speicherbereichen. Wir mussten das selbst allozierte Array per free freigeben – das automatisch allozierte Array können wir aber einfach fallen lassen, es wird weggeräumt, wenn das Programm den aktuellen Gültigkeitsbereich verlässt.

Weniger Casting

In den 1970ern und 1980ern hat malloc einen char*-Zeiger zurückgegeben, der in etwa wie folgt gecastet werden musste (sofern Sie nicht einen String alloziert hatten):

```
//Ärgern Sie sich nicht mehr über diese Art von Redundanz:
double* list = (double*) malloc(list_length * sizeof(double));
```

Das ist nicht mehr nötig, da malloc jetzt einen void-Zeiger zurückliefert, der bequemerweise automatisch in alles gecastet wird. Am einfachsten geschieht das Casting durch das Deklarieren einer neuen Variablen mit dem richtigen Typ. So beginnen zum Beispiel Funktionen, die einen void-Zeiger übernehmen müssen, häufig wie folgt:

```
int use_parameters(void *params_in){
    param_struct *params = params_in;    //Casten eines Zeiger-auf-NULL
    ...                                    //in einen Zeiger-auf-param_struct.
}
```

Ganz allgemein: Wenn es zulässig ist, ein Element eines Typs einem anderen Typ zuzuweisen, macht C das für Sie, ohne dass Sie dazu einen expliziten Cast benötigen. Ist es nicht zulässig, müssen Sie sowieso eine Funktion für die Umwandlung schreiben. Das gilt nicht für C++, das mehr auf Typen aufbaut und daher jeden Cast explizit haben will.

Es bleiben zwei Gründe, in C eine Variable von einem Typ in einen anderen explizit zu casten.

Der eine ist, dass beim Dividieren zweier Zahlen eine Integer-Zahl geteilt durch eine andere immer einen Integer-Wert zurückliefert, womit die folgenden beiden Aussagen wahr sind:

```
4/2 == 2;
3/2 == 1;
```

Die zweite Zeile ist Quelle vieler Fehler. Sie lässt sich leicht korrigieren: Ist i ein Integer, ist i + 0.0 eine Gleitkommazahl, die dem Integer-Wert entspricht. Vergessen Sie nicht die Klammern, aber damit ist Ihr Problem gelöst. Haben Sie eine Konstante, ist 2 ein Integer-Wert und 2.0 oder auch nur 2. eine Gleitkommazahl. Damit funktionieren alle folgenden Varianten:

```
int two=2;
3/(two+0.0) == 1.5;
3/(2+0.0)  == 1.5;
3/2.0 == 1.5;
3/2.  == 1.5;
```

Sie können hier auch casten:

```
3/(double)two == 1.5;
3/(double)2 == 1.5;
```

Ich mag aus ästhetischen Gründen die Variante mit dem Addieren der Null – Sie dürfen sich auch gern für die Casting-Form entscheiden. Aber machen Sie es sich zur Gewohnheit, eine der beiden Formen immer dann zu berücksichtigen, wenn Sie ein / eingeben, denn es ist die Quelle vieler, vieler Fehler (und nicht nur in C, viele andere Sprachen bestehen ebenfalls darauf, dass int / int $\Rightarrow$ int – nicht, dass es das besser macht).

Der zweite Grund für ein Casting ist, dass Array-Indizes Integer-Zahlen sein müssen. So ist nun mal das Gesetz (C99 und C11 §6.5.2.1(1)), und der gcc beschwert sich auch, wenn Sie eine Gleitkommazahl nutzen. Sie müssen also eventuell in einen Integer-Wert casten, auch wenn Sie in Ihrer Situation vielleicht sicher sein können, dass Sie immer ganzzahlige Werte haben.

```
4/(double)2 == 2.0;            //Dies ist eine Gleitkommazahl, kein Integer.
mylist[4/(double)2];           //Daher ein Fehler: Index als Gleitkommazahl.

mylist[(int)(4/(double)2)];    //Funktioniert. Passen Sie auf die Klammern auf.

int index=4/(double)2;         //Funktioniert auch und ist besser lesbar.
mylist[index];
```

Sie sehen, dass Sie selbst für die wenigen Situationen, in denen ein Casting noch notwendig ist, die Möglichkeit haben, die Casting-Syntax zu vermeiden: durch das Addieren von 0.0 oder das Deklarieren einer Integer-Variablen für Ihren Array-Index. Behalten Sie im Hinterkopf die Casting-Form var_type2 = (type2) var_type1, denn die kann einmal nützlich sein. In ein paar Kapiteln werden wir uns mit Compound-Literalen befassen, die diese Form nachahmen. Aber in den meisten Fällen ist ein expliziter Typ-Cast eine unproduktive Redundanz, die nur den Code zumüllt.

Enums und Strings

Enums sind eine gute Idee, die sich aber leider in die falsche Richtung entwickelt hat.

Der Vorteil ist klar: Integer-Zahlen sind keine gute Gedächtnisstütze, und wo immer Sie eine kurze Liste mit Integer-Zahlen in Ihrem Code haben, ist es besser, ihnen Namen zu geben. Man kann das auch ohne das Schlüsselwort enum machen, aber das ist eine noch schlechtere Idee:

```
#define NORTH 0
#define SOUTH 1
```

```
#define EAST 2
#define WEST 3
```

Mit enum können wir das in einer Zeile Code zusammenfassen, und unser Debugger wird eher wissen, was EAST bedeutet. Hier die gegenüber den #defines verbesserte Version:

```
enum directions {NORTH, SOUTH, EAST, WEST};
```

Aber jetzt haben wir in unserem globalen Namensraum fünf neue Symbole: directions, NORTH, SOUTH, EAST und WEST.

Damit ein Enum nützlich ist, muss es normalerweise global sein (also in einer Header-Datei deklariert, die überall im Projekt eingebunden wird). Sie finden zum Beispiel häufig Enum-Typedefs in der öffentlichen Header-Datei einer Bibliothek. Das Erstellen einer globalen Variablen erfordert Verantwortung. Um die Gefahr von Namensraumkollisionen zu verringern, nutzen Programmierer von Bibliotheken Namen wie G_CONVERT_ERROR_NOT_ABSOLUTE_PATH oder den relativ kurzen CblasConjTrans.

Da hat sich bei mir eine kleine, unscheinbare Idee eingeschlichen. Ich will den ganzen Kram nicht eintippen müssen, und ich nutze ihn so selten, dass ich jedes Mal nachschlagen muss (besonders, da es sich bei vielen um wenig genutzte Fehlerwerte oder Eingabe-Flags handelt, die nur dann und wann eingesetzt werden). Zudem lesen sich die ganzen Großbuchstaben, als würde jemand schreien.

Ich verwende stattdessen einzelne Zeichen – die Transposition würde bei mir mit 't' und ein Pfadfehler mit 'p' ausgezeichnet sein. Das ist meiner Meinung nach genug, was man sich merken muss – tatsächlich werde ich mir viel besser einprägen können, wie man 'p' tippt als die ganzen großbuchstabigen langen Begriffe –, und man benötigt keine neuen Einträge im Namensraum.

Bevor Sie jetzt mit Effizienzargumenten kommen, sollten Sie daran denken, dass ein Enum normalerweise ein Integer ist, während char in C für ein einzelnes Byte steht. Vergleichen Sie also Enums, vergleichen Sie sehr wahrscheinlich den Status von 16 oder mehr Bits, während Sie bei einem char nur 8 vergleichen müssen. So spricht selbst ein Geschwindigkeitsargument gegen Enums.

Manchmal müssen wir Flags kombinieren. Beim Öffnen einer Datei mit dem Systemaufruf open wollen Sie vielleicht O_RDWR|O_CREAT mitgeben – die bitweise Kombination zweier Enums. Sie nutzen open vermutlich gar nicht so häufig, denn meist nimmt man das fopen von POSIX, das deutlich einfacher einzusetzen ist. Statt Enums wird ein String aus ein oder zwei Buchstaben verwendet, wie zum Beispiel "r" oder "r+", um anzugeben, ob etwas lesbar, beschreibbar, beides und so weiter ist.

In diesem Kontext wissen Sie, dass "r" für read steht. Und auch wenn Sie die Konvention noch nicht verinnerlicht haben, wird es nur ein paar weitere Einsätze von fopen benötigen, wohingegen ich immer noch nachschauen muss, ob ich CblasTrans oder CBLASTrans oder CblasTranspose brauche.

Das Nachdenken über Laufzeiteffizienz ist so was von 70er-Jahre. Die 20 Sekunden, die Sie benötigen, um eine Enum mit unmerkbarem Namen nachzuschlagen, multipliziert mit der Anzahl, erneut nachzuschlagen, entspricht Milliarden strcmps zwischen zwei Zwei- oder Drei-Buchstaben-Strings. Kommt es Ihnen trotzdem darauf an, sollten Sie, wie oben beschrieben, eher ein einzelnes Zeichen statt einer Enum verwenden.

Ein Vorteil von Enums ist, dass Sie einen kleinen, festgelegten Satz an Symbolen haben. Geben Sie eines falsch ein, stoppt der Compiler und zwingt Sie, den Tippfehler zu beheben. Bei Strings wissen Sie erst zur Laufzeit, ob Sie sich vertippt haben. Umgekehrt sind Strings eben kein kleiner, festgelegter Satz an Symbolen – Sie können sie also leichter erweitern als einen Satz Enums. So hatte ich beispielsweise einmal mit einem Fehlerhandler zu tun, der zum Einsatz in anderen Systemen gedacht war – sofern die Fehler in dem anderen System der Handvoll Fehler aus dem enum des Originalsystems entsprachen. Wären die Fehler kurze Strings gewesen, wäre eine Erweiterung durch andere trivial.

Es gibt Gründe für den Einsatz von Enums: Manchmal haben Sie ein Array, das als Struct keinen Sinn hat, trotzdem aber benannte Elemente benötigt. Und bei der Arbeit auf Kernel-Ebene ist es ausgesprochen wichtig, Bitmuster mit Namen zu versehen. Aber wenn Enums für eine kurze Liste von Optionen oder Fehlercodes genutzt werden, kann ein einzelnes Zeichen oder ein kurzer String den gleichen Zweck erfüllen, ohne den Namensraum oder das Gedächtnis des Anwenders vollzumüllen.

Labels, goto, switch und break

In der guten alten Zeit besaß der Assembler-Code nicht diese ganzen Luxusdinge wie while- und for-Schleifen. Stattdessen gab es nur Bedingungen, Labels und Sprünge. Wo wir while (a[i] < 100) i++; schreiben würden, mussten unsere Vorfahren so etwas notieren:

```
label 1
if a[i] >= 100
    go to label 2
increment i
go to label 1
label 2
```

Wenn Sie sich eine Minute Zeit nehmen, um zu verfolgen, was in diesem Block passiert, stellen Sie sich vor, das wäre ein reales Beispiel – bei dem die Schleife durch andere Sprünge unterbrochen, eingebettet oder sonst etwas wäre. Ich kann aus meiner eigenen schmerzhaften Erfahrung garantieren, dass es nahezu unmöglich ist, einen entsprechenden Programmverlauf noch verfolgen zu können. Das ist auch der Grund, dafür, dass goto heutzutage als schlecht angesehen wird [Dijkstra 1968].

Sie sehen jetzt vermutlich, warum das C-Schlüsselwort while für jemanden mit Assembler-Hintergrund so anziehend ist. Aber es gibt in C eine Untermenge, die sich um Labels und Sprünge dreht – einschließlich der Syntax für goto, switch, case, default, break und continue. Ich persönlich sehe das als den Teil von C an, der Assembler-Programmierer auf dem Weg zu einem modereneren Programmierstil begleitet. Dieser Abschnitt wird diese Teile entsprechend vorstellen und auch Vorschläge dazu machen, wann sie immer noch nützlich sind. Aber diese gesamte Untermenge der Sprache ist technisch gesehen optional – Sie können äquivalenten Code auch mit dem Rest der Sprache schreiben.

Durchdachtes goto

In C kann eine Codezeile mit einem Label versehen werden, indem Sie der Zeile einen Namen, gefolgt von einem Doppelpunkt voranstellen. Dann können Sie diese Zeile per goto anspringen. Beispiel 7-1 zeigt eine einfache Funktion, die die grundlegende Idee vorstellt – mit einer Zeile mit dem Label outro. Sie ermittelt die Summe aller Elemente in zwei Arrays, sofern keines davon den Wert NaN (Not a Number, siehe »Besondere numerische Werte durch NaN kennzeichnen« auf Seite 133) enthält. Ist eines der Elemente NaN, handelt es sich um einen Fehler, und wir müssen die Funktion verlassen. Aber egal, wie wir sie beenden, wir räumen beide Vektoren noch ab. Wir könnten den Code dazu drei Mal im Listing unterbringen (wenn vector ein NaN enthält, wenn vector2 ein NaN enthält und beim »normalen« Ende), aber es ist sauberer, einen Exit-Bereich zu haben und den nach Bedarf anzuspringen.

Beispiel 7-1: goto für einen sauberen Rücksprung bei einem Fehler

```
/* Bis zum ersten NaN im Vektor aufaddieren.
   Setzt error auf 0, wenn kein NaN vorkommt, sonst auf 1.*/
double sum_to_first_nan(double* vector, int vector_size,
                       double* vector2, int vector2_size, int *error){
    double sum=0;
    *error=1;
    for (int i=0; i< vector_size; i++){
        if (isnan(vector[i])) goto outro;
        sum += vector[i];
    }

    for (int i=0; i< vector2_size; i++){
        if (isnan(vector2[i])) goto outro;
        sum += vector2[i];
    }
    *error=0;

    outro:
    printf("Die Summe bis zum ersten NaN (wenn vorhanden) ist %g\n", sum);
    free(vector);
    free(vector2);
    return sum;
}
```

Das goto funktioniert nur innerhalb einer Funktion. Müssen Sie von einer Funktion zu einer ganz anderen springen, schauen Sie sich in der Dokumentation zu Ihrer C-Standardbibliothek longjmp an.

Ein einzelner Sprung lässt sich meist recht gut verfolgen und kann sogar für Klarheit sorgen, wenn dies mit Bedacht und nur selten geschieht. Selbst Linus Torvalds, wichtigster Programmierer des Linux-Kernels, empfiehlt goto in bestimmten Fällen – zum Beispiel beim Springen aus einer Funktion, wenn ein Fehler auftritt (wie in unserem Beispiel).

Die Zusammenfassung zu goto ist also: Im Allgemeinen ist es nicht gut, es einzusetzen, aber in ganz bestimmten Fällen nutzt man es auch heute noch bei der Fehlerbehandlung – da kann es sauberer sein als seine Alternativen.

switch

Hier ein Codeschnipsel wie aus dem Lehrbuch für die C-Standardfunktion get_opt, um Befehlszeilenargumente zu parsen:

```
char c;
while ((c = get_opt(...))){
    switch(c){
        case 'v':
            verbose++;
            break;
        case 'w':
            weighting_function();
            break;
        case 'f':
            fun_function();
            break;
    }
}
```

Bei c == 'v' wird das Verbosity-Level erhöht, bei c == 'w' die Gewichtungsfunktion aufgerufen und so weiter.

Beachten Sie das häufige Auftreten von break-Anweisungen (die zum Ende der switch-Anweisung springen, nicht hinter die while-Schleife). Die switch-Funktion springt einfach zum entsprechenden Label (denken Sie daran, dass der Doppelpunkt auf ein Label hindeutet) und lässt das Programm von dort aus weiterlaufen – so wie bei jedem anderen Sprung zu einem Label. Gäbe es also kein break nach dem verbose++, würde das Programm fröhlich mit dem Ausführen der weighting_function fortfahren. Das nennt man *Fallthrough*. Es gibt Situationen, in denen ein Fallthrough durchaus gewünscht ist, aber mir erschien das immer wie ein »Wir machen das Beste aus der Situation«, da switch-case mehr oder weniger nur eine aufgehübschte Syntax für den Einsatz von Labels, goto und break ist.

Jedes Lehrbuch, das ich kenne, lässt auf die Vorstellung von switch Ermahnungen folgen, auf jeden Fall zu prüfen, ob die breaks da sind, wo sie hingehören, und einen default-switch am Ende zu nutzen. Und es folgt dann vielleicht noch ein Beispiel dazu, was passieren kann, wenn Sie ein break an der falschen Stelle haben.

Stattdessen habe ich einen viel einfacheren Ratschlag: Verwenden Sie switch nicht.

Die Alternative zu switch ist eine einfache Folge von ifs und elses:

```
char c;
while ((c = get_opt(...))){
    if (c == 'v')      verbose++;
    else if (c == 'w') weighting_function();
    else if (c == 'f') fun_function();
}
```

Es enthält aufgrund des wiederholten Verweises auf c Redundanzen, aber trotzdem ist es kürzer, da wir nicht alle drei Zeilen ein break benötigen. Und weil es keine durchscheinende Verkleidung von reinen Labels und Sprüngen ist, macht man auch weniger Fehler.

Besondere numerische Werte durch NaN kennzeichnen

Der IEEE-Gleitkommastandard legt genaue Regeln für die Darstellung von Gleitkommazahlen fest – einschließlich spezieller Formen für Unendlich, Negativ Unendlich und Not-a-Number (NaN). Letzteres ist das Ergebnis eines Rechenfehlers wie 0/0 oder log(-1). Der IEEE 754 (wie der Standard bezeichnet wird – Leute, die mit so etwas arbeiten, sind vollauf zufrieden, wenn der Standard nur eine Nummer hat) ist nicht Teil der C- und POSIX-Standards, wird aber so gut wie überall unterstützt. Arbeiten Sie auf einer Cray oder einem anderen besonderen Gerät, müssen Sie die Details dieses Abschnitts ignorieren.

Wie in Beispiel 10-1 kann NaN als Kennzeichnung nützlich sein, um das Ende einer Liste zu markieren – sofern wir sicher sind, dass die Liste selbst nur Nicht-NaN-Werte enthält.

Sie müssen noch etwas über NaN wissen: Jeder Test auf Gleichheit schlägt fehl – selbst NaN==NaN liefert ein false. Verwenden Sie isnan(x), um zu prüfen, ob x den Wert NaN besitzt.

Diejenigen von Ihnen, die knietief in numerischen Daten stecken, sind vielleicht noch an anderen Möglichkeiten interessiert, NaNs als Marker zu verwenden.

Der IEEE-Standard enthält viele Varianten von NaN: Das Vorzeichen-Bit kann 0 oder 1 sein, der Exponent besteht dann aus Einsen, und der Rest ist nicht null. Die Bits sehen also in etwa so aus: S11111111MMMMMMMMMMMMMMMMMMMMMMM, dabei ist S das Vorzeichen und M die nicht weiter spezifizierte Mantisse.

Eine Null-Mantisse steht für ±unendlich – abhängig vom Vorzeichen-Bit –, ansonsten können wir mit den Ms anstellen, was wir wollen. Haben wir eine Möglichkeit, diese Bits zu bearbeiten, können wir alle möglichen Marker in einem Feld eines numerischen Rasters unterbringen.

Das kleine Programm in Beispiel 7-2 erzeugt und nutzt einen NA-Marker (für »Not Available«). Das kann nützlich sein, wenn wir zwischen fehlenden Daten und Rechenfehlern unterscheiden müssen. Der Trick findet hauptsächlich in set_na statt, daher sollten Sie sich diese Funktion zuerst ansehen.

Beispiel 7-2: Erstellen Sie Ihren eigenen NaN-Marker, um Ihre Gleitkommadaten mit Anmerkungen zu versehen (na.c)

```
#include <stdio.h>
#include <math.h> //isnan

double ref;

double set_na(){
    if (!ref) {
        ref=0/0.;                        ❶
        char *cr = (char *)(&ref);       ❷
        cr[2]='a';                       ❸
    }
```

```
        return ref;
}
int is_na(double in){                    ❹
    if (!ref) return 0;   //set_na wurde nie aufgerufen ==> noch keine NAs.

    char *cc = (char *)(&in);
    char *cr = (char *)(&ref);
    for (int i=0; i< sizeof(double); i++)
        if (cc[i] != cr[i]) return 0;
    return 1;
}
int main(){
    double x = set_na();
    double y = x;
    printf("Ist x=set_na() NA? %i\n", is_na(x));
    printf("Ist x=set_na() NAN? %i\n", isnan(x));
    printf("Ist y=x NA? %i\n", is_na(y));
    printf("Ist 0/0 NA? %i\n", is_na(0/0.));
    printf("Ist 8 NA? %i\n", is_na(8));
}
```

❶ Zuerst wird ein normales NaN erzeugt, indem `0/0.` berechnet wird (der Punkt ist wichtig, da wir eine Gleitkommadivision benötigen, keine Integer-Division – Integer-Zahlen haben keine Möglichkeit, NaN darzustellen, und `0/0` ist einfach ein arithmetischer Fehler).

❷ Dann lassen wir ein `char` auf das Bitmuster zeigen, denn `char` ist die C-Variante für *Byte*.

❸ Jetzt können wir einzelne Bytes der Gleitkommazahl bearbeiten. Wir setzen das dritte Byte des Bitmusters, das für NaN steht, auf den Buchstaben a. Nun haben wir ein Bitmuster, das ein NaN ist – aber ein sehr spezifisches, das auch nicht vom System erzeugt wurde.

❹ Die Funktion `is_na` prüft, ob das Bitmuster der übergebenen Zahl dem speziellen Bitmuster entspricht, das `set_na` erzeugt. Dazu behandelt es beide Werte als Zeichenstrings und vergleicht jedes einzelne Zeichen.

Ich habe nur einen einzelnen Marker erzeugt, der in einem numerischen Datenfeld abgelegt werden kann, und dazu das Zeichen a verwendet. Da das Alphabet mit b, c, …, z und dann A, B, …, Z weitere Bitmuster bietet, können wir ein paar Dutzend andere Marker in unseren Datensatz einbauen und müssen den obigen Code dazu nur ein kleines bisschen anpassen.

Tatsächlich gehen ein paar häufig genutzte Systeme (wie zum Beispiel WebKit) noch weiter und bauen nicht nur einen Marker, sondern einen ganzen Zeiger in die Mantisse ihrer NaNs ein. Diese Methode, auch als *NaN Boxing* bezeichnet, sei dem Leser zur Übung überlassen.

Veraltetes Float

Gleitkommamathematik bietet an einigen überraschenden Stellen Herausforderungen. Man kann leicht einen sinnvollen Algorithmus schreiben, der bei jedem Schritt nur 0,01 % Fehler enthält – aber über 1.000 Iterationen führt das trotzdem zu unnützen Ergebnissen. Es finden sich ganze Bücher mit Ratschlägen, wie man das vermeidet. Vieles davon gilt auch heute noch, das Wichtigste lässt sich aber auch leicht umsetzen: Nutzen Sie `double` statt `float`, und für Zwischenergebnisse in umfangreichen Berechnungen ist es auch nicht verkehrt, auf `long double` zurückzugreifen.

So empfiehlt *Writing Scientific Software* zum Beispiel, Varianzen nicht in einem Durchgang zu berechnen ([Oliveira 2006] S. 24). Dort wird in einem Beispiel das Problem mit *schlecht konditionierten* Daten verdeutlicht. Wie Sie vielleicht wissen, hat eine Gleitkommazahl ihren Namen, weil der Dezimalpunkt einer von der Größe her (mehr oder weniger) beliebigen Zahl an die richtige Stelle »gleitet«. Nehmen wir zum Beispiel an, dass der Computer mit Dezimalzahlen arbeitet – dann kann solch ein System den Wert 23 000 000 genauso exakt speichern wie 0,23 oder 0,00023 – es wird einfach das Komma verschoben. Aber 23 000 000,000 23 ist eine Herausforderung, da nur eine begrenzte Anzahl von Stellen zur Verfügung steht, um den Wert vor der Positionierung des Kommas darzustellen (siehe Beispiel 7-3).

Beispiel 7-3: Ein float kann nicht so viele signifikante Stellen speichern (floatfail.c)

```
#include <stdio.h>

int main(){
    printf("%f\n", (float)333334126.98);
    printf("%f\n", (float)333334125.31);
}
```

Die Ausgabe von Beispiel 7-3 auf meinem Netbook mit einem 32-Bit-`float` ist:

```
333334112.000000
333334112.000000
```

Da geht sie hin, unsere Genauigkeit. Das ist der Grund dafür, dass Bücher zu Computerberechnungen früher so viel Platz auf das Schreiben von Algorithmen aufgewendet haben, die diese Art von Ungenauigkeiten bei Zahlen mit nur sieben relevanten Stellen umgehen sollten.

Das gilt für einen 32-Bit-Float-Wert – dem minimalen Standard. Ich musste sogar explizit nach Float casten, da das System ansonsten diese Zahlen als 64-Bit-Wert speichert.

64 Bits reichen aus, um zuverlässig 15 signifikante Stellen zu speichern: 100 000 000 000 001 ist da kein Problem. (Probieren Sie es aus! Kleiner Hinweis: `printf(%.20g, val)` gibt `val` mit 20 signifikanten Dezimalziffern aus.)

Beispiel 7-4 enthält den Code, um Oliveiras und Stewarts Beispiel auszuführen – einschließlich einer Berechnung von Durchschnitt und Varianz in einem Durchlauf. Dieser Code soll nur Demonstrationszwecken dienen, da die GSL schon das Berechnen von

Durchschnitt und Varianz ermöglicht. Das Beispiel wird zwei Mal berechnet: einmal in der schlechten Version, bei der unsere Autoren 2006 furchtbare Ergebnisse erhielten, und einmal nach dem Subtrahieren von 34 120 von jedem Wert. Im zweiten Durchlauf erhalten wir Werte, die sogar ein klassisches float ausreichend genau nutzen kann. Hier können wir zuverlässig davon ausgehen, dass die Ergebnisse – mit gut konditionierten Daten – korrekt sind.

Beispiel 7-4: Schlecht konditionierte Daten: kein großes Problem mehr (stddev.c)

```
#include <math.h>
#include <stdio.h> //size_t

typedef struct meanvar {double mean, var;} meanvar;

meanvar mean_and_var(const double *data){
    long double avg = 0,                              ❶
          avg2 = 0;
    long double ratio;
    size_t cnt= 0;
    for(size_t i=0;  !isnan(data[i]); i++){
        ratio = cnt/(cnt+1.0);
        cnt    ++;
        avg   *= ratio;
        avg2  *= ratio;
        avg   += data[i]/(cnt +0.0);
        avg2  += pow(data[i], 2)/(cnt +0.0);
    }
    return (meanvar){.mean = avg,                     ❷
              .var = avg2 - pow(avg, 2)}; //E[x^2] - E^2[x]
}

int main(){
    double d[] = { 34124.75, 34124.48,
                   34124.90, 34125.31,
                   34125.05, 34124.98, NAN};

    meanvar mv = mean_and_var(d);
    printf("Durchschnitt: %.10g Varianz: %.10g\n", mv.mean, mv.var*6/5.);

    double d2[] = { 4.75, 4.48,
                    4.90, 5.31,
                    5.05, 4.98, NAN};

    mv = mean_and_var(d2);
    mv.var *= 6./5;                                   ❸
    printf("Durchschnitt: %.10g Varianz: %.10g\n", mv.mean, mv.var);   ❹
}
```

❶ Faustregel: Der Einsatz von Variablen mit größerer Genauigkeit für Zwischenergebnisse kann verhindern, dass sich Rundungsprobleme aufschaukeln. Ist unsere Ausgabe double, sollten avg, avg2 und ratio daher vom Typ long double sein. Ändern sich die Ergebnisse aus unserem Beispiel, wenn wir nur doubles einsetzen? (Hinweis: Nein.)

❷ Die Funktion gibt ein Struct zurück, das durch Designated Initializer erzeugt wurde. Ist Ihnen diese Form noch unbekannt? Sie werden sie bald kennenlernen.

❸ Die Funktion hat die unkorrigierte Stichprobenvarianz bestimmt, hier berechnen wir daraus die korrigierte Stichprobenvarianz.

❹ Ich habe %g als Formatangabe in den `printf`s genutzt. Das steht für general und kann sowohl Floats als auch Doubles ausgeben.

Dies sind die Ergebnisse:

```
Durchschnitt: 34124.91167 Varianz: 0.07901676614
Durchschnitt: 4.911666667 Varianz: 0.07901666667
```

Die Durchschnitte liegen um 34 120 auseinander, weil wir die Rechnungen entsprechend aufgesetzt haben. Ansonsten sind sie aber genau gleich (das 0,66666 würde noch weitergehen, wenn wir es ließen), und die Varianz der schlecht konditionierten Daten unterscheidet sich nur um 0,000125 %. Die schlechte Konditionierung hatte also keinen relevanten Effekt.

Das, lieber Leser, ist technologischer Fortschritt. Wir mussten nur doppelten Speicherplatz spendieren, und plötzlich wurden alle Überlegungen irrelevant. *Sie können immer noch realistische Fälle konstruieren, in denen numerische Abweichungen Probleme bereiten könnten*, aber es ist viel schwieriger. Selbst wenn es einen messbaren Geschwindigkeitsunterschied zwischen einem Programm mit `doubles` und einem mit `floats` gibt, sind es die zusätzlichen Mikrosekunden wert, so vielen Fallstricken aus dem Weg gehen zu können.

Sollten wir also auch immer `long int`s nutzen, wenn Integer-Werte gefragt sind? Das kann man nicht so eindeutig sagen. Eine `double`-Darstellung von π ist exakter als eine `float`-Darstellung, auch wenn es immer ungefähr drei ist. Aber sowohl `int` als auch `long int` repräsentieren Zahlen bis zu ein paar Milliarden genau gleich exakt. Das einzige Problem ist ein Überlauf. Es gab eine Zeit, zu der die Grenze skandalös niedrig war – etwa bei 32.000. Es ist gut, heute zu leben, in einer Zeit, in der Integer-Werte auf einem typischen System bis zu ungefähr ±2,1 Milliarden nutzbar sind. Aber wenn Sie der Meinung sind, dass es auch nur eine entfernte Möglichkeit gibt, dass eine Ihrer Variablen zum Beispiel durch Multiplikation bis weit über den Milliardenbereich wächst (da reicht schon 200 × 200 × 100 × 500), müssen Sie auf jeden Fall einen `long int` oder sogar einen `long long int` nutzen. Ansonsten sind Ihre Antworten nicht einfach nur ungenau, sondern vollständig falsch, da C plötzlich von +2,1 Milliarden auf -2,1 Milliarden springt. Schauen Sie sich Ihre Version von *limits.h* an (normalerweise an den üblichen Speicherorten wie */include* oder */usr/include/*), um genauere Informationen zu erhalten. Auf meinem Netbook besagt *limits.h* zum Beispiel, dass `int` und `long int` identisch sind.

Wechseln Sie den Variablentyp, müssen Sie auch daran denken, all Ihre `printf`s von %i auf %li umzustellen.

Auch hier gilt: Natürlich gibt es den Einsatz von `longs` und `long longs` nicht umsonst, vor allem, wenn es viele Zugriffe darauf gibt, aber er ist es wert, wenn man ansonsten einen Überlauf erhält und plötzlich im negativen Bereich landet.

KAPITEL 8
Hindernisse und Gelegenheiten

Es gibt keine C Foundation, die mich dafür bezahlt, die Sprache zu lobpreisen, und dieses Buch ist auch kein Werbeheftchen, verkleidet als Tutorial. Daher kann ich unbeeinflusst über die Probleme sprechen, die C bietet. Die Aspekte in diesem Kapitel sind zu wertvoll, um sie ganz vergessen zu wollen – wie viele der Punkte aus dem vorherigen Kapitel. Aber sie sind mit Vorsicht zu behandeln, da sie historischen Ballast mitbringen, der seinerzeit sinnvoll war, jetzt aber nur noch stört.

- Die Makrofähigkeiten von C sind sehr einfach, enthalten aber trotzdem viele Ausnahmen.
- Der Einsatz des Schlüsselworts static kann sehr verwirrend sein, aber es bietet eine nette Alternative zu ausgefeilten Makros. Sein Gegenspieler – das Schlüsselwort extern – liefert wiederum genug Aspekte, uns in den Wahnsinn zu treiben.
- Das Schlüsselwort const passt in dieses Kapitel, da es einfach zu nützlich ist, um es zu vergessen, aber einige Eigenarten in seiner Spezifikation und in der Implementierung der üblichen Compiler besitzt.

Robuste und ansprechende Makros schreiben

Kapitel 10: *Bessere Strukturen* enthält eine Reihe von Möglichkeiten, die Schnittstelle Ihrer Bibliothek anwenderfreundlicher und weniger fehlerfördernd zu gestalten. Dazu werden Makros umfassend eingesetzt.

Ich höre von vielen Leuten, dass Makros an sich schon eine Einladung zum Erzeugen von Fehlern sind und daher vermieden werden sollten, aber diese Leute raten dann erstaunlicherweise nicht davon ab, NULL, isalpha, isfinite, assert, typgenerische Mathematikfunktionen wie log, sin, cos, pow und andere weiter zu nutzen, oder Dutzende anderer Einrichtungen, die vom GNU-Standard per Makros definiert sind. Dabei handelt es sich um gut geschriebene, robuste Makros, die immer das tun, was sie sollen.

Makros ersetzen Text (auch als *Expansions* bezeichnet – davon ausgehend, dass der neue Text länger ist als der zu ersetzende), und solche Textsubstitutionen erfordern andere Überlegungen als die zu den üblichen Funktionen, da der Eingabetext mit dem Text im

Makro und anderem Text im Quellcode interagieren kann. Makros nutzen Sie am besten, wenn Sie solche Interaktionen wünschen und wenn Sie sich keine Gedanken darum machen müssen, wie Sie sie vermeiden.

Bevor wir uns die drei Regeln anschauen, mit denen wir Makros robust bekommen, möchte ich noch zwischen zwei Arten von Makros unterscheiden. Die eine Art wird in einen Ausdruck expandiert, da ist es sinnvoll, diese Makros auszuwerten, ihre Werte auszugeben oder bei numerischen Ergebnissen in einer Gleichung zu verwenden. Die andere Art enthält einen Block mit Anweisungen, die nach einer if-Anweisung oder in einer while-Schleife stehen können. Jetzt aber zu den Regeln:

- Klammern! Erwartungen werden gerne einmal nicht erfüllt, wenn ein Makro Text an einer Stelle einfügt. Hier ein einfaches Beispiel:

  ```
  #define double(x) 2*x          //Braucht mehr Klammern.
  ```

  Jetzt probiert es der Anwender mit double(1+1)*8. und das Makro macht das zu 2*1+1*8. Das liefert 10 und nicht – wie erwartet – 32. Klammern helfen hier:

  ```
  #define double(x) (2*(x))
  ```

  Damit wirft (2*(1+1))*8 das gewünschte Ergebnis aus. Die Faustregel ist hier: Setzen Sie alle Eingabewerte in Klammern, sofern Sie nicht gute Gründe haben, sie wegzulassen. Handelt es sich beim Makro um eines, das in einen Ausdruck erweitert wird, setzen Sie es auch noch komplett in Klammern.

- Vermeiden Sie eine mehrfache Anwendung. Dieses Lehrbuchbeispiel ist ein bisschen riskant:

  ```
  #define max(a, b)    ((a) > (b) ? (a) : (b))
  ```

  Verwendet der Anwender int x=1, y=2; int m=max(x, y++), geht er davon aus, dass m danach den Wert 2 hat (den Wert von y vor dem Erhöhen) und y auf 3 gesetzt ist. Aber das Makro wird wie folgt erweitert:

  ```
  m = ((x) > (y++) ? (x) : (y++))
  ```

  Damit wird y++ zwei Mal ausgewertet und die Variable doppelt erhöht, obwohl der Anwender nur eine einfache Erhöhung erwartet hat. Es gilt dann m=3, obwohl m=2 gewünscht war.

  Haben Sie ein Blockmakro, können Sie eine Variable deklarieren, die den Eingabewert am Anfang übernimmt und mit der Sie im Rest des Makros arbeiten.

  Diese Regel muss nicht so sklavisch befolgt werden wie die Klammerregel – das Makro max finden Sie recht häufig im realen Einsatz –, aber behalten Sie als Anwender eines Makros im Hinterkopf, dass es Nebeneffekte geben kann, die möglichst minimiert werden sollten.

- Geschweifte Klammern für Blöcke. Hier ein einfaches Blockmakro:

  ```
  #define doubleincrement(a, b)    \Braucht geschweifte Klammern.
      (a)++;                       \
      (b)++;
  ```

Setzen wir dieses Makro nach einer `if`-Anweisung ein, führt das nicht zum gewünschten Effekt:

```
int x=1, y=0;
if (x>y)
    doubleincrement(x, y);
```

Mit ein bisschen Einrückung sieht es so aus und macht den Fehler offensichtlich:

```
int x=1, y=0;
if (x>y)
    (x)++;
(y)++;
```

Ein weiterer potenzieller Fallstrick: Stellen Sie sich vor, Ihr Makro deklariert eine Variable `total`, die aber auch schon vom Anwender definiert wurde. Variablen, die im Block deklariert werden, können mit Variablen in Konflikt geraten, die außerhalb des Blocks deklariert werden. Beispiel 8-1 zeigt die einfache Lösung für beide Probleme: Das Makro wird mit geschweiften Klammern umgeben.

Durch die geschweiften Klammern um das Makro herum können wir eine temporäre Variable `total` nutzen, die es nur im Gültigkeitsbereich des Makros gibt und die daher nicht mit der in `main` deklarierten Variablen `total` kollidiert.

Beispiel 8-1: Wir können den Gültigkeitsbereich von Variablen durch geschweifte Klammern steuern – so wie bei Code außerhalb eines Makros (curly.c)

```
#include <stdio.h>

#define sum(max, out) {                 \
    int total=0;                        \
    for (int i=0; i<= max; i++)         \
        total += i;                     \
    out = total;                        \
}

int main(){
    int out;
    int total = 5;
    sum(5, out);
    printf("out= %i ursprüngliches total=%i\n", out, total);
}
```

Ich kann mir diese Regel übrigens besonders leicht merken, da durch die geschweiften Klammern Ihre Makrodefinition mehr wie eine Funktion aussieht:

```
#define doubleincrement(a, b) { \
    (a)++;                      \
    (b)++;                      \
}
```

> Bei gcc, Clang und icc können Sie -E nutzen, um nur den Präprozessor laufen und die erweiterte Version des Quellcodes an `stdout` ausgeben zu lassen. Da dazu auch das Erweitern von `#include <stdio.h>` und anderen umfangreichen Header-Dateien gehört, leite ich das Ergebnis normalerweise in eine Datei oder einen Pager weiter, zum Beispiel über `gcc -E mycode.c |less`, um

es dann nach der Makroerweiterung zu durchsuchen, die ich gerade debuggen möchte.

Mit `gcc -E curly.c` sehen wir, dass der Präprozessor das Makro sum wie folgt erweitert, und durch die geschweiften Klammern kommen sich die Variable total aus dem Gültigkeitsbereich des Makros und die aus main nicht ins Gehege. Der Code würde für total daher den Wert 5 ausgeben:

```
int main(){
    int out;
    int total = 5;
    { int total=0; for (int i=0; i<= 5; i++) total += i; out = total; };
    printf("out= %i total=%i\n", out, total);
}
```

Das Einschränken des Gültigkeitsbereichs eines Makros durch geschweifte Klammern verhindert nicht alle Namenskollisionen. Was würde zum Beispiel im obigen Code passieren, wenn wir `int out, i=5; sum(i, out);` schrieben?

Damit sollen die Fallstricke bei Makros erst einmal beschrieben sein. Das grundlegende Prinzip, Makros möglichst einfach zu halten, ist immer gültig, und Sie werden bemerken, dass Makros in produktivem Code eher Einzeiler sind, die Eingabewerte ein bisschen aufbereiten und dann eine Standardfunktion aufrufen, die sich um die eigentliche Arbeit kümmert. Der Debugger und Nicht-C-Systeme, die selbst keine Makrodefinitionen parsen können, haben keinen Zugriff auf Ihr Makro. Daher sollte alles, was Sie schreiben, immer auch ohne Makros nutzbar sein. Der Abschnitt »Mit static und extern verlinken« auf Seite 146 enthält einen Vorschlag für das Verringern von Problemen, wenn man einfache Funktionen schreibt.

Makroargumente sind optional

Hier ein sinnvolles Assertion-Makro, das zurückspringt, wenn eine Assertion fehlschlägt:

```
#define Testclaim(assertion, returnval) if (!(assertion))      \
        {fprintf(stderr, #assertion "failed to be true.  \
        Returning" #returnval "\n"); return returnval;}
```

Ein Einsatzbeispiel:

```
int do_things(){
    int x, y;
    ...
    Testclaim(x==y, -1);
    ...
    return 0;
}
```

Aber was passiert, wenn Sie eine Funktion ohne Rückgabewert haben? In diesem Fall können Sie das zweite Argument leer lassen:

```
void do_other_things(){
    int x, y;
    …
    Testclaim(x==y, );
    …
    return;
}
```

Dann wird die letzte Zeile des Makros zu return ; erweitert – gültiger C-Code und für eine Funktion, die void zurückgibt, die gewünschte Form.

Auf diesem Weg könnten Sie sogar Standardwerte implementieren:

```
#define Blankcheck(a) {int aval = (strlen(#a)>0) ? (a+0) : 2;  \
        printf("Ihre Eingabe ist %i.\n", aval); \
        }

//Usage:

Blankcheck(0); // setzt aval auf 0
Blankcheck( ); // setzt aval auf 2
```

Präprozessortricks

Für den Präprozessor ist das Hash-Zeichen (#) reserviert, und er nutzt es in drei verschiedenen Varianten.

Sie wissen, dass eine Präprozessordirektive wie #define mit einem # am Zeilenanfang beginnt. Leerraum vor dem # wird ignoriert (K & R 2. Auflage §A12), daher hier der erste Tipp: Sie können Wegwerfmakros mitten in eine Funktion stecken – kurz vor ihrem Einsatz – und sie so einrücken, dass sie zur Funktion gehörig aussehen. Nach der reinen Lehre entspricht das Definieren eines Makros direkt vor seinem Einsatz nicht der »richtigen« Organisation eines Programms (nach der alle Makros an den Dateianfang gehören), aber auf diese Art und Weise kann man einfacher darauf verweisen, und man macht auch deutlicher, dass es sich um ein Wegwerfmakro handelt. Der Präprozessor weiß so gut wie nichts darüber, wo Funktionen beginnen und enden, daher dehnt sich der Gültigkeitsbereich eines Makros von seinem ersten Auftreten in der Datei bis zum Dateiende aus.

Der zweite Anwendungsfall des # befindet sich in einem Makro: Er wandelt Eingabecode in einen String. Beispiel 8-2 zeigt ein Programm, das sizeof einsetzt (siehe Kasten), auch wenn der Hauptfokus auf dem Einsatz des Präprozessormakros liegt.

Beispiel 8-2: Text wird ausgedruckt und ausgewertet (sizesof.c)

```
#include <stdio.h>

#define Peval(cmd) printf(#cmd ": %g\n", cmd);

int main(){
    double *plist = (double[]){1, 2, 3};        ❶
```

```
    double list[] = {1, 2, 3};
    Peval(sizeof(plist)/(sizeof(double)+0.0));
    Peval(sizeof(list)/(sizeof(double)+0.0));
}
```

❶ Dies ist ein Compound-Literal. Sollten Sie damit nicht bereits vertraut sein – ich werde es später noch vorstellen. Wenn Sie überlegen, wie sizeof mit plist umgeht, denken Sie daran, dass plist ein Zeiger auf ein Array ist – nicht das Array selbst.

Wenn Sie das ausprobieren, werden Sie sehen, dass der Eingabeparameter des Makros erst als reiner Text ausgegeben wird und dann dessen Wert, da #cmd äquivalent zu cmd als String ist. Daher wird Peval(list[0]) erweitert zu:

```
printf("list[0]" ": %g\n", list[0]);
```

Sieht das für Sie falsch aus? Zwei Strings "list[0]" ": %g\n" direkt nebeneinander? Der Präprozessor hat noch einen Trick drauf: Stoßen zwei String-Literale aneinander, werden sie zu einem zusammengefasst: "list[0]: %g\n". Das passiert übrigens nicht nur in Makros:

```
printf("Sie können die String-Verkettung des "
       "Präprozessors nutzen, um lange Textzeilen "
       "in Ihrem Programm aufzuteilen. Das ist vermutlich einfacher "
       "als der Einsatz von Backslashes, aber achten Sie auf Leerzeichen.");
```

> ### Die Grenzen von sizeof
>
> Haben Sie den Beispielcode ausprobiert? Er basiert auf einem häufig beschriebenen Trick, bei dem die Größe eines automatischen oder statischen Arrays ermittelt wird, indem die Gesamtgröße durch die Größe eines Elements dividiert wird (http://c-faq.com/aryptr/arraynels.html; siehe auch K & R, 1. (engl.) Auflage, S. 126, 2. (engl.) Auflage S. 135), zum Beispiel:
>
> ```
> //Das ist nicht zuverlässig:
> #define araysize(list) sizeof(list)/sizeof(list[0])
> ```
>
> Der Operator sizeof (es handelt sich um ein C-Schlüsselwort, nicht um eine normale Funktion) bezieht sich auf die automatisch allozierte Variable (bei der es sich um ein Array oder einen Zeiger handeln kann), nicht aber auf die Daten, auf die ein Zeiger eventuell verweist. Bei einem automatischen Array wie double list[100] muss der Compiler 100 doubles allozieren und sicherstellen, dass der entsprechende Speicher (vermutlich 800 Byte) nicht von der nächsten Variablen überbraten wird, die auf dem Stack landet. Bei manuell alloziertem Speicher (double *plist; plist = malloc(sizeof(double *100));) ist der Zeiger auf dem Stack vielleicht acht Byte lang (auf jeden Fall nicht 100), und sizeof gibt die Länge dieses Zeigers zurück, nicht die Länge der Daten, auf die er zeigt.
>
> Zeigen Sie auf ein Spielzeug, werden manche Katzen das Spielzeug untersuchen. Andere schnuppern nur an Ihrem Finger.

Umgekehrt wollen Sie vielleicht zwei Dinge verbinden, die keine Strings sind. Dazu verwenden Sie zwei Hash-Zeichen: ##. Hat name den Wert LL, erhalten Sie beim Einsatz von name ## _list als Ergebnis LL_list – ein gültiger und einsetzbarer Variablenname.

Menno, denken Sie, *ich wünschte, jedes Array besäße eine eigene Variable mit der Länge.* Okay, Beispiel 8-3 enthält ein Makro, das für eine übergebene Liste eine Hilfsvariable deklariert, die auf _len endet. Es stellt sogar sicher, dass jede Liste einen Abschluss-Marker besitzt, sodass Sie die Länge eigentlich gar nicht benötigen.

Dieses Makro ist der totale Overkill, und ich empfehle, es nicht direkt einzusetzen, aber es zeigt, wie Sie viele kleine temporäre Variablen erzeugen können, die einem von Ihnen gewählten Namensmuster folgen.

Beispiel 8-3: Hilfsvariablen mit dem Präprozessor erzeugen (preprocess.c)

```
#include <stdio.h>
#include <math.h> //NAN

#define Setup_list(name, ...)                                  \
    double *name ## _list = (double []){__VA_ARGS__, NAN}; \  ❶
    int name ## _len = 0;                                      \
    for (name ## _len =0;                                      \
            !isnan(name ## _list[name ## _len]);               \
         ) name ## _len ++;

int main(){
    Setup_list(items, 1, 2, 4, 8);                          ❷
    double sum=0;
    for (double *ptr= items_list; !isnan(*ptr); ptr++)      ❸
        sum += *ptr;
    printf("total for items list: %g\n", sum);

    #define Length(in) in ## _len                           ❹

    sum=0;
    Setup_list(next_set, -1, 2.2, 4.8, 0.1);
    for (int i=0; i < Length(next_set); i++)                ❺
        sum += next_set_list[i];
    printf("total for next set list: %g\n", sum);
}
```

❶ Auf der rechten Seite des Gleichheitszeichens wird ein variadisches Makro genutzt, um ein Compound-Literal zu erzeugen. Wenn Ihnen dieser Begriff nichts sagt, kümmern Sie sich einfach weiter um die Sachen auf der linken Seite und gedulden sich bis Kapitel 10: *Bessere Strukturen*.

❷ Erzeugt items_len und items_list.

❸ Eine Schleife, die NaN nutzt.

❹ Manche Systeme lassen Sie eine Array-Länge auf diese Art und Weise abfragen.

❺ Hier eine Schleife, die die Variable next_set_len nutzt.

Noch eine stilistische Anmerkung: Es gibt die historisch entstandene Konvention, ein Makro, das wie eine Funktion aussieht, komplett in Großbuchstaben zu schreiben. Das macht den Anwender darauf aufmerksam, dass ihn eventuell durch die Textsubstitution Überraschungen erwarten könnten. Ich finde, das sieht wie Schreien aus, daher kennzeichne ich meine Makros lieber nur durch einen Großbuchstaben am Namensanfang. Andere kümmern sich gar nicht weiter um Groß- und Kleinschreibung.

Mit static und extern verlinken

In diesem Abschnitt schreiben wir Code, der dem Compiler sagt, was für Hinweise er dem Linker weitergeben soll. Der Compiler arbeitet immer mit einer .c-Datei gleichzeitig und erzeugt dabei (meist) eine .o-Datei. Der Linker verbindet dann diese .o-Dateien, um eine Bibliothek oder ausführbare Datei zu bauen.

Was passiert, wenn es in zwei verschiedenen Dateien Deklarationen für die Variable x gibt? Es könnte sein, dass der Autor der einen Datei einfach nicht wusste, dass der Autor der anderen Datei x nutzt, sodass die beiden xe getrennt und in verschiedenen »Räumen« verwendet werden sollten. Oder die Autoren waren sich durchaus bewusst, dass sie auf die gleiche Variable verweisen, und der Linker sollte alle Referenzen von x auf die gleiche Speicherstelle verweisen lassen.

Externes Linken bedeutet, dass Symbole, die in mehreren Dateien vorkommen, vom Linker als das gleiche Objekt betrachtet werden sollen. Bei Funktionen und Variablen, die außerhalb einer Funktion deklariert wurden, ist das das Standardverhalten und Sie müssen das Schlüsselwort extern nicht verwenden, um ein externes Linken zu ermöglichen. Aber viele Programmierer nutzen es trotzdem als Gedächtnisstütze (siehe weiter unten).[1]

Internes Linken legt fest, dass die Instanz einer Variablen x oder einer Funktion f() in einer Datei für sich allein steht und nichts mit anderen Instanzen von x oder f() im gleichen Gültigkeitsbereich zu tun hat (was für Objekte, die außerhalb einer Funktion deklariert sind, die Datei ist). Nutzen Sie das Schlüsselwort static, um ein internes Linken zu ermöglichen.

Lustig, dass es für das externe Linken das (optionale) Schlüsselwort extern gibt, während statt eines sinnvollen intern für internes Linken das Schlüsselwort static heißt. Das ist bei Variablen ausgesprochen verwirrend.

Im Abschnitt »Automatischer, statischer und manueller Speicher« auf Seite 107 habe ich die drei Arten von Speichermodellen vorgestellt: statisch, automatisch und manuell. Mit dem Einsatz des Worts static sowohl für das Link- als auch für das Speichermodell werden zwei Konzepte verbunden, die früher aus technischen Gründen zusammengehörten, mittlerweile aber voneinander unabhängig sind.

---

[1] Dies stammt aus C99 & C11 §6.2.3, bei dem es eigentlich um das Auflösen von Symbolen in unterschiedlichen Gültigkeitsbereichen geht – nicht nur in verschiedenen Dateien. Aber verrückte Link-Tricks in unterschiedlichen Gültigkeitsbereichen innerhalb von einer Datei werden normalerweise nicht ausprobiert.

- Für Variablen mit der Datei als Gültigkeitsbereich beeinflusst static nur das Linken:
  - Standardmäßig geschieht das Linken extern, daher können Sie mit dem Schlüsselwort static dafür sorgen, dass intern verlinkt wird.
  - Variablen im Datei-Gültigkeitsbereich werden mit dem statischen Speichermodell alloziert – unabhängig davon, ob Sie static int x, extern int x oder einfach nur int x nutzen.
- Bei Variablen mit Block-Gültigkeit betrifft static nur das Speichermodell:
  - Standardmäßig wird intern gelinkt, daher beeinflusst das Schlüsselwort static nicht das Linken. Sie können es aber verändern, indem Sie die Variable als extern deklarieren. Ich werde Ihnen aber noch empfehlen, das nicht zu tun.
  - Das Standardspeichermodell ist automatisch, daher ändert static das Speichermodell auf statisch.
- Bei Funktionen beeinflusst static nur das Linken:
  - Funktionen sind nur im Datei-Gültigkeitsbereich definiert (gcc bietet als Erweiterung auch verschachtelte Funktionen an). Wie bei Variablen mit Datei-Gültigkeitsbereich wird standardmäßig extern verlinkt, aber mit dem Schlüsselwort static können Sie auch intern linken.
  - Es gibt keine Verwirrung bezüglich des Speichermodells, weil Funktionen – wie Variablen mit Datei-Gültigkeit – immer statisch sind.

Üblicherweise deklariert man eine Funktion, die in mehreren .c-Dateien genutzt werden soll, im Header einer .h-Datei, die dann wiederum überall in Ihrem Projekt eingebunden werden kann. Die Funktion selbst landet in einer .c-Datei (wo sie die standardmäßige externe Verlinkung erfährt). Das ist eine gute Vorgehensweise, die Sie auch beibehalten sollten, aber es ist auch durchaus verbreitet, Hilfsfunktionen, die nur aus ein oder zwei Zeilen Code bestehen (wie max und min), vollständig in eine .h-Datei zu stecken, die überall eingebunden wird. Dazu stellen Sie vor die Deklaration Ihrer Funktion das Schlüsselwort static, zum Beispiel:

```
//In common_fns.h:
static long double max(long double a, long double b){
    (a > b) ? a : b;
}
```

Binden Sie die Datei per #include "common_fns.h" in jede der Dutzend Dateien ein, erzeugt der Compiler jeweils eine neue Instanz der Funktion max. Aber da Sie die Funktion mit internem Linken definiert haben, wird der Funktionsname max von keiner der Dateien öffentlich gemacht, und all die separaten Instanzen der Funktion können konfliktfrei nebeneinander leben. Solche Redeklarationen machen Ihre ausführbare Datei vielleicht ein paar Bytes größer und verlängern die Kompilierzeit um ein paar Millisekunden, aber das ist in normalen Setups nicht relevant.

Einige sind der Meinung, dass sie nur eine Deklaration einer extern verlinkten Variablen haben können, während alle anderen Definitionen mit dem Schlüsselwort extern versehen sein müssen. K & R, 2. (engl.) Auflage, stellt diese Anforderung in der Einführung (S. 31), aber im Kleingedruckten des Anhangs (S. 227) wird erläutert, dass wiederholte Deklarationen als »unverbindliche Definitionen« angesehen und ignoriert werden. Sie meinen also anscheinend, dass der Compiler nur eine Deklaration erzeugt – egal, wie viele Sie angegeben haben. Früher haben manche C-Compiler darauf bestanden, dass es nur eine Deklaration gibt ([Harbison 1991] §4.8 dokumentiert vier verschiedene Interpretationen der Regeln für mehrfache externs), bei modernen Compilern ist das aber nicht mehr der Fall.

Allerdings sind mehrfache explizite Initialisierungen, bei denen der Variablen ein Startwert gegeben wird, immer noch ungültig. Beachten Sie zum Beispiel, wie Beispiel 2-5, das dazu gedacht ist, in einem Projekt mehrfach eingebunden zu werden, zwei Variablen definiert, sie aber auf dem Standardwert belässt (was hier '\0' und NULL bedeutet). Jede Variable kann pro Programm nur einmal explizit initialisiert werden.

In C++ war es schon immer erforderlich, auf Ihre Deklarationen zu achten. [Stroustrup 1987]: »In C kann ein externer Name viele Male definiert werden, in C++ muss er genau ein Mal definiert sein.«

Extern zu verlinkende Elemente nur in Header-Dateien deklarieren

Nehmen wir an, dass es in *file1.c* eine Variable abcd mit Datei-Gültigkeitsbereich gibt, die Sie gern in einer Funktion in *file2.c* nutzen wollen. Sie können eine extern-Deklaration überall dort einsetzen, wo Sie sonst etwas deklarieren würden, und können damit den Gültigkeitsbereich Ihrer extern-Deklaration von abcd auf einen kleinen Block beschränken.

Machen Sie das nicht. Nehmen Sie externe Deklarationen nur in Header-Dateien vor.

Das ist das Problem: In Datei 1 deklarieren wir ein Struct und eine Funktion:

```
//file1.c
    typedef struct {
        double a, b;
        int c, d;
    } alphabet;

    alphabet abcd;

    int pain(void){
        return 3;
    }
```

Jetzt nutzen wir diese Dinge in einer anderen Datei. Dazu müssen wir alle Terme deklarieren, also kopieren wir den typedef und den Funktionskopf. Dabei verwenden wir das Schlüsselwort extern, um klarzustellen, dass sich abcd auf eine Variable bezieht, die in Datei 1 deklariert ist.

```
//file2.c
    typedef struct {
        double a, b;
        int c, d;
    } alphabet;

    extern alphabet abcd;

    int pain(void);

    abcd.d = pain();
```

Sehen Sie, was da schiefgeht? Es gibt immer wieder Änderungen, und es kann sein, dass die Deklarationen nicht mehr identisch sind. Eine Woche später wurde Datei 1 geändert, sodass es sich bei c nun um eine Gleitkommavariable handelt und die Funktion pain ein Struct alphabet erwartet:

```
//file1.c
    typedef struct {
        double a, b, c;
        int d;
    } alphabet;

    alphabet abcd;

    int pain(alphabet alpha){
        return alpha.d;
    }
```

Das Problem: *file2* lässt sich immer noch ohne Fehler oder Warnungen kompilieren. Beide Dateien sind für sich konsistent, und jede lässt sich in ihre eigene, konsistente *.o*-Datei kompilieren. Der Linker, der die Objektdateien zu einer ausführbaren Datei zusammenführt, weiß nun nicht genug über C, um mehr als nur die einfachsten Konsistenzprüfungen mit den Objektdateien durchzuführen. Er findet alle relevanten Symbole und gibt keinen Fehler aus. Ich kann aus eigener Erfahrung bestätigen, dass ein Fehler an dieser Stelle – nachdem der Compiler keinen Fehler gemeldet hat – sehr schwer zu finden ist.

Konsistenz erreichen wir über Header-Dateien:

```
//sharedinfo.h
    typedef struct {
        double a, b, c;
        int d;
    } alphabet;

    extern alphabet abcd;
    int pain(alphabet alpha);


//file1.c
    #include "sharedinfo.h";
    alphabet abcd;

    int pain(alphabet alpha){
        return alpha.d;
```

```
        }

//file2.c
    #include "sharedinfo.h";
    alphabet another_alpha;
    abcd.d = pain(another_alpha);
```

Wird *file1.c* kompiliert, prüft das System, ob die Deklarationen in *file1.c* denen in *sharedinfo.h* entsprechen; beim Kompilieren von *file2.c* prüft es ebenso, ob die Deklarationen in *file2.c* denen in *sharedinfo.h* entsprechen, und wir stellen so sicher, dass die Deklarationen in den beiden *.c*-Dateien übereinstimmen.

Es ist einfach und bequem, einfach einen Funktions-Header aus einer *.c*-Datei in eine andere zu kopieren, und der C-Standard ermöglicht uns auch diese Flexibilität. Das ist sicherlich einfacher, als eine neue Header-Datei zu erstellen, die Deklarationen zu verschieben, die neue Datei dem Repository und den Makefiles hinzuzufügen und an beiden Stellen #includes einzutragen. Aber das Sicherstellen der Konsistenz ist es auf jeden Fall wert.

Wenn Sie übrigens wirklich wollen, könnten Sie auch die Zeile `#include "sharedinfo.h"` in einen Funktionsrumpf einfügen, damit den Gültigkeitsbereich der Deklarationen beschränken und trotzdem die Konsistenz sicherstellen.

Das Schlüsselwort const

Das Schlüsselwort `const` ist ausgesprochen nützlich, und man sollte es einsetzen – wann immer es möglich ist. Aber die Regeln rund um `const` bieten einige Überraschungen und Inkonsistenzen. Dieser Abschnitt wird sie beschreiben, sodass es keine Überraschungen mehr sind und Sie `const` immer dann einsetzen können, wenn es empfehlenswert ist.

Sie haben bereits gelernt, dass Kopien der Eingabedaten an Funktionen übergeben werden. Sie können die Funktion aber immer noch die Eingabedaten ändern lassen, indem Sie ihr eine Kopie eines Zeigers auf die Daten mitgeben. Sehen Sie, dass die Eingabewerte schlichte Daten ohne Zeiger sind, wissen Sie, dass sich die Originaldaten des Aufrufers nicht ändern werden. Sehen Sie einen Zeiger, ist das nicht klar. Listen und Strings sind schon von allein Zeiger, daher könnte der Eingabewert verändert werden (wenn es ein Zeiger ist), oder er wird einfach als String angesehen.

Das Schlüsselwort `const` ist eine Hilfe für Sie als Programmierer, Ihren Code lesbarer zu gestalten. Es handelt sich um einen *Typ-Qualifikator*, der angibt, dass die Daten, auf die der Eingabezeiger verweist, sich in der Funktion nicht ändern werden. Es ist hilfreich, zu wissen, wenn sich die Daten nicht ändern, daher sollten Sie dieses Schlüsselwort wann immer möglich einsetzen.

Der erste Fallstrick: Der Compiler schützt die so ausgezeichneten Daten nicht gegen alle Modifikationen. Daten, die unter einem Namen als `const` markiert sind, können unter einem anderen Namen verändert werden. In Beispiel 8-4 zeigen a und b auf die gleichen

Daten, aber da a im Header von set_elmt nicht mit const ausgezeichnet ist, lässt sich ein Element des Arrays b ändern (siehe Abbildung 8-1).

Beispiel 8-4: Daten, die unter einem Namen als const ausgezeichnet sind, können unter einem anderen Namen verändert werden (constchange.c)

```
void set_elmt(int *a, int const *b){
    a[0] = 3;
}

int main(){
    int a[10] = {};      ❶
    int const *b = a;
    set_elmt(a, b);
}                         ❷
```

❶ Das Array wird vollständig auf null initialisiert.

❷ Dieses nicht weiter nützliche Programm ist nur dazu da, fehlerfrei kompiliert und ausgeführt werden zu können. Wollen Sie prüfen, dass sich b[0] geändert hat, können Sie es in Ihrem Debugger laufen lassen, einen Breakpoint in der letzten Zeile setzen und den Wert von b ausgeben.

const ist also eher ein Hilfsmittel für einen verständlicheren Code, keine Sperre der Daten.

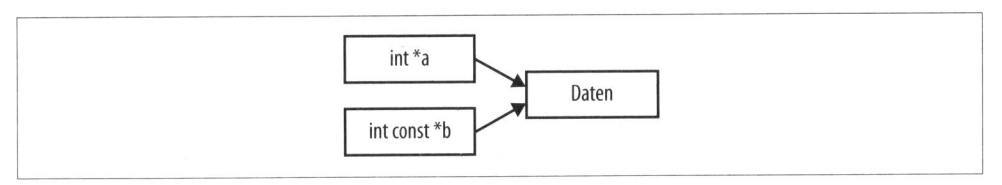

Abbildung 8-1: Wir können die Daten über a ändern, auch wenn b const ist – das ist gültiger Code

Nomen-Adjektiv-Form

Der Trick beim Lesen von Deklarationen ist, sie von rechts nach links zu lesen, also:

- int const = ein konstanter Integer-Wert
- int const * = ein (variabler) Zeiger auf einen konstanten Integer-Wert
- int * const = ein konstanter Zeiger auf einen (variablen) Integer-Wert
- int * const * = ein Zeiger auf einen konstanten Zeiger auf einen Integer-Wert
- int const * * = ein Zeiger auf einen Zeiger auf einen konstanten Integer-Wert
- int const *const * = ein Zeiger auf einen konstanten Zeiger auf einen konstanten Integer-Wert

Sie sehen, dass sich das const immer auf den Text zu seiner Linken bezieht – so wie der *.

Sie können den Typnamen und const auch vertauschen und daher entweder int const oder const int schreiben (auch wenn das nicht mit const und * möglich ist). Ich bevorzuge die Form int const, da sie konsistenter zu den komplexeren Konstrukten und der

Rechts-nach-links-Regel ist. Es gibt auch eine Fangemeinde für die Form const int – vielleicht, weil sie sich auf Englisch besser lesen lässt oder weil es schon immer so gemacht wurde. Es funktioniert aber beides.

> ### Was ist mit restrict und inline?
> Ich habe Beispielcode geschrieben, der die Schlüsselwörter restrict und inline einsetzt, und welchen, der sie nicht nutzt, um Ihnen die Geschwindigkeitsunterschiede zu demonstrieren, die der Einsatz dieser Schlüsselwörter bringt.
>
> Ich hatte große Hoffnungen, und vor Jahren habe ich echte Unterschiede beim Einsatz von restrict in numerischen Routinen festgestellt. Aber als ich die Tests aktuell neu schrieb, war der Geschwindigkeitsunterschied minimal.
>
> Ich empfehle ja, beim Kompilieren CFLAGS=-g -Wall -O3 zu setzen. Damit setzt der gcc alle ihm bekannten Optimierungstricks ein, und der Compiler weiß, wann er Zeiger als restrict behandeln sollte und wann Funktionen auch ohne meine explizite Anweisung inline umzusetzen sind.

Spannungen

In der Praxis werden Sie feststellen, dass const manchmal Spannungen erzeugt, die gelöst werden müssen, beispielsweise wenn Sie einen als const gekennzeichneten Zeiger haben, dieser aber einer Funktion übergeben werden soll, deren Eingabeparameter nicht als const markiert ist. Vielleicht hat sich der Autor der Funktion gedacht, dass das Schlüsselwort zu viel Ärger machen würde, vielleicht hat er dem Gequatsche über kürzeren Code als besseren Code geglaubt, oder vielleicht hat er es auch einfach nur vergessen.

Bevor Sie fortfahren, müssen Sie sich fragen, ob es irgendeine Möglichkeit gibt, dass der Zeiger sich in der Funktion ohne const-Parameter ändern kann. Das kann in einem Grenzfall oder aus einem anderen ungewöhnlichen Grund geschehen. Aber es lohnt sich, vorher darüber Bescheid zu wissen.

Haben Sie sichergestellt, dass die Funktion sich daran hält, Ihren Zeiger nicht zu verändern, ist es in Ordnung, zu schummeln und Ihren const-Zeiger in einen Nicht-const-Zeiger zu casten, um sich das Gemecker des Compilers zu ersparen.

```
//Dieses Mal kein const im Header ...
void set_elmt(int *a, int *b){
    a[0] = 3;
}

int main(){
    int a[10];
    int const *b = a;
    set_elmt(a, (int*)b);   //... daher ein Typ-Cast für den Aufruf.
}
```

Die Regel scheint mir vernünftig zu sein. Sie können die const-Prüfung des Compilers übersteuern, solange Sie das explizit angeben und damit deutlich machen, dass Sie wissen, was Sie tun.

Machen Sie sich Sorgen, dass die von Ihnen aufzurufende Funktion eventuell doch etwas ändern könnte, gehen Sie einen Schritt weiter, erstellen eine komplette Kopie der Daten und nutzen nicht nur einen Alias. Da Sie ja sowieso keine Änderungen an den Daten haben wollen, können Sie die Kopie nach dem Aufruf auch wegwerfen.

Tiefe

Nehmen wir an, wir nutzen ein Struct – mit dem Namen counter_s – und eine Funktion, die solch ein Struct als Eingabeparameter erwartet: f(counter_s const *in). Kann die Funktion die Elemente des Struct verändern?

Versuchen wir es: Beispiel 8-5 erzeugt ein Struct mit zwei Zeigern, und in ratio wird dieses Struct const, nur dass wir einen der Zeiger aus der Struktur an die const-freie Unterfunktion übergeben und sich der Compiler nicht beschwert.

Beispiel 8-5: Die Elemente eines const-Struct sind nicht const (conststruct.c)

```
#include <assert.h>
#include <stdlib.h>   //assert

typedef struct {
    int *counter1, *counter2;
} counter_s;

void check_counter(int *ctr){ assert(*ctr !=0); }

double ratio(counter_s const *in){                    ❶
    check_counter(in->counter2);                      ❷
    return *in->counter1/(*in->counter2+0.0);
}

int main(){
    counter_s cc = {.counter1=malloc(sizeof(int)),    ❸
                    .counter2=malloc(sizeof(int))};
    *cc.counter1= *cc.counter2=1;
    ratio(&cc);
}
```

❶ Das übergebene Struct ist als const gekennzeichnet.

❷ Wir schicken ein Element des const-Struct an eine Funktion, die Nicht-const-Eingaben erwartet. Der Compiler beschwert sich nicht.

❸ Dies ist eine Deklaration über Designated Initializers – haben Sie noch etwas Geduld.

In der Definition Ihres Struct können Sie angeben, dass ein Element const ist, auch wenn dies meist mehr Ärger macht als nützt. Müssen Sie wirklich nur die unterste Ebene in Ihrer Typhierarchie schützen, ist es besser, darauf in der Dokumentation hinzuweisen.

Das Problem mit char const **

Beispiel 8-6 ist ein einfaches Programm, das prüft, ob der Anwender Iggy Pops Namen an der Befehlszeile eingegeben hat. So setzen Sie es an der Befehlszeile ein (und denken Sie daran, dass $? den Rückgabewert des gerade ausgeführten Programms enthält):

```
iggy_pop_detector Iggy Pop; echo $?      #prints 1
iggy_pop_detector Chaim Weitz; echo $?   #prints 0
```

Beispiel 8-6: Mehrdeutigkeit im Standard führt zu allen möglichen Problemen für Zeiger-auf-Zeiger-auf-const (iggy_pop_detector.c)

```
#include <stdbool.h>
#include <strings.h> //strcasecmp

bool check_name(char const **in){   ❶
    return  (!strcasecmp(in[0], "Iggy") && !strcasecmp(in[1], "Pop"))
          ||(!strcasecmp(in[0], "James") && !strcasecmp(in[1], "Osterberg"));
}

int main(int argc, char **argv){
    if (argc < 2) return 0;
    return check_name(&argv[1]);
}
```

❶ Wenn Sie bisher keine Booleschen Werte gesehen haben: Ich werde sie später noch in einem Kasten vorstellen.

Die Funktion check_name erwartet einen Parameter auf einen konstanten String, da die Eingabewerte nicht verändert werden müssen. Aber beim Kompilieren werden Sie eine Warnung erhalten. Clang sagt: »passing char ** to parameter of type const char ** discards qualifiers in nested pointer types.« Bei einer Folge von Zeigern konvertieren alle mir bekannten Compiler den »obersten« Zeiger nach const (hier also nach char * const *), beschweren sich aber, wenn sie das const-konstant machen sollen, auf das der Zeiger zeigt (char const **, also const char **).

Auch hier müssen Sie einen expliziten Cast vornehmen – ersetzen Sie check_name(&argv[1]) durch:

```
check_name((char const**)&argv[1]);
```

Warum geschieht dieser eigentlich total sinnvolle Cast nicht automatisch? Dazu müssen wir ein bisschen ausholen, und die Erläuterung ist anstrengend, daher habe ich volles Verständnis dafür, wenn Sie sie überspringen.

Der Code in Beispiel 8-7 erzeugt die drei Verweise im Diagramm: den direkten Verweis constptr -> fixed und die beiden Schritte im indirekten Verweis constptr -> var und var -> fixed. Aus dem Code sehen Sie, dass zwei der Zuweisungen explizit vorgenommen werden: constptr -> var und constptr -> -> fixed. Aber da auch gilt: *constptr == var, erzeugt dieser zweite Verweis implizit den Verweis var -> fixed. Nehmen wir die Zuweisung *var=30 vor, wird damit auch fixed = 30 zugewiesen.

Beispiel 8-7: Wir können die Daten über einen zweiten Namen verändern, auch wenn sie über den ersten Namen const sind – das sollte nicht möglich sein (constfusion.c)

```
#include <stdio.h>

int main(){
    int *var;
    int const **constptr = &var; // die Zeile, die zum Fehler führt
    int const fixed = 20;
    *constptr = &fixed;          // 100 % gültig
    *var = 30;
    printf("x=%i y=%i\n", fixed, *var);
}
```

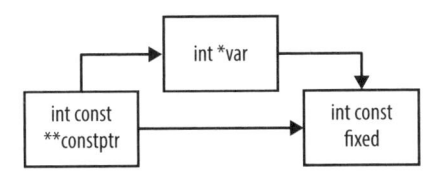

```
               ┌─────────┐
          ┌───→│ int *var│────┐
          │    └─────────┘    ↓
    ┌──────────┐        ┌──────────┐
    │ int const│───────→│ int const│
    │**constptr│        │  fixed   │
    └──────────┘        └──────────┘
```

Wir würden nie erlauben, `int *var` direkt auf `int const fixed` zeigen zu lassen, das haben wir nur über den Zeigertrick hinbekommen, bei dem var implizit auf fixed zeigt, ohne dass wir es explizit angegeben haben.

Sie sind dran: Ist es möglich, solch einen `const`-»Fehler« hinzubekommen, bei dem der nicht erlaubte Typ-Cast durch den Aufruf einer Funktion geschieht, wie das beim Iggy-Pop-Detektor geschah?

Wie schon erwähnt: Als `const` gekennzeichnete Daten können unter einem anderen Namen verändert werden. Es ist daher wenig überraschend, dass wir die `const`-Daten auf einem Umweg bearbeiten konnten.[2]

Ich zähle all die Probleme mit `const` auf, damit Sie darauf reagieren können. Hören Sie auf die Literatur, ist das alles gar nicht so problematisch, und die Empfehlung, Ihre Funktionsdeklarationen so oft wie möglich mit `const` zu schmücken, steht immer noch – beschweren Sie sich halt nur nicht über die Leute, die vor Ihnen nicht die »richtigen« Header gebaut haben. Schließlich wird irgendwann jemand Ihren Code einsetzen, und Sie wollen doch nicht, dass sich diese Person darüber beschwert, dass sie das Schlüsselwort `const` nicht wie gewünscht einsetzen kann, oder?

---

2 Der hier gezeigte Code ist eine umgeschriebene Version des Beispiels in C99 & C11 §6.5.16.1(6), bei der die Zeile analog zu `constptr=&var` als constraint violation gekennzeichnet ist. Warum geben gcc und Clang hier nur eine Warnung aus, statt das Kompilieren zu stoppen? Weil es technisch gesehen korrekt ist: C99 & C11 §6.3.2.3(2), wo Typqualifikatoren wie `const` beschrieben sind, beschreibt: »Für jeden Qualifikator q kann ein Zeiger in einen nicht-q-qualifizierten Typ in einen Zeiger auf die q-qualifizierte Version des Typs umgewandelt werden ...«

True und False

C besaß ursprünglich keinen Booleschen Typ (true/false). Stattdessen gab es die Konvention, dass ein Wert von 0 oder NULL false ist, alles andere dagegen true. Damit sind if(ptr!=NULL) und if(ptr) äquivalent, und wenn Sie mit der zweiten Form nicht vertraut sind, holen Sie das besser schnell nach, da Ihre geneigten C-Mitprogrammierer (einschließlich meiner selbst) davon ausgehen, dass Sie es ohne Nachdenken lesen können (Ausnahme: die Regel, dass beim Rückgabewert eines Programms null gleich Erfolg und nicht-null gleich Fehler entspricht).

C99 hat den Typ _Bool eingeführt, der technisch gesehen nicht notwendig ist, da Sie immer einen Integer-Wert als Darstellung eines true/false-Werts nutzen können. Aber für denjenigen, der den Code liest, stellt der Boolesche Typ klar, dass die Variable nur true/false-Werte aufnehmen kann. Damit ist der Zweck solch einer Variablen besser beschrieben.

Der Text _Bool wurde vom Standardkomitee gewählt, da er aus dem Bereich mit Texten stammt, der für Sprachergänzungen gedacht ist. Trotzdem ist er irgendwie unhandlich. Der Header *stdbool.h* definiert drei Makros, um die Lesbarkeit zu verbessern: bool wird zu _Bool erweitert, sodass Sie den unschönen Unterstrich bei der Deklaration weglassen können, true wird zu 1 und false zu 0.

So wie bool eher für den menschlichen Leser gedacht ist, können die Makros true und false den Sinn einer Zuweisung deutlicher machen: Habe ich vergessen, dass outcome als bool deklariert war, ist outcome=true eine Erinnerung an den Zweck der Zuweisung, was bei outcome=1 nicht der Fall wäre.

Aber es gibt wirklich keinen Grund, einen Ausdruck gegen true oder false zu vergleichen: Wir wissen alle, dass if (x) bedeutet: *wenn x true ist, dann ...*, ohne dass ==true explizit im Code stehen muss. Zudem führt mit int x=2 die Abfrage if (x) zu dem, was jeder erwartet, während dies if (x==true) nicht tut.

KAPITEL 9
Text

Ich glaube daran, dass am Ende das Wort den Beton sprengt.

Pussy Riot, am 8. August 2012 Alexander Solschenizyn zitierend.

Eine Folge von Zeichen ist ein Array unbestimmter Länge. Automatisch (auf dem Stack) allozierte Arrays können nicht in ihrer Länge angepasst werden. Das ist – kurz gefasst – das Problem mit Text in C. Glücklicherweise standen viele andere vor uns ebenfalls vor diesem Problem und haben zumindest Teillösungen dafür erstellt. Eine Handvoll Funktionen aus dem C-Standard und dem POSIX-Standard reichen aus, um viele der Anforderungen rund um Strings zu erfüllen.

Ein weiteres Problem ist, dass C in den 1970ern entworden wurden – vor der Einführung von anderen Sprachen als Englisch auf dem Computer. Auch hier gibt es mit den richtigen Funktionen (und dem richtigen Verständnis für das Kodieren von Sprachen) keine Probleme mit dem ursprünglichen Fokus von C auf englische Texte.

Den Umgang mit Strings mithilfe von asprintf einfacher gestalten

Die Funktion `asprintf` alloziert den von Ihnen benötigten Speicherbereich für den Text und kopiert diesen dann dorthin. Sie müssen sich also nie wieder um String-Allokation Gedanken machen.

`asprintf` gehört nicht zum C-Standard, steht aber auf Systemen mit der GNU- oder BSD-Standardbibliothek zur Verfügung – was so gut wie alle Systeme abdeckt. Zudem enthält die GNU-Bibliothek `libiberty` eine Version von `asprintf`, die Sie in Ihre eigene Codebasis kopieren können (siehe nächsten Abschnitt).

Die klassische Vorgehensweise hat die Leute Mordgedanken hegen lassen, da sie zuerst die Länge des Strings ermitteln, dann den Speicherplatz reservieren und den String schließlich dorthin schreiben mussten. Und bloß nicht den zusätzlichen Platz für den Null-Terminator vergessen!

Beispiel 9-1 zeigt den alten, schmerzhaften Weg, Strings einzurichten. Hier dient er dazu, den C-Befehl `system` zu nutzen, um ein externes Tool auszuführen. Das thematisch passende Tool `strings` sucht in einer Binärdatei nach anzeigbarem Text. Die Funktion `get_strings` erhält `argv[0]`, den Namen des Programms, sodass es sich selbst nach Strings durchsucht. Das erheitert allenfalls, was aber für ein Demoprogramm nicht das Schlechteste ist.

Beispiel 9-1: Der aufreibende Weg, Strings einzurichten (sadstrings.c)

```
#include <stdio.h>
#include <string.h> //strlen
#include <stdlib.h> //malloc, free, system

void get_strings(char const *in){
    char *cmd;
    int len = strlen("strings ") + strlen(in) + 1;    ❶
    cmd = malloc(len);                                 ❷
    snprintf(cmd, len, "strings %s", in);
    if (system(cmd)) fprintf(stderr, "Problem beim Aufruf von %s.\n", cmd);
    free(cmd);
}

int main(int argc, char **argv){
    get_strings(argv[0]);
}
```

❶ Das Messen von Längen vorab ist so eine Zeitverschwendung.

❷ Der C-Standard sagt `sizeof(char)==1`, so brauchen wir wenigstens kein `malloc(len*sizeof(char))`.

Beispiel 9-2 nutzt `asprintf`, sodass `malloc` für Sie aufgerufen wird. Sie können sich also den Schritt mit dem Messen der Länge des Strings sparen.

Beispiel 9-2: Diese Version macht nur zwei Zeilen von Beispiel 9-1 überflüssig, aber es sind die schlimmsten (getstrings.c)

```
#define _GNU_SOURCE //damit stdio.h vasprintf nutzt
#include <stdio.h>
#include <stdlib.h> //free

void get_strings(char const *in){
    char *cmd;
    asprintf(&cmd, "strings %s", in);
    if (system(cmd)) fprintf(stderr, "Problem beim Aufruf von %s.\n", cmd);
    free(cmd);
}

int main(int argc, char **argv){
    get_strings(argv[0]);
}
```

Der eigentliche Aufruf von `asprintf` sieht wie der von `sprintf` aus, nur dass Sie die Position des Strings angeben müssen statt den String selbst, da neuer Speicher per `malloc` angefordert und der Speicherort in den `char **`-Zeiger geschrieben wird, den Sie angegeben haben.

Sicherheit

Haben Sie einen String `str` mit bekannter Länge und schreiben in ihn mithilfe von `sprintf` Daten unbekannter Länge, stellen Sie eventuell fest, dass die Daten einfach so in den Speicherbereich geschrieben werden – das klassische Sicherheitsproblem. Daher sollte man `sprintf` auch nicht mehr einsetzen und stattdessen auf `snprintf` zurückgreifen, denn dort wird die Länge der zu schreibenden Daten begrenzt.

Der Einsatz von `asprintf` verhindert dieses Problem ebenfalls, da so viel Speicher geschrieben wird, wie möglich und notwendig ist. Das ist natürlich nicht perfekt: Schließlich kann ein manipulierter und unpassender String irgendwo ein `\0` enthalten, die Datenmenge kann den freien Speicherbereich überschreiten, oder es handelt sich bei den in `str` geschriebenen Daten um sensible Informationen wie ein Passwort.

Ist der verfügbare Speicherbereich überschritten, gibt `asprintf` den Wert -1 zurück. In einer Situation mit Benutzereingaben sollte der vorausschauende Programmierer daher so etwas wie das `Stopif`-Makro nutzen (das ich im Abschnitt »Variadische Makros« auf Seite 177 vorstelle):

```
Stopif(asprintf(&str, "%s", user_input)==-1, return -1, "Fehler in asprintf")
```

Aber wenn Sie ungeprüft Daten nach `asprintf` schicken, haben Sie sowieso schon verloren. Prüfen Sie Texte aus nicht vertrauenswürdiger Quelle immer vorher. Die Funktion kann auch bei »vernünftigen« Strings noch fehlschlagen, wenn der Computer keinen freien Speicher mehr besitzt oder von Gremlins gefressen wurde.

Konstante Strings

Dies ist ein Programm, in dem zwei Strings aufgesetzt und am Bildschirm ausgegeben werden:

```
#include <stdio.h>

int main(){
    char *s1 = "Thread";

    char *s2;
    asprintf(&s2, "Floss");

    printf("%s\n", s1);
    printf("%s\n", s2);
}
```

In beiden Varianten findet sich jeweils ein Wort im String. Aber der C-Compiler behandelt sie sehr unterschiedlich, was überraschend sein kann.

Haben Sie den Beispielcode weiter oben ausprobiert – in dem Strings in der ausführbaren Datei gesucht werden? Im aktuellen Beispiel wäre `Thread` solch ein eingebetteter String, und s1 kann damit direkt auf eine Position in der ausführbaren Datei selbst verweisen. Wie effizient – Sie müssen keine Laufzeitressourcen darauf verwenden, Zeichen zählen zu lassen oder Speicher durch Informationen zu verbrauchen, die schon in der ausführbaren Datei vorhanden sind. Ich denke, in den 1970ern war das noch wichtig.

Sowohl der eingebaute s1 als auch der erst bei Bedarf angeforderte s2 verhalten sich beim Lesen gleich, aber Sie können s1 nicht verändern oder freigeben. Hier ein paar Zeilen Code, um die Sie das Beispiel ergänzen können, damit Sie sehen, was passiert:

```
s2[0]='f'; //Floss in Kleinbuchstaben umwandeln
s1[0]='t'; //Segfault

free(s2); //Aufräumen
free(s1); //Segfault
```

Möglicherweise zeigt Ihr System direkt auf den in der ausführbaren Datei eingebetteten String, oder es kopiert ihn in einen nur lesbaren Datenbereich. Der Standard kümmert sich um solche Implementierungsdetails nicht, aber er legt fest, dass der Inhalt von s1 auf jeden Fall schreibgeschützt sein muss.

Der Unterschied zwischen konstanten und variablen Strings ist subtil und fehleranfällig. Hartcodierte Strings sind damit nur in wenigen Situationen nützlich. Ich kann mir keine Skriptsprache vorstellen, bei der man sich um diesen Unterschied Gedanken machen müsste.

Aber es gibt eine einfache Lösung: strdup – zum POSIX-Standard gehörend – steht für *String Duplicate*. Es wird so eingesetzt:

```
char *s3 = strdup("Thread");
```

Der String Thread ist weiterhin hart kodiert im Programm, aber bei s3 handelt es sich um eine Kopie dieses konstanten Speicherbereichs, die ganz nach Wunsch frei angepasst werden kann. Setzen Sie strdup regelmäßig ein, können Sie alle Strings gleich behandeln, ohne sich darum Gedanken machen zu müssen, welche konstant und welche Zeiger sind.

Können Sie nicht auf den POSIX-Standard zurückgreifen, und machen Sie sich Sorgen, dass Sie auf Ihrem Rechner keine Version von strdup besitzen? Nun, schreiben Sie sich einfach selbst eine. Wir können zum Beispiel wieder asprintf einsetzen:

```
#ifndef HAVE_STRDUP
char *strdup(char const* in){
    if (!in) return NULL;
    char *out;
    asprintf(&out, "%s", in);
    return out;
}
#endif
```

Und wo kommt das Makro HAVE_STRDUP her? Wenn Sie die Autotools einsetzen, erzeugt die Zeile:

```
AC_CHECK_FUNCS([asprintf strdup])
```

in *configure.ac* einen Abschnitt im Skript configure, der eine *configure.h* mit den Makros HAVE_STRDUP und HAVE_ASPRINTF erzeugt, die entsprechend definiert sind.

Ist HAVE_ASPRINTF nicht definiert, müssen Sie es selbst bereitstellen. Sie finden es in der GNU-Bibliothek Libiberty (Sie brauchen also das Flag -liberty für den Linker).

Strings mit asprintf erweitern

Dies ist ein Beispiel, in dem Text mithilfe von asprintf an einen anderen Text angehängt wird. Das kann wie schon oben zu Ihrem Standardrepertoire beim String-Handling gehören:

```
asprintf(&q, "%s und ein weiterer %s", q, addme);
```

Das nutze ich, um Datenbankabfragen zu erstellen. Dabei baue ich eine Kette auf, wie in diesem (ausgedachten) Beispiel:

```
int col_number=3, person_number=27;
char *q =strdup("select ");
asprintf(&q, "%scol%i \n", q, col_number);
asprintf(&q, "%sfrom tab \n", q);
asprintf(&q, "%swhere person_id = %i", q, person_number);
```

Das Ergebnis ist:

```
select col3
from tab
where person_id = 27
```

Dies ist eine ziemlich angenehme Art, einen langen und aufwendigen String aufzubauen. Besonders wichtig wird das, wenn man mit Unterabfragen hantiert.

Aber es erzeugt ein Speicherleck, da der Text an der ursprünglichen Adresse von q nicht freigegeben wird, wenn q durch asprintf eine neue Adresse erhält. Beim einmaligen Erzeugen von Strings brauchen Sie sich darum keine Gedanken zu machen – Sie können ein paar Millionen Strings mit typischen SQL-Abfragen auf diesem Weg erzeugen, bevor überhaupt etwas Unangenehmes passiert.

Befinden Sie sich aber in einer Situation, in der Sie ein unbekannte Zahl von Strings unbekannter Länge erzeugen, brauchen Sie ein Vorgehen wie in Beispiel 9-3.

Beispiel 9-3: Ein Makro zum sauberen Erweitern von Strings (sasprintf.c)

```
#include <stdio.h>
#include <stdlib.h> // free

// Sichereres asprintf-Makro
#define Sasprintf(write_to, ...) {                       \
    char *tmp_string_for_extend = (write_to);            \
    asprintf(&(write_to), __VA_ARGS__);                  \
    free(tmp_string_for_extend);                         \
}

// Beispielanwendung:
```

```
int main(){
    int i=3;
    char *q = NULL;
    Sasprintf(q, "select * from tab");
    Sasprintf(q, "%s where col%i is not null", q, i);
    printf("%s\n", q);
}
```

Mit dem Makro `Sasprintf` – und dem gelegentlichen Einsatz von `strdup` – decken Sie ungefähr 100 % aller Anforderungen rund um die String-Behandlung ab. Abgesehen von einem kleinen Problem und einem gelegentlichen `free`, müssen Sie sich so keine Gedanken mehr um Speicherprobleme machen.

Das kleine Problem ist: Wenn Sie vergessen, q auf `NULL` oder per `strdup` zu initialisieren, wird das Makro `Sasprintf` bei seinem ersten Einsatz genau das freigeben, was sich zufälligerweise an der nicht initialisierten Position von q befindet, und das wird zu einem Segfault führen.

So schlägt zum Beispiel der folgende Code fehl. Damit es funktioniert, müssen Sie die Deklaration in `strdup` verpacken, damit es funktioniert:

```
char *q = "select * from";    // schlägt fehl, strdup() wird gebraucht
Sasprintf(q, "%s %s where col%i is not null", q, tablename, i);
```

Bei exzessivem Einsatz kann diese Form der String-Verkettung das Programm verlangsamen, da der erste Teil des Strings immer wieder überschrieben wird. In diesem Fall können Sie C als Prototypensprache für C nutzen: Nur genau dann, wenn sich die hier vorgestellte Technik als zu langsam erweist, nehmen Sie sich die Zeit und ersetzen sie durch klassischere `snprintf`s.

Ein Loblied auf strtok

Tokenizing ist das simpelste und verbreitetste Parsing-Problem. Dabei wird ein String an bestimmten Trennzeichen in seine Elemente aufgeteilt. Diese Definition deckt alle möglichen Aufgaben ab:

- Wörter an Leerraum trennen (also an " \t\n\r").
- Eine Liste mit Pfaden wie "/usr/include:/usr/local/include:." an den Doppelpunkten in die einzelnen Pfade aufteilen.
- Einen String am Zeilentrenner "\n" in die einzelnen Zeilen aufteilen.
- Eine Konfigurationsdatei mit Zeilen der Form Wert = Schlüssel aufteilen, wobei das Trennzeichen "=" ist.
- Per Komma getrennte Werte in einer Datendatei aufteilen.

Häufig muss auch mehrfach aufgeteilt werden. So wird zum Beispiel eine komplette Konfigurationsdatei erst in ihre einzelnen Zeilen unterteilt, und diese werden dann jeweils am = getrennt.

Das Tokenizing wird so häufig benötigt, dass es dafür die Standard-C-Funktion `strtok` (String Tokenize) gibt – eine dieser Funktionen, die ihre Aufgabe still und ordentlich erfüllen.

strtok geht dabei im Prinzip so vor, dass es den String bis zum ersten Trennzeichen durchläuft und dieses dann mit einem '\0' überschreibt. Jetzt ist der erste Teil des Eingabestrings ein gültiger String mit dem ersten Token, während strtok einen Zeiger auf den Anfang des restlichen Strings liefert. Die Funktion merkt sich intern die ursprüngliche String-Information. Bei einem erneuten Aufruf von strtok kann es dann bis zum Ende des nächsten Tokens suchen, dort wieder ein Null-Zeichen einsetzen und den nun verbleibenden Reststring als Zeiger zurückliefern.

Der Zeiger auf den Reststring verweist in einen schon allozierten String, sodass das Tokenizing nur sehr wenige Schreibvorgänge vornimmt (die \0-Werte) und nichts kopiert. Daraus folgt aber auch, dass Ihr Eingabestring nun zerstückelt ist, und da es sich bei den Substrings um Zeiger in den ursprünglichen String handelt, können Sie diesen erst dann freigeben, wenn Sie mit der Arbeit an den Substrings fertig sind (oder Sie verwenden strdup, um die Substrings herauszukopieren).

Die Funktion strtok merkt sich den Rest des Eingabestrings in einem einzelnen statischen internen Zeiger, sie kann daher immer nur einen String gleichzeitig tokenizen (mit einem Satz Trennzeichen) und lässt sich nicht in mehreren Threads parallel einsetzen. Daher sollte strtok als veraltet betrachtet werden.

Nutzen Sie stattdessen strtok_r oder strtok_s, Thread-freundliche Versionen von strtok. Der POSIX-Standard enthält strtok_r, während der C11-Standard strtok_s definiert. Der Einsatz dieser Funktionen ist ein wenig umständlich, da sich der erste Aufruf von dem der Folgeaufrufe unterscheidet.

- Beim ersten Aufruf der Funktion übergeben Sie den zu parsenden String als erstes Argument.
- Bei Folgeaufrufen geben Sie als erstes Argument NULL mit.
- Das letzte Argument ist ein Arbeitsstring. Sie müssen ihn beim ersten Aufruf nicht initialisieren; bei Folgeaufrufen merkt sich die Funktion dort den bisher geparsten String.

Hier ein kleines Zeilenzähler für Sie (ehrlich gesagt, hier werden die nicht leeren Zeilen gezählt, siehe dazu die folgende Warnung). In Skriptsprachen reicht für das Tokenizing häufig ein Einzeiler, während diese Version strtok_r schon so knapp wie möglich einsetzt. Beachten Sie das *if* ? *then* : *else*, um den Ursprungsstring nur beim ersten Einsatz zu übergeben.

```
#include <string.h> //strtok_r

int count_lines(char *instring){
    int counter = 0;
    char *scratch, *txt, *delimiter = "\n";
    while ((txt = strtok_r(!counter ? instring : NULL, delimiter, &scratch)))
        counter++;
    return counter;
}
```

Im Unicode-Abschnitt werden Sie ein vollständiges Beispiel sehen, ebenso im Cetologie-Beispiel aus Abschnitt »Referenzen zählen« auf Seite 235.

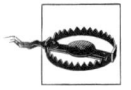

> Zwei oder mehr Trennzeichen in Folge werden als einzelnes Trennzeichen betrachtet. Das bedeutet, dass leere Token einfach ignoriert werden. Ist zum Beispiel Ihr Trennzeichen `":"` und bitten Sie `strtok_r` oder `strtok_s`, `/bin:/usr/bin:::/opt/bin` in seine einzelnen Pfade zu zerlegen, werden Sie die drei Verzeichnisse erhalten – das `::` wird wie ein `:` behandelt. Das ist auch der Grund dafür, dass der vorige Zeilenzähler eigentlich nur gefüllte Zeilen zählt, da der doppelte Zeilenumbruch in einem String wie `eins \n\n drei \n vier` (bei dem die zweite Zeile leer ist) von `strtok` und seinen Varianten als einzelner Zeilenumbruch behandelt wird.
>
> Häufig wollen Sie doppelte Trennzeichen gerade ignorieren (wie im Pfadbeispiel), aber manchmal eben auch nicht. Dann müssen Sie darüber nachdenken, wie Sie solche doppelten Trennzeichen erkennen. Wurde der aufzuteilende String von Ihnen erstellt, müssen Sie darauf achten, mit Absicht leer gelassene Token besonders zu kennzeichnen. Es ist auch nicht zu schwierig, eine Funktion zu schreiben, die doppelte Trennzeichen findet (oder Sie probieren einmal die BSD/GNU-Standardfunktion `strsep`). Bei Eingabewerten von Anwendern können Sie vor dem Einsatz doppelter Trennzeichen warnen und angeben, was dann passiert (wie hier zum Beispiel das Ignorieren von Leerzeilen).

Die C11-Standardfunktion `strtok_s` funktioniert wie `strtok_r`, besitzt aber ein zusätzliches Argument (das zweite), mit dem die Länge des Eingabestrings übergeben wird und in dem sich immer die aktuelle (verkürzte) Länge des Reststrings wiederfindet. Ist der Eingabestring nicht durch ein `\0` beendet, kann dieses zusätzliche Element nützlich sein. Ändern wir das obige kleine Beispiel wie folgt:

```
#include <string.h> //strtok_s

// erster Einsatz
size_t len = strlen(instring);
txt = strtok_s(instring, &len, delimiter, &scratch);

// Folgeeinsätze
txt = strtok_s(NULL, &len, delimiter, &scratch);
```

Beispiel 9-5 enthält eine kleine Bibliothek mit String-Tools, die nützlich sein können und zu denen auch ein paar der Makros aus vorigen Abschnitten gehören.

Es gibt hier zwei Hauptfunktionen: `string_from_file` liest eine vollständige Datei in einen String. Damit ersparen wir es uns, kleinere Abschnitte der Datei einlesen und verarbeiten zu müssen. Arbeiten Sie regelmäßig mit Textdateien, die größer als ein paar Gigabytes sind, können Sie sich darauf nicht verlassen, aber bei Textdateien in MByte-Größe muss man sich nicht mit all dem schrittweisen Einlesen von Textblöcken herumschlagen. Ich werde diese Funktion im Buch immer wieder in Beispielen einsetzen.

Die zweite Hauptfunktion ist `ok_array_new`, die einen String tokenized und die Ausgabe in ein Struct `ok_array` schreibt.

Beispiel 9-4 ist der Header.

Beispiel 9-4: Ein Header für einen kleinen Satz String-Tools (string_utilities.h)

```
#include <string.h>
#define _GNU_SOURCE // stdio.h soll asprintf enthalten
#include <stdio.h>

//Sicheres asprintf-Makro
#define Sasprintf(write_to, ...) {                       \        ❶
    char *tmp_string_for_extend = write_to;              \
    asprintf(&(write_to), __VA_ARGS__);                  \
    free(tmp_string_for_extend);                         \
}

char *string_from_file(char const *filename);

typedef struct ok_array {
    char **elements;
    char *base_string;
    int length;
} ok_array;                                                       ❷

ok_array *ok_array_new(char *instring, char const *delimiters);   ❸

void ok_array_free(ok_array *ok_in);
```

❶ Dies ist das weiter oben vorgestellte Makro Sasprintf, das hier zu Ihrer Bequemlichkeit wieder enthalten ist.

❷ Dies ist ein Array mit Token, das Sie beim Aufruf von ok_array_new zum Tokenizing eines Strings erhalten.

❸ Dies ist der Wrapper für strtok_r, der das ok_array erzeugt.

Beispiel 9-5 nutzt GLib, um eine Datei in einen String einzulesen, um diesen danach mithilfe von strtok_r in ein Array aus Strings umzuwandeln. Sie werden ein paar Anwendungsbeispiele in Beispiel 9-6, Beispiel 12-3 und Beispiel 12-4 finden.

Beispiel 9-5: Ein paar nützliche String-Tools (string_utilities.c)

```
#include <glib.h>
#include <string.h>
#include "string_utilities.h"
#include <stdio.h>
#include <assert.h>
#include <stdlib.h> // abort

char *string_from_file(char const *filename){
    char *out;
    GError *e=NULL;
    GIOChannel *f = g_io_channel_new_file(filename, "r", &e);    ❶
    if (!f) {
        fprintf(stderr, "Konnte Datei '%s' nicht öffnen.\n", filename);
        return NULL;
    }
```

Ein Loblied auf strtok | **165**

```c
        if (g_io_channel_read_to_end(f, &out, NULL, &e) !=
G_IO_STATUS_NORMAL){
            fprintf(stderr, "Datei '%s' gefunden, aber nicht einlesbar.\n", filename);
            return NULL;
        }
        return out;
}

ok_array *ok_array_new(char *instring, char const *delimiters){          ❷
    ok_array *out= malloc(sizeof(ok_array));
    *out = (ok_array){.base_string=instring};
    char *scratch = NULL;
    char *txt = strtok_r(instring, delimiters, &scratch);
    if (!txt) return NULL;
    while (txt) {
        out->elements = realloc(out->elements,
sizeof(char*)*++(out->length));
        out->elements[out->length-1] = txt;
        txt = strtok_r(NULL, delimiters, &scratch);
    }
    return out;
}

/* Gibt den ursprünglichen String frei, weil strtok_r ihn zerstückelt hat,
   sodass er für andere Zwecke nicht mehr genutzt werden kann. */
void ok_array_free(ok_array *ok_in){
    if (ok_in == NULL) return;
    free(ok_in->base_string);
    free(ok_in->elements);
    free(ok_in);
}

#ifdef test_ok_array
int main (){                                                             ❸
    char *delimiters = " `~!@#$%^&*()_-+={[]}|\\;:\",<>./?\n";
    ok_array *o = ok_array_new(strdup("Hallo, Leser. Dies ist
                                        Text."), delimiters);
    assert(o->length==5);
    assert(!strcmp(o->elements[1], "Leser"));
    assert(!strcmp(o->elements[4], "Text"));
    ok_array_free(o);
    printf("OK.\n");
}
#endif
```

❶ Auch wenn es nicht in allen Situationen funktioniert, finde ich das Einlesen einer ganzen Textdatei am Stück in den Speicher immer angenehmer. Dies ist ein schönes Beispiel dafür, wie man Ärgernisse für Programmierer löst, indem man bessere Hardware einsetzt. Gehen wir davon aus, dass die Dateien zu groß für den Speicher sind, können wir mmap (qv) für den gleichen Effekt nutzen.

❷ Dies ist der Wrapper für strtok_r. Haben Sie das Buch bis hierhin gelesen, sind Sie mit dem Einsatz der while-Schleife vertraut. Die Funktion legt die Ergebnisse in einem ok_array-Struct ab.

❸ Wurde test_ok_array nicht gesetzt, handelt es sich um eine Bibliothek, die in einem anderen Programm eingesetzt wird. Ist es gesetzt (CFLAGS=-Dtest_ok_array), handelt es sich um ein Programm, das prüft, ob ok_array_new korrekt funktioniert, indem es den Beispielstring an nicht alphanumerischen Zeichen aufteilt.

Unicode

Damals, als sich all das Computerzeugs nur in den USA abspielte, definierte der ASCII (American Standard Code for Information Interchange) für alle üblichen Buchstaben und Zeichen auf einer Standard-US-QWERTY-Tastatur einen numerischen Code. Die dort definierten Zeichen sind das, was ich den englischen Standardzeichensatz nenne. Ein C-char besteht aus 8 Bit = 1 Byte = 256 möglichen Werten. Mit ASCII wurden 128 Zeichen definiert, daher passen die Standardzeichen wunderbar in ein einzelnes char, und es bleibt sogar noch etwas Platz übrig. Denn das achte Bit jedes ASCII-Zeichens ist null, was sich glücklicherweise später noch als nützlich erweisen wird.

Unicode basiert auf den gleichen Grundvoraussetzungen. Es weist jeder zur menschlichen Kommunikation genutzten *Glyphe* einen hexadezimalen Wert zu – normalerweise zwischen 0000 und FFFF.[1] Diese *Codepoints* werden üblicherweise im Format U+0000 geschrieben. Die Arbeit ist sehr ambitioniert und eine große Herausforderung, da alle üblichen Buchstaben westlicher Sprachen, Zehntausende chinesischer und japanischer Zeichen, alle nötigen Glyphen für Ugaritisch, Deseret und so weiter von der ganzen Welt und aus der gesamten Zeit katalogisiert werden müssen.

Die nächste Frage ist, wie die Codepoints kodiert werden sollen – und hier gibt es schon die ersten Probleme. Am wichtigsten ist, wie viele Bytes für ein Element genutzt werden sollen. UTF-32 (UTF steht für UCS Transformation Format, UCS steht für Universal Character Set) legt 32 Bit = 4 Byte als Basiseinheit fest, damit kann jedes Zeichen in einer einzelnen Einheit kodiert werden – auf Kosten sehr vieler Padding-Bits, wenn man bedenkt, dass die normalen englischen Buchstaben mit 7 Bit kodiert werden können. UTF-16 nutzt 2 Byte als Basiseinheit, wodurch sich die meisten Zeichen bequem in einer einzelnen Einheit darstellen lassen, während manche Zeichen zwei benötigen. UTF-8 nutzt 1 Byte als Einheit, dadurch müssen noch mehr Codepoints auf mehrere Einheiten verteilt werden.

Ich sehe die UTF-Kodierungen gern als eine Art triviale Verschlüsselung. Für jeden Codepoint gibt es eine bestimmte Bytefolge in UTF-8, eine andere in UTF-16 und eine weitere in UTF-32, die nicht zwingend zusammenhängen. Abgesehen von einer weiter

---

[1] Der Bereich von 0000 bis FFFF ist die *Basic Multilingual Plane* (BMP), sie enthält die meisten (allerdings nicht alle) Zeichen, die in modernen Sprachen eingesetzt werden. Weitere Codepoints (im Bereich von 10000 bis 10FFFF möglich) liegen in den *Supplementary Planes*. Dazu gehören mathematische Symbole (wie zum Beispiel das Symbol für reelle Zahlen ℜ) und ein vereinheitlichter Satz von CJK-Ideogrammen. Sind Sie einer der zehn Millionen chinesischen Miao oder einer der Hunderttausend Sprecher des indischen Sorang Sompeng oder Chakma, finden Sie Ihre Sprache hier. Ja, der größte Teil aller Texte kann mit der BMP dargestellt werden, aber Sie können sicher sein, dass die Annahme, jeglicher Text wird sich im Unicode-Bereich bis FFFF finden, regelmäßig falsch ist.

unten behandelten Ausnahme sollte man nicht davon ausgehen, dass der Codepoint und einer der verschlüsselten Werte numerisch identisch sind oder auch nur offensichtlich zusammenhängen. Ich weiß aber, dass ein sauber programmierter Dekoder zwischen den verschiedenen UTF-Kodiermöglichkeiten und dem richtigen Unicode-Codepoint einfach und eindeutig konvertieren kann.

Was nutzen die Rechner dieser Welt? Im Web gibt es einen eindeutigen Gewinner: Aktuell verwenden über 73 % der Websites UTF-8.[2] Auch Mac- und Linux-Rechner verwenden standardmäßig UTF-8 für alles. Die Chancen sind also recht hoch, dass eine nicht weiter ausgezeichnete Datei unter Mac oder Linux in UTF-8 gespeichert ist.

Über 15 % der weltweiten Websites nutzen immer noch kein Unicode, sondern das recht altertümliche Format ISO/IEC 8859 (das Codepages mit Namen wie Latin-1 enthält). Und Windows, dieses freidenkerische Betriebssystem, setzt auf UTF-16.

Das Anzeigen von Unicode ist Aufgabe Ihres Betriebssystems, und damit hat es schon ganz gut zu tun. Bei der Ausgabe von normalem englischem Text wird jedes Zeichen an seiner eigenen Position ausgegeben. Das hebräische ב (b) dagegen ist zum Beispiel eine Kombination aus ב (U+05D1) und · (U+05BC). Den Konsonanten werden noch Vokale hinzugefügt, um zum Beispiel das Zeichen בַּ = ba (U+05D1 + U+05BC + U+05B8) zu erstellen. Und wie viele Bytes man braucht, um diese drei Codepoints in UTF-8 umzusetzen (in diesem Fall sechs), ist ein weiteres, davon unabhängiges Thema. Wenn wir nun über die Länge von Strings sprechen, können wir über die Anzahl der Codepoints, die Breite auf dem Bildschirm oder die Anzahl an Bytes sprechen, die nötig sind, um den String darzustellen.

Was sind nun als Autor eines Programms, das mit alle Sprachen sprechenden Menschen kommunizieren muss, Ihre Aufgaben? Sie müssen:

- herausfinden, welche Kodierung das Hostsystem nutzt, sodass Sie beim Lesen von Eingabewerten und Schreiben von Ausgabeinformationen die richtigen Annahmen treffen, damit das Betriebssystem damit etwas anfangen kann,
- den Text irgendwo erfolgreich und sauber ablegen,
- erkennen, dass es sich bei einem Zeichen nicht um eine feste Anzahl von Bytes handelt, sodass jeder Basis-plus-Offset-Code, den Sie schreiben (zum Beispiel bei einem Unicodestring us so etwas wie us++), Ihnen eventuell nur die Fragmente eines Codepoints geben kann,
- Tools zur Verfügung haben, mit denen Sie mit dem Text arbeiten können: So funktionieren toupper und tolower nur für englischen Text, wir brauchen also Ersatz.

Um all diese Anforderungen zu erfüllen, müssen Sie die richtige interne Kodierung wählen, um verwürfelten Text zu vermeiden, und eine gute Bibliothek zur Hand haben, die uns beim Dekodieren hilft.

---

2 http://w3techs.com/technologies/overview/character_encoding/all

Das Kodieren für C-Code

Die Wahl der internen Kodierung ist besonders einfach. UTF-8 ist für Sie als C-Programmierer entworfen worden.

- Die UTF-8-Einheit ist 8 Bit – ein char.[3] Es ist auf jeden Fall korrekt, einen UTF-8-String in einen char *-String zu schreiben – so wie bei normalem englischem Text.
- Die ersten 128 Unicode-Codepoints entsprechen ASCII. So ist A zum Beispiel in ASCII 41 (hexadezimal) und als Unicode-Codepoint U+0041. Besteht daher Ihr Unicode-Text vollständig aus normalen (englischen) Buchstaben, können Sie die üblichen Tools aus dem ASCII-Umfeld nutzen, aber auch UTF-8-Tools. Der Trick: Ist das achte Bit eines char null, repräsentiert der char ein ASCII-Zeichen. Ist es eins, ist der char ein Teil eines Multibyte-Zeichens. Daher wird kein Teil eines UTF-8-Unicode-Zeichens, das nicht zum ASCII-Set gehört, zu einem ASCII-Zeichen identisch sein.
- U+0000 ist ein gültiger Codepoint, den wir C-Programmierer gern als '\0' schreiben. Da \0 auch die ASCII-Null ist, ist diese Regel ein Spezialfall der letzten. Dies ist wichtig, da ein UTF-8-String mit einem \0 am Ende genau das ist, was wir für einen gültigen C-char *-String benötigen. Denken Sie daran, dass die Einheit für UTF-16 und UTF-32 viele Bytes lang ist, die bei reinem Englisch teils mit Null-Bits aufgefüllt sind. Das bedeutet, dass die ersten acht Bits sehr wahrscheinlich vollständig Null enthalten. Ein schlichtes Kopieren eines UTF-16- oder UTF-32-Texts in eine char *-Variable führt daher vermutlich zu einer Vermüllung mit vielen Null-Bytes.

Um uns C-Programmierer hat man sich also Gedanken gemacht: UTF-8-kodierter Text kann mit dem uns vertrauten String-Typ char * abgelegt und kopiert werden. Da aber jetzt ein Zeichen viele Bytes lang sein kann, achten Sie darauf, die Reihenfolge der Bytes nicht zu verändern und ein Multibyte-Zeichen nicht aufzutrennen. Wenn Sie das nicht tun, können Sie den String wie einen mit normalem englischem Text einsetzen. Dies ist eine Liste der Standardbibliotheksfunktionen, die UTF-8-sicher sind:

- strdup und strndup
- strcat und strncat
- strcpy und strncpy
- die POSIX-Funktionen basename und dirname
- strcmp und strncmp, aber nur, wenn Sie sie als Null-/Nicht-Null-Funktionen verwenden, um herauszufinden, ob zwei Strings gleich sind. Wollen Sie eine sinnvolle Sortierung haben, brauchen Sie eine Collation-Funktion (siehe nächsten Abschnitt)
- strstr
- printf und die ganze Familie, einschließlich sprintf, bei der %s weiterhin der Marker für einen String ist

---

3 In C89 ist die Größe von char der Implementierung überlassen, aber es gibt mittlerweile keine Unterschiede mehr: C99 & C11 §5.2.4.2.1(1) definieren CHAR_BIT==8; siehe auch §6.2.6.1(4), wo ein Byte als CHAR_BIT Bits definiert ist.

- `strtok_r`, `strtok_s` und `strsep`, sofern Sie an einem ASCII-Zeichen trennen wollen, wie zum Beispiel `" \t\n\r:|;,"`
- `strlen` und `strnlen`, aber denken Sie daran, dass Sie die Anzahl der Bytes erhalten, was nicht der Anzahl der Unicode-Codepoints oder der Anzeigebreite auf dem Bildschirm entspricht. Für diese benötigen Sie eine neue Bibliotheksfunktion (siehe nächsten Abschnitt).

Das sind Funktionen, die auf Byte-Ebene arbeiten, aber für die meisten Aufgaben, die Sie mit dem Text erledigen wollen, muss dieser dekodiert werden. Damit kommen wir zu den Bibliotheken.

Unicode-Bibliotheken

Unsere erste Aufgabe ist, all das, was aus dem Rest der Welt so auf uns einströmt, nach UTF-8 zu kodieren, damit wir die Daten intern verwenden können. Sie benötigen also Pförtnerfunktionen, die eintreffende Strings nach UTF-8 und ausgehende Strings aus UTF-8 konvertieren – aus beziehungsweise in das Format, das der Sender/Empfänger nutzt. Damit können Sie all die interne Arbeit in einer sinnvollen Kodierung durchführen.

So funktioniert Libxml (die wir im Abschnitt »libxml und cURL« auf Seite 264 kennenlernen werden): Ein wohlgeformtes XML-Dokument enthält seine Kodierung im Header (und die Bibliothek besitzt einen Satz Regeln, um die Kodierung abzuschätzen, wenn die Deklaration fehlt), daher weiß Libxml, wie es umwandeln muss. Libxml parst das Dokument in ein internes Format, das Sie dann abfragen und verändern können. Es ist, von Fehlern einmal abgesehen, garantiert, dass das interne Format in UTF-8 umgesetzt ist, da Libxml sich auch nicht mit alternativen Kodierungen herumschlagen will.

Müssen Sie selbst Umwandlungen vornehmen, können Sie auf die POSIX-Standardfunktion `iconv` zurückgreifen. Das ist, angesichts der vielen Kodierungen, mit denen sie arbeitet, eine unglaublich komplizierte Funktion. GNU bietet eine portable libiconv, falls Ihr Computer diese Funktion nicht anbietet.

> Der POSIX-Standard legt auch fest, dass es ein Befehlszeilentool `iconv` geben muss – ein Shell-Wrapper der C-Funktion.

GLib bietet ein paar Wrapper für `iconv`. Die für Sie wichtigen sind `g_locale_to_utf8` und `g_locale_from_utf8`. Und wenn Sie schon mal in der GLib-Anleitung sind, werden Sie dort auch einen langen Abschnitt über Unicode-Tools finden. Dabei gibt es zwei Arten: diejenigen, die auf UTF-8 arbeiten, und die, die auf UTF-32 arbeiten (was GLib per `gunichar` speichert).

Denken Sie daran, dass acht Bits bei Weitem nicht ausreichen, um alle Zeichen in einer Einheit darstellen zu können, daher ist ein einzelnes Zeichen zwischen einer und sechs Einheiten lang. Somit zählt UTF-8 als *Multibyte-Kodierung*, und damit gibt es Probleme beim Ermitteln der wahren Länge des Strings (auf einer Zeichen- oder Bildschirmbreitenbasis von *Länge*), beim Holen des nächsten vollständigen Zeichens, beim Bestimmen eines Substrings oder eines Vergleichs zu Sortierzwecken (auch als *Collating* bezeichnet).

UTF-32 besitzt genug Platz, um jedes Zeichen in der gleichen Anzahl an Blöcken ausdrücken zu können. Daher wird es als *Wide Character* bezeichnet. Sie werden häufig Verweise auf Multibyte-to-Wide-Konvertierungen finden – das ist dann das Ziel, um das es geht.

Haben Sie ein einzelnes Zeichen in UTF-32 (GLibs `gunichar`), werden Sie keine Probleme bei den ganzen Zeichenfunktionen haben – zum Beispiel beim Ermitteln des Typs (Buchstaben, Ziffern und so weiter), beim Umwandeln in Groß-/Kleinbuchstaben und so weiter.

Haben Sie sich den C-Standard angeschaut, wird Ihnen zweifellos aufgefallen sein, dass es dort auch einen Wide-Character-Typ gibt, einschließlich aller möglichen Funktionen für die Arbeit mit ihnen. Der `wchar_t` stammt aus C89 und ist daher älter als der erste Unicode-Standard. Ich bin mir nicht sicher, ob er für irgendjemanden nützlich ist. Die Länge eines `wchar_t` ist im Standard nicht festgelegt, es könnten 32 Bit oder 16 Bit sein (oder sonst etwas). Compiler auf Windows-Rechnern setzen sie gern auf 16 Bit, um zu Microsofts Vorliebe für UTF-16 zu passen, aber auch UTF-16 ist eine Multibyte-Kodierung – wir brauchen also einen weiteren Typ, um eine echte Kodierung mit fester Breite zu ermöglichen. C11 löst dies durch die Typen `char16_t` und `char32_t`, aber es gibt noch nicht viel Code, der diese nutzt.

Der Beispielcode

Beispiel 9-6 stellt ein Programm vor, das eine Datei erwartet und diese in »Wörter« aufteilt – `strtok_r` wird genutzt, um an Leerzeichen und Zeilenumbrüchen zu trennen. Für jedes Wort nutze ich GLib, um den ersten Buchstaben aus dem Multibyte-UTF-8 in das Wide-Character-UTF-32 zu wandeln und dann anzugeben, ob dieses erste Zeichen ein Buchstabe, eine Zahl oder ein CJK-Symbol ist (wobei CJK für die Sprachen Chinesisch/Japanisch/Koreanisch steht, die häufig mehr Platz pro Zeichen benötigen).

Die Funktion `string_from_file` liest die gesamte Eingabedatei in einen String ein, dann konvertiert `localstring_to_utf8` sie aus dem Locale Ihres Rechners nach UTF-8. Das Bemerkenswerte an meinem Einsatz von `strtok_r` ist, dass es nichts Bemerkenswertes gibt. Wenn ich an Leerzeichen und Zeilenumbrüchen trenne, kann ich sicher sein, dass ich kein Multibyte-Zeichen zerschneide.

Ich gebe nach HTML aus, da ich dann UTF-8 festlegen kann und mich nicht noch um das Konvertieren der Ausgabe kümmern muss. Haben Sie einen UTF-16-Host, öffnen Sie die Ausgabedatei in Ihrem Browser.

Da dieses Programm GLib und string_utilities nutzt, sieht mein Makefile so aus:

```
CFLAGS==`pkg-config --cflags glib-2.0` -g -Wall -O3
LDADD=`pkg-config --libs glib-2.0`
CC=c99
objects=string_utilities.o

unicode: $(objects)
```

Ein weiteres Beispiel zur Unicode-Verarbeitung bietet Ihnen Beispiel 10-20, in dem jedes Zeichen in jeder UTF-8-Datei in einem Verzeichnis enumeriert wird.

Beispiel 9-6: Erwartet eine Textdatei und gibt ein paar nützliche Informationen über ihre Zeichen aus (unicode.c)

```
#include <glib.h>
#include <locale.h> // setlocale
#include "string_utilities.h"
#include "stopif.h"

//Gibt instring für Sie frei - wir können ihn sonst nirgendwo nutzen.
char *localstring_to_utf8(char *instring){                                          ❶
    GError *e=NULL;
    setlocale(LC_ALL, ""); // Betriebssystem-Locale ermitteln.
    char *out = g_locale_to_utf8(instring, -1, NULL, NULL, &e);
    free(instring); // fertig mit dem Original
    Stopif(!g_utf8_validate(out, -1, NULL), free(out); return NULL,
            "Problem: Konnte Datei nicht in gültigen UTF-8-String wandeln.");
    return out;
}

int main(int argc, char **argv){
    Stopif(argc==1, return 1, "Bitte Dateinamen als Argument angeben. "
                    "Informationen dazu landen in uout.html.");

    char *ucs = localstring_to_utf8(string_from_file(argv[1]));
    Stopif(!ucs, return 1, "Abbruch");
    FILE *out = fopen("uout.html", "w");
    Stopif(!out, return 1, "Konnte uout.html nicht zum Schreiben öffnen.");
    fprintf(out, "<head><meta http-equiv=\"Content-Type\" "
                 "content=\"text/html; charset=UTF-8\" />\n");
    fprintf(out, "Dieses Dokument enthält %li Zeichen.<br>", g_utf8_strlen(ucs, -1));   ❷
    fprintf(out, "Seine Unicode-Kodierung erfordert %zu Byte.<br>", strlen(ucs));
    fprintf(out, "Hier das Dokument, jeweils ein durch Leerzeichen getrenntes "
                 "Element pro Zeile (mit Anmerkung zum ersten Zeichen):<br>");
    ok_array *spaced = ok_array_new(ucs, " \n");                                        ❸
    for (int i=0; i< spaced->length; i++, (spaced->elements)++){
        fprintf(out, "%s", *spaced->elements);
        gunichar c = g_utf8_get_char(*spaced->elements);                                ❹
        if (g_unichar_isalpha(c)) fprintf(out, " (ein Buchstabe)");
        if (g_unichar_isdigit(c)) fprintf(out, " (eine Ziffer)");
        if (g_unichar_iswide(c)) fprintf(out, " (Wide, CJK)");
        fprintf(out, "<br>");
    }
    fclose(out);
    printf("Info nach uout.html geschrieben. Bitte im Browser anschauen.\n");
}
```

❶ Dies ist das Eingangs-Gateway, das aus dem, was Ihr Rechner gern nutzt, UTF-8 macht. Es gibt hier kein Ausgangs-Gateway, weil ich in eine HTML-Datei schreibe und Browser wissen, wie sie mit UTF-8 umzugehen haben. Wenn eines genutzt würde, sähe es dem Eingangs-Gateway sehr ähnlich, würde aber g_locale_from_utf8 verwenden.

❷ strlen ist eine dieser Funktionen, die davon ausgehen, dass ein Zeichen einem Byte entspricht. Wir brauchen also Ersatz.

❸ Es wird die Funktion ok_array_new von weiter oben im Kapitel genutzt, um an Leerzeichen und Zeilenumbrüchen aufzutrennen.

❹ Hier ein paar Operationen auf Zeichenbasis, die nur funktionieren, nachdem Sie aus dem Multibyte-UTF-8 in eine Kodierung mit fester Breite (Wide Character) gemacht haben.

Gettext

Ihr Programm gibt vielleicht sehr viele Nachrichten an den Benutzer aus, wie zum Beispiel Fehlermeldungen und Eingabeaufforderungen. Wirklich benutzerfreundliche Software besitzt Übersetzungen dieser Textschnipsel in so vielen Sprachen wie möglich. GNU Gettext bietet ein Framework für den Umgang mit den Übersetzungen. Die Gettext-Anleitung lässt sich sehr gut lesen, daher verweise ich für die Details darauf. Hier möchte ich nur einen kurzen Überblick über das Vorgehen geben, um Ihnen zu zeigen, wie man damit arbeitet:

- Ersetzen Sie jedes Vorkommen von "Nachricht für Anwender" in Ihrem Code durch _("Nachricht für Anwender"). Bei dem Unterstrich handelt es sich um ein Makro, das letztendlich zu einem Funktionsaufruf expandiert, mit dem anhand des aktuellen Locale der richtige Text ermittelt wird.
- Rufen Sie xgettext auf, um einen Index mit zu übersetzenden Strings zu erhalten – in Form einer Portable Object Template-Datei (.pot).
- Verschicken Sie die .pot-Datei an Ihre Kollegen rund um den Globus, die die verschiedenen Sprachen sprechen. Diese schicken Ihnen dann .po-Dateien mit den Übersetzungen der Strings in ihrer Sprache zurück.
- Ergänzen Sie Ihre configure.ac um AM_GNU_GETTEXT (zusammen mit ein paar optionalen Makros, um unter anderem festzulegen, wo sich die .po-Dateien befinden).

KAPITEL 10
Bessere Strukturen

Twenty-nine different attributes and only seven that you like.

The Strokes, »You Only Live Once«

Dieses Kapitel dreht sich um Funktionen, die strukturierte Eingabewerte erwarten, und die Frage, wie weit wir damit kommen.

- Wir beginnen mit drei Syntaxelementen, die mit dem ISO-C99-Standard in die Sprache gekommen sind: Compound-Literale, Makros mit variablen Eingabeparametern und Designated Initializers. Ein Großteil des Kapitels ist den Möglichkeiten gewidmet, die Kombinationen aus diesen Elementen erlauben.

- Allein mit den Compound-Literalen können wir Listen viel einfacher an eine Funktion schicken. Mit einem Makro mit variablen Parametern lässt sich die Compound-Literal-Syntax dann vor dem Anwender verbergen, und wir erhalten eine Funktion, die eine Liste variabler Länge übernehmen kann: f(1, 2) und f(1, 2, 3, 4) wären beide gültig.

- Ähnliche Tricks können wir beim Implementieren des foreach-Schlüsselworts nutzen, das es in vielen anderen Sprachen gibt, oder um eine Funktion mit einem Eingabeparameter so zu vektorisieren, dass sie mit vielen Eingabeparametern umgehen kann.

- Designated Initializers erleichtern die Arbeit mit Structs so sehr, dass ich die alte Methode mittlerweile gar nicht mehr einsetze. Statt der schlecht lesbaren und fehleranfälligen Vorgehensweise mit person_struct p = {"Joe", 22, 75, 20} können wir selbsterklärende Deklarationen wie person_struct p = {.name="Joe", .age=22, .weight_kg=75, .education_years=20} nutzen.

- Nachdem nun das Initialisieren eines Struct kein Problem mehr ist, können wir solche auch ohne großen Aufwand als Rückgabewert einer Funktion nutzen und unsere Funktionsschnittstellen deutlich sauberer gestalten.

- Das Übergeben von Structs an Funktionen klappt viel besser. Indem wir alles in einem Makro mit variablen Parametern verpacken, können wir jetzt Funktionen schreiben, die eine variable Anzahl benannter Argumente übernehmen, und sogar Standardwerte für Komponenten angeben, wenn der Benutzer sie nicht definiert.

- Im Rest des Kapitels finden Sie Beispiele für Situationen, in denen wir uns das Leben mit Eingabe- und Ausgabe-Structs vereinfachen. Dazu gehört der Umgang mit Funktionsschnittstellen, die auf void-Zeigern basieren, und mit altem Code, der eine grauenhafte Schnittstelle besitzt und besser anwendbar gestaltet werden soll.

Compound-Literale

Einen literalen Wert schicken Sie ohne Probleme an eine Funktion: Mit der Deklaration double a_value versteht C auch f(a_value).

Aber wenn Sie eine Liste mit Elementen – einen Compound-Literal-Wert wie {20.38, a_value, 9.8} – übertragen wollen, gibt es einen syntaktischen Fallstrick: Sie müssen einen Typ-Cast vor das Compound-Literal setzen, sonst kommt der Parser durcheinander. Die Liste sieht dann so aus: (double[]) {20.38, a_value, 9.8}, und der Aufruf ist wie folgt:

```
f((double[]) {20.38, a_value, 9.8});
```

Compound-Literale werden automatisch alloziert, Sie müssen sich also weder mit malloc noch mit free herumschlagen. Am Ende des Gültigkeitsbereichs, in dem das Compound-Literal erzeugt wurde, verschwindet es auch wieder.

Beispiel 10-1 beginnt mit einer recht klassischen Funktion sum, die ein double-Array erwartet und dessen Elemente bis zum ersten NaN aufsummiert (Not-a-Number, siehe »Besondere numerische Werte durch NaN kennzeichnen« auf Seite 133). Besitzt das Eingabearray keine NaNs, führt das zu einem Desaster, aber wir werden das Ganze später noch sicherer machen. Das Beispiel-main nutzt zwei Varianten, um es aufzurufen: traditionell über eine temporäre Variable und über das Compound-Literal.

Beispiel 10-1: Wir können die temporäre Variable weglassen, indem wir ein Compound-Literal nutzen (sum_to_nan.c)

```
#include <math.h> //NAN
#include <stdio.h>

double sum(double in[]){                                        ❶
    double out=0;
    for (int i=0; !isnan(in[i]); i++) out += in[i];
    return out;
}

int main(){
    double list[] = {1.1, 2.2, 3.3, NAN};                       ❷
    printf("sum: %g\n", sum(list));

    printf("sum: %g\n", sum((double[]){1.1, 2.2, 3.3, NAN}));   ❸
}
```

❶ Diese nicht weiter bemerkenswerte Funktion addiert die Elemente ihres Eingabearrays auf, bis der erste NaN-Marker erreicht wird.

❷ Dies ist der typische Einsatz einer Funktion, die ein Array erwartet. Wir deklarieren in einer Zeile die Liste in einer Wegwerfvariablen und schicken sie dann in der nächsten Zeile an die Funktion.

❸ Hier verzichten wir auch auf die temporäre Variable und nutzen ein Compound-Literal, um ein Array zu erzeugen und es direkt an die Funktion zu schicken.

Dies ist die einfachste Anwendung von Compound-Literalen. Das restliche Kapitel wird sie nun für alle möglichen Vorgehensweisen einsetzen. Und wie sieht es mit Ihrem Code aus? Nutzt er temporäre Listen, die durch ein Compound-Literal vereinfacht werden könnten?

> Hier wird ein Array erzeugt, kein Zeiger auf ein Array. Sie müssen also den Typ (double[]) verwenden, nicht (double*).

Initialisierung per Compound-Literal

Lassen Sie mich noch ein bisschen Haare spalten, damit Sie besser verstehen, was Compound-Literale tun:

Sie sind es vermutlich gewohnt, Arrays wie folgt zu deklarieren:

```
double list[] = {1.1, 2.2, 3.3, NAN};
```

Hier haben wir ein benanntes Array list alloziert. Mit einem Aufruf von sizeof(list) würden Sie den Wert erhalten, der auf Ihrem Rechner 4 * sizeof(double) entspricht. list ist damit das Array.

Sie könnten die Deklaration auch über ein Compound-Literal deklarieren. Das lässt sich am Typ-Case (double[]) erkennen:

```
double *list = (double[]){1.1, 2.2, 3.3, NAN};
```

Hier erzeugt das System zunächst eine anonyme Liste, steckt diese in den Speicherbereich der Funktion und deklariert dann einen Zeiger list, der auf die anonyme Liste zeigt. list ist hier ein Alias, und sizeof(list) entspricht sizeof(double*). Beispiel 8-2 zeigt dies.

Variadische Makros

Ich sehe Funktionen mit variabler Anzahl an Eingabeparametern in C als nicht nutzbar an (mehr dazu im Abschnitt »Flexible Eingabewerte für Funktionen« auf Seite 191). Aber Makros mit variabler Anzahl an Eingabeparametern sind einfach zu verwenden. Das Schlüsselwort ist __VA_ARGS__, es wird zu dem erweitert, was als Elemente mitgegeben wurde.

In Beispiel 10-2 habe ich Beispiel 2-5 überarbeitet – eine Variante von printf, bei der eine Nachricht ausgegeben wird, wenn eine Assertion fehlschlug.

Beispiel 10-2: Ein Makro für die Fehlerbehandlung, wiedergegeben aus Beispiel 2-5 (stopif.h)

```
#include <stdio.h>
#include <stdlib.h> // abort

/** Auf \c 's' setzen, um das Programm bei einem Fehler abzubrechen.
    Sonst geben Funktionen bei einem Fehler einen Wert zurück. */
char error_mode;

/** Wohin soll ich Fehler schreiben? Ist dies \c NULL, gehen sie nach \c stderr. */
FILE *error_log;

#define Stopif(assertion, error_action, ...)                           \
        if (assertion){                                                \
            fprintf(error_log ? error_log : stderr, __VA_ARGS__);      \
            fprintf(error_log ? error_log : stderr, "\n");             \
            if (error_mode=='s') abort();                              \
            else                 {error_action;}                       \
        }

    // Beispielanwendung:
    Stopif(x<0 || x>1, "x hat den Wert %g, "
                    "sollte aber zwischen 0 und 1 liegen.", x);
```

Die Makros __FUNCTION__, __FILE__ und __LINE__ werden durch das ersetzt, was Sie erwarten würden.

Vermutlich verstehen Sie schon, wie die Ellipse (...) und __VA_ARGS__ funktionieren: Alles, was der Anwender statt der Ellipse angibt, landet in __VA_ARGS__.

Um zu zeigen, was man mit Makros mit variabler Anzahl an Eingabeparametern alles machen kann, wird in Beispiel 10-3 die Syntax von for-Schleifen nachgebaut. Alles nach dem zweiten Argument – unabhängig von der Anzahl an Kommata darin, wird als Argument ... eingelesen und in __VA_ARGS__ übernommen.

Beispiel 10-3: Die Ellipse ... des Makros wird zum Rumpf der for-*Schleife (varad.c)*

```
#include <stdio.h>

#define forloop(i, loopmax, ...) for(int i=0; i< loopmax; i++) \
                                 {__VA_ARGS__}

int main(){
    int sum=0;
    forloop(i, 10,
            sum += i;
            printf("Summe bis %i: %i\n", i, sum);
    )
}
```

Ich würde Beispiel 10-3 in echtem Code nicht einsetzen, aber es gibt immer wieder Codeabschnitte, die wiederholt vorkommen – mit nur kleinen Änderungen. Dann ist es manchmal sinnvoll, Makros mit variabler Anzahl an Eingabeparametern zu nutzen, um die Redundanz zu verringern.

Listen sicher abschließen

Compound-Literale und variadische Makros sind so ein schönes Paar, weil wir jetzt Makros nutzen können, um Listen und Strukturen aufzubauen. Zu den Strukturen kommen wir gleich, zuerst wollen wir uns um die Listen kümmern.

Ein paar Seiten zuvor haben Sie die Funktion gesehen, die eine Liste übernimmt und aufsummiert, bis das erste NaN erreicht wird. Mit dieser Funktion müssen Sie die Länge des Eingabearrays nicht kennen, aber sicherstellen, dass es am Ende einen NaN-Marker gibt. Wenn der fehlt, erhalten Sie einen Segfault. Wir können die Anwesenheit eines solchen NaN-Markers am Ende der Liste garantieren, indem wir sum über ein variadisches Makro aufrufen (siehe Beispiel 10-4).

Beispiel 10-4: Mit einem variadischen Makro Compound-Literale erzeugen (safe_sum.c)

```
#include <math.h>  //NAN
#include <stdio.h>

double sum_array(double in[]){                            ❶
    double out=0;
    for (int i=0; !isnan(in[i]); i++) out += in[i];
    return out;
}

#define sum(...) sum_array((double[]){__VA_ARGS__, NAN})  ❷

int main(){
    double two_and_two = sum(2, 2);                        ❸
    printf("2+2 = %g\n", two_and_two);
    printf("(2+2)*3 = %g\n", sum(two_and_two, two_and_two, two_and_two));
    printf("sum(asst) = %g\n", sum(3.1415, two_and_two, 3, 8, 98.4));
}
```

❶ Der Name hat sich geändert, ansonsten ist dies aber die Funktion zum Aufsummieren eines Arrays, die schon weiter oben zu finden ist.

❷ Hier geschieht die Action: Das variadische Makro steckt seine Eingabewerte in ein Compound-Literal. Es übernimmt also eine lose Liste mit doubles, schickt an die Funktion aber eine einzelne Liste, die garantiert mit einem NAN endet.

❸ Jetzt kann main normale Listen beliebiger Länge mit Zahlen an sum übergeben, und das Makro kümmert sich darum, dass ein abschließendes NAN angehängt wird.

Das ist eine ziemlich schicke Funktion. Sie übernimmt so viele Eingabewerte, wie Sie wollen, und Sie müssen diese vorher nicht einmal in ein Array stecken, denn das Makro nutzt ein Compound-Literal, um das für Sie zu erledigen.

Tatsächlich funktioniert die Makroversion nur mit einzeln aufgeführten Zahlen, aber nicht mit etwas, das Sie schon als Array eingerichtet haben. Haben Sie schon eines – und können Sie garantieren, dass es ein NAN am Ende enthält –, rufen Sie sum_array direkt auf.

foreach

Weiter oben haben Sie gesehen, dass Sie ein Compound-Literal überall dort einsetzen können, wo Sie sonst ein Array oder ein Struct nutzen würden – hier zum Beispiel ein String-Array, das über ein Compound-Literal deklariert wird:

```
char **strings = (char*[]){"Yarn", "twine"};
```

Jetzt stecken wir das in eine for-Schleife. Das erste Element der Schleife deklariert das Array mit Strings, sodass wir es wie die vorige Zeile verwenden können. Dann durchlaufen wir die Schleife bis zum NULL-Marker am Ende. Damit das Ganze besser lesbar wird, definiere ich mir per typedef einen String-Typ:

```
#include <stdio.h>

typedef char* string;

int main(){
    string str = "thread";
    for (string *list = (string[]){"yarn", str, "rope", NULL};
                *list; list++)
        printf("%s\n", *list);
}
```

Das ist immer noch unübersichtlich, daher verpacke ich all das syntaktische Rauschen in einem Makro. So ist main so aufgeräumt wie möglich:

```
#include <stdio.h>
// Dieses Mal ohne typedef.
#define Foreach_string(iterator, ...)\
    for (char **iterator = (char*[]){__VA_ARGS__, NULL}; *iterator; iterator++)

int main(){
    char *str = "thread";
    Foreach_string(i, "yarn", str, "rope"){
        printf("%s\n", *i);
    }
}
```

Eine Funktion vektorisieren

Die Funktion free erwartet genau ein Argument, aber wir haben häufig am Ende einer Funktion viele Aufrufe davon:

```
free(ptr1);
free(ptr2);
free(ptr3);
free(ptr4);
```

Wie nervig! Kein LISP-Programmierer mit etwas Selbstachtung würde so eine Redundanz zulassen, sondern eine vektorisierte Funktion free schreiben, mit der Sie diese Zeilen so zusammenfassen könnten:

```
free_all(ptr1, ptr2, ptr3, ptr4);
```

Haben Sie das Kapitel bis hierhin gelesen, wird Ihnen der folgende Satz komplett logisch erscheinen: Wir können ein variadisches Makro schreiben, das ein (mit einem Stopp-Marker endendes) Array per Compound-Literal erzeugt und dann eine for-Schleife ausführt, die die Funktion auf jedes Element des Arrays anwendet. Beispiel 10-5 zeigt das Ergebnis.

Beispiel 10-5: Die Maschinerie zum Vektorisieren beliebiger Funktionen, die Zeiger übernehmen (vectorize.c)

```
#include <stdio.h>
#include <stdlib.h> //malloc, free

#define Fn_apply(type, fn, ...) {                                          \  ❶
    void *stopper_for_apply = (int[]){0};                                  \  ❷
    type **list_for_apply = (type*[]){__VA_ARGS__, stopper_for_apply};     \
    for (int i=0; list_for_apply[i] != stopper_for_apply; i++)             \
        fn(list_for_apply[i]);                                             \
}

#define Free_all(...) Fn_apply(void, free, __VA_ARGS__);

int main(){
    double *x= malloc(10);
    double *y= malloc(100);
    double *z= malloc(1000);

    Free_all(x, y, z);
}
```

❶ Für zusätzliche Sicherheit erwartet das Makro einen Typnamen. Der kommt vor dem Funktionsnamen, da die Reihenfolge so mehr an eine Funktionsdeklaration erinnert.

❷ Wir brauchen einen Stopp-Marker, der sicherstellt, dass Zeiger nicht unbeabsichtigt als solche erkannt werden – auch keine NULL-Zeiger. Daher nutzen wir die Compound-Literal-Form, um ein Array mit einer einzelnen Integer-Zahl zu allozieren und darauf zu zeigen. Beachten Sie, dass die Stopp-Abfrage der for-Schleife den Zeiger überprüft, nicht den Inhalt dahinter.

Nachdem jetzt alles vorbereitet ist, können wir dieses Vektorisierungsmakro mit allem füttern, was einen Vektor erwartet. Für die GSL könnten Sie dies definieren:

```
#define Gsl_vector_free_all(...) \
    Fn_apply(gsl_vector, gsl_vector_free, __VA_ARGS__);
#define Gsl_matrix_free_all(...) \
    Fn_apply(gsl_matrix, gsl_matrix_free, __VA_ARGS__);
```

Wir haben immer noch eine Typprüfung zur Laufzeit (sofern wir den Zeigertyp nicht auf void setzen) und stellen damit sicher, dass die Makroparameter eine Liste mit Zeigern des gleichen Typs sind. Um einen Satz heterogener Elemente nutzen zu können, brauchen wir einen weiteren Trick – Designated Initializers.

Designated Initializers

Ich werde diesen Begriff anhand eines Beispiels definieren. Sehen Sie gleich ein kurzes Programm, das ein 3-x-3-Gitter mit einem Sternchen ausgibt. Sie müssen angeben, ob sich das Sternchen oben rechts, links in der Mitte oder wo auch immer befinden soll, indem Sie eine Struktur direction_s einrichten.

Der Schwerpunkt von Beispiel 10-6 liegt auf main, wo wir drei dieser Strukturen über Designated Initializers deklarieren – wir geben also den Namen jedes Strukturelements im Initialisierer an.

Beispiel 10-6: Eine Struktur über Designated Initializers spezifizieren (boxes.c)

```
#include <stdio.h>

typedef struct {
    char *name;
    int left, right, up, down;
} direction_s;

void this_row(direction_s d); // diese Funktionen kommen noch
void draw_box(direction_s d);

int main(){
    direction_s D = {.name="links", .left=1};              ❶
    draw_box(D);

    D = (direction_s) {"oben rechts", .up=1, .right=1};    ❷
    draw_box(D);

    draw_box((direction_s){});                             ❸
}

void this_row(direction_s d){                              ❹
    printf( d.left   ? "*..\n"
          : d.right ? "..*\n"
          : ".*.\n");
}

void draw_box(direction_s d){
    printf("%s:\n", (d.name ? d.name : "Gitter"));
    d.up                ? this_row(d) : printf("...\n");
    (!d.up && !d.down)  ? this_row(d) : printf("...\n");
    d.down              ? this_row(d) : printf("...\n");
    printf("\n");
}
```

❶ Dies ist unser erster Designated Initializer. Da .right, .up und .down nicht angegeben sind, werden sie mit null initialisiert.

❷ Es scheint ganz natürlich zu sein, dass der Name an erster Stelle kommt, daher können wir ihn als ersten Initialisierer ohne Bezeichnung und trotzdem ohne Mehrdeutigkeit nutzen.

❸ Dies ist der Extremfall – alles wird mit null initialisiert.

❹ Der Code nach dieser Zeile dreht sich nur noch um das Ausgeben des Gitters am Bildschirm, daher finden Sie hier auch nichts Neues.

Bei der klassischen Form, Structs zu füllen, mussten Sie sich die Reihenfolge seiner Elemente merken und alle ohne Bezeichner initialisieren. Die Deklaration für oben rechts ohne Bezeichner wäre also:

```
direction_s upright = {NULL, 0, 1, 1, 0};
```

Das ist schlecht lesbar und einer der Gründe dafür, dass die Leute C hassen. Abgesehen von den seltenen Fällen, in denen die Reihenfolge ganz natürlich und offensichtlich ist, sollten Sie diese Form als veraltet betrachten.

- Ist Ihnen aufgefallen, dass ich mich beim Einrichten des Struct oben rechts nicht an die Reihenfolge der Elemente aus der Deklaration gehalten habe? Das Leben ist zu kurz, um sich die Reihenfolge einer künstlichen Struktur merken zu müssen – soll das doch der Compiler machen.
- Die nicht deklarierten Elemente werden auf null initialisiert. Es bleiben keine Elemente undefiniert zurück.
- Sie können Designated und Non-Designated Initializers kombinieren. In Beispiel 10-6 scheint es ausreichend klar zu sein, dass der Name an erster Stelle kommt (und dass es sich um einen String wie "oben rechts" handelt und nicht um einen Integer-Wert). Wird der Name daher nicht explizit als solcher markiert, ist die Deklaration trotzdem korrekt. Die Regel ist, dass der Compiler da weitermacht, wo er zuletzt »stehen blieb«:

  ```
  typedef struct{
      int one;
      double two, three, four;
  } n_s;

  n_s justone = {10, .three=8};    //10 ohne Bezeichner kommt an die erste Position:
                                   .one=10
  n_s threefour = {.two=8, 3, 4};  //aufgrund der Regel kommt 3 an die nächste Position
                                   //nach .two: .three=3 und .four=4
  ```

- Ich hatte Compound-Literale im Array-Umfeld eingeführt, aber da Structs auch nur mehr oder weniger Arrays mit benannten und unterschiedlich großen Elementen sind, können Sie die Compound-Literale auch für Structs nutzen (wie ich es im Struct oben rechts im Beispielcode gemacht habe). Wie zuvor benötigen Sie einen Cast-ähnlichen (typename) vor den geschweiften Klammern. Das erste Beispiel in main ist eine direkte Deklaration, daher brauchen Sie dort keine Compound-Initialisierer-Syntax, während die folgenden Zuweisungen einen anonymen Struct erzeugen und diesen dann nach D kopieren oder an eine Funktion übergeben.

Sie sind dran: Schreiben Sie jede Struct-Deklaration in Ihrem Code so um, dass Designated Initializers genutzt werden. Das meine ich ernst. Die klassische Form ohne Bezeichner war furchtbar. Denken Sie auch daran, dass Sie solch längliche Definitionen wie

```
direction_s D;
D.left = 1;
D.right = 0;
D.up = 1;
D.down = 0;
```

ersetzen können durch:

```
direction_s D = {.left=1, .up=1};
```

Arrays und Structs mit Nullen initialisieren

Deklarieren Sie eine Variable innerhalb einer Funktion, setzt C sie nicht automatisch auf null (was vielleicht ein bisschen seltsam bei einer »automatischen« Variablen ist). Ich vermute, dahinter stecken Performanceüberlegungen: Beim Erzeugen des Frames für eine Funktion kostet das Auf-Null-Setzen von Bits zusätzlich Zeit, die sich beim millionenfachen Aufruf der Funktion durchaus aufsummieren kann – wenn man das Jahr 1985 schreibt.

Aber in der Gegenwart ist das nicht automatische Initialisieren einer Variablen nichts weiter als eine Einladung, Fehler zu machen.

Bei einfachen numerischen Daten setzen Sie die Variable direkt bei der Deklaration auf null. Bei Zeigern (einschließlich Strings) setzen Sie sie auf NULL. Das ist einfach genug, solange Sie auch daran denken (und gute Compiler werden Sie warnen, wenn Sie eine Variable vor ihrer Initialisierung nutzen).

Bei Structs und Arrays mit fester Größe habe ich Ihnen gezeigt, dass beim Einsatz von Designated Initializers die nicht explizit angegebenen Elemente auf null gesetzt werden. Sie können daher die gesamte Struktur auf null setzen, indem Sie einen komplett leeren Initialisierer zuweisen. Dieses ansonsten unnütze Programm zeigt das:

```
typedef struct {
    int la, de, da;
} ladeda_s;

int main(){
    ladeda_s emptystruct = {};
    int ll[20] = {};
}
```

Ist das nicht schön?

Jetzt zum unschönen Teil: Nehmen wir an, Sie haben ein Array mit variabler Länge (zum Beispiel eines, dessen Länge erst zur Laufzeit aus einer Variablen bestimmt wird). Dann können Sie es nur über memset auf null setzen:

```
int main(){
    int length=20;
    int ll[length];
    memset(ll, 0, 20*sizeof(int));
}
```

Das ist genauso bitter, wie das Initialisieren von Arrays mit fester Länge süß ist. Aber so ist das Leben.[1]

Sie sind dran: Schreiben Sie sich selbst ein Makro, um ein Array variabler Länge zu deklarieren und all seine Elemente auf null zu setzen. Dazu müssen Sie den Typ, den Namen und die Größe übergeben.

Bei Arrays, die nur dünn besetzt sind, können Sie Designated Initializers einsetzen:

```
//entspricht {0, 0, 1.1, 0, 0, 2.2, 0}:
double list1[7] = {[2]=1.1, [5]=2.2}

//Eine Möglichkeit, am Ende des Arrays Werte anzugeben. Durch die Regel zum Fortfahren
//nach dem letzten Eintrag wird dies zu: {0.1, 0, 0, 0, 0, 1.1, 2.2}:
int len=7;
double list3[len] = {0.1, [len-2]=1.1, 2.2}
```

Typedefs retten Ihnen den Tag

Designated Initializers sorgen dafür, dass Structs eine neue Zukunft haben. Der Rest dieses Kapitels dreht sich daher größtenteils darum, was man nun mit ihnen anstellen kann, nachdem es nicht mehr so kompliziert ist, sie einzusetzen.

Aber zuerst müssen Sie das Format Ihrer Structs deklarieren. Hier ist ein Beispiel dafür:

```
typedef struct newstruct_s {
    int a, b;
    double c, d;
} newstruct_s;
```

Damit wird ein neuer Typ deklariert (newstruct_s), bei dem es sich um eine Struktur der angegebenen Form handelt (struct newstruct_s). Sie werden gelegentlich Code finden, in dem es zwei verschiedene Namen für die Struktur an sich und den Typedef gibt, wie zum Beispiel typedef struct _nst { ... } newstruct_s;. Das ist unnötig, der Namensraum von Structs ist getrennt von dem anderer Bezeichner (K & R 2. (engl.) Auflage §A8.3 (S. 213); C99 & C11 §6.2.3(1)), daher wird der Compiler hier keine Mehrdeutigkeit vorfinden. Das Wiederholen des Namens macht es auch für uns Menschen nicht schwieriger, und wir müssen uns keine weitere Namenskonvention ausdenken.

Der POSIX-Standard reserviert Namen, die auf _t enden, für zukünftige Typen, die eventuell einmal dem Standard hinzugefügt werden. Formal reserviert der C-Standard

---

[1] Sie können dem ISO-C-Standard §6.7.8(3) daran die Schuld geben, da dort darauf bestanden wird, dass Arrays variabler Länge nicht initialisiert werden können. Ich bin aber der Meinung, der Compiler sollte das ruhig machen.

nur int..._t und unit..._t, aber mit jedem neuen Standard rutschen in optionalen Headern immer mehr neue Typen hinein, die auf _t enden. Viele Menschen machen sich keine Gedanken über potenzielle Namenskollisionen, wenn in einem Jahrzehnt C22 herauskommt, und nutzen die Endung _t ohne Skrupel. In diesem Buch enden meine Struct-Namen immer auf _s.

Sie können eine Struktur dieser Art auf zwei möglichen Wegen deklarieren:

```
newstruct_s ns1;
struct newstruct_s ns2;
```

Es gibt nur ein paar wenige Gründe, warum Sie struct newstruct_s statt einfach newstruct_s nutzen sollten:

- Wenn Sie ein Struct haben, das sich selbst als Element enthält (zum Beispiel den Zeiger next einer Struktur für eine verkettete Liste auf das nächste Element). Ein Beispiel:

    ```
    typedef struct newstruct_s {
        int a, b;
        double c, d;
        struct newstruct_s *next;
    } newstruct_s;
    ```

- Der C11-Standard für anonyme Strukturen fordert die Form struct newstruct_s. Dazu kommen wir noch im Abschnitt »C mit weniger Rissen« auf Seite 222.
- Manche Leute mögen einfach die Form struct newstruct_s, was uns zu einer Anmerkung über Stil führt.

Über Stil

Es hat mich überrascht, dass da draußen Leute der Meinung sind, Typedefs würden für Verwirrung sorgen. So gibt es zum Beispiel folgende Zeilen im Linux Kernel Style File: »Was bedeutet es, wenn du im Quellcode vps_t a; siehst? Steht dort jedoch struct virtual_container *a;, weißt du genau, was a ist.« Die klare Antwort darauf ist, dass es nur auf den längeren Namen ankommt – und auch noch darauf, dass er auf *container* endet. *Das* macht den Code klarer, nicht das Wort struct am Anfang.

Aber diese Typedef-Aversion muss irgendwoher gekommen sein. Es zeigt sich, dass es viele Quellen gibt, die vorschlagen, Einheiten durch Typedefs zu definieren, zum Beispiel:

```
typedef double inches;
typedef double meters;

inches length1;
meters length2;
```

Jetzt müssen Sie bei jeder Verwendung von inches nachschauen, was das wirklich ist (unsigned int? double?), und es schützt auch nicht vor Fehlern. Weisen Sie einhundert Zeilen weiter unten die eine Variable der anderen zu:

```
length1 = length2;
```

haben Sie die pfiffige Typdeklaration schon vergessen, und der typische C-Compiler markiert das auch nicht als Fehler. Müssen Sie auf Einheiten achten, ergänzen Sie den Variablennamen damit, sodass falsche Zuweisungen eher auffallen:

```
double length1_inches, length2_meters;

//100 Zeilen später:

length1_inches = length2_meters; //Diese Zeile ist offensichtlich falsch.
```

Es ist sinnvoll, globale Typedefs mit den Interna darüber, was der Anwender wissen sollte, so wenig wie andere globale Elemente einzusetzen, denn das Nachschlagen ihrer Deklaration lenkt genauso ab wie das Nachschlagen einer Variablen. Damit steigt die kognitive Last zusammen mit der besseren Strukturierung.

Nun ist es schwer, eine produktiv eingesetzte Bibliothek zu finden, die nicht massiv auf globalen Typedef-Strukturen aufbaut – zum Beispiel `gsl_vector` und `gsl_matrix` von GSL oder Hashes, Bäume und die ganzen anderen Objekte der GLib. Selbst der Quellcode von Git, geschrieben von Linus Torvalds als Versionsverwaltung für den Linux-Kernel, besitzt ein paar sorgfältig eingesetzte Typedef-Strukturen.

Der Gültigkeitsbereich eines Typedef ist der gleiche wie der jeder anderen Deklaration. Sie können also Dinge innerhalb einer einzelnen Datei per Typedef deklarieren und müssen sich nicht darum sorgen, den Namensraum außerhalb dieser Datei zu vermüllen. Es gibt manchmal sogar Gründe dafür, Typedefs innerhalb einer Funktion zu definieren. Vielleicht ist Ihnen aufgefallen, dass die meisten hier eingesetzten Typedefs bisher lokal waren, sodass der Leser einfach für die Definition ein paar Zeilen zurückspringen kann. Globale Typedefs (zum Beispiel in einem Header, der überall eingebunden wird) sind irgendwo versteckt und verpackt, sodass der Leser sie nie nachschlagen muss.

Mehrere Elemente aus einer Funktion zurückgeben

Eine mathematische Funktion muss nicht auf eine Dimension beschränkt sein. So ist zum Beispiel eine Funktion, die einen 2-D-Punkt *(x, y)* als Ergebnis hat, nichts Besonderes.

Python (und andere Sprachen) ermöglicht es Ihnen, mehrere Werte per Liste zurückzugeben, zum Beispiel:

```
#Vom Standardpapiernamen Breite und Höhe zurückgeben
def width_length(papertype):
    if (papertype=="A4"):
        return [210, 297]
    if (papertype=="Letter"):
        return [216, 279]
    if (papertype=="Legal"):
        return [216, 356]

[a, b] = width_length("A4");
print("width= %i, height=%i" %(a, b))
```

In C können Sie immer ein Struct zurückgeben – und damit so viele Unterelemente, wie Sie wollen. Deshalb habe ich weiter oben die Freuden von Wegwerf-Structs gepriesen – es ist kein großes Problem, einen funktionsspezifischen Struct zu erzeugen.

Ich will es nicht verschweigen: C erfordert hier immer noch mehr Code als andere Sprachen mit einer speziellen Syntax zur Rückgabe von Listen. Aber wie in Beispiel 10-7 gezeigt, ist es nicht unmöglich, klar auszudrücken, dass die Funktion einen Wert aus dem $\Re^2$ zurückgibt.

Beispiel 10-7: Müssen Sie eine Funktion mehrere Werte zurückgeben lassen, nutzen Sie dazu ein Struct (papersize.c)

```
#include <stdio.h>
#include <strings.h> //strcasecmp
#include <math.h>    //NaN

typedef struct {
    double width, height;
} size_s;

size_s width_height(char *papertype){
  return
    !strcasecmp(papertype, "A4")     ? (size_s) {.width=210, .height=297}
  : !strcasecmp(papertype, "Letter") ? (size_s) {.width=216, .height=279}
  : !strcasecmp(papertype, "Legal")  ? (size_s) {.width=216, .height=356}
                                     : (size_s) {.width=NAN, .height=NAN};
}

int main(){
    size_s a4size = width_height("a4");
    printf("Breite = %g, Höhe = %g\n", a4size.width, a4size.height);
}
```

> Im Codebeispiel wird die Form *condition* ? *iftrue* : *else* genutzt. Das ist ein einzelner Ausdruck, der daher nach dem return stehen kann. Beachten Sie, wie die Folge dieses ternären Operators zu einer Folge von Case-Fällen wird (einschließlich der letzten else-Klausel zum Behandeln der »übrigen« Fälle). Ich formatiere so etwas immer gern als kleine Tabelle – andere sehen das als furchtbaren Stil an.

Die Alternative ist der Einsatz von Zeigern – sehr verbreitet und nicht schlecht, aber es ist dabei nicht klar, was Eingabewert und was Ausgabewert ist. Die Version mit dem zusätzlichen typedef sieht dagegen stilistisch viel besser aus:

```
//Höhe und Breite über einen Zeiger zurückgeben:
void width_height(char *papertype, double *width, double *height);

//Oder Breite direkt und Höhe über einen Zeiger zurückgeben:
double width_height(char *papertype, double *height);
```

Fehler melden

[Goodliffe 2006] behandelt die verschiedenen Möglichkeiten, einen Fehlercode aus einer Funktion zurückzugeben. Dabei ist der Tenor eher pessimistisch.

- In manchen Fällen kann der zurückgegebene Wert eine Signalbedeutung haben – zum Beispiel –1 für Integer-Werte oder NaN für Gleitkommazahlen (aber Fälle, in denen der gesamte Werteumfang der Variablen auch gültig ist, kommen oft genug vor).
- Sie können ein globales Fehler-Flag setzen, aber 2006 konnte Goodliffe den Einsatz des C11-Schlüsselworts _Thread_local nicht empfehlen, um mehreren parallel laufenden Threads den Zugriff auf das Flag zu ermöglichen. Ein solches Fehler-Flag für das gesamte Programm mag nicht umsetzbar sein, aber für einen kleinen Satz von Funktionen, die eng zusammenarbeiten, kann man sich eine _Thread_local-Variable im Datei-Gültigkeitsbereich durchaus vorstellen.
- Die dritte Option ist, einen Compound-Datentyp (oder ein Tupel) zurückzugeben, der sowohl den Rückgabewert als auch einen Fehlercode enthält. Das ist in C-ähnlichen Sprachen etwas holprig und wird daher nur selten eingesetzt.

Sie haben jetzt schon gesehen, was für Vorteile man bei der Rückgabe eines Struct hat, und moderner C-Code enthält eine Reihe von Möglichkeiten (Typedefs, Designated Initializers), um die meisten Schwerfälligkeiten auszumerzen.

> Wenn Sie ein neues Struct erstellen, sollten Sie darüber nachdenken, ein Element error oder status hinzuzufügen. Immer dann, wenn Ihr neues Struct von einer Funktion zurückgegeben wird, haben Sie eine eingebaute Möglichkeit, mitzuteilen, ob die Werte gültig sind oder nicht.

Beispiel 10-8 wandelt eine Gleichung aus dem Physik-Grundkurs in eine Funktion mit Fehlerprüfung, um folgende Frage zu beantworten: Gegeben sei ein ideales Objekt mit einer bestimmten Masse, das eine bestimmte Zeit (in Sekunden) in Richtung Erde fällt – wie groß ist dann seine Energie?

Ich habe den Code durch viele Makros aufgehübscht, da ich das Gefühl habe, die meisten Programmierer schreiben in C Makros vor allem zur Fehlerbehandlung. Vielleicht liegt das daran, dass niemand für die Fehlerprüfung die eigentliche Geschichte unterbrechen möchte.

Beispiel 10-8: Gibt Ihre Funktion einen Wert und einen Fehler zurück, können Sie dazu ein Struct nutzen (errortuple.c)

```
#include <stdio.h>
#include <math.h> //NaN

#define make_err_s(intype, shortname) \
    typedef struct {                  \
        intype value;                 \
        char const *error;            \
    } shortname##_err_s;
```

❶

❷

```
make_err_s(double, double)
make_err_s(int, int)
make_err_s(char *, string)

double_err_s free_fall_energy(double time, double mass){
    double_err_s out = {};   //komplett auf Nullen setzen.
    out.error = time < 0     ? "negative Zeit"       ❸
              : mass < 0     ? "negative Masse"
              : isnan(time)  ? "Zeit ist NaN"
              : isnan(mass)  ? "Masse ist NaN"
              : NULL;
    if (out.error) return out;                        ❹

    double velocity = 9.8*time;
    out.value = mass*velocity/2.;
    return out;
}

#define Check_err(checkme, return_val) \              ❺
    if (checkme.error) {fprintf(stderr, "Fehler: %s\n", checkme.error); return return_val;}

int main(){
    double notime=0, fraction=0;
    double_err_s energy = free_fall_energy(1, 1);     ❻
    Check_err(energy, 1);
    printf("Energie nach einer Sekunde: %g Joule\n", energy.value);
    energy = free_fall_energy(2, 1);
    Check_err(energy, 1);
    printf("Energie nach zwei Sekunden: %g Joule\n", energy.value);
    energy = free_fall_energy(notime/fraction, 1);
    Check_err(energy, 1);
    printf("Energie nach 0/0 Sekunden: %g Joule\n", energy.value);
}
```

❶ Finden Sie Gefallen an der Idee eines Wert/Fehler-Tupels als Rückgabewert, werden Sie eines für jeden Typ haben wollen. Daher habe ich mir ein Makro ausgedacht, mit dem Sie problemlos einen Tupeltyp für einen beliebigen Basistyp erzeugen können. Damit werden hier double_err_s, int_err_s und string_err_s generiert. Haben Sie das Gefühl, dies sei ein Trick zu viel, müssen Sie ihn nicht einsetzen.

❷ Warum sollte für den Fehler nicht ein String statt eines Integer-Werts genutzt werden? Die Fehlermeldungen sind meist konstante Strings, daher brauchen Sie sich auch nicht mit der Speicherverwaltung herumzuschlagen, und niemand muss die Bedeutung seltsamer Enums nachschlagen. In Abschnitt »Enums und Strings« auf Seite 128 wird darauf im Detail eingegangen.

❸ Wieder eine Tabelle mit Rückgabewerten. Das wird häufig bei der Prüfung der Eingabewerte einer Funktion genutzt. Beachten Sie, dass das Element out.error auf einen der angegebenen literalen Strings zeigt. Da keine Strings kopiert werden, muss auch nichts alloziert oder freigegeben werden. Um das noch klarer zu machen, habe ich error als einen Zeiger auf char const definiert.

❹ Oder Sie nutzen das Makro Stopif aus Abschnitt »Fehlerprüfung« auf Seite 51: Stopif(out.error, return out, out.error).

❺ Makros, mit denen Rückgabewerte auf Fehler geprüft werden, sind in C sehr verbreitet. Da es sich beim Fehler um einen String handelt, kann das Makro ihn direkt nach stderr (oder vielleicht in einem Fehlerprotokoll) ausgeben.

❻ Die Anwendung ist wie erwartet. Programmierer lamentieren häufig darüber, dass Anwender die aus den Funktionen zurückgegebenen Fehlercodes so gern ignorieren. Daher ist die Rückgabe des Werts in einem Tupel eine gute Erinnerung daran, dass auch der Fehlercode zurückgegeben und berücksichtigt werden sollte.

Flexible Eingabewerte für Funktionen

Eine *variadische Funktion* kann eine variable Zahl von Eingabewerten übernehmen. Das berühmteste Beispiel ist printf, wo sowohl printf("Hi.") als auch printf("%f %f %i\n", first, second, third) möglich sind – das erste Beispiel enthält einen, das zweite vier Eingabeparameter.

Einfach gesagt, bieten die variadischen Funktionen von C gerade genug Möglichkeiten, um printf zu implementieren – aber mehr nicht. Sie brauchen ein erstes, festes Argument, bei dem mehr oder weniger davon ausgegangen wird, dass sich darin ein Katalog der Typen der folgenden Elemente findet – oder zumindest ein Zähler. Im vorigen Beispiel hat das erste Argument ("%f %f %i\n") angegeben, dass die nächsten beiden Elemente als Gleitkommazahlen und das letzte als Integer-Wert zu betrachten ist.

Es gibt hier kein Sicherheitsnetz: Übergeben Sie ein int wie zum Beispiel 1, wo doch ein float wie 1.0 übergeben werden sollte, sind die Ergebnisse nicht definiert. Erwartet die Funktion drei übergebene Elemente, Sie liefern aber nur zwei, erhalten Sie sehr wahrscheinlich einen Segfault. Aufgrund dieser Probleme betrachtet CERT, eine Softwaresicherheitsgruppe, variadische Funktionen als Sicherheitsrisiko (Severity: high. Likelihood: probable).[2]

Weiter oben haben Sie die erste Möglichkeit gesehen, ein bisschen sicherer vorzugehen: Durch das Schreiben eines Wrapper-Makros, das an das Ende einer Liste einen Stopp-Marker anfügt, können wir garantieren, dass die Basisfunktion niemals eine unendliche Liste übergeben bekommt. Das Compound-Literal prüft zudem die Eingabetypen und sorgt für einen Kompilierungsfehler, wenn Sie einen Eingabewert mit falschem Typ mitgeben.

Dieser Abschnitt behandelt zwei weitere Wege, variadische Funktionen mit einer gewissen Typsicherheit zu implementieren. Die letzte Methode wird es Ihnen ermöglichen, Ihren Argumenten Namen zu geben, was auch zu einer reduzierten Fehlerrate beitragen kann. Ich pflichte dem CERT bei, dass ganz freie variadische Funktionen zu riskant sind, und nutze diese Formen nur für variadische Funktionen in meinem eigenen Code.

---

2 *http://bit.ly/SAJTl7*

Das erste sichere Format in diesem Abschnitt baut auf den Prüfungen des Compilers für `printf` auf und erweitert die schon vertraute Form. Das zweite Format in diesem Abschnitt nutzt ein variadisches Makro, um die Eingabewerte für einen Designated Initializer im Funktions-Header aufzubereiten.

Deklarieren Sie Ihre Funktion im printf-Stil

Zuerst wollen wir den klassischen Weg beschreiten und eine variadische Funktion nach Art von C89 einsetzen. Ich erwähne das, weil Sie sich vielleicht einmal in einer Situation befinden, in der Makros aus irgendeinem Grund nicht genutzt werden können. Das hat meist eher soziale denn technische Gründe – es gibt nur wenige Fälle (wenn überhaupt), in denen eine variadische Funktion nicht mithilfe der weiter unten beschriebenen Techniken durch ein variadisches Makro ersetzt werden kann.

Um die variadische Funktion im C89-Stil sicher zu machen, brauchen wir eine Ergänzung aus C99: Mit `__attribute__` erhalten wir bestimmte Compiler-spezifische Tricks. Dieses Tag ergänzt die Deklarationszeile einer Variablen, eines Struct oder einer Funktion. (Wird Ihre Funktion nicht vor dem Einsatz deklariert, müssen Sie das daher tun.) Compiler-Entwickler können in den doppelten Klammern beliebige Inhalte zulassen – wird die *Attribute-Direktive* nicht von Ihrem Compiler erkannt, soll sie ignoriert werden.

gcc und Clang lassen Sie ein Attribut setzen, um eine Funktion im Stil von `printf` zu deklarieren – der Compiler nimmt dann eine Typprüfung vor und warnt Sie, wenn Sie ein `int` oder ein `double*` mitgeben, wo doch zum Beispiel ein `double` stehen sollte.

Nehmen wir an, wir wollten eine Version von `system` haben, die Eingabewerte im `printf`-Stil übernehmen kann. In Beispiel 10-9 erwartet die Funktion `system_w_printf` Eingaben in diesem Stil, schreibt sie in einen String und übergibt sie an den Standardbefehl `system`. Die Funktion nutzt `vasprintf`, die `va_list`-freundliche Variante von `asprintf`. Beide gehören zum BSD/GNU-Standard. Müssen Sie sich an C99 halten, ersetzen Sie sie durch das `snprintf`-Analogon `vsnprintf` (und zusätzlich `#include <stdarg.h>`).

Die `main`-Funktion zeigt nur einen einfachen Beispieleinsatz: Sie übernimmt den ersten Parameter von der Befehlszeile und lässt `ls` damit laufen.

Beispiel 10-9: Der klassische Weg, beliebig viele Eingabewerte zu verarbeiten (olden_varargs.c)

```
#define _GNU_SOURCE //damit stdio.h vasprintf einbindet
#include <stdio.h>  //printf, vasprintf
#include <stdarg.h> //va_start, va_end
#include <stdlib.h> //system, free
#include <assert.h>

int system_w_printf(char const *fmt, ...) \
     __attribute__ ((format (printf,1,2)));   ❶

int system_w_printf(char const *fmt, ...){
   char *cmd;
   va_list argp;
   va_start(argp, fmt);
```

```
    vasprintf(&cmd, fmt, argp);
    va_end(argp);
    int out= system(cmd);
    free(cmd);
    return out;
}

int main(int argc, char **argv){
    assert(argc == 2);                              ❷
    return system_w_printf("ls %s", argv[1]);
}
```

❶ Markiert diese Funktion als eine im printf-Stil, bei der der erste Parameter das Format angibt und ab dem zweiten Parameter die zusätzlichen Werte stehen.

❷ Ich gebe zu: Hier bin ich bequem. Nutzen Sie das rudimentäre Makro assert nur, um selbst errechnete temporäre Werte zu prüfen, aber nicht für Eingabewerte vom Anwender. Im Abschnitt »Fehlerprüfung« auf Seite 51 finden Sie ein Makro für eine ordentliche Eingabeprüfung.

Einen Vorteil hat dieser Weg gegenüber dem variadischen Makro: Es ist kompliziert, einen Rückgabewert von einem Makro zu erhalten. Aber die Makroversion in Beispiel 10-10 ist kürzer und einfacher, und wenn Ihr Compiler die Eingabeparameter für printf-Funktionen prüfen kann, dann wird er es auch hier tun (und zwar ohne irgendwelche gcc/Clang-spezifischen Attribute).

Beispiel 10-10: Die Makroversion besitzt weniger Komponenten (macro_varargs.c)

```
#define _GNU_SOURCE //damit stdio.h vasprintf einbindet
#include <stdio.h> //printf, vasprintf
#include <stdlib.h> //system
#include <assert.h>

#define System_w_printf(outval, ...) {               \
    char *string_for_systemf;                        \
    asprintf(&string_for_systemf, __VA_ARGS__); \
    outval = system(string_for_systemf);             \
    free(string_for_systemf);                        \
}

int main(int argc, char **argv){
    assert(argc == 2);
    int out;
    System_w_printf(out, "ls %s", argv[1]);
    return out;
}
```

Optionale und benannte Argumente

Ich habe Ihnen schon gezeigt, wie Sie eine Liste identischer Argumente mithilfe von Compound-Literalen und variadischen Makros sauberer an eine Funktion schicken können. Wenn Sie sich daran nicht mehr erinnern, schauen Sie sich erst noch einmal Abschnitt »Listen sicher abschließen« auf Seite 179 an.

Ein Struct ähnelt in vielen Dingen einem Array, nur mit nicht identischen Typen. Wir sollten also das gleiche Vorgehen darauf anwenden können: ein Wrapper-Makro schreiben, um alle Elemente sauber in ein Struct zu stecken und dieses dann an die Funktion zu übergeben. Beispiel 10-11 zeigt, wie das geht.

Hier finden Sie eine Funktion, die eine variable Anzahl an benannten Argumenten annehmen kann. Dazu benötigen wir drei Elemente: die Wegwerfstruktur, die der Anwender niemals über ihren Namen ansprechen wird (der jedoch trotzdem den globalen Namensraum vollmüllt, wenn die Funktion auch global sein soll), das Makro, das seine Argumente in ein Struct steckt, das dann an die eigentliche Basisfunktion weitergegeben wird, und die Basisfunktion selbst.

Beispiel 10-11: Eine Funktion mit einer variablen Anzahl benannter Argumente – nicht angegebene Argumente erhalten Standardwerte (ideal.c)

```c
#include <stdio.h>

typedef struct {                                                         ❶
    double pressure, moles, temp;
} ideal_struct;

/** Das Volumen (in m^3) über die ideale Gasgleichung finden: V =nRT/P
Eingabewerte:
Druck in Atmosphären (Standardwert 1)
Mol des Materials (Standardwert 1)
Temperatur in Kelvin (Standardwert 0°C = 273.15)
 */
#define ideal_pressure(...) ideal_pressure_base((ideal_struct){.pressure=1, \  ❷
                                  .moles=1, .temp=273.15, __VA_ARGS__})

double ideal_pressure_base(ideal_struct in){                             ❸
    return 8.314 * in.moles*in.temp/in.pressure;
}

int main(){
    printf("Volumen mit Standardwerten: %g\n", ideal_pressure() );
    printf("Volumen bei 100°C: %g\n", ideal_pressure(.temp=373.15) );    ❹
    printf("Volumen bei 2 Mol: %g\n", ideal_pressure(.moles=2) );
    printf("Volumen bei 2 Mol und 100°C: %g\n",
                        ideal_pressure(.moles=2, .temp=373.15) );
}
```

❶ Zuerst müssen wir ein Struct deklarieren, das die Eingabewerte der Funktion übernimmt.

❷ Die Eingabewerte des Makros werden in die Definition eines anonymen Struct gesteckt, während die Argumente des Anwenders als Designated Initializer dienen.

❸ Die Funktion selbst übernimmt ein `ideal_struct` statt der üblichen freien Liste mit Eingabewerten.

❹ Der Anwender übergibt eine Liste mit Designated Initializers. Die nicht angegebenen Werte erhalten einen Standardwert, und der Aufruf von `ideal_pressure_base` erhält dann eine Eingabestruktur mit allen notwendigen Angaben.

So wird der Funktionsaufruf (erzählen Sie es nicht dem Anwender, aber in Wirklichkeit ist es ein Makro) der letzten Zeile erweitert:

```
ideal_pressure_base((ideal_struct){.pressure=1, .moles=1, .temp=273.15,
                                    .moles=2, .temp=373.15})
```

Es gilt die Regel: Wird ein Element mehrfach initialisiert, ist die letzte Initialisierung die gültige. .pressure bleibt damit beim Standardwert 1, während die anderen beiden Eingabewerte auf den vom Benutzer angegebenen Wert gesetzt werden.

Clang gibt bei der mehrfachen Initialisierung von moles und temp eine Warnung aus, wenn Sie -Wall nutzen, da die Compiler-Programmierer davon ausgehen, dass die doppelte Initialisierung eher ein Fehler denn eine bewusste Wahl ist. Diese Warnung können Sie durch das zusätzliche Compiler-Flag -Wno-initializer-overrides abschalten. gcc markiert es nur dann als Fehler, wenn Sie mit -Wextra um zusätzliche Warnungen bitten. Mit -Wextra -Woverride-init wird die spezielle Warnung dann wieder abgeschaltet.

Sie sind dran: In diesem Fall muss die Wegwerfstruktur gar nicht unbedingt weggeworfen werden, denn es kann sinnvoll sein, die Formel in verschiedenen Formen auszurechnen:

- Druck = 8,314 Stoffmenge * Temperatur / Volumen
- Stoffmenge = Druck * Volumen / (8,314 Temperatur)
- Temperatur = Druck * Volumen / (8,314 Stoffmenge)

Ergänzen Sie das Struct so, dass es auch Platz für das Volumen bietet, und nutzen Sie es dann, um die Funktionen für diese zusätzlichen Gleichungen zu schreiben.

Dann setzen Sie diese Funktionen ein, um eine vereinheitlichte Funktion zu schreiben, die ein Struct mit drei der Elemente aus pressure, moles, temp und volume erhält (das vierte kann NAN sein, oder Sie fügen ein Element what_to_solve dem Struct hinzu) und die richtige Funktion zum Lösen des vierten Werts berechnet.

Nachdem die Argumente nun optional sind, können Sie auch in sechs Monaten noch ein neues Argument hinzufügen, ohne jedes Programm anfassen zu müssen, das Ihre Funktion seitdem genutzt hat. Sie können mit einer kleinen, übersichtlichen Funktion beginnen und nach Bedarf zusätzliche Features ergänzen. Aber wir sollten eine Lektion von den Sprachen lernen, die diese Möglichkeit von Anfang an hatten: Man kommt leicht zu Funktionen, die Dutzende Eingabewerte übernehmen können, von denen die meisten aber nur für seltene Grenzfälle notwendig sind.

Eine alte Funktion aufpolieren

Bisher haben sich die Beispiele darauf konzentriert, etwas in einer einfachen Umgebung zu zeigen. Aber solch kurze Beispiele können nicht die Techniken vorstellen, mit denen alles so zusammengebracht werden kann, dass man ein nützliches und robustes Programm erhält, das echte Probleme löst. Die nun folgenden Beispiele werden daher länger sein und realistischere Annahmen treffen.

Beispiel 10-12 ist eine unschöne Funktion. Bei einem Kredit sind die monatlichen Raten zwar fix, aber der prozentuale Anteil der Zinsen ist zu Beginn (wenn mehr Kredit zurückzuzahlen ist) hoch und geht mit dem Ende des Rückzahlungszeitraums gegen null. Die Berechnungen machen keinen Spaß (insbesondere wenn wir die Möglichkeit anbieten, jeden Monat zusätzliche Zahlungen leisten zu können oder den Kredit vorzeitig zurückzuzahlen), und ich kann verstehen, wenn Sie sich nicht komplett in den Ablauf der Funktion einarbeiten wollen. Uns geht es hier auch mehr um die Schnittstelle, die zehn Eingabewerte in mehr oder weniger willkürlicher Reihenfolge entgegennimmt. Mit dieser Funktion irgendwelche Finanzrechnungen durchzuführen, wäre sehr unerfreulich und fehleranfällig.

Und damit sieht amortize genau so wie viele andere ältere Funktionen in der C-Welt aus. Und Punkrock ist sie auch nur noch so weit, dass sie für ihr Publikum lediglich Verachtung übrig hat. Darum wollen wir sie jetzt ganz im Stil der aktuellen Hochglanzmagazine mit einer schönen Verpackung versehen. Bei Legacy-Code könnten wir die Funktionsschnittstelle nicht ändern (weil vielleicht andere Programme davon abhängig sind). Daher brauchen wir zusätzlich zu den bei dem Beispiel mit der idealen Gasgleichung genutzten Schritten (benannte, optionale Eingabewerte) eine Vorbereitungsfunktion, die zwischen der Makroausgabe und den festen, alten Funktionsparametern vermittelt.

Beispiel 10-12: Eine schwierig einzusetzende Funktion mit zu vielen Eingabewerten und keiner Fehlerprüfung (amortize.c)

```
#include <math.h> //pow.
#include <stdio.h>
#include "amortize.h"

double amortize(double amt, double rate, double inflation, int months,
            int selloff_month, double extra_payoff, int verbose,
            double *interest_pv, double *duration, double *monthly_payment){
    double total_interest = 0;
    *interest_pv = 0;
    double mrate = rate/1200;

    //Die monatliche Rate ist fest, aber das Verhältnis Rückzahlung/Zinsen ändert sich.
    *monthly_payment = amt * mrate/(1-pow(1+mrate, -months));
    if (verbose) printf("Monatliche Rate: %g\n\n", *monthly_payment);
    int end_month = (selloff_month && selloff_month < months )
                        ? selloff_month
                        : months;
    if (verbose) printf("J./Mn.\tSchuld\tZins\t| ak.Schuld\tak.Zins\tVerh.\n");
    int m;
    for (m=0; m < end_month && amt > 0; m++){
        amt -= extra_payoff;
        double interest_payment = amt*mrate;
        double principal_payment = *monthly_payment - interest_payment;
        if (amt <= 0)
            principal_payment =
```

```
            interest_payment = 0;
        amt -= principal_payment;
        double deflator = pow(1+ inflation/100, -m/12.);
        *interest_pv  += interest_payment * deflator;
        total_interest += interest_payment;
        if (verbose) printf("%i/%i\t%7.5g\t|  %7.5g\t %7.5g\t%7.5g\n",
                m/12, m-12*(m/12)+1, principal_payment, interest_payment,
                        principal_payment*deflator, interest_payment*deflator,
                        principal_payment/interest_payment);
    }
    *duration = m/12.;
    return total_interest;
}
```

Beispiel 10-13 und Beispiel 10-14 sorgen für eine anwenderfreundliche Schnittstelle zur Funktion. Ein Großteil der Header-Datei besteht aus Dokumentation im Doxygen-Stil. Da wir so viele Eingabewerte haben, wäre es verrückt, sie nicht alle zu dokumentieren. Zudem werden hier auch die Standardwerte beschrieben, wenn der Anwender einen Parameter nicht angibt.

Beispiel 10-13: Die Header-Datei – größtenteils Dokumentation, dazu ein Makro und ein Header für eine Vorbereitungsfunktion (amortize.h)

```
double amortize(double amt, double rate, double inflation, int months,
            int selloff_month, double extra_payoff, int verbose,
            double *interest_pv, double *duration, double *monthly_payment);

typedef struct {
    double amount, years, rate, selloff_year, extra_payoff, inflation;   ❶
    int months, selloff_month;
    _Bool show_table;
    double interest, interest_pv, monthly_payment, years_to_payoff;
    char *error;
} amortization_s;


/** Inflationsbereinigte Zinsen berechnen, die Sie      ❷
  während einer Kreditlaufzeit für einen Kredit oder eine Hypothek zahlen.

\li \c amount   Kreditsumme (in $). Kein Standardwert. Fehlt die Angabe, wird
                ein Fehler ausgegeben und null geliefert.
\li \c months   Anzahl Monate der Laufzeit. Standardwert: 0, siehe aber auch years.
\li \c years    Ohne Angabe von months können Sie die Anzahl der Jahre angeben.
                Z. B. 10.5 = zehn Jahre, sechs Monate.
                Standardwert: 30 (übliche Hypothekenlaufzeit in den USA).
\li \c rate     Zinsen, angegeben als effektiver Jahreszins
                Standardwert 4.5 (also 4.5 %), typisch für
                die aktuelle Immobilienlage in den USA 2012.
\li \c inflation   Inflationsrate pro Jahr, um den aktuellen Wert des Geldes zu berechnen.
                Standardwert: 0, also keine Anpassung.
                In den letzten Jahrzehnten lag die Rate in den
                USA bei über 3.
\li \c selloff_month  Monat der Kreditrückzahlung (weil z. B. das Haus verkauft wird).
                Standardwert: 0 (keine vorzeitige Rückzahlung).
\li \c selloff_year   Ist selloff_month==0 und dieser Wert > 0, das Jahr der Rückzahlung.
                Standardwert: 0 (keine vorzeitige Rückzahlung).
```

```
\li \c extra_payoff  Zusätzliche monatliche Tilgung. Standardwert: 0.
\li \c show_table  Wenn nicht 0, wird eine Tabelle mit den Zahlungen ausgegeben. Bei 0
                   wird nichts ausgegeben (es werden nur die gesamten Zinsen zurückgegeben).
                   Standardwert: 1.

Alle Eingabewerte außer \c extra_payoff und \c inflation müssen >= 0 sein.

\return  Eine Struktur \c amortization_s mit all den obigen Werten wie bei der Eingabe,
         dazu:
\li \c interest    Gesamtsumme gezahlte Zinsen.
\li \c interest_pv  Gesamtsumme Zahlungen, inflationsbereinigt.
\li \c monthly_payment  Feste monatliche Zahlung (bei einer Hypthek kommen noch Steuern
                        und Zinsen hinzu).
\li \c years_to_payoff  Normalerweise die Dauer oder das Rückzahlungsdatum, aber mit
                        Zusatztilgungen geht es schneller.
\li \c error            Wenn <tt>error != NULL</tt>, ging etwas schief, und die Ergebnisse
sind
                        nicht gültig.
*/
#define amortization(...) amortize_prep((amortization_s){.show_table=1, \
                                         __VA_ARGS__})   ❸

amortization_s amortize_prep(amortization_s in);
```

❶ Die vom Makro genutzte Struktur, um die Daten an die Vorbereitungsfunktion zu übergeben. Sie muss im gleichen Gültigkeitsbereich wie das Makro und die Vorbereitungsfunktion selbst liegen. Manche Elemente sind Eingabeelemente, die nicht zur Funktion `amortize` gehören, die Arbeit damit aber erleichtern. Andere sind Ausgabeelemente, die nach Abarbeiten der Funktion gefüllt werden.

❷ Die Dokumentation im Doxygen-Format. Es ist immer gut, wenn die Dokumentation einen Großteil der Schnittstellendatei einnimmt. Beachten Sie, wie bei jedem Eingabewert der Standardwert mit angegeben ist.

❸ Dieses Makro steckt die Benutzereingaben – vielleicht so etwas wie `amortization(.amount=2e6, .rate=3.0)` – in einen Designated Initializer für ein `amortization_s`. Wir müssen den Standardwert für `show_table` hier setzen, denn ansonsten gäbe es keine Möglichkeit, zwischen einem Anwender, der explizit `.show_table=0` setzt, und einem Anwender, der `.show_table` weglässt, zu unterscheiden. Wollen wir also einen Standardwert ungleich null für eine Variable haben, die sinnvollerweise den Wert Null annehmen kann, müssen wir ihn wie hier setzen.

Die drei Zutaten für die Eingabeparameter mit Namen sind auch hier vorhanden: ein Typedef für ein Struct, ein Makro, das benannte Elemente übernimmt und die Struktur füllt, und eine Funktion, die ein einzelnes Struct als Eingabeparameter erhält. Allerdings ist die hier aufgerufene Funktion eine Vorbereitungsfunktion, die zwischen Makro und Basisfunktion steckt. Deren Deklaration befindet sich in diesem Header, die eigentliche Definition in Beispiel 10-14.

Beispiel 10-14: Die nicht öffentlichen Teile der Schnittstelle (amort_interface.c)

```
#include "stopif.h"
#include <stdio.h>
#include "amortize.h"

amortization_s amortize_prep(amortization_s in){                ❶
    Stopif(!in.amount || in.amount < 0 || in.rate < 0           ❷
            || in.months < 0 || in.years < 0 || in.selloff_month < 0
            || in.selloff_year < 0,
            return (amortization_s){.error="Falsche Eingabe"},
            "Falsche Eingabe. Gebe Null zurück.");

    int months = in.months;
    if (!months){
        if (in.years) months = in.years * 12;
        else          months = 12 * 30; //Hypothek
    }

    int selloff_month = in.selloff_month;
    if (!selloff_month && in.selloff_year)
        selloff_month = in.selloff_year * 12;

    amortization_s out = in;
    out.rate = out.rate || 4.5;                                 ❸
    out.interest = amortize(in.amount, out.rate, in.inflation,
            months, selloff_month, in.extra_payoff, in.show_table,
            &(out.interest_pv), &(out.years_to_payoff), &(out.monthly_payment));
    return out;
}
```

❶ Dies ist die Vorbereitungsfunktion, deren Aktivitäten amortize hätte anbieten sollen: Sie setzt nicht-triviale, sinnvolle Standardwerte und prüft auf Fehler in den Eingabewerten. Jetzt ist es in Ordnung, dass sich amortize direkt um die Berechnungen kümmert, da die ganze Vorbereitungsarbeit schon erledigt ist.

❷ In Abschnitt »Fehlerprüfung« auf Seite 51 wird das Makro Stopif besprochen. Es geht in dieser Zeile mehr darum, Segfaults zu vermeiden denn ein automatisches Testen auf Fehlerbedingungen zu ermöglichen.

❸ Weil es eine einfache Konstante ist, könnten wir die Rate auch im Makro amortization setzen, zusammen mit dem Standardwert für show_table. Das können Sie sich selbst aussuchen.

Der eigentliche Zweck der Vorbereitungsfunktion ist, ein einzelnes Struct zu übernehmen und dann die Funktion amortize mit den Struct-Elementen aufzurufen, um die Schnittstelle von amortize nicht direkt verändern zu müssen. Aber da wir jetzt eine Funktion haben, die die Eingabewerte aufbereitet, können wir auch gleich Fehlerprüfung und Standardwerte umsetzen. So können wir zum Beispiel dem Anwender nun die Möglichkeit bieten, die Laufzeit wahlweise in Monaten oder Jahren anzugeben, und die Vorbereitungsfunktion kann Fehler ausgeben, wenn die Eingabewerte keine sinnvollen Inhalte haben.

Für solch eine Funktion sind Standardwerte übrigens besonders wichtig, da die meisten von uns eigentlich nicht wissen, wie groß eine normale Inflationsrate ist (und auch kein Interesse daran haben, es zu ermitteln). Kann ein Computer hier Wissen liefern, das sich auch ohne Probleme überschreiben lässt, wird der Anwender im Allgemeinen nicht undankbar sein.

Die Funktion amortize gibt eine Reihe von Werten zurück. Wie im Abschnitt »Mehrere Elemente aus einer Funktion zurückgeben« auf Seite 187 gelernt ist es sehr nett, alle in ein einzelnes Struct zu stecken, statt einen Wert direkt und die anderen über Zeiger zurückzugeben. Damit wir Designated Initializers über das variadische Makro nutzen können, benötigen wir zudem noch eine zweite Hilfsstruktur – warum da nicht beide kombinieren? Das Ergebnis ist eine Ausgabestruktur, die gleichzeitig alle Eingabewerte enthält.

Nach der ganzen Arbeit an der Schnittstelle haben wir nun eine gut dokumentierte, einfach zu verwendende, auf Fehler prüfende Funktion, und das Programm in Beispiel 10-15 kann eine Reihe von Was-wäre-wenn-Szenarien ohne große Schwierigkeiten durchrechnen. Es verwendet die Dateien *amortize.c* und *amort_interface.c*, wobei dabei pow aus der Math-Bibliothek eingesetzt wird. Ihr Makefile wird also in etwa so aussehen müssen:

```
P=amort_use
objects=amort_interface.o amortize.o
CFLAGS=-g -Wall -O3 #the usual
LDFLAGS=-lm
CC=c99

$(P):$(objects)
```

Beispiel 10-15: Wir können nun das Makro beziehungsweise die Funktion nutzen, um gut lesbare Was-wäre-wenn-Szenarien zu berechnen (amort_use.c)

```
#include <stdio.h>
#include "amortize.h"

int main(){
    printf("Ein typischer Kredit:\n");
    amortization_s nopayments = amortization(.amount=200000, .inflation=3);
    printf("Sie haben real $%g durchs Klo gespült oder $%g nach heutigem Wert.\n",
            nopayments.interest, nopayments.interest_pv);

    amortization_s a_hundred = amortization(.amount=200000, .inflation=3,
                                    .show_table=0, .extra_payoff=100);
    printf("Mit zusätzlichen $100/Monat verlieren Sie nur $%g (PV), "
            "und der Kredit ist in %g Jahren zurückgezahlt.\n",
            a_hundred.interest_pv, a_hundred.years_to_payoff);

    printf("Verkaufen Sie in zehn Jahren, zahlen Sie $%g Zinsen (aktuell).\n",
                    amortization(.amount=200000, .inflation=3,
                            .show_table=0, .selloff_year=10).interest_pv);  ❶
}
```

❶ Die Funktion amortization gibt ein Struct zurück. Bei den ersten beiden Einsatzfällen erhielt dieses Struct einen Namen, und es wurden dessen Struct-Elemente verwendet.

Brauchen Sie diese temporäre Variable nicht, dann kümmern Sie sich auch nicht um sie. In dieser Zeile wird das eine Element des Struct genutzt, das wir von der Funktion benötigen. Hätte die Funktion ein Stück aus einem per `malloc` angeforderten Speicher zurückgegeben, könnten wir das allerdings nicht tun, da Sie einen Namen brauchen, den Sie an die Funktion zum Speicherfreigeben übergeben können. Aber vielleicht ist Ihnen ja schon aufgefallen, dass es in diesem ganzen Kapitel darum geht, Strukturen zu übergeben, nicht Zeiger auf Strukturen.

Es gibt hier eine Menge Codezeilen, die die ursprüngliche Funktion verpacken, aber für den Struct-Einsatz und die Makros für die benannten Argumente sind nur ein paar wenige davon nötig. Der Rest ist Dokumentation und eine intelligente Verarbeitung der Eingabewerte. Alles in allem haben wir eine Funktion mit nahezu nicht nutzbarer Schnittstelle genommen und so anwenderfreundlich gemacht, wie ein Kreditrechner nur sein kann.

Der void-Zeiger und die Strukturen, auf die er zeigt

Dieser Abschnitt dreht sich um das Implementieren generischer Prozeduren und Strukturen. Ein Beispiel wird eine Funktion auf jede Datei in einer Verzeichnishierarchie anwenden – den Dateinamen ausgeben, nach einem String suchen oder was einem sonst so in den Sinn kommt. Ein weiteres Beispiel nutzt die Hash-Struktur von GLib, um zu zählen, wie häufig jeder Buchstabe in einer Datei vorkommt – also das Verbinden eines Unicode-Zeichens mit einem Integer-Wert. Natürlich stellt die GLib eine Hash-Struktur zur Verfügung, die beliebige Schlüssel- und Werttypen verwalten kann. Damit ist der Unicode-Zeichenzähler eine Anwendung des allgemeinen Containers.

All diese Flexibilität verdanken wir dem `void`-Zeiger, der auf beliebige Typen zeigen kann. Die Hash-Funktion und die Routine zum Verarbeiten des Verzeichnisses sind vollständig unabhängig davon, worauf gezeigt wird – sie übergeben einfach die Werte bei Bedarf. Typsicherheit gehört dann allerdings zu unserer eigenen Verantwortung, aber Structs helfen uns dabei und erleichtern auch die Arbeit mit generischen Prozeduren.

Funktionen mit generischen Eingabewerten

Eine *Callback-Funktion* ist eine Funktion, die einer weiteren Funktion zur Verwendung übergeben wird. Ich werde Ihnen hier eine generische Funktion vorstellen, die ein Verzeichnis rekursiv durchläuft und mit jeder Datei etwas anstellt. Der Callback ist dabei die Funktion, die an die Verzeichnisfunktion übergeben und auf jede Datei angewendet wird.

Das Problem ist in Abbildung 10-1 dargestellt. Bei einem direkten Funktionsaufruf kennt der Compiler den Typ Ihrer Daten und weiß, welchen Typ die Funktion erfordert. Passt beides nicht zusammen, wird er Ihnen das mitteilen. Aber eine generische Prozedur sollte das Format der Funktion oder die eingesetzten Daten nicht bestimmen. Der Abschnitt

»Einfaches Threading mit Pthreads« auf Seite 251 nutzt pthread_create, das (wenn man die irrelevanten Teile weglässt) in etwa so deklariert werden könnte:

```
typedef void *(*void_ptr_to_void_ptr)(void *in);
int pthread_create(..., void *ptr, void_ptr_to_void_ptr *fn);
```

Rufen wir pthread_create(..., *indata*, *myfunc*) auf, ist die Typinformation für *indata* verloren, da es in einen void-Zeiger gecastet wurde. Wir können davon ausgehen, dass irgendwo in pthread_create ein Aufruf der Form *myfunc(indata)* zu finden ist. Ist *indata* ein double*, während *myfunc* ein char* erwartet, kann dies der Compiler nicht verhindern.

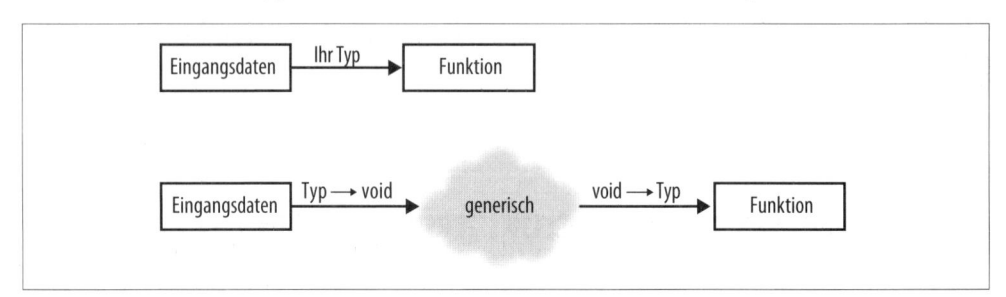

Abbildung 10-1: Direkter Aufruf einer Funktion versus Aufruf durch eine generische Prozedur

Beispiel 10-16 ist die Header-Datei für eine Implementierung der Funktion, die Funktionen auf jedes Verzeichnis und jede Datei in einem Verzeichnis anwendet. Sie enthält als Doxygen-Dokumentation die Beschreibung, was die Funktion process_dir tun sollte. Wie es sich gehört, ist die Dokumentation ungefähr genauso lang wie es der Code sein wird.

Beispiel 10-16: Eine Header-Datei für eine generische Funktion, die ein Verzeichnis rekursiv durchläuft (process_dir.h)

```
struct filestruct;
typedef void (*level_fn)(struct filestruct path);

typedef struct filestruct{
    char *name, *fullname;
    level_fn directory_action, file_action;
    int depth, error;
    void *data;
} filestruct;                                                      ❶

/** Ich erhalte den Inhalt des angegebenen Verzeichnisses, rufe für jede Datei
    \c file_action auf, für jedes Verzeichnis rufe ich \c dir_action auf und
    durchlaufe es rekursiv.
    Dadurch geht es bei diesem Durchlauf zuerst in die Tiefe.

    Ihre Funktionen erhalten eine \c filestruct (siehe dort). Es gibt dort auch ein Element
    \c error, das Sie setzen können, um auf einen Fehler hinzuweisen.

    Die Eingabewerte sind Designated Initializers, sie können enthalten:

    \li \c .name Der Name der aktuellen Datei oder des Verzeichnisses.
    \li \c .fullname Der Pfad auf die aktuelle Datei oder das Verzeichnis.
    \li \c .directory_action Eine Funktion, die ein \c filestruct erwartet.
```

```
        Ich rufe sie mit einer entsprechend gefüllten \c filestruct
        für jedes Verzeichnis auf (direkt vor dem Verarbeiten der Dateien
        in diesem Verzeichnis).
\li \c .file_action Wie \c directory_action, nur wird die Funktion von mir
        für jede Datei aufgerufen, die kein Verzeichnis ist.
\li \c .data Ein void-Zeiger, der an Ihre Funktionen übergeben wird.

\return 0=Okay, ansonsten die Anzahl der Verzeichnisse mit Fehlern plus die
        Fehler von Ihren Skripten.
Ihre Funktionen können das Element \c data der \c filestruct ändern.

Beispielanwendung:
\code
    void dirp(filestruct in){ printf("Verzeichnis: <%s>\n", in.name); }
    void filep(filestruct in){ printf("Datei: %s\n", in.name); }

    //Dateien (aber nicht Verzeichnisse) im aktuellen Verzeichnis auflisten:
    process_dir(.file_action=filep);

    //Alles in meinem Home-Verzeichnis zeigen:
    process_dir(.name="/home/b", .file_action=filep, .directory_action=dirp);
\endcode
*/
#define process_dir(...) process_dir_r((filestruct){__VA_ARGS__})      ❷

int process_dir_r(filestruct level);                                    ❸
```

❶ Hier sind sie wieder: die drei Teile einer Funktion, um benannte Argumente nutzen zu können. Aber abgesehen davon ist dieses Struct wichtig, um bei der Übergabe von void-Zeigern Typsicherheit zu erlangen.

❷ Das Makro, das die Designated Initializers des Anwenders in ein Compound-Literal-Struct übernimmt.

❸ Die Funktion, die das Struct vom Makro process_dir erhält. Normalerweise rufen die Anwender sie nicht direkt auf.

Schauen Sie sich nochmals Abbildung 10-1 an, finden Sie in diesem Header schon eine Teillösung für das Problem mit der Typsicherheit: Es wird ein eindeutiger Typ filestruct definiert, den der Callback als Parameter übernehmen muss. Am Ende des Struct ist immer noch ein void-Zeiger versteckt. Ich könnte ihn auch aus der Struktur herauslassen:

```
typedef void (*level_fn)(struct filestruct path, void *indata);
```

Aber solange wir ein Ad-hoc-Struct als Hilfselement für die Funktion process_dir definieren, können wir auch den void-Zeiger darin unterbringen. Zudem haben wir jetzt ein Struct, das mit der Funktion process_dir verbunden ist, und können es nutzen, um mit dem Makro Designated Initializers in einen Funktionsparameter umzuwandeln (siehe Abschnitt »Optionale und benannte Argumente« auf Seite 193). Mit Structs wird alles einfacher.

Beispiel 10-17 zeigt den Einsatz von process_dir – die Teile vor und nach der Wolke in Abbildung 10-1. Diese Callback-Funktionen sind sehr einfach – sie geben ein paar

Leerzeichen und den Namen der Datei oder des Verzeichnisses aus. Es gibt auch keine Typunsicherheit, weil der Eingabeparameter des Callbacks ein bestimmter Typ eines Struct sein muss.

Hier sehen Sie eine Beispielausgabe für ein Verzeichnis mit zwei Dateien und einem Unterverzeichnis namens *cfiles* mit weiteren drei Dateien:

```
Baum für sample_dir:
| cfiles
 ―
    | c.c
    | a.c
    | b.c
| a_file
| another_file
```

Beispiel 10-17: Ein Programm, um einen Baum mit der angegebenen Verzeichnisstruktur auszugeben (show_tree.c)

```c
#include <stdio.h>
#include "process_dir.h"

void print_dir(filestruct in){
    for (int i=0; i< in.depth-1; i++) printf("   ");
    printf("| %s\n", in.name);
    for (int i=0; i< in.depth-1; i++) printf("   ");
    printf("|―|\n");
}

void print_file(filestruct in){
    for (int i=0; i< in.depth; i++) printf("   ");
    printf("| %s\n", in.name);
}

int main(int argc, char **argv){
    char *start = (argc>1) ? argv[1] : ".";
    printf("Baum für %s:\n", start ? start: "das aktuelle Verzeichnis");
    process_dir(.name=start, .file_action=print_file, .directory_action=print_dir);
}
```

Wie Sie sehen können, übergibt main die Funktionen print_dir und print_file an process_dir und vertraut darauf, dass process_dir sie zur rechten Zeit mit den passenden Eingabewerten aufrufen wird.

Die Funktion process_dir findet sich in Beispiel 10-18. Ein Großteil der Arbeit der Funktion besteht darin, eine Struktur mit der aktuell bearbeiteten Datei oder dem Verzeichnis gefüllt zu halten. Das angegebene Verzeichnis wird per opendir geöffnet. Dann holt sich jeder Aufruf von readdir einen weiteren Eintrag aus dem Verzeichnis, in dem eine Datei, ein Verzeichnis, ein Link oder was auch immer aus dem Verzeichnis beschrieben wird. Der Eingangsparameter filestruct wird durch Informationen über den aktuellen Eintrag aufgefrischt. Je nachdem, ob der Eintrag ein Verzeichnis oder eine Datei beschreibt, wird der entsprechende Callback mit dem angepassten filestruct aufgerufen.

Bei einem Verzeichnis wird die Funktion dann rekursiv für das gerade gewählte Verzeichnis gestartet.

Beispiel 10-18: Rekursiv durch ein Verzeichnis laufen und file_action für jede gefundene Datei sowie directory_action für jedes gefundene Verzeichnis aufrufen (process_dir.c)

```
#include "process_dir.h"
#include <dirent.h> //struct dirent
#include <stdlib.h> //free

int process_dir_r(filestruct level){
    if (!level.fullname){
        if (level.name) level.fullname=level.name;
        else            level.fullname=".";
    }
    int errct=0;

    DIR *current=opendir(level.fullname);                            ❶
    if (!current) return 1;
    struct dirent *entry;
    while((entry=readdir(current))) {
        if (entry->d_name[0]=='.') continue;
        filestruct next_level = level;                               ❷
        next_level.name = entry->d_name;
        asprintf(&next_level.fullname, "%s/%s", level.fullname, entry->d_name);

        if (entry->d_type==DT_DIR){
            next_level.depth ++;
            if (level.directory_action) level.directory_action(next_level);  ❸
            errct+= process_dir_r(next_level);
        }
        else if (entry->d_type==DT_REG && level.file_action){
            level.file_action(next_level);                           ❹
            errct+= next_level.error;
        }
        free(next_level.fullname);                                   ❺
    }
    closedir(current);
    return errct;
}
```

❶ Die Funktionen opendir, readdir und closedir gehören zum POSIX-Standard.

❷ Für jeden Eintrag im Verzeichnis wird eine neue Kopie des Eingangsparameters filestruct erstellt, und diese wird entsprechend aktualisiert.

❸ Die Verzeichnisfunktion wird mit dem aktuellen filestruct aufgerufen. Unterverzeichnisse werden rekursiv durchlaufen.

❹ Die Dateifunktion wird mit dem aktuellen filestruct aufgerufen.

❺ Die für jeden Schritt erstellten filestructs sind keine Zeiger und werden nicht per malloc alloziert, daher ist kein Code zur Speicherverwaltung nötig. Aber asprintf alloziert implizit fullname, daher muss dieses wieder freigegeben werden, um keine Unordnung zu hinterlassen.

Durch diese Architektur wurde eine gute Kapselung erreicht: Die Ausgabefunktionen müssen sich nicht um die POSIX-Verzeichnisbehandlung kümmern, und *process_dir.c* weiß nichts davon, was die Eingabefunktionen getan haben. Und das funktionsspezifische Struct hat den Ablauf recht gut geglättet.

Generische Strukturen

Verkettete Listen, Hashes, Bäume und andere solche Datenstrukturen lassen sich in allen möglichen Situationen anwenden. Daher ist es sinnvoll, sie mit Hooks für void-Zeiger auszustatten, die dann von Ihnen als Anwender auf dem Weg in die Struktur und aus ihr heraus in den richtigen Typ konvertiert werden.

Dieser Abschnitt wird ein typisches Beispiel aus einem Lehrbuch präsentieren: einen Hash mit der Zeichenhäufigkeit. Ein Hash ist ein Container, der Schlüssel/Wert-Paare enthält und es dem Anwender erlaubt, mit dem Schlüssel sehr schnell die Werte nachzuschlagen.

Bevor wir zu dem Teil kommen, in dem wir Dateien in einem Verzeichnis verarbeiten, müssen wir den generischen GLib-Hash so anpassen, dass das Programm ihn nutzen kann – mit einem Unicode-Schlüssel und einer Integer-Zahl als Wert. Ist diese Komponente eingerichtet (was schon ein gutes Beispiel für die Arbeit mit Callbacks ist), lassen sich die Callbacks für das Durchlaufen der Dateien einfach implementieren.

Wie Sie sehen werden, sind die Funktionen equal_chars und printone als Callbacks für den Einsatz durch mit dem Hash verbundene Funktionen gedacht, daher wird der Hash diesen Callbacks zwei void-Zeiger schicken. Die ersten Zeilen dieser Funktionen deklarieren daher Variablen mit dem korrekten Typ und casten damit den void-Zeiger in diesen Typ.

Beispiel 10-19 enthält den Header und zeigt, was in Beispiel 10-20 öffentlich genutzt werden kann.

Beispiel 10-19: Der Header für unictr.c (unictr.h)

```
#include <glib.h>

void hash_a_character(gunichar uc, GHashTable *hash);
void printone(void *key_in, void *val_in, void *xx);
GHashTable *new_unicode_counting_hash();
```

Beispiel 10-20: Funktionen rund um einen Hash mit einem Unicode-Zeichen als Schlüssel und einem Zählerwert (unictr.c)

```
#include "string_utilities.h"
#include "process_dir.h"
#include "unictr.h"
#include <glib.h>
#include <stdlib.h> //calloc, malloc

typedef struct {                                        ❶
    int count;
} count_s;
```

```
void hash_a_character(gunichar uc, GHashTable *hash){
    count_s *ct = g_hash_table_lookup(hash, &uc);
    if (!ct){
        ct = calloc(1, sizeof(count_s));
        gunichar *newchar = malloc(sizeof(gunichar));
        *newchar = uc;
        g_hash_table_insert(hash, newchar, ct);
    }
    ct->count++;
}

void printone(void *key_in, void *val_in, void *ignored){            ❷
    gunichar const *key= key_in;                                     ❸
    count_s const *val= val_in;
    char utf8[7];                                                    ❹
    utf8[g_unichar_to_utf8(*key, utf8)]='\0';
    printf("%s\t%i\n", utf8, val->count);
}

static gboolean equal_chars(void const * a_in, void const * b_in){   ❺
    const gunichar *a= a_in;                                         ❻
    const gunichar *b= b_in;
    return (*a==*b);
}

GHashTable *new_unicode_counting_hash(){
    return g_hash_table_new(g_str_hash, equal_chars);
}
```

❶ Ja, das ist ein Struct mit genau einem einzelnen Integer-Wert. Eines Tages wird Ihnen das Ihr Leben retten.

❷ Dies wird ein Callback für g_hash_table_foreach sein, daher werden ihm void-Zeiger für den Schlüssel und den Wert sowie ein weiterer, von dieser Funktion nicht genutzter void-Zeiger übergeben.

❸ Erhält eine Funktion einen void-Zeiger, muss als Erstes eine Variable mit dem korrekten Typ erstellt werden, um den void-Zeiger in etwas Nützliches casten zu können. Verschieben Sie das nicht nach weiter unten, sondern belassen Sie es gleich am Anfang der Funktion, wo Sie prüfen können, ob der Cast korrekt abgelaufen ist.

❹ Sechs chars reichen aus, um eine beliebige UTF-8-Kodierung eines Unicode-Zeichens abzulegen. Mit einem weiteren Byte für die abschließende '\0' reichen sieben Bytes aus, um einen String mit einem Zeichen darstellen zu können.

❺ Da Schlüssel und Werte eines Hash beliebiger Typen haben können, müssen Sie GLib die Vergleichsfunktion nennen, mit der es herausfinden kann, ob zwei Schlüssel identisch sind. Später wird new_unicode_counting_hash diese Funktion an die Funktion zum Erstellen des Hash übergeben.

❻ Habe ich schon erwähnt, dass in der ersten Zeile einer Funktion mit einem void-Zeiger als Parameter dieser Zeiger immer einer Variablen des korrekten Typs zugewiesen werden sollte? Danach sind Sie wieder im kuscheligen Raum der Typsicherheit.

Nachdem wir nun eine Reihe von Funktionen rund um einen Hash für Unicode-Zeichen erzeugt haben, nutzt Beispiel 10-21 diese zusammen mit process_dir von weiter oben, um alle Zeichen in den in UTF-8 lesbaren Dateien eines Verzeichnisses zu zählen.

Es wird die gleiche Funktion process_dir genutzt, die wir oben behandelt haben, daher sollte Ihnen ihre Anwendung vertraut sein. Der Callback zum Verarbeiten einer einzelnen Datei hash_a_file erhält ein filestruct, aber vergraben darin findet sich ein void-Zeiger. Die Funktionen hier nutzen diesen void-Zeiger, um auf eine GLib-Hash-Struktur zu verweisen. Daher castet die erste Zeile von hash_a_file den void-Zeiger in die Struktur, auf die er zeigt, und wir sind wieder im Bereich der Typsicherheit.

Jede Komponente kann für sich debuggt werden, wenn die Eingabeparameter bekannt sind. Aber Sie können dem Hash von Komponente zu Komponente folgen und damit sicherstellen, dass er über das .data-Element des Eingangs-filestruct an process_dir geschickt wird. Dann castet hash_a_file das Element .data wieder in eine GHashTable, und es wird an hash_a_character geschickt, das es verändert oder ergänzt. Schließlich nutzt g_hash_table_foreach den printone-Callback, um jedes Element im Hash auszugeben.

Beispiel 10-21: Ein Zeichenzähler. Aufruf: charct your_dir |sort -k 2 -n (charct.c)

```
#define _GNU_SOURCE            //stdio.h soll asprintf definieren
#include "string_utilities.h"  //string_from_file
#include "process_dir.h"
#include "unictr.h"
#include <glib.h>
#include <stdlib.h>            //free

void hash_a_file(filestruct path){
    GHashTable *hash = path.data;                                    ❶
    char *sf = string_from_file(path.fullname);
    if (!sf) return;
    char *sf_copy = sf;
    if (g_utf8_validate(sf, -1, NULL)){
        for (gunichar uc; (uc = g_utf8_get_char(sf))!='\0';          ❷
            sf = g_utf8_next_char(sf))
                hash_a_character(uc, hash);
    }
    free(sf_copy);
}

int main(int argc, char **argv){
    GHashTable *hash;
    hash = new_unicode_counting_hash();
    char *start=NULL;
    if (argc>1) asprintf(&start, "%s", argv[1]);
    printf("Hashe %s\n", start ? start: "das aktuelle Verzeichnis");
    process_dir(.name=start, .file_action=hash_a_file, .data=hash);
    g_hash_table_foreach(hash, printone, NULL);
}
```

❶ Denken Sie daran, dass zu `filestruct` ein `void`-Zeiger `data` gehört. Die erste Zeile der Funktion deklariert daher eine Variable mit dem korrekten Typ für den Eingabe-`void`-Zeiger.

❷ UTF-8-Zeichen haben unterschiedliche Längen, daher benötigen Sie eine spezielle Funktion, um das aktuelle Zeichen zu erhalten oder zum nächsten Zeichen in einem String zu springen.

Ich bin manchmal ein echter Depp, der jeden möglichen Fehler macht, aber ich habe nur sehr selten (wenn überhaupt) den falschen Strukturtyp in eine Liste, einen Baum oder etwas Ähnliches gesteckt. Dies sind meine eigenen Regeln, um Typsicherheit zu garantieren:

- Habe ich eine verkettete Liste, die auf `void`-Zeigern namens `active_groups` basiert, und eine weitere, deren Elemente `persons` heißen, ist es für mich offensichtlich, dass eine Zeile wie `g_list_append(active_groups, next_person)` den falschen Struct-Typ an die falsche Liste hängt – ohne dass der Compiler mich darauf hinweisen muss. Das erste Geheimnis meines Erfolgs ist also, dass ich Namen verwende, die es mir leichter machen, dumme Sachen zu erkennen.

- Bringen Sie die beiden Seiten von Abbildung 10-1 in Ihrem Code so nah wie möglich zusammen, sodass Sie bei Änderungen an der einen Seite auch die andere leicht anpassen können.

- Ich habe das vielleicht schon erwähnt, aber die erste Zeile einer Funktion, die einen `void`-Zeiger übernimmt, sollte eine Variable mit dem korrekten Typ deklarieren und damit ein Casting ausführen – wie in `printone` und `equal_chars`. Befindet sich diese Deklaration direkt am Anfang der Funktion, steigen die Chancen, dass der richtige Cast ausgeführt wird. Danach befinden Sie sich auch wieder im typsicheren Bereich.

- Es ist sehr sinnvoll, eine selbst gebaute Struktur mit einer bestimmten Anwendung einer generischen Prozedur oder Struktur zu verbinden.
    - Ohne selbst gebautes Struct müssen Sie bei Änderungen nach jedem Cast von einem `void`-Zeiger in den alten Typ suchen und ihn anpassen. Der Compiler hilft Ihnen dabei nicht. Schicken Sie ein Struct mit den Daten, müssen Sie nur die Struct-Definition anpassen.
    - Wenn Ihnen auffällt, dass Sie ein Element mehr an die Callback-Funktion übermitteln müssen – und die Chancen stehen gut, dass dies der Fall sein wird –, müssen Sie dieses Element nur der Struct-Definition hinzufügen.
    - Es mag den Anschein haben, dass eine Übergabe einer einzelnen Zahl kein neues Struct rechtfertigt, aber das ist tatsächlich sogar der kritischste Fall. Nehmen wir an, wir haben eine generische Funktion, die ein Callback und einen `void`-Zeiger für den Callback erwartet. Nun sieht unser Code vielleicht so aus:

```
void callback (void *voidin){
    double *input = voidin;
    ...
```

```
}
int i=23;
generic_procedure(callback, &i);
```

- Fällt Ihnen auf, dass dieser unschuldige Code ein Typ-Desaster ist? Egal wie ein `int` im Speicher abgelegt ist – gehen Sie davon aus, dass das Lesen als `double` in `callback` auch nicht annähernd zu einer 23 führt. Das Deklarieren eines neuen Struct scheint bürokratischer Overkill zu sein, aber es verhindert einen schnell gemachten Fehler:

```
typedef struct {
    int level;
} one_lonely_integer;
```

- Ich finde, es erleichtert das Nachdenken über den Code, wenn ich weiß, dass es einen bestimmten Typ gibt, der in einem Codeabschnitt für alle Aktivitäten definiert ist. Caste ich in solch einen Typ, weiß ich, dass ich richtig vorgehe, ich muss mir nicht den Kopf darüber zerbrechen, ob nun `char *` der richtige Typ war oder `char **` oder eventuell `wchar_t *`.

In diesem Kapitel ging es um die vielen Möglichkeiten, Structs auf einfachem Weg in eine Funktion zu schicken oder von dort wiederzubekommen: Mit einem guten Makro kann die Eingangsstruktur mit Standardwerten vorgefüllt und mit benannten Elementen genutzt werden; die Ausgabestruktur kann mithilfe eines Compound-Literals kurzfristig erstellt werden; muss die Funktion die Struktur kopieren (wie bei der Rekursion), benötigen Sie nur ein Gleichheitszeichen; eine leere Struktur kann mit Designated Initializers ohne Inhalt ganz trivial zurückgegeben werden. Und das Zuweisen eines selbst erstellten Struct an eine Funktion löst viele Probleme mit generischen Prozeduren oder Containern, daher ist das Zuweisen eines generischen Objekts in einer gegebenen Situation genau der richtige Moment, all die Struct-Tricks aus dem Hut zu zaubern, die man kennt. Mit einem Struct haben Sie zudem auch noch einen Platz für Fehlercodes, sodass Sie ihn nicht noch in die Funktionsargumente hineinbugsieren müssen. Das sind eine Menge Vorteile, verglichen mit dem Aufwand, schnell eine Typdefinition zu schreiben.

KAPITEL 11
Objektorientierte Programmierung in C

> We favor the simple expression of the complex thought.
> ...
> We are for flat forms
> Because they destroy illusion and reveal truth.
>
> Le Tigre, »Slideshow at Free University«

Dies ist das übliche Format für eine typische Bibliothek – in C wie auch in jeder anderen Sprache:

- Ein kleiner Satz Datenstrukturen, die die Schlüsselaspekte des Bereichs repräsentieren, um den sich die Bibliothek kümmert.
- Ein Satz Funktionen (häufig als *Schnittstellenfunktionen* bezeichnet), die diese Datenstrukturen bearbeiten.

Eine XML-Bibliothek hätte zum Beispiel eine Struktur für ein XML-Dokument und vielleicht für Sichten auf das Dokument plus viele Funktionen für die Wandlung zwischen der Datenstruktur und der XML-Datei auf der Festplatte, das Abfragen der Struktur nach Elementen und so weiter. Eine Datenbankbibliothek besäße eine Struktur, die den Status der Kommunikation mit der Datenbank enthält und vielleicht Strukturen für Tabellen. Dazu kämen viele Funktionen für die Kommunikation mit der Datenbank und das Auslesen der empfangenen Daten.

Dies ist ein ausgesprochen sinnvoller Weg, ein Programm oder eine Bibliothek zu organisieren. So können Programmierer Konzepte durch Nomen und Verben repräsentieren, die für das aktuelle Problem praktisch sind.

Die erste Aufgabe bei der objektorientierten Programmierung (OOP) ist die Definition des Begriffs. Ich möchte zwar keine Zeit verschwenden (und heiße Diskussionen auslösen), indem ich eine exakte Definition liefere, aber die obige Definition einer objektorientierten Bibliothek sollte Ihnen ein Gefühl dafür geben, was wir vorhaben: ein paar zentrale Datenstrukturen erstellen, jeweils mit einem Satz Funktionen, die darauf arbeiten. Das Aufbauen einer solchen Struktur ist unabhängig von der Sprache, sofern Sie nicht ernsthaft an die *Sapir-Whorf-Hypothese* glauben.

Da OOP so viel Gepäck mitbringt, geht es im ersten Teil dieses Kapitels vor allem darum, welche Teile der OOP wirklich notwendig (oder zumindest wünschenswert) sind, um unseren Code strukturieren zu können. Danach geht es darum, wie ein Objekt in C aussieht, wie zum Beispiel eine Struktur von einer anderen erben kann oder wann man die mit der Struktur verbundenen Methoden in das Struct selbst steckt. Das Kapitel schließt mit ein paar »richtigen« Beispielen ab, in denen es um Objekte mit nicht-trivialen Problemen geht – zum Beispiel die Notwendigkeit, Referenzen mitzuzählen. Selbst mit den beschränkten Syntaxmöglichkeiten, die wir haben, funktioniert das Framework sehr schön und lässt sich gut warten.

Was Sie nicht bekommen (und warum Sie es nicht vermissen werden)

C ist berühmt für seine Einfachheit, aber wie wollen wir mit solch einer einfachen Grammatik die mehrfachen virtuellen Konstruktoren auflösen, die man aufgeladen bekommen kann, wenn man eine Instanz einer Unterklasse instantiiert, die per polymorphe Vererbung abgeleitet wurde?

Die einfache Antwort ist natürlich: Wir können es nicht.

Sie werden OOP-Vertreter finden, die darauf bestehen, dass zu OOP eine Nachrichteninfrastruktur, Konstruktoren auf Objektebene, das Überladen von Operatoren, Regeln zur Klassenvererbung und so weiter gehören müssen. Für jedes dieser Features finden Sie aber auch einen OOP-Vertreter, der meint, das sei für echtes OOP völlig unwichtig.[1]

Viel leichter ist es, sich einfach keine Gedanken darum zu machen. Um zentrale Strukturen zu entwickeln und Funktionen zu bauen, die diese nutzen, bietet die C-Syntax die 10 % des Gerüsts, das 90 % der Struktur erzeugt.

Gültigkeitsbereich

Der *Gültigkeitsbereich* (Scope) einer Variablen ist der Bereich des Codes, in dem sie existiert und genutzt werden kann. Faustregel für eine saubere Programmierung ist, den Gültigkeitsbereich so klein zu halten, wie es noch praktikabel ist, denn damit begrenzen Sie auch die Zahl der Variablen, die Sie gleichzeitig im Hinterkopf haben müssen, und es verringert das Risiko, dass eine Variable von Code geändert wird, den Sie nicht auf dem Plan haben.

---

[1] »Ich war einmal bei einem Treffen einer Java User Group, bei dem James Gosling (der Erfinder von Java) Hauptredner war. Während der unvergesslichen Frage-und-Antwort-Runde stellte ihm jemand die Frage: ›Wenn Sie Java nochmals entwerfen könnten – was würden Sie anders machen?‹ ›Ich würde die Klassen weglassen‹ antwortete er.«

Allen Holub, *hy extends is evil ()*

Okay, das hier sind alle Regeln für den Gültigkeitsbereich von Variablen in C.

- Eine Variable hat ihren Gültigkeitsbereich im Code frühestens ab dem Punkt, an dem sie deklariert wurde. Alles andere wäre verrückt.
- Ist eine Variable irgendwo in einem Paar geschweifter Klammern deklariert, endet der Gültigkeitsbereich der Variablen mit der schließenden geschweiften Klammer. Semi-Ausnahme: Bei for-Schleifen und Funktionen können Variablen in runden Klammern noch vor der öffnenden geschweiften Klammer definiert sein. Diese haben dann den gleichen Gültigkeitsbereich, als wären sie innerhalb der geschweiften Klammern deklariert.
- Befindet sich eine Variable außerhalb jeglicher geschweiften Klammern, reicht ihr Gültigkeitsbereich von ihrer Deklaration bis zum Ende der Datei.

Das ist alles.

Es gibt keinen Gültigkeitsbereich für Klassen, Prototypen, Freunde, Namensräume, keine dynamischen Gültigkeitsbereiche, keine Möglichkeit, per Extend zu erweitern, keine speziellen Schlüsselwörter oder Operatoren (abgesehen von den geschweiften Klammern und vielleicht noch den Link-Angaben static und extern). Werden Sie durch lexikalisches Scoping verwirrt? Machen Sie sich keine Gedanken darum. Wissen Sie, wo sich die geschweiften Klammern befinden, können Sie herausfinden, welche Variablen wo genutzt werden können.

Alles Weitere sind logische Folgen. Enthält *code.c* zum Beispiel eine Zeile #include <header.h>, wird der komplette Text von *header.h* nach *code.c* kopiert, und Variablen aus der Header-Datei besitzen den entsprechenden Gültigkeitsbereich.

Funktionen sind nur ein weiteres Beispiel für den Gültigkeitsbereich geschweifter Klammern. Hier eine Beispielfunktion, mit der alle (natürlichen) Zahlen bis zum angegebenen Wert aufsummiert werden:

```
int sum (int max){
    int total=0;
    for (int i=0; i<= max; i++){
        total += i;
    }
    return total;
}
```

max und total besitzen dann als Gültigkeitsbereich die Funktion – aufgrund der geschweiften Klammern und der Semi-Ausnahme, dass Variablen in runden Klammern vor den geschweiften Klammern so behandelt werden, als wären sie innerhalb der geschweiften Klammern deklariert worden. Das Gleiche gilt für for-Schleifen und wie i geboren wird und mit der schließenden geschweiften Klammer der for-Schleife wieder stirbt. Haben Sie eine for-Schleife in einer Zeile, müssen Sie die geschweiften Klammern nicht schreiben – zum Beispiel in for (int i=0; i <= max; i++) total += i; – aber der Gültigkeitsbereich von i ist weiterhin auf die Schleife beschränkt.

Zusammengefasst: C ist toll wegen seiner einfachen Regeln zum Gültigkeitsbereich. Man muss nur das Ende der geschweiften Klammer oder der Datei finden. Sie können das gesamte Regelwerk einem Anfänger in vielleicht zehn Minuten erklären. Für den erfahreneren Programmierer ist diese Regel noch allgemeiner gültig und geht über die geschweiften Klammern für Funktionen und for-Schleifen hinaus. Damit können Sie sie für gelegentliche Beschränkungen des Gültigkeitsbereichs einsetzen, wie zum Beispiel in den Makrotricks aus, zu finden im Abschnitt »Robuste und ansprechende Makros schreiben« auf Seite 139.

Private Struct-Elemente

Wir befreien uns also von den ganzen zusätzlichen Regeln und Schlüsselwörtern, die den Gültigkeitsbereich so feinkörnig steuern können.

ist es denn möglich, ohne die zusätzlichen Schlüsselwörter private Struct-Elemente zu implementieren? Im klassischen OOP-Einsatz werden »private« Daten vom Compiler weder verschlüsselt noch auf anderem Weg ernsthaft versteckt: Kennen Sie die Adresse der Variablen (zum Beispiel durch ihren Offset im Struct), können Sie darauf zeigen, sie sich im Debugger anschauen und verändern. Um die Daten so weit verstecken zu können, haben wir schon die Technologie dazu.

Ein Objekt ist im Allgemeinen in zwei Dateien definiert: in der *.c*-Datei mit den Details und der *.h*-Datei, die in anderem Code eingebunden wird, der das Objekt einsetzt. Es ist nicht ganz abwegig, die *.c*-Datei als den privaten und die *.h*-Datei als öffentlichen Bereich anzusehen. Nehmen wir zum Beispiel an, wir wollten Elemente privat halten. Der öffentliche Header sieht eventuell so aus:

```
typedef struct a_box_s {
    int public_size;
    void *private;
} a_box_s;
```

Der void-Zeiger ist für andere Programmierer mehr oder weniger nutzlos, da sie nicht wissen, in welchen Typ sie ihn casten sollen. Der private Bereich *a_box.c* enthält dann das notwendige Typedef:

```
typedef struct private_box_s {
    long double how_much_i_hate_my_boss;
    char **coworkers_i_have_a_crush_on;
    double fudge_factor;
} private_box_s;

//Mit dem Typedef haben wir kein Problem, den privaten Zeiger in
//den erforderlichen Typ zu casten und hier in a_box.c einzusetzen.

a_box_s *box_new(){
    a_box_s *out = malloc(sizeof(a_box_s));
    private_box_s *outp = malloc(sizeof(private_box_s));
    *out = (a_box_s){.public_size = 0, .private=outp};
    return out;
}
```

```
void box_edit(a_box_s *in){
    private_box_s *pb = in->private;
    //jetzt mit privaten Variablen arbeiten, z. B.:
    pb->fudge_factor *=2;
}
```

Es ist also gar nicht so schwer, einen privaten Bereich für ein C-Struct zu implementieren, aber in real genutzten Bibliotheken finde ich das nur sehr selten. Wenige C-Autoren scheinen darin echte Vorteile zu sehen.

Hier ein Beispiel, wie viel häufiger ein privates Element in ein öffentliches Struct gesteckt wird:

```
typedef struct {
    int pub_a, pub_b;
    int private_a, private_b; //Privat: bitte nicht einsetzen.
} public_s;
```

Es wird also dokumentiert, wenn etwas nicht genutzt werden soll, und darauf vertraut, dass die Anwender nicht schummeln. Wenn sich Ihre Kollegen nicht an solch einfache Hinweise halten können, sollten Sie besser die Kaffeemaschine festschrauben, denn dann haben Sie Probleme, die auch ein Compiler nicht lösen kann.

Funktionen lassen sich besonders einfach privat gestalten: Fügen Sie ihre Deklaration einfach nicht in den Header ein. Optional können Sie das Schlüsselwort static vor die Definition setzen, sodass die Leser wissen, dass die Funktion privat ist.

Überladen mit Operator-Überladung

Mein Eindruck ist, dass die meisten Leute von der Integer-Division – also 3/2==1 – genervt sind. Wenn ich 3/2 eingebe, erwarte ich doch 1.5 und nicht 1.

Tatsächlich ist das ein häufig gemachter Fehler in C und anderen Sprachen mit Integer-Arithmetik, und er zeigt uns die Gefahren des *Überladens von Operatoren*. Damit ist gemeint, dass ein Operator – wie zum Beispiel / – abhängig von den beteiligten Typen etwas Unterschiedliches tut. Bei zwei Integer-Typen führt der Schrägstrich eine ganzzahlige Division durch, bei der der Rest weggeworfen wird, während ansonsten die übliche Division durchgeführt wird.

Erinnern Sie sich an die Regel aus Abschnitt »Zeiger ohne malloc« auf Seite 111, die besagt, dass Dinge, die sich unterschiedlich verhalten, auch unterschiedlich aussehen sollten? Das ist das fehlerhafte Design von 3/2: Ganzzahlige Division und Gleitkommadivision verhalten sich unterschiedlich, sehen aber identisch aus. Damit sind Verwirrung und Fehler vorprogrammiert.

Die menschliche Sprache ist redundant. Das ist gut, denn dadurch erlaubt sie auch eine Fehlerkorrektur. Wenn Nina Simone sagt: »ne me quitte pas« (was wörtlich übersetzt »nicht verlasse mich nicht« hieße), ist es in Ordnung, wenn Sie den Anfang weglassen, weil »... me quitte pas« das *pas* besitzt, um auf die Negation hinzuweisen, aber Sie können stattdessen auch das Ende weglassen, da »ne me quitte ...« das *ne* für die Negation beinhaltet.

Das grammatikalische Geschlecht hat in der Realität normalerweise keine große Bedeutung, und manchmal ändern sich Objekte abhängig von der Wortwahl. Mein bevorzugtes Beispiel dafür ist Spanisch, wo sich *el pene* und *la polla* beide auf das gleiche Objekt beziehen, nur dass das erste männlich und das zweite weiblich ist. Der wahre Wert des Geschlechts ist die Redundanz, durch die die verschiedenen Teile des Satzes zusammenpassen müssen und damit Klarheit schaffen.

Programmiersprachen vermeiden Redundanz. Wir geben die Negation genau einmal an – normalerweise mit nur einem Zeichen (!). Aber Programmiersprachen haben Geschlechter – das sind die Typen. Normalerweise müssen Ihre Verben und Nomen beim Typ zusammenpassen (wie auch im Arabischen, Hebräischen, Russischen und anderen Sprachen). Mit dieser zusätzlichen Redundanz benötigen Sie matrix_multiply(a, b) bei zwei Matrizen und complex_multiply(a, b) bei zwei komplexen Zahlen.

Beim Überladen von Operatoren geht es um das Ausmerzen von Redundanz. Sie können dann a * b schreiben – egal ob Sie ein Paar Matrizen, komplexer Zahlen oder Mengen haben. Hier ein Ausschnitt eines ausgezeichneten Artikels zu den Kosten dieser reduzierten Redundanz: »Sehen Sie den Code i = j * 5;, wissen Sie in C wenigstens, dass j mit 5 multipliziert und das Ergebnis in i gespeichert wird. Beim gleichen Code in C++ wissen Sie nichts. Gar nichts.«[2] Das Problem ist, dass Sie nicht wissen, was * bedeutet, bis Sie nach dem Typ von j geschaut haben, sich durch den Vererbungsbaum des Typs von j gearbeitet haben, um herauszufinden, *welche Version* von * Sie meinen, und sich dann i genauer vornehmen und das Ergebnis von = im Zusammenhang mit dem Typ von j nachzuschlagen.

Das Überladen von Operatoren hat Vorteile: Sie sparen Code und müssen nicht so viel eingeben, aber Sie haben all die redundanten Hinweise und Prüfungen verloren, mit denen Sie sicher sein können, dass es sich bei b nicht um eine Liste handelt, sondern ob den Vektor, den Sie erwartet haben.

Bei C ist es üblich, sich an die Art der Geschlechtsdarstellung zu halten, die ich weiter oben beschrieben habe, also zum Beispiel:

```
//Zwei Vektoren mit der GNU Scientific Library addieren.
gsl_vector *v1, *v2;
gsl_vector_add(v1, v2);

//Einen GLib I/O-Kanal für das Lesen von einem Dateinamen öffnen.
GError *e;
GIOChannel *f  = g_io_channel_new_file("indata.csv", "r", &e);
```

Sie müssen mehr eingeben, und wenn Sie zehn Zeilen haben, die mit der gleichen Struktur arbeiten, wiederholt es sich doch ziemlich. Weiter unten werden wir ein paar Möglichkeiten kennenlernen, um diese Redundanz wieder etwas zu verringern.

---

2 Ursprünglich in *http://www.joelonsoftware.com/articles/Wrong.html*; Nachdruck in [Spolsky 2008].

_Generic

C bietet über das C11-Schlüsselwort _Generic eine eingeschränkte Möglichkeit zum Überladen. Das Schlüsselwort wird zu einem Wert basierend auf dem Typ des Eingabewerts ausgewertet. So können Sie Makros schreiben, die ein paar Typen zusammenführen.

Wir benötigen typgenerische Funktionen, wenn sich die Typen vermehren. Manche Systeme stellen eine große Zahl von exakt bestimmten Typen bereit, aber jeder neue Typ ist ein weiteres Element, das wir berücksichtigen müssen. So stellt die GNU Scientific Library zum Beispiel einen Typ für komplexe Zahlen, einen Typ für Vektoren mit komplexen Zahlen und einen Vektortyp bereit – und dann gibt es noch den C-Typ für komplexe Zahlen. Diese vier Typen lassen sich durchaus sinnvoll miteinander multiplizieren, was theoretisch bedeutet, dass wir 16 Funktionen benötigen. Beispiel 11-1 führt eine ganze Reihe dieser Funktion auf. Sind Sie nicht vertraut mit komplexen Vektoren, dürfen Sie gern der Meinung sein, dass dieses Beispiel total unübersichtlich ist, und zu dem Teil springen, in dem wir aufräumen.

Beispiel 11-1: Hier geht es zur Sache – falls Sie an den komplexen Typen der GSL interessiert sind (complex.c)

```
#include "cplx.h"
#include <gsl/gsl_blas.h>           //gsl_blas_ddot
#include <gsl/gsl_complex_math.h> //gsl_complex_mul(_real)

gsl_vector_complex *cvec_dot_gslcplx(gsl_vector_complex *v, gsl_complex x){
    gsl_vector_complex *out = gsl_vector_complex_alloc(v->size);
    for (int i=0; i< v->size; i++)
        gsl_vector_complex_set(out, i,
                    gsl_complex_mul(x, gsl_vector_complex_get(v, i)));
    return out;
}

gsl_vector_complex *vec_dot_gslcplx(gsl_vector *v, gsl_complex x){
    gsl_vector_complex *out = gsl_vector_complex_alloc(v->size);
    for (int i=0; i< v->size; i++)
        gsl_vector_complex_set(out, i,
                    gsl_complex_mul_real(x, gsl_vector_get(v, i)));
    return out;
}

gsl_vector_complex *cvec_dot_c(gsl_vector_complex *v, complex double x){
    return cvec_dot_gslcplx(v, gsl_cplx_from_c99(x));
}

gsl_vector_complex *vec_dot_c(gsl_vector *v, complex double x){
    return vec_dot_gslcplx(v, gsl_cplx_from_c99(x));
}

complex double ddot (complex double x, complex double y){return x*y;}   ❶

void gsl_vector_complex_print(gsl_vector_complex *v){
    for (int i=0; i< v->size; i++) {
```

```
        gsl_complex x = gsl_vector_complex_get(v, i);
        printf("%4g+%4gi%c", GSL_REAL(x), GSL_IMAG(x), i < v->size-1 ? '\t' : '\n');
    }
}
```

❶ Die in C nativ implementierten komplexen Zahlen werden wie reelle Zahlen mit einem einfachen * multipliziert.

Das Aufräumen findet im Header von Beispiel 11-2 statt. Er nutzt _Generic, um abhängig von den Eingabetypen eine der Funktionen aus Beispiel 11-1 zu wählen. Das erste Argument (der »Steuerausdruck«) wird nicht ausgewertet, sondern nur auf seinen Typ geprüft, und der Wert der _Generic-Anweisung wird abhängig von diesem Typ ausgewählt. Wir wollen eine Funktion abhängig von zwei Typen wählen, daher entscheidet das erste Makro, ob das zweite oder dritte Makro genutzt wird.

Beispiel 11-2: Mit _Generic wird eine einfache Schnittstelle zu dem ganzen Chaos angeboten (cplx.h)

```
#include <complex.h>  //schöne Namen für die komplexen C-Typen
#include <gsl/gsl_vector.h>  //gsl_vector_complex

gsl_vector_complex *cvec_dot_gslcplx(gsl_vector_complex *v, gsl_complex x);
gsl_vector_complex *vec_dot_gslcplx(gsl_vector *v, gsl_complex x);
gsl_vector_complex *cvec_dot_c(gsl_vector_complex *v, complex double x);
gsl_vector_complex *vec_dot_c(gsl_vector *v, complex double x);
void gsl_vector_complex_print(gsl_vector_complex *v);

#define gsl_cplx_from_c99(x) (gsl_complex){.dat= {creal(x), cimag(x)}}  ❶

complex double ddot (complex double x, complex double y);

#define dot(x,y) _Generic((x),                                      \
                    gsl_vector*: dot_given_vec(y),                  \
                    gsl_vector_complex*: dot_given_cplx_vec(y),     \
                    default: ddot)((x),(y))                         ❷

#define dot_given_vec(y) _Generic((y),                              \
                    gsl_complex: vec_dot_gslcplx,                   \
                    default: vec_dot_c)

#define dot_given_cplx_vec(y) _Generic((y),                         \
                    gsl_complex: cvec_dot_gslcplx,                  \
                    default: cvec_dot_c)
```

❶ gsl_complex und die complex double-Werte aus C99 sind jeweils Arrays mit zwei Elementen – dem Realteil und dem Imaginärteil [siehe die GSL-Anleitung und C99 & C11 §6.2.5(13)]. Wir müssen nur das passende Struct bauen – und ein Compound-Literal ist der perfekte Weg, ein temporäres Struct zu erstellen.

❷ Das erste Vorkommen von x wird nicht ausgewertet, sondern nur auf seinen Typ geprüft. Ein Aufruf von dot(x++, y) würde x daher nur einmal erhöhen.

In Beispiel 11-3 ist das Leben wieder (zumindest größtenteils) leichter: Wir können dot nutzen, um das Produkt von einem gsl_vector und einem gsl_complex zu finden oder von einem gsl_vector_complex und einem C-eigenen komplexen Wert oder von vielen anderen

Kombinationen. Natürlich müssen Sie immer noch den Ausgabetyp kennen, da der Rückgabewert eines Skalars, das mit einem anderen Skalar multipliziert wird, kein Vektor ist und damit die Ausgabe von den Eingabewerten abhängt. Die Vermehrung der Typen ist ein grundsätzliches Problem, aber mit _Generic haben wir wenigstens eine Möglichkeit, das etwas zu flicken.

Beispiel 11-3: Der Vorteil: Wir können dot (nahezu) unabhängig vom Typ der Eingabewerte nutzen (simple_cplx.c)

```
#include <stdio.h>
#include "cplx.h"

int main(){
    int complex a = 1+2I;                                              ❶
    complex double b = 2+I;
    gsl_complex c = gsl_cplx_from_c99(a);

    gsl_vector *v = gsl_vector_alloc(8);
    for (int i=0; i< v->size; i++) gsl_vector_set(v, i, i/8.);

    complex double adotb = dot(a, b);                                  ❷
    printf("(1+2i) mal (2+i): %g + %gi\n", creal(adotb), cimag(adotb)); ❸

    printf("v mal 2:\n");
    double d = 2;
    gsl_vector_complex_print(dot(v, d));

    printf("v mal (1+2i):\n");
    gsl_vector_complex *vc = dot(v, a);
    gsl_vector_complex_print(vc);

    printf("v mal (1+2i) erneut:\n");
    gsl_vector_complex_print(dot(v, c));
}
```

❶ Deklarationen mit complex sind ein bisschen wie Deklarationen mit const: Sowohl complex int als auch int complex sind gültig.

❷ Endlich der ersehnte Vorteil: Diese Funktion nutzt die dot-Funktion vier Mal – jeweils mit anderen Eingabetypen.

❸ So erhält man mit reinem C den realen und imaginären Teil einer komplexen Zahl.

Dies ist meine wichtigste Frage beim Überladen – sei es mit _Generic oder auf anderen Wegen: *Wenn die Anwender nicht wissen, was der Eingabetyp ist, werden sie dann trotzdem die richtige Antwort bekommen?* Damit würde das Überladen des absoluten Werts für int, float und double zu dieser Regel wunderbar passen. Und wenn wir uns am Beispiel orientieren, ist es auch sinnvoll, Funktionen zu überladen, die gsl_ complex und das C-native complex double verwenden.

Strukturen und Dictionaries erweitern

Wechseln wir von den syntaktischen Tricks zum Kernproblem – dem Strukturieren unserer Daten.

1936 entwickelte Alonzo Church als Reaktion auf eine formale mathematische Frage (das *Entscheidungsproblem*) das *Lambda-Kalkül*, einen formalen Weg, um Funktionen und Variablen zu beschreiben. 1937 beschrieb Alan Turing als Antwort auf die gleiche Frage eine formale Sprache in Form einer Maschine mit einem Band, das Daten speichert, und einem Schreib-/Lesekopf für den Zugriff auf das Band. Später wurde gezeigt, dass Churchs Lambda-Kalkül und Turins Maschine äquivalent sind – jede Berechnung, die Sie mit dem einen ausdrücken können, lässt sich auch mit dem anderen ausdrücken. Seitdem gibt es diese Unterscheidung, und die Entwicklungen von Church und Turing sind immer noch die Basis für unsere Art, Daten zu strukturieren.

Das Lambda-Kalkül baut sehr auf benannten Listen auf – in Lambda-inspiriertem Pseudocode könnten wir die Informationen zu einer Person zum Beispiel so ausdrücken:

```
(person (
    (name "Sinead")
    (age 28)
    (height 173)
))
```

Mit Turings Maschine hätten wir einen Block auf dem Band für den Beginn der Struktur. Die ersten paar Blöcke wären ein Name, die nächsten würden das Alter enthalten und so weiter. Nahezu ein Jahrhundert später ist Turings Band immer noch keine allzu schlechte Beschreibung von Computerspeicher: Erinnern Sie sich an den Abschnitt »All die Zeigerarithmetik, die Sie kennen müssen« auf Seite 118 – diese Form »Basis plus Offset« entspricht genau der Art und Weise, wie C Strukturen behandelt. Wir könnten schreiben:

```
typedef struct {
    char * name;
    double age, height;
} person;

person sinead = {.name="Sinead", .age=28, .height=173};
```

Dann würde `sinead` auf einen Speicherblock zeigen und `sinead.height` auf dem Band direkt auf `name` und `age` (und eventuellem Padding zwecks Ausrichtung an bestimmten Blöcken) folgen.

Dies sind ein paar Unterschiede zwischen dem Listenansatz und dem Speicherblockansatz:

- In Bezug auf die Verarbeitungsgeschwindigkeit ist das Vorgehen »Basis plus Offset« sehr schnell. Den Computer von einer bestimmten Adresse aus einen bestimmten Offset weit springen zu lassen, ist immer noch eine der schnellsten Operationen, die er ausführen kann. Ihr C-Compiler rechnet sogar schon beim Kompilieren von Labels in Offsets um. Umgekehrt müssen wir für das Finden von etwas in der Liste erst nachschlagen: Welches Element in der Liste entspricht dem Label "age", und wo finden wir es im Speicher? Jedes System hat Techniken, um dieses Nachschlagen so schnell wie möglich zu machen, aber es ist immer mehr Aufwand als das einfache »Basis plus Offset«.

- Man kann einer Liste ein neues Element viel einfacher hinzufügen als einem Struct, da Letzteres zur Laufzeit mehr oder weniger festgeschnürt wird.
- Ich kann Ihnen zur Laufzeit sagen, dass `hieght` einen Tippfehler enthält, da ich mir die Struct-Definition anschauen kann und dort sehe, dass es ein entsprechendes Element nicht gibt. Da eine Liste erweiterbar ist, weiß ich nichts von der Abwesenheit eines `hieght`-Elements, bis ich die Liste selbst danach gefragt habe.

Eine Struktur erweitern

Diese letzten beiden Elemente können zu Konflikten führen: Wir wollen Erweiterbarkeit und Elemente zu einer Struktur hinzufügen, gleichzeitig aber eine Art Registrierung, sodass Elemente, die nicht zum Struct gehören, als Fehler angezeigt werden. Hier muss man den für sich richtigen Weg finden, und jeder implementiert das Erweitern einer bestehenden Liste unterschiedlich.

C++, Java und ähnliche Sprachen besitzen eine Syntax, um einen neuen Typ zu erzeugen, der eine Instanz des zu erweiternden Typs ist und gleichzeitig die Elemente des alten Typs erbt. Sie haben damit immer noch die Geschwindigkeit durch »Basis plus Offset« und die Kontrolle beim Kompilieren, aber dafür entsteht viel Papierkram. Wo C sein `struct` und seine absurd simplen Gültigkeitsbereichsregeln besitzt (siehe Abschnitt »Gültigkeitsbereich« auf Seite 212), bietet Java `implements`, `extends`, `final`, `instanceof`, `class`, `this`, `interface`, `private`, `public`, `protected`.

Perl, Python und viele andere durch LISP inspirierte Sprachen basieren auf benannten Listen, daher werden diese auch meist dafür genutzt, Strukturen zu implementieren. Erweitert wird die Liste einfach, indem ihr Elemente hinzugefügt werden. Vorteil: vollständig erweiterbar durch das einfache Hinzufügen eines neuen benannten Elements. Nachteil: Wie schon zuvor haben wir keine Registrierung, und auch wenn die Namenssuche durch diverse Tricks beschleunigt werden kann, erreichen Sie trotzdem bei Weitem nicht die Geschwindigkeit eines einzelnen »Basis plus Offset«-Schritts. Viele Sprachen in dieser Familie besitzen ein Klassendefinitionssystem, sodass Sie einen bestimmten Satz an Listenelementen registrieren und damit prüfen können, ob zukünftige Anwendungen dieser Definition entsprechen. Wenn man das richtig macht, hat man damit einen schönen Kompromiss zwischen Prüfmöglichkeit und einfacher Erweiterbarkeit.

Zurück zum guten alten C: Dessen Structs sind der schnellste Weg, um auf die Elemente einer Struktur zuzugreifen, und wir erhalten eine Prüfung zur Laufzeit – zusammen mit dem Nachteil, zur Laufzeit nicht erweitern zu können. Wollen Sie eine flexible Liste haben, die zur Laufzeit wachsen kann, benötigen Sie eine Listenstruktur, wie zum Beispiel die Hashes der GLib oder das weiter unten beschriebene Beispiel-Dictionary.

Alles was Sie in C zum Erweitern einer Struktur haben, ist das Einpacken in eine andere Struktur. Nehmen wir an, wir haben einen Typ wie folgt definiert:

```
typedef struct {
    ...
} list_element_s;
```

Das ist dann abgeschlossen und kann nicht mehr geändert werden, aber wir wollen noch einen Typ-Marker hinzufügen. Dann benötigen wir eine neue Struktur:

```
typedef struct {
    list_element_s elmt;
    char typemarker;
} list_element_w_type_s;
```

Vorteil: Das ist unglaublich einfach, und Sie haben immer noch den Geschwindigkeitsbonus. Nachteil: Immer, wenn Sie sich nun auf den Namen des Elements beziehen wollen, müssen Sie den vollständigen Pfad angeben (`your_typed_list->elmt->name`), statt wie bei einer C++/Java-Erweiterung `your_typed_list->name` nutzen zu können. Kommen da weitere »Schichten« hinzu, wird es unerfreulich. Sie haben allerdings schon in Abschnitt »Zeiger ohne malloc« auf Seite 111 gesehen, wie Aliasse hier helfen können.

C mit weniger Rissen

C11 erlaubt uns das Einbinden anonymer Elemente einer Struktur, womit Structs in Structs einfacher zu nutzen sind. Das wurde zwar im Dezember 2011 zum Standard hinzugefügt, war aber zuvor schon lange Zeit eine Microsoft-Erweiterung, und der gcc erlaubte es ebenfalls schon mit dem Flag `-fms-extensions`. Abhängig vom Alter Ihres gcc, können Sie auch das Flag `-std=c11` setzen, damit all das funktioniert.

Die Syntax sieht so aus: Sie binden einen anderen Struct-Typ irgendwo in der Deklaration der neuen Struktur ein, wie dies mit dem `point`-Struct in Beispiel 11-4 geschieht, ohne dabei einen Namen für das Element mitzugeben. Beispiel 11-4 nutzt den reinen Struct-Typ `struct point`, während eine benannte Deklaration zum Beispiel so aussehen würde: `struct point` *ptelement*. Alle Elemente der eingebundenen Struktur werden so in die neue Struktur übernommen, als wären sie direkt dort deklariert worden.

Beispiel 11-4 erweitert einen 2-D-Punkt zu einem 3-D-Punkt. Das ist insofern erwähnenswert, da das Struct `threepoint` den `point` ohne »Risse« erweitert, sodass der Anwender von `threepoint` nicht einmal wissen muss, dass die Definition auf einem anderen Struct basiert.

Beispiel 11-4: Eine anonyme Unterstruktur in einer umhüllenden Struktur verschmilzt nahtlos mit dem Wrapper (seamlessone.c)

```
#include <stdio.h>
#include <math.h>

typedef struct point {
    double x, y;
} point;
```

```
typedef struct {
    struct point;                           ❶
    double z;
} threepoint;

double threelength (threepoint p){
    return sqrt(p.x*p.x + p.y*p.y + p.z*p.z);   ❷
}

int main(){
    threepoint p = {.x=3, .y=0, .z=4};      ❸
    printf("p ist %g Einheiten vom Ursprung entfernt\n", threelength(p));
}
```

❶ Dies ist anonym. Bei der nicht-anonymen Version wäre auch ein Name angegeben, zum Beispiel struct point twopt.

❷ Die Elemente x und y der point-Struktur sehen genauso aus wie das zusätzliche Element z aus threepoint – und sie verhalten sich auch so.

❸ Selbst an der Deklaration sieht man nicht, dass x und y von einer bestehenden Struktur geerbt wurden.

> Im Standard ist nicht enthalten, dass man für die eingebettete anonyme Deklaration einen Typedef nutzt. Das Standardkomitee hat das sogar explizit abgelehnt und damit (fast) die einzige Stelle in C erzeugt, an der ein Typedef für ein Struct nicht das Struct selbst ersetzen kann.[3] Orientieren Sie sich an den Namenskonventionen aus Abschnitt »Typedefs retten Ihnen den Tag« auf Seite 185, müssen Sie jedoch nur das Wort struct vor den Namen des Strukturtyps stellen.

Jetzt zum Trick, der das Ganze wirklich nützlich macht. Das ursprüngliche Objekt point kommt vermutlich zusammen mit vielen Schnittstellenfunktionen, die auch immer noch potenziell sinnvoll sind, wie zum Beispiel eine Funktion length, die den Abstand zwischen dem Nullpunkt und dem angegebenen Punkt misst. Wie können wir diese Funktion nutzen, da wir doch gar keinen Namen für die Unterkomponente der größeren Struktur besitzen?

Die Lösung: Wir verwenden eine anonyme Union aus einem benannten point und einem anonymen point. Da die Union aus zwei identischen Strukturen besteht, teilen beide absolut alles, und der einzige Unterschied liegt in der Benennung: Verwenden Sie die benannte Version, wenn Sie Funktionen aufrufen müssen, die das ursprüngliche Struct als Eingabeparameter nutzen, und die anonyme Version für das nahtlose Einbinden in das größere Struct. Beispiel 11-5 passt Beispiel 11-4 an und greift dabei auf diesen Trick zurück.

---

[3] Die Diskussion findet sich in: David Keaton, »Clarifications to Anonymous Structures and Unions«, WG14/N1549, 22. Dezember 2010, abgestimmt und übernommen vom Komitee im März 2011.

Beispiel 11-5: Der point ist nahtlos in einen threepoint eingebunden, trotzdem haben wir einen Namen, den wir mit Funktionen nutzen können, die mit einem point arbeiten (seamlesstwo.c)

```
#include <stdio.h>
#include <math.h>

typedef struct point {
    double x, y;
} point;

typedef struct {
    union {
        struct point;              ❶
        point p2;                  ❷
    };
    double z;
} threepoint;

double length (point p){
    return sqrt(p.x*p.x + p.y*p.y);
}

double threelength (threepoint p){
    return sqrt(p.x*p.x + p.y*p.y + p.z*p.z);
}

int main(){
    threepoint p = {.x=3, .y=0, .z=4};    ❸
    printf("p ist %g Einheiten vom Ursprung entfernt\n", threelength(p));
    double xylength = length(p.p2);        ❹
    printf("Die Projektion auf die xy-Ebene ist %g Einheiten vom Ursprung entfernt\n",
           xylength);
}
```

❶ Dies ist eine anonyme Struktur.

❷ Dies ist eine benannte Struktur. Als Teil einer Union ist sie identisch mit der anonymen Struktur und unterscheidet sich von ihr nur durch das Vorhandensein eines Namens.

❸ Die point-Struktur ist immer noch nahtlos in die threepoint-Struktur eingebunden, aber ...

❹ ... das Element p2 ist ein benanntes Element, daher können wir es für den Aufruf von Schnittstellenfunktionen nutzen, die für das ursprüngliche Struct geschrieben waren.

Nach der Deklaration threepoint p können wir auf die *x*-Koordinate über p.x zugreifen (aufgrund des anonymen Struct) oder über p.p2.x (aufgrund des benannten Struct). Die letzte Zeile des Beispiels zeigt die Länge der Projektion auf die *xy*-Ebene, wozu length(p.p2) genutzt wird.

Hier kommen wir also in den $\mathfrak{R}^3$. Sie können jede beliebige Struktur erweitern und trotzdem alle Funktionen einsetzen, die mit dem Original verbunden sind.

Ist Ihnen aufgefallen, dass ich hier das erste Mal in diesem Buch das Schlüsselwort union genutzt habe? Eine Union ist auch so ein Ding, bei dem das Erklären nur einen Absatz benötigt – sie ist wie ein struct, nur dass alle Elemente den gleichen Speicherbereich einnehmen –, aber das Erläutern der Fallstricke mehrere Seiten füllt. Speicher ist billig, und beim Schreiben von Anwendungen müssen wir uns nicht um Speicheranpassung bemühen. Bleiben wir also bei Structs, verringern wir die Gefahr von Fehlern, auch wenn immer nur ein Element gleichzeitig verwendet wird.

Das Erben von mehreren Strukturen ist mit dieser Methode riskant. Wählen Sie eine Struktur als Basis für die Erweiterung mit dem Union-Trick und lassen Sie die anderen durch schlichte Unterstrukturen erweitern. So besitzt zum Beispiel die GNU Scientific Library Matrix- und Vektortypen (wobei struct _gsl_matrix per Typedef als gsl_matrix definiert ist). Nehmen wir an, dass wir beides in einer einzelnen Struktur zusammenfassen wollen:

```
typedef struct{ //Das geht schief.
    struct _gsl_vector;
    struct _gsl_matrix;
} data_set;

data_set d;
```

Das sieht erst einmal unverfänglich aus, bis Sie herausfinden, dass sowohl _gsl_vector als auch _gsl_matrix ein Element namens data besitzen. Wenn wir d.data nutzen – beziehen wir uns da auf das data-Element der Matrix oder des Vektors? Wir haben keine Syntax, Struct-Elemente selektiv einzubinden oder umzubenennen, daher ist es am besten, entweder die Matrix oder den Vektor als Hauptkomponente und das andere als Zweitkomponente auszuwählen, die dann nur über ihren Unterelementnamen aufgerufen werden kann:

```
typedef struct{ //Ein Vektor mit einer zusätzlichen Matrix.
    struct _gsl_vector;           //anonym und nahtlos
    struct _gsl_matrix matrix;    //benannt
} data_set;

data_set d;
```

Ein Dictionary implementieren

Ich habe schon weiter oben erwähnt, dass sich ein C-Struct ziemlich von einem LISP-ähnlichen Dictionary mit benannten Elementen unterscheidet. Aber ein Dictionary ist eine Struktur, die sich im Struct-basierten C leicht erzeugen lässt. Das ist eine gute Gelegenheit, ein paar Objekte zu bauen. Beachten Sie bitte, dass andere Autoren dies schon getan und die Objekte dann auch komplett mit Funktionalität ausgestattet und gegen möglichst viele Fehler abgesichert haben. Ein Beispiel sind die Schlüsseldatentabellen der GLib oder GHashTable. Wichtig ist mir hier einfach, Compound-Strukturen und einfache Arrays in ein Dictionary-Objekt zu überführen.

Wir beginnen mit einem einfachen Schlüssel/Wert-Paar. Sein Mechanismus wird in *keyval.c* entstehen. Der Header in Beispiel 11-6 führt diese Struktur und ihre Schnittstellenfunktionen auf.

Beispiel 11-6: Der Header oder der öffentlich sichtbare Teil der Schlüssel/Wert-Klasse (keyval.h)

```
typedef struct keyval{
    char *key;
    void *value;
} keyval;

keyval *keyval_new(char *key, void *value);
keyval *keyval_copy(keyval const *in);
void keyval_free(keyval *in);
int keyval_matches(keyval const *in, char const *key);
```

Denjenigen unter Ihnen, die schon mit klassischen objektorientierten Programmiersprachen gearbeitet haben, wird dies sehr vertraut vorkommen. Der erste Instinkt beim Aufbau eines neuen Objekts ist das Schreiben von New/Copy/Free-Funktionen – das ist auch Thema dieses Beispiels. Danach gibt es typischerweise ein paar strukturspezifische Funktionen, wie hier zum Beispiel keyval_matches, um zu prüfen, ob der Schlüssel in einem keyval-Paar dem Eingabestring entspricht. Mit New/Copy/Free-Funktionen können Ihre Überlegungen zur Speicherverwaltung sehr knapp ausfallen: In den New- und Copy-Funktionen allozieren Sie den Speicher mit malloc;, in der Free-Funktion entfernen Sie die Struktur mit free. Mit diesen Funktionen zur Hand muss Code, der das Objekt nutzt, niemals malloc oder free dafür verwenden, sondern kann darauf vertrauen, dass sich keyval_new, keyval_copy und keyval_free schon sauber darum kümmern.

Beispiel 11-7: Die klassische Grundlage für ein Schlüssel/Wert-Objekt: eine Struktur plus New/Copy/Free-Funktionen (keyval.c)

```
#include <stdlib.h> //malloc
#include <strings.h> //strcasecmp
#include "keyval.h"

keyval *keyval_new(char *key, void *value){
    keyval *out = malloc(sizeof(keyval));
    *out = (keyval){.key = key, .value=value};      ❶
    return out;
}

/** Ein Schlüssel/Wert-Paar kopieren. Das neue Paar enthält Zeiger auf
    die Werte des alten Paars, keine Kopien der Daten. */
keyval *keyval_copy(keyval const *in){
    keyval *out = malloc(sizeof(keyval));
    *out = *in;                                     ❷
    return out;
}

void keyval_free(keyval *in){ free(in); }

int keyval_matches(keyval const *in, char const *key){
    return !strcasecmp(in->key, key);
}
```

❶ Designated Initializers vereinfachen das Füllen eines Struct.

❷ Denken Sie daran, dass Sie den Inhalt von Structs durch ein Gleichheitszeichen kopieren können. Wollten wir den Inhalt von Zeigern im Struct kopieren (statt nur die Zeiger selbst), bräuchten wir hier mehr Code.

Jetzt haben wir ein Objekt, das ein einzelnes Schlüssel/Wert-Paar darstellt, und können ein Dictionary als Liste dieser Objekte einrichten. Beispiel 11-8 enthält den Header.

Beispiel 11-8: Der öffentliche Teil der Dictionary-Struktur (dict.h)

```
#include "keyval.h"

extern void *dictionary_not_found;         ❶

typedef struct dictionary{                 ❷
   keyval **pairs;
   int length;
} dictionary;

dictionary *dictionary_new (void);
dictionary *dictionary_copy(dictionary *in);
void dictionary_free(dictionary *in);
void dictionary_add(dictionary *in, char *key, void *value);
void *dictionary_find(dictionary const *in, char const *key);
```

❶ Dies wird der Marker sein, wenn ein Schlüssel im Dictionary nicht gefunden wird. Er muss öffentlich sein.

❷ Der Rest des Headers sieht erwartungsgemäß aus: ein Typedef und eine Liste mit grundlegenden Schnittstellenfunktionen.

Wie Sie sehen, gibt es hier die gleichen New/Copy/Free-Funktionen, dazu ein paar weitere Dictionary-spezifische Funktionen und einen Marker, der später noch beschrieben wird. Beispiel 11-9 enthält die private Implementierung.

Beispiel 11-9: Die Implementierung des Dictionary-Objekts (dict.c)

```
#include <stdio.h>
#include <stdlib.h>
#include "dict.h"

void *dictionary_not_found;

dictionary *dictionary_new (void){
    static int dnf;
    if (!dictionary_not_found) dictionary_not_found = &dnf;       ❶
    dictionary *out= malloc(sizeof(dictionary));
    *out= (dictionary){ };
    return out;
}

static void dictionary_add_keyval(dictionary *in, keyval *kv){    ❷
    in->length++;
    in->pairs = realloc(in->pairs, sizeof(keyval*)*in->length);
    in->pairs[in->length-1] = kv;
}
```

```
void dictionary_add(dictionary *in, char *key, void *value){
    if (!key){fprintf(stderr, "NULL ist kein gültiger Schlüssel.\n"); abort();}  ❸
    dictionary_add_keyval(in, keyval_new(key, value));
}

void *dictionary_find(dictionary const *in, char const *key){
    for (int i=0; i< in->length; i++)
        if (keyval_matches(in->pairs[i], key))
            return in->pairs[i]->value;
    return dictionary_not_found;
}

dictionary *dictionary_copy(dictionary *in){
    dictionary *out = dictionary_new();
    for (int i=0; i< in->length; i++)
        dictionary_add_keyval(out, keyval_copy(in->pairs[i]));
    return out;
}

void dictionary_free(dictionary *in){
    for (int i=0; i< in->length; i++)
        keyval_free(in->pairs[i]);
    free(in);
}
```

❶ Es ist nicht abwegig, einen NULL-Wert in der Schlüssel/Wert-Tabelle zu haben, daher benötigen wir einen eindeutigen Marker, um einen fehlenden Wert zu kennzeichnen.

❷ Denken Sie daran, dass eine als static gekennzeichnete Funktion nicht außerhalb der Datei verwendet werden kann. Daher ist dies ein zusätzlicher Hinweis darauf, dass die Funktion für die Implementierung privat ist.

❸ Ich habe wieder geschummelt: Ein Einsatz von abort auf diese Art und Weise ist schlechter Stil. Es wäre besser, ein Makro wie das in *stopif.h* zu nutzen (Beispiel 10-2). Ich habe es hier so gemacht, um ein Feature des Test-Harnischs in »Unit-Tests« auf Seite 41 zu demonstrieren.

Jetzt haben wir ein Dictionary, und Beispiel 11-10 kann es nutzen, ohne sich über die Speicherverwaltung Gedanken machen zu müssen. Denn dies übernehmen die New/Copy/Free-Funktionen. Wir brauchen auch keine Verweise auf Schlüssel/Wert-Paare zu erzeugen, weil dies für unsere Zwecke eine Ebene zu tief geht.

Beispiel 11-10: Beispieleinsatz des Dictionary-Objekts. Wir müssen uns nicht in die Untiefen des Struct stürzen, weil die Schnittstellenfunktionen alles bereitstellen, was wir benötigen (dict_use.c)

```
#include <stdio.h>
#include "dict.h"

int main(){
    int zero = 0;
    float one = 1.0;
    char two[] = "two";
    dictionary *d = dictionary_new();
    dictionary_add(d, "ein Int", &zero);
```

```
    dictionary_add(d, "ein Float", &one);
    dictionary_add(d, "ein String", &two);
    printf("Die hinzugefügte Integer-Zahl ist: %i\n", *(int*)dictionary_find(d, "ein Int"));
    printf("Der String ist: %s\n", (char*)dictionary_find(d, "ein String"));
    dictionary_free(d);
}
```

Das Schreiben eines Struct sowie seiner New/Copy/Free- und anderer zugehöriger Funktionen hat ausgereicht, um die richtige Kapselungsstufe zu erreichen: Das Dictionary muss sich nicht um die Interna des Schlüssel/Wert-Paars kümmern und die Anwendung nicht um die Interna des Dictionary.

Der vorliegende Code ist hier nicht so schlecht wie in ein paar anderen Sprachen, aber es gibt natürlich sich wiederholende Muster in den New/Copy/Free-Funktionen. Und in den folgenden Beispielen werden Sie diese Vorlage noch häufiger zu sehen bekommen.

Irgendwann habe ich mir sogar Makros geschrieben, um sie automatisch erzeugen zu lassen. So unterscheiden sich die Copy-Funktionen zum Beispiel nur im Umgang mit internen Zeigern, daher könnten wir ein Makro schreiben, um all den Basiscode zu erzeugen, der nichts mit den internen Zeigern zu tun hat:

```
#define def_object_copy(tname, ...)              \
    void * tname##_copy(tname *in) {             \
        tname *out = malloc(sizeof(tname));      \
        *out = *in;                              \
        __VA_ARGS__;                             \
        return out;                              \
    }

def_object_copy(keyval) //Wird erweitert zur vorigen Deklaration von keyval_copy.
```

Aber die Redundanz ist nichts, worüber Sie sich groß Gedanken machen müssen. Abgesehen von unserer mathematischen Ästhetik, Wiederholungen und Text zu vermeiden, ist mehr Code manchmal sogar hilfreich, um das Programm lesbarer und robuster zu gestalten.

Lassen Sie Ihren Code auf Zeigern auf Objekte basieren

Warum habe ich all den Code auf Zeiger auf Datenstrukturen basieren lassen, statt die Strukturen einfach direkt einzusetzen? Nutzen Sie das reine Struct, schreiben sich die New/Copy/Free-Funktionen quasi von selbst:

new
  Verwenden Sie möglichst Designated Initializers, wenn Sie ein Struct benötigen. Zusätzlich können Strukturen schon zum Kompilierungszeitpunkt deklariert werden, sodass sie den Anwendern direkt ohne den initialen Aufruf einer Setup-Funktion zur Verfügung stehen.

copy
  Das Gleichheitszeichen erfüllt diese Aufgabe.

free
> Kümmern Sie sich nicht darum, das Objekt verlässt seinen Gültigkeitsbereich noch schnell genug.

Mit Zeigern machen wir das Ganze also komplizierter. Aber ich habe festgestellt, dass es Konsens ist, Zeiger auf Objekte als Basis eines Designs zu verwenden.

Die Vorteile von Zeigern:

- Das Kopieren eines einzelnen Zeigers ist billiger als das Kopieren einer vollständigen Struktur, so sparen Sie sich bei jedem Funktionsaufruf mit einem Struct als Eingabeparameter ein paar Mikrosekunden. Natürlich bemerken Sie das erst nach ein paar Billionen Funktionsaufrufen.
- Bibliotheken für Datenstrukturen (zum Beispiel Ihre Bäume und verketteten Listen) drehen sich immer um Hooks für einen Zeiger.
- Haben Sie einen Baum oder eine Liste gefüllt, wollen Sie vermutlich nicht, dass das Konstrukt am Ende des Gültigkeitsbereichs wieder geleert wird.
- Viele Ihrer Funktionen, die ein Struct erwarten, verändern dessen Inhalt. Sie müssen also sowieso einen Zeiger auf das Struct übergeben. Es ist verwirrend, manche Funktionen mit dem Struct und manche mit einem Zeiger darauf aufzurufen (ich habe schon solch eine Schnittstelle geschrieben und bedaure es), daher werden Sie sowieso immer Zeiger verwenden wollen.
- Enthält der Inhalt des Struct einen Zeiger auf andere Daten, löst sich der Bonus einer einfachen Struktur sowieso in Wohlgefallen auf: Wollen Sie eine tiefe Kopie haben (bei der Daten, auf die gezeigt wird, mit kopiert werden, und nicht nur der Zeiger), benötigen Sie eine Copy-Funktion und vermutlich auch eine Free-Funktion, um sicherzustellen, dass die internen Daten sauber gelöscht werden.

Es gibt bei Structs keine Regel, die immer gilt. Wird Ihr Projekt größer und wandert eine Wegwerfstruktur in das Herz Ihrer Datenorganisation, nehmen die Vorteile von Zeigern zu und die für den Nicht-Einsatz von Zeigern ab.

Funktionen in Ihren Structs

Ein Struct kann als Element auch Funktionen enthalten – genauso wie die normalen Variablen.

> ### Zeigerauflösung
> Nehmen wir an, wir haben einen Zeiger auf eine Funktion *fn*, dann ist **fn* eine Funktion und *fn* deren Adresse im Speicher. (**fn*)(x) wäre dann ein Funktionsaufruf, aber was würde *fn*(x) bedeuten? In diesem Fall macht C das, was ich meine, und interpretiert den Aufruf eines Zeigers auf eine Funktion als einfachen Funktionsaufruf. Der Begriff dafür ist *Zeigerauflösung* (Pointer Decay). Das ist der Grund dafür, dass ich Funktionen und Zeiger auf Funktionen im Text gleichwertig behandle.

Mit einem Struct *object_s* und einer Funktion *fn*, die irgendwie mit ihr in Verbindung steht, können wir den üblichen Weg beschreiben: die Funktion aus der Struktur herauslassen, ihr aber einen Namen verpassen, der die Beziehung deutlich macht, zum Beispiel *object_fn*(...). Oder wir lassen *fn* ein Element von *object_s* sein, sodass wir mit der Deklaration *object_s xo* die Funktion über *xo.fn*(...) aufrufen können.

Das ist größtenteils eine Frage des Stils – wie suchen wir in der Dokumentation nach Funktionen, und wie sieht der Code im Editor aus? Die Dokumentation ist übrigens schuld, dass ich das Namensschema *object_fn* gegenüber *fn_object* bevorzuge: Bie der ersten Form führt der Index der Dokumentation alle zu *object_s* gehörenden Funktionen an einer Stelle auf.

Der echte Vorteil einer Funktion als Element des Struct ist, dass Sie die Funktion sehr einfach abhängig von der Instanz des Objekts ändern können. Mit der Deklaration *object_s* xo, yo und einem Funktionselement add können xo.add und yo.add komplett verschiedene Funktionen sein. Auf der Habenseite steht, dass Sie xo und yo an eine Routine mit der Schnittstelle do_math(*object_s* in) schicken können, die dann in.add aufruft und sich nicht darum schert, was add tatsächlich tut. Auf der Sollseite steht aber, dass wir wieder einmal die Regel brechen, nach der Dinge, die etwas Unterschiedliches tun, auch unterschiedlich aussehen sollen: Hat die Funktion xo.add leicht andere Auswirkungen als yo.add, erhalten Sie keine Warnung.

Deshalb bevorzuge ich im Allgemeinen die Form *object_fn* für Funktionen, die mit Objekten zusammenhängen. Gibt es zwei oder drei ähnliche, aber doch leicht unterschiedliche Arten von Operationen für das gleiche Objekt, kann ich ihnen verschiedene Namen geben (wie dictionary_add und dictionary_add_keval in Beispiel 11-9). Ich verwende die Form *xo.fn* nur, wenn ich davon ausgehe, dass so gut wie jede Instanz von *object_s* eine andere Version von *fn* nutzt.

Es gibt nur wenige Situationen, in denen jede Instanz eines Objekts andere Methoden nutzt – aber erst dann bringt es wirklich etwas, Methoden in einem Objekt zu verwenden. Ich hatte das Glück, solch einer Situation gegenüberzustehen, als ich eine Bibliothek für statistische Modelle schrieb (mit dem Namen Apophenia, siehe Abschnitt »Die GNU Scientific Library« auf Seite 259). Dieser Abschnitt wird ein Objekt model_s vorstellen und zeigen, wie man jedes Objekt mit einer anderen Prozedur verbindet. Ich habe diesen Abschnitt so geschrieben, dass Sie ihn auch dann verstehen, wenn Sie von dem ganzen mathematischen und statistischen Jargon nur Bahnhof verstehen.

Statistische Modelle gleichen sich weitestgehend: Sie haben ein paar Prozeduren, wie zum Beispiel die Gleichung für eine Glockenkurve oder etwas zur Ausgleichsrechnung, und ein paar Parameter, die die Prozeduren exakter an die Daten anpassen. So könnten wir zum Beispiel festlegen, dass die Daten einer Normalverteilung entsprechen. Dann sind die Anpassungsparameter der Mittelwert (μ) und eine Standardabweichung (σ). Für die Eingangswerte [1, 2, 3, 4, 5] ist der Mittelwert drei (da die Daten symmetrisch um die Drei herum verteilt sind), und wenn Sie ein bisschen rechnen, finden Sie heraus, dass die Beispiel-Standardabweichung in etwa den Wert 1,58 hat. Die Black Box, die die Abschätzung vornimmt, würde diese Daten übernehmen und (μ, σ) = (3, 1.58) ausgeben. Erhält die Black Box die Werte [100, 100.2, 100.8, 100.7, 100.4], würden ein größeres μ und ein kleineres σ herauskommen: (μ, σ) = (100.42, 0.33).

Vielleicht kennen Sie *Heavy-tailed-* oder *Long-tailed-*Verteilungen, beispielsweise beim Buchverkauf: Eine Handvoll Bücher wird millionenfach verkauft, während Tausende von Büchern nur jeweils ein paar Dutzend Mal verkauft werden. Dies ist nur schwerlich als Glockenkurve darstellbar, in der sich die meisten Verkäufe um einen durchschnittlichen Wert drängeln würden, und die Berechnungen für das Abschätzen der Parameter einer Zipfschen Verteilung (einer der verbreiteteren Formalisierungen der Long-Tail-Idee) hat nichts mit der Mathematik für eine Glockenkurve zu tun. Die Black Box hat aber die gleiche Form: Sie geben [1, 2, 3, 4, 5] hinein und erhalten β=1.7; mit [100, 100.2, 100.8, 100.7, 100.4] erhalten Sie β=1.2.

Wir treffen hier also auf Heterogenität: Das Modell-Struct sollte Elemente mit den Namen parameters und data besitzen, und es sollte eine Funktion estimate geben, die aus den Daten die Parameter errechnet, aber jedes Modell wird eine andere Funktion nutzen.

Die Implementierung dazu unterscheidet sich nicht sehr stark von der typischen Strukturimplementierung. Gehen wir von einem Typedef für data_s aus, mit dem sich ein Datensatz beschreiben lässt, haben wir alles, um Normal- oder Zipf-Verteilungsobjekte zu deklarieren. Hier ein Modell des Vorgangs:

```c
typedef model_s * (*data_to_estimated_model)(model_s *, data_s *);   ❶

typedef struct model_s {
    data_s *parameters, *data;
    data_to_estimated_model *estimate;                                ❷
} model_s;

//Nutzt eine Kopie des Eingangsmodells mit NULL-Parametern.
//Gibt eine Kopie des Eingangsmodells mit den berechneten Parametern zurück.
static model_s* normal_est(model_s *in, data_s *d){
    model_s *outmodel = model_copy(in);                               ❸
    //Hier kommt die Mathematik hin, um outmodel->parameters zu berechnen;
    return outmodel;
}

static model_s* zipf_est(model_s *in, data_s *d){
    model_s *outmodel = model_copy(in);
    //ganz andere Berechnungen für outmodel->parameters;
    return outmodel;
}

model_s normal_model = {.estimate = normal_est};                      ❹
model_s zipf_model   = {.estimate = zipf_est};

data_s *d = text_to_data("infile");                                   ❺
model_s *norm_est = normal_model.estimate(normal_model, data);
model_s *zipf_est = zipf_model.estimate(zipf_model, data);
```

❶ Nach Abschnitt »Typedef als lehrreiches Tool« auf Seite 120 sorgt ein guter Typedef dafür, dass das Leben mit Funktionszeigern viel angenehmer wird.

❷ Wir können einen Zeiger auf eine Funktion genauso einfach in einem Struct unterbringen wie jeden anderen Zeiger. Jetzt müssen wir nur noch festlegen, auf was für eine Funktion ein Funktionszeiger verweist.

❸ Ich gehe davon aus, dass model_copy woanders definiert ist. Die Copy-Funktion ist für jedes Modell gleich, daher hat es keinen großen Vorteil, sie innerhalb der Struktur unterzubringen.

❹ Hier werden zwei Strukturen vom Typ model_s über Designated Initializers initialisiert. Die Zeiger estimate verweisen in den beiden Modellen auf unterschiedliche Funktionen.

❺ Ein imaginäres Beispiel nutzt die beiden Modelle, um Parameter abschätzen zu können.

In den letzten beiden Zeilen haben wir eine einheitliche Schnittstelle zu völlig unterschiedlichen Funktionen. Stellen Sie sich einfach eine Funktion vor, die Daten erwartet, und ein Modell model_s mit dem Namen m. Dann ist der Aufruf m.estimate(m, data) möglich.

Beachten Sie den Einsatz des Schlüsselworts static. So kann außerhalb der Datei kein Code normal_est oder zipf_est über ihre Namen aufrufen. Aber sie lassen sich über normal_mode.estimate und zipf_model.estimate erreichen.

Es gibt noch ein paar Extras, mit denen wir das Ganze erweitern wollen. So ist zipf_model.estimate(zipf_model, data) eine redundante Form, weil zipf_model hier zwei Mal vorkommt. Es wäre schön, wenn wir zipf_model.estimate(data) schreiben könnten und das System selbst weiß, dass das erste Argument das Objekt sein soll, das gerade den Aufruf vornimmt. Vielleicht kennt die Funktion eine spezielle Variable namens this oder self, oder wir könnten eine Spezialregel hinzufügen, nach der *object.fn(x)* zu *fn(object, x)* umgebogen wird.

Sorry, aber das wird es in C nicht geben.

C definiert für Sie keine magischen Variablen. Es ist immer ehrlich und transparent, wenn es darum geht, welche Parameter an eine Funktion übergeben werden. Wenn Sie mit den Parametern einer Funktion jonglieren wollen, nehmen Sie normalerweise den Präprozessor dazu, der gern aus f(anything) so etwas wie f(anything else) macht. Aber bei all diesen Transformationen geht es darum, dass etwas innerhalb der Klammern passiert. Es gibt keine Möglichkeit, den Präprozessor dazu zu bringen, den Text s.prob(d) nach s.prob(s, d) umzuwandeln. Wollen Sie die C++-Syntax nicht sklavisch nachbauen, können Sie Makros wie die folgenden schreiben:

```
#define Estimate(in, ...) (in).estimate((in), __VA_ARGS__)
#define Copy(in, ...) (in).copy((in), __VA_ARGS__)
#define Free(in, ...) (in).free((in), __VA_ARGS__)
```

Jetzt haben Sie aber den globalen Namensraum mit den Symbolen Estimate, Copy und Free gefüllt. Vielleicht lohnt sich das für Sie (insbesondere wenn jede Funktion entsprechende Copy- und Free-Funktionen besitzt).

Sie könnten den Namensraum übersichtlich halten und Namenskollisionen vermeiden, indem Sie Ihre Makros entsprechend benennen:

```
#define Model_estimate(in, ...) (in).estimate((in), __VA_ARGS__ )
#define Model_copy(in, ...) (in).copy((in), __VA_ARGS__ )
```

Meine bevorzugte Alternative ist eine Dispatch-Funktion, eine dünne Wrapper-Funktion, die diese nervige Redundanz versteckt und einen weiteren Vorteil gegenüber dem eben gezeigten einfachen Makro besitzt: Standardwerte. Nehmen wir an, wir hätten keine Schätzroutine für ein bestimmtes Modell. Mit einer Log-Likelihood-Funktion könnten wir die Maximum-Likelihood-Methode nutzen, um die Parameter abzuschätzen (das klingt wieder nach »Bahnhof«). Die Standardfunktion würde in etwa so aussehen wie die weiter oben gezeigten spezifischen Schätzroutinen. Hier ein Entwurf, der annimmt, dass das Struct um eine Methode log_likelihood ergänzt wurde:

```
model_s default_estimation(model_s *in, data_s *d){
    model_s *outmodel = _model_copy(in);
    //Hier Mathematik mit einem zusätzlichen Element in->log_likelihood.
    return outmodel;
}
```

Nun zur Dispatch-Funktion:

```
model_s * model_estimate(model_s *p, data_s *d){
    //Hier fehlt noch die Fehlerprüfung.
    if (p->estimate) return p->estimate(p, d);
    else return default_estimation(p, d);
}
```

Die Anwendung:

```
model_s normal_model = {.estimate = normal_est};
model_s ad_hoc_model = {.log_likelihood = ad_hoc_ll};

model_s *norm_est = model_estimate(&normal_model, data);
model_s *adhoc_est = model_estimate(&ad_hoc_model, data);
```

Wir haben eine homogene Form aus immer noch heterogenen Elementen erhalten – die estimate-Funktion einer Modellstruktur kann NULL sein, trotzdem können wir immer noch die gleiche model_estimate-Funktion nutzen, allerdings muss für den Standard ein Element .log_likelihood vorhanden sein.

Dispatch-Funktionen ermöglichen uns also Standardfunktionen, lösen das Ärgernis, keine magische Variable this oder self zur Verfügung zu haben, und erledigen das Ganze auch noch auf eine Art und Weise, die den normalen Schnittstellenfunktionen wie model_copy oder model_free ähnlich sieht.

Es gibt andere Wege, dieses Ziel zu erreichen. Weiter oben habe ich Designated Initializers genutzt, um die Funktionen aufzusetzen, daher sind nicht spezifizierte Elemente NULL, und eine Dispatch-Funktion ist sinnvoll. Fordern wir, dass der Anwender immer eine Funktion `model_new` nutzt, können wir die Standardfunktion hier setzen. Die Redundanz von `mymodel.estimate(mymodel, data)` lässt sich, wie oben gezeigt, durch ein einfaches Makro beheben.

Auch hier haben Sie wieder verschiedene Möglichkeiten. Wir haben eine Reihe von syntaktischen Optionen, um unterschiedliche Funktionen für verschiedene Objekte einheitlich aufzurufen. Damit bleibt nur noch die Aufgabe, diese verschiedenen Funktionen so zu schreiben, dass sie sich trotz einheitlichen Aufrufs so verhalten wie gewünscht.

Referenzen zählen

Im verbleibenden Rest des Kapitels stelle ich ein paar weitere Beispiele für das Erstellen von Objekten vor. Dort zeige ich auch, wie man die New/Copy/Free-Funktionen an nicht-triviale Situationen anpasst. Wie schon erwähnt, werden die Beispiele komplizierter werden, reale Überlegungen beinhalten und tatsächlich etwas Interessantes tun.

Das erste Beispiel dreht sich um eine kleine Bibliothek mit einer interessanten Struktur. Es geht darum, eine vollständige Datei in einen einzelnen String einzulesen. *Moby Dick* in einem einzelnen String im Speicher ist jetzt keine große Sache, aber wenn man 1.000 Kopien davon herumliegen hat, wird es irgendwann doch zu viel. Statt also den potenziell sehr langen Datenstring zu kopieren, werden wir Views mit verschiedenen Start- und Endpunkten haben.

Mit den diversen Views auf den String dürfen wir ihn nur genau ein Mal freigeben – wenn nämlich keine weiteren Views mit ihm verbunden sind. Dank des Objekt-Frameworks stellt sich das als ziemlich einfach heraus.

Das zweite Beispiel – eine agentenbasierte Mikrosimulation der Gruppenbildung – hat ein ähnliches Problem: Die Gruppen sollten so lange existieren, wie sie Mitglieder haben, und dürfen erst dann freigegeben werden, wenn das letzte Mitglied sie verlassen hat.

Beispiel: Ein Substring-Objekt

Der Trick, um mit vielen Objekten umzugehen, die alle auf den gleichen String zeigen, ist ein Referenzzähler in der Struktur. Passen Sie die vier Vorlagenelemente wie folgt an:

- Die Typdefinition enthält einen Zeiger auf einen Integer namens `refs`. Er wird nur ein Mal eingerichtet (über die Funktion `new`), und alle Kopien (die über die `copy`-Funktion erstellt werden) teilen sich den String und diesen Referenzzähler.
- Die `new`-Funktion richtet den `refs`-Zeiger ein und setzt `*refs = 1`.
- Die `copy`-Funktion kopiert das Original-Struct in die Ausgabekopie und erhöht den Referenzzähler.
- Die `free`-Funktion verringert den Referenzzähler. Ist dieser gleich null, wird der gemeinsam genutzte String freigegeben.

Beispiel 11-11 enthält den Header *fstr.h* für das String-Beispiel. Hier findet sich die zentrale Struktur für die Repräsentation eine String-Abschnitts und eine Hilfsstruktur für eine Liste dieser String-Abschnitte.

Beispiel 11-11: Die öffentliche Spitze des Eisbergs (fstr.h)

```
#include <stdio.h>
#include <stdlib.h>
#include <glib.h>

typedef struct {            ❶
    char *data;
    size_t start, end;
    int* refs;
} fstr_s;

fstr_s *fstr_new(char const *filename);
fstr_s *fstr_copy(fstr_s const *in, size_t start, size_t len);
void fstr_show(fstr_s const *fstr);
void fstr_free(fstr_s *in);

typedef struct {            ❷
    fstr_s **strings;
    int count;
} fstr_list;

fstr_list fstr_split (fstr_s const *in, gchar const *start_pattern);
void fstr_list_free(fstr_list in);
```

❶ Ich hoffe, diese Header langweilen Sie mit der Zeit. Es ist immer das gleiche typdef/new/copy/free.

❷ Das Struct fstr_list sollte eigentlich eine Wegwerfstruktur sein, kein vollständiges Objekt, aber ich habe festgestellt, dass es recht nützlich ist. Solch zufälliges Entdecken von Struktur ist immer gut, und wir sollten es unterstützen. Beachten Sie, dass die Funktion fstr_split die Liste selbst zurückgibt, keinen Zeiger auf die Liste.

Beispiel 11-12 zeigt die Bibliothek *fstr.c* selbst. Sie nutzt GLib zum Einlesen der Textdatei und zum Parsen Perl-kompatibler regulärer Ausdrücke. Die nummerierten Punkte beziehen sich auf die Schritte, die am Anfang dieses Abschnitts aufgezählt wurden. So können Sie die Implementierung des Elements refs als Referenzzähler leichter verfolgen.

Beispiel 11-12: Ein Objekt, das einen Substring repräsentiert (fstr.c)

```
#include "fstr.h"
#include "string_utilities.h"

fstr_s *fstr_new(char const *filename){
    fstr_s *out = malloc(sizeof(fstr_s));
    *out = (fstr_s){.start=0, .refs=malloc(sizeof(int))};     ❶
    out->data = string_from_file(filename);
    out->end  = out->data ? strlen(out->data) : 0;
    *out->refs = 1;
    return out;
}
```

```
/** Einen neuen fstr_s als Substring des Eingabe-fstr_s erzeugen.
\param in    Der Eltern-String.
\param start Der Offset-Eltern-String, bei dem der Substring beginnt.
\param len   Die Länge des Substrings. Wenn länger als der verfügbare Text,
             wird der Substring nur bis zum Ende des Eltern-String gehen.
*/
fstr_s *fstr_copy(fstr_s const *in, size_t start, size_t len){        ❷
    fstr_s *out = malloc(sizeof(fstr_s));
    *out=*in;
    out->start += start;
    if (in->end > out->start + len)
        out->end = out->start + len;
    (*out->refs)++;                                                    ❸
    return out;
}

void fstr_free(fstr_s *in){                                            ❹
    (*in->refs)--;
    if (!*in->refs) {
        free(in->data);
        free(in->refs);
    }
    free(in);
}

/** Einen Eingabestring in eine Folge von Substrings aufteilen
\param in              Der aufzuteilende String.
\param start_pattern   Regex, die den Anfang eines neuen Substrings kennzeichnet.
\return                Liste mit Substrings.
*/
fstr_list fstr_split (fstr_s const *in, gchar const *start_pattern){
    fstr_s **out=malloc(sizeof(fstr_s*));
    int outlen = 1;
    out[0] = fstr_copy(in, 0, in->end);
    GRegex *start_regex = g_regex_new (start_pattern, 0, 0, NULL);
    gint mstart=0, mend=0;
    fstr_s *remaining = fstr_copy(in, 0, in->end);
    do {
        GMatchInfo *start_info;
        g_regex_match(start_regex, &remaining->data[remaining->start],
                                   0, &start_info);
        g_match_info_fetch_pos(start_info, 0, &mstart, &mend);
        g_match_info_free(start_info);
        if (mend > 0 && mend < remaining->end - remaining->start){     ❺
            out = realloc(out, ++outlen * sizeof(fstr_s*));
            out[outlen-1] = fstr_copy(remaining, mend, remaining->end-mend);
            out[outlen-2]->end = remaining->start + mstart;
            remaining->start += mend;
        } else break;
    } while (1);
    fstr_free(remaining);
    g_regex_unref(start_regex);
    return (fstr_list){.strings=out, .count=outlen};
}
```

```
void fstr_list_free(fstr_list in){
    for (int i=0; i < in.count; i++) fstr_free(in.strings[i]);
    free(in.strings);
}

void fstr_show(fstr_s const *fstr){
    printf("%.*s", (int)fstr->end-fstr->start, &fstr->data[fstr->start]);
}
```

❶ Bei einem neuen fstr_s wird der Referenzzähler auf 1 gesetzt. Ansonsten entspricht diese Funktion der Vorlage für New-Funktionen von Objekten.

❷ Die Copy-Funktion kopiert das übergebene fstr_s und setzt Start- und Endpunkt für den angegebenen Substring (und stellt dabei sicher, dass der Endpunkt nicht über den Endpunkt des Eingabe-fstr_s hinausgeht).

❸ Hier wird der Referenzzähler erhöht.

❹ Hier wird mit dem Referenzzähler ermittelt, ob die zugrunde liegenden Daten freigegeben werden sollten oder nicht.

❺ Ansonsten wurde weder etwas gefunden, noch wurden die Grenzen überschritten.

Und schließlich noch eine Anwendung. Damit das funktioniert, benötigen Sie eine (englische) Version von *Moby Dick, or the Whale* von Herman Melville. Haben Sie keine davon auf Ihrer Festplatte, setzen Sie Beispiel 11-13 ein, um eine vom Project Gutenberg herunterzuladen.

Beispiel 11-13: Holen Sie sich mit curl die Moby-Dick-Version von Project Gutenberg. Mit sed schneiden Sie den Kopf- und Fußbereich von Gutenberg ab. Eventuell müssen Sie Ihren Paketmanager bitten, curl zu installieren (find.moby)

```
if [ ! -e moby ] ; then
 curl -A "Mozilla/4.0" http://www.gutenberg.org/cache/epub/2701/pg2701.txt    \
      | sed -e '1,/START OF THIS PROJECT GUTENBERG/d'          \
      | sed -e '/End of Project Gutenberg/,$d'                 \
      > moby
fi
```

Jetzt haben Sie eine Kopie des Buchs und können es anhand von Beispiel 11-15 in Kapitel unterteilen. Zusätzlich wird mit der Split-Funktion die Anzahl der Vorkommen von *whale(s)* und *I* in jedem Kapitel gezählt. Beachten Sie, dass die fstr-Structs hier als Black Box genutzt werden können, indem man nur auf die Funktionen new, copy, free, show und split zurückgreift.

Das Programm benötigt GLib, *fstr.c* und die String-Utilities aus früheren Kapiteln. Ein Beispiel-Makefile finden Sie in Beispiel 11-14.

Beispiel 11-14: Ein Beispiel-Makefile für das Cetologie-Programm (cetology.make)

```
P=cetology
CFLAGS=`pkg-config --cflags glib-2.0` -g -Wall -std=gnu99 -O3
LDLIBS=`pkg-config --libs glib-2.0`
objects=fstr.o string_utilities.o
```

```
$(P): $(objects)
```

Beispiel 11-15: Ein Beispiel, in dem ein Buch in Kapitel unterteilt wird und bestimmte Wörter gezählt werden (cetology.c)

```c
#include "fstr.h"

int main(){
    fstr_s *fstr = fstr_new("moby");
    fstr_list chapters = fstr_split(fstr, "\nCHAPTER");
    for (int i=0; i< chapters.count; i++){
        fstr_list for_the_title=fstr_split(chapters.strings[i],"\\.");
        fstr_show(for_the_title.strings[1]);
        fstr_list me     = fstr_split(chapters.strings[i], "\\WI\\W");
        fstr_list whales = fstr_split(chapters.strings[i], "whale(s|)");
        fstr_list words  = fstr_split(chapters.strings[i], "\\W");
        printf("\nKap. %i, Wörter: %i.\t Is: %i\twhales: %i\n", i, words.count-1,
                me.count-1, whales.count-1);

        fstr_list_free(for_the_title);
        fstr_list_free(me);
        fstr_list_free(whales);
        fstr_list_free(words);
    }
    fstr_list_free(chapters);
    fstr_free(fstr);
}
```

Um Sie dazu anzuregen, das Programm selbst auszuprobieren, werde ich seine Ergebnisse nicht im Detail wiedergeben. Aber ich möchte ein paar Anmerkungen dazu machen, wie schwer es heutzutage für Mr. Melville wäre, das Buch zu veröffentlichen oder auch nur zu verbloggen:

- Die Länge der Kapitel variiert sehr stark.
- Wale werden eigentlich erst ab Kapitel 30 behandelt.
- Der Erzähler ist immer dabei. Selbst in dem berühmten Cetologie-Kapitel nutzt er die erste Person (Singular) 60 Mal und macht damit ein ansonsten enzyklopädisches Kapitel persönlich.
- Der Regex-Parser von GLib ist ein bisschen langsamer, als ich mir erhofft hatte.

Ein agentenbasiertes Modell der Gruppenbildung

Dieses Beispiel ist ein agentenbasiertes Modell der Gruppenbildung. Agenten befinden sich in einem zweidimensionalen Präferenzraum (weil wir die Gruppen plotten wollen) im Bereich von (−1, −1) bis (1, 1). In jeder Runde schließen sich die Agenten der Gruppe mit dem für sie größten Nutzen an. Der Nutzen einer Gruppe für einen Agenten ist − (Abstand zum Positionsmittelwert der Gruppe + M * Anzahl der Mitglieder). Der Positionsmittelwert ist der Mittelwert der Positionen der Gruppenmitglieder (ausgenommen des Agenten, der die Gruppe anfragt), und M ist eine Konstante, die festlegt, wie viel wichtiger es dem Agenten ist, in einer großen Gruppe zu sein, als sich nahe an der Mittelwertposition der Gruppe zu befinden. Ist *M* nahe bei null, ist die Gruppengröße nahezu unwichtig, und die Agenten kümmern sich nur um die Nähe zur Gruppe. Geht *M* Richtung unendlich, wird die Position unwichtig, und nur die Gruppengröße zählt.

Mit einer gewissen Wahrscheinlichkeit erzeugt der Agent eine neue Gruppe. Aber da Agenten in jeder Runde eine neue Gruppe auswählen, kann diese neu gegründete Gruppe in der nächsten Runde wieder verlassen werden.

Das Problem passt zum Zählen von Referenzen, die Prozesse ähneln sich:

- Zur Typdefinition gehört ein Integer-Wert namens counter.
- Die new-Funktion setzt counter = 1.
- Die copy-Funktion setzt counter++.
- Die free-Funktion fragt ab, ob if(--counter==0). Ist dies der Fall, gibt free alle gemeinsam genutzten Daten frei, ansonsten belässt sie alles, wie es ist, da wir wissen, dass es immer noch Referenzen auf die Struktur gibt.

Auch hier gilt wieder: Solange Ihre Änderungen an der Struktur vollständig über die Schnittstellenfunktionen vorgenommen werden, müssen Sie sich beim Einsatz der Objekte keinerlei Gedanken über Speicherverwaltung machen.

Die Simulation ist fast 125 Codezeilen lang, und da ich CWEB zum Dokumentieren verwendet habe, sind die Quellcodedateien fast doppelt so lang (zum Lesen und Schreiben von CWEB habe ich etwas in Abschnitt »Literaler Code mit CWEB« auf Seite 49 geschrieben). Durch den literalen Coding-Stil sollte das sehr gut lesbar sein. Selbst wenn Sie sonst größere Codeblöcke gern überspringen, sollten Sie sie hier zumindest überfliegen. Haben Sie CWEB zur Hand, können Sie die PDF-Dokumentation erzeugen und sie in diesem Format lesen.

Die Ausgabe dieses Programm ist dazu gedacht, an Gnuplot weitergeleitet zu werden. Dieses Tool lässt sich sehr gut automatisieren. Es folgt ein Befehlszeilenskript, das ein Here-Dokument nutzt, um den angegebenen Text zusammen mit einer Reihe von Datenpunkten an Gnuplot weiterzuleiten (das e markiert dabei das Ende der Serie).

```
cat << "------" | gnuplot --persist
set xlabel "Jahr"
set ylabel "US-Präsidentenwahlen"
set yrange [0:5]
set key off
plot '-' with boxes
2000, 1
2001, 0
2002, 0
2003, 0
2004, 1
2005, 0
e
------
```

Sie können sich vermutlich vorstellen, wie Sie Gnuplot-Befehle per Programm erzeugen – mit einem oder zwei `printf` für die Einstellungen und einer `for`-Schleife für die Ausgabe des Datensatzes. Schicken Sie eine Folge von Plots an Gnuplot, erzeugen Sie damit zudem eine Animationssequenz.

Die folgende Simulation erzeugt solch eine Animationssequenz. Führen Sie sie über `./groups | gnuplot` aus, wird sie Ihnen am Bildschirm angezeigt. Es ist schwer, eine Animation zu drucken, daher müssen Sie sie selbst starten. Sie werden sehen: Auch wenn das Verhalten nicht in die Simulation programmiert wurde, sorgen neue Gruppen dafür, dass sich in der Nähe liegende Gruppen verschieben und eine gleichmäßige Verteilung der Gruppenpositionen entsteht. Politikwissenschaftler haben ein ähnliches Verhalten häufig im Raum der Positionen politischer Parteien beobachtet: Betreten neue Parteien das Feld, passen die bestehenden ihre Positionen entsprechend an.

Nun zum Header. Die Join- und Exit-Funktionen sind im Allgemeinen eher als Copy- und Free-Funktionen bekannt. Die Struktur `group_s` besitzt ein Element `size`, in dem die Zahl der Gruppenmitglieder enthalten ist – der Referenzzähler. Sie sehen, dass ich Apophenia und GLib einsetze. Bemerkenswert ist noch, dass ich die Gruppen in einer verketteten Liste speichere, die privat in *groups.c* abgelegt ist. Das Verwalten dieser Liste erfordert ganze zwei Codezeilen mit den Aufrufen von `g_list_append` und `g_list_remove` (Beispiel 11-16).

Beispiel 11-16: Der öffentliche Teil des Objekts `group_s` *(groups.h)*

```
#include <apop.h>
#include <glib.h>

typedef struct {
    gsl_vector *position;
    int id, size;
} group_s;

group_s* group_new(gsl_vector *position);
group_s* group_join(group_s *joinme, gsl_vector *position);
void group_exit(group_s *leaveme, gsl_vector *position);
group_s* group_closest(gsl_vector *position, double mb);
void print_groups();
```

Jetzt zur Datei mit den Details des Gruppenobjekts (siehe Beispiel 11-17).

Beispiel 11-17: Das Objekt `group_s` *(groups.w)*

```
@ Im einführenden Bereich binden wir die Header ein und definieren die
globale Gruppenliste, die das Programm einsetzt. Wir brauchen
New/Copy/Free-Funktionen für jede Gruppe.

@c
#include "groups.h"

GList *group_list;
@<new group@>
@<copy group@>
@<free group@>
```

@ Die New-Methode für Gruppen entspricht größtenteils der Vorlage: Wir allozieren per |malloc| ein bisschen Speicher, füllen das Struct mithilfe des Designated Initializer und fügen die neue Gruppe an die Liste an.

@<new group@>=
```
group_s *group_new(gsl_vector *position){
    static int id=0;
    group_s *out = malloc(sizeof(group_s));
    *out = (group_s) {.position=apop_vector_copy(position), .id=id++, .size=1};
    group_list = g_list_append(group_list, out);
    return out;
}
```

@ Tritt ein Agent einer Gruppe bei, wird diese 'kopiert', allerdings wird kein Speicher kopiert: Die Gruppe wird einfach um die neue Person ergänzt. Wir müssen den Referenzzähler erhöhen, was einfach ist, und dann den Positionsmittelwert anpassen. Ist der Positionsmittelwert ohne die n-te Person P_{n-1} und befindet sich die n-te Person an Position p, ist der neue Positionsmittelwert P_n mit der Person die gewichtete Summe.

$$P_n = \left((n-1)P_{n-1}/n \right) + p/n.$$

Wir berechnen das für jede Dimension.

@<copy group@>=
```
group_s *group_join(group_s *joinme, gsl_vector *position){
    int n = ++joinme->size;   //increment the reference count
    for (int i=0; i< joinme->position->size; i++){
        joinme->position->data[i] *= (n-1.)/n;
        joinme->position->data[i] += position->data[i]/n;
    }
    return joinme;
}
```

@ Die 'Free'-Funktion gibt die Gruppe nur dann frei, wenn der Referenzzähler Null ist. Ansonsten müssen wir die Daten neu berechnen, um den Mittelwert nach dem Entfernen der Person zu korrigieren.

@<free group@>=
```
void group_exit(group_s *leaveme, gsl_vector *position){
    int n = leaveme->size--;   //lower the reference count
    for (int i=0; i< leaveme->position->size; i++){
        leaveme->position->data[i] -= position->data[i]/n;
        leaveme->position->data[i] *= n/(n-1.);
    }
    if (leaveme->size == 0){ //garbage collect?
        gsl_vector_free(leaveme->position);
        group_list= g_list_remove(group_list, leaveme);
        free(leaveme);
    }
}
```

@ Ich habe viel mit verschiedenen Regeln experimentiert, wie Personen die Distanz zur Gruppe bewerten. Letztendlich bin ich bei der L_3-Norm gelandet. Der Standardabstand ist die L_2-Norm (auch als Euklidische

Distanz bezeichnet): Dabei hat der Abstand zwischen (x_1, y_1) und (x_2, y_2) den Wert $\sqrt{(x\_1-x\_2)^2+(y\_1-y\_2)^2}$. Für L_3 gilt $\sqrt[3]{(x\_1-x\_2)^3+(y\_1-y\_2)^3}$.
Dies und der Aufruf von |apop_copy| weiter oben sind die einzigen Zugriffe auf die Apophenia-Bibliothek. Haben Sie sie nicht zur Hand, können Sie die Aufrufe auch umschreiben.

```
@<distance@>=
apop_vector_distance(g->position, position, .metric='L', .norm=3)
```

@ Mit 'closest' meine ich wirklich die Gruppe, die den geringsten Abstand minus der gewichteten Größe besitzt. Mit der Hilfsfunktion aus der |dist|-Zeile ist das eine schlichte |for|-Schleife, um die geringste Distanz zu finden.

```
@c
group_s *group_closest(gsl_vector *position, double mass_benefit){
    group_s *fave=NULL;
    double smallest_dist=GSL_POSINF;
    for (GList *gl=group_list; gl!= NULL; gl = gl->next){
        group_s *g = gl->data;
        double dist= @<distance@> - mass_benefit*g->size;
        if(dist < smallest_dist){
            smallest_dist = dist;
            fave = g;
        }
    }
    return fave;
}
```

@ Gnuplot lässt sich sehr gut automatisieren. Wir erhalten hier mit nur vier Zeilen Plotting-Code eine animierte Simulation. Der Header |plot '-'| weist das System an, die folgenden Daten zu plotten. Dann geben wir die (X, Y)-Positionen aus -- jeweils eine pro Zeile. Das abschließende |e| steht für das Ende des Datensatzes. Das Hauptprogramm setzt noch ein paar initiale Gnuplot-Einstellungen.

```
@c
void print_groups(){
    printf("plot '-' with points pointtype 6\n");
    for (GList *gl=group_list; gl!= NULL; gl = gl->next)
        apop_vector_print(((group_s*)gl->data)->position);
    printf("e\n");
}
```

Jetzt haben wir ein Gruppenobjekt und Schnittstellenfunktionen zum Hinzufügen sowie zum Beitreten und Verlassen von Gruppen und können uns mit der Programmdatei nun auf den Simulationsprozess konzentrieren: Wir definieren das Array mit den Personen, dann kommt die Hauptschleife, in der die Mitgliedschaften überprüft und das Ergebnis ausgegeben wird (Beispiel 11-18).

Beispiel 11-18: Das agentenbasierte Modell, das das Objekt group_s *nutzt (groupabm.w)*

@* Initialisierung.

@ Hier geht es um die |people|-Strukturen und die eigentliche Prozedur.

Die Gruppen werden nur über die Schnittstellenfunktionen new/join/exit/print
aus |groups.cweb.c| angesprochen. Daher findet sich in dieser Datei keinerlei Code
zur Speicherverwaltung -- durch das Referenzzählen ist garantiert, dass eine
Gruppe beim Verlassen des letzten Mitglieds freigegeben wird.

```
@c
#include "groups.h"

int pop=2000,
    periods=200,
    dimension=2;
```

@ In |main| initialisieren wir ein paar Konstanten, die nicht statisch sein
können, weil dazu Berechnungen notwendig sind.

```
@<set up more constants@>=
    double  new_group_odds = 1./pop,
            mass_benefit = .7/pop;
    gsl_rng *r = apop_rng_alloc(1234);
```

@* Die Struktur |person_s|.

@ Die Personen sind in dieser Simulation ziemlich langweilig: Sie sterben nicht,
und sie bewegen sich nicht. Daher ist das sie repräsentierende Struct sehr
einfach, es gibt nur |position| und einen Zeiger auf die Gruppe, in der der Agent
aktuell Mitglied ist.

```
@c
typedef struct {
    gsl_vector *position;
    group_s *group;
} person_s;
```

@ Die Setup-Routine ist ebenfalls ziemlich langweilig, in ihr wird nur
ein einheitlicher Zufallsvektor in zwei Dimensionen alloziert.

```
@c
person_s person_setup(gsl_rng *r){
    gsl_vector *posn = gsl_vector_alloc(dimension);
    for (int i=0; i< dimension; i++)
        gsl_vector_set(posn, i, 2*gsl_rng_uniform(r)-1);
    return (person_s){.position=posn};
}
```

@* Gruppenmitgliedschaft.

@ Zu Beginn dieser Funktion verlässt die Person ihre Gruppe.
Dann muss nur entschieden werden, ob sie eine neue Gruppe bildet oder
einer bestehenden beitritt.

```
@c
void check_membership(person_s *p, gsl_rng *r,
                      double mass_benefit, double new_group_odds){
    group_exit(p->group, p->position);
    p->group = (gsl_rng_uniform(r) < new_group_odds)
            ? @<form a new group@>
            : @<join the closest group@>;
}
```

```
@
@<form a new group@>=
group_new(p->position)
```

```
@
@<join the closest group@>=
group_join(group_closest(p->position, mass_benefit), p->position)
```

@* Setup.

@ Die Initialisierung der Population. Mit den CWEB-Makros ist es hier selbstdokumentierend.

```
@c
void init(person_s *people, int pop, gsl_rng *r){
    @<position everybody@>
    @<start with ten groups@>
    @<everybody joins a group@>
}
```

```
@
@<position everybody@>=
    for (int i=0; i< pop; i++)
        people[i] = person_setup(r);
```

@ Die ersten zehn Personen in unserer Liste bilden neue Gruppen, aber da die Position jeder Person zufällig ist, sind damit auch die zehn Gruppen zufällig verteilt.

```
@<start with ten groups@>=
    for (int i=0; i< 10; i++)
        people[i].group = group_new(people[i].position);
```

```
@
@<everybody joins a group@>=
    for (int i=10; i< pop; i++)
        people[i].group = group_join(people[i%10].group, people[i].position);
```

@* Plotten mit Gnuplot.

@ Dies ist der Header für Gnuplot. Die Zeilen habe ich durch Herumspielen an der Befehlszeile von Gnuplot ermittelt, sie dann aufgeschrieben und hier übernommen.

```
@<print the Gnuplot header@>=
printf("unset key;set xrange [-1:1]\nset yrange [-1:1]\n");
```

@ Die Gnuplot-Animation besteht einfach darin, eine Folge von Plot-Anweisungen zu schicken.
@<plot one animation frame@>=
print_groups();

@* |main|.

@ Die |main|-Routine besteht aus ein paar Setup-Schritten und einer einfachen Schleife. Darin wird ein neuer Status berechnet, und dieser wird dann geplottet.

@c
```
int main(){
    @<set up more constants@>
    person_s people[pop];
    init(people, pop, r);

    @<print the Gnuplot header@>
    for (int t=0; t< periods; t++){
        for (int i=0; i< pop; i++)
            check_membership(&people[i], r, mass_benefit, new_group_odds);
        @<plot one animation frame@>
    }
}
```

KAPITEL 12
Bibliotheken

And if I really wanted to learn something I'd listen to more records.
And I do, we do, you do.

The Hives, »Untutored Youth«

In diesem Kapitel werden ein paar Bibliotheken vorgestellt, die Ihnen das Leben einfacher machen.

Mein Eindruck ist, dass C-Bibliotheken mit den Jahren nicht mehr so kleinlich sind. Vor zehn Jahren fand man in einer typischen Bibliothek nur den minimal notwendigen Satz an Tools, um etwas zu erreichen. Es wurde erwartet, dass Sie ausgehend von diesen Grundlagen praktische und programmierfreundlichere Versionen selbst bauen. Sie mussten alle Speicheranforderungen selbst vornehmen, denn eine Bibliothek durfte doch schließlich nicht eigenen Speicher allozieren, ohne zu fragen. Im Gegensatz dazu nutzen die in diesem Kapitel präsentierten Funktionen alle eine »einfache« Schnittstelle, wie zum Beispiel curl_easy_... für cURL, die eine Funktion in SQlite, die alle die wichtigen Schritte einer Datenbanktransaktion durchführt, oder die drei Zeilen Code, die notwendig sind, um via GLib ein Mutex aufzusetzen. Brauchen diese Bibliotheken temporären Arbeitsspeicher, um ihre Aufgabe zu erledigen, nehmen sie ihn sich einfach. Es macht Spaß, sie einzusetzen.

Ich werde mit ein paar sehr allgemeinen Standardbibliotheken beginnen und dann zu ein paar meiner Lieblingsbibliotheken für bestimmte Aufgaben wechseln. Dazu gehört SQLite, die GNU Scientific Library, libxml2 und libcURL. Ich weiß zwar nicht, wofür Sie C nutzen, aber dies sind angenehme, zuverlässige Systeme, die Sie dabei unterstützen, Aufgaben in vielerlei Settings erledigen zu können.

GLib

Aufgrund der Tatsache, dass die Standardbibliothek so viele Lücken gelassen hat, war es nur eine Frage der Zeit, bis eine andere Bibliothek diese Lücken füllen würde. GLib implementiert so viele grundlegende Entwickleranforderungen, dass Sie damit die ersten fünf Jahre Informatikstudium überstehen. Sie ist auf so gut wie alle Systeme portiert (selbst auf POSIX-freie Ausgaben von Windows) und mittlerweile so stabil, dass man sich auf sie verlassen kann.

Ich werde Ihnen keinen Beispielcode für die GLib präsentieren, da Sie sie schon an vielen Stellen im Einsatz gesehen haben. Beispiele dafür sind:

- Die ultrakurze Einführung zu verketteten Listen in Beispiel 2-2.
- Ein Test-Harnisch in Abschnitt »Unit-Tests« auf Seite 41.
- Unicode-Tools in Abschnitt »Unicode« auf Seite 167.
- Hashes in Abschnitt »Generische Strukturen« auf Seite 206.
- Das Einlesen einer Textdatei in den Speicher in Abschnitt »Referenzen zählen« auf Seite 235.
- Das Parsen Perl-kompatibler regulärer Ausdrücke, ebenfalls in Abschnitt »Referenzen zählen« auf Seite 235.

Und auf den nächsten paar Seiten werden ich weitere Beiträge von GLib vorstellen:

- Verpacken von mmap sowohl für POSIX als auch für Windows in Abschnitt »Mit mmap riesige Datensätze verarbeiten« auf Seite 248.
- Mutexe in Abschnitt »Einfaches Threading mit Pthreads« auf Seite 251.

Es gibt noch mehr: Schreiben Sie ein Maus-und-Windows-Programm, brauchen Sie eine Eventschleife, um Maus- und Tastaturevents abzufangen und zu dispatchen. GLib bietet solch eine Schleife an. Es gibt Dateitools, die sich auf POSIX- und Nicht-POSIX-Systemen (wie zum Beispiel Windows) gleich korrekt verhalten. Es gibt einen einfachen Parser für Konfigurationsdateien und einen schlanken lexikalen Scanner für komplexere Prozesse. Und so weiter.

POSIX

Der POSIX-Standard ergänzt die C-Standardbibliothek um diverse nützliche Funktionen. Angesichts der Verbreitung von POSIX lohnt es sich, sich mit ihm zu befassen.

Mit mmap riesige Datensätze verarbeiten

Ich habe die drei Speicherarten erwähnt (statisch, manuell und automatisch), aber es gibt noch eine vierte: festplattenbasiert. Mit dieser Art nehmen wir eine Datei auf der Festplatte und bilden sie mittels mmap in einem Speicherbereich ab.

So wird häufig mit dynamischen Bibliotheken gearbeitet: Das System findet *libwhatever.so*, weist dem Bereich der Datei mit einer benötigten Funktion eine Speicheradresse zu, und los geht es: Sie haben eine Funktion in den Speicher geladen.

Oder wir könnten Daten in verschiedenen Prozessen einsetzen, indem wir alle Prozesse per mmap auf die gleiche Datei zeigen lassen.

Oder wir nutzen dies, um Datenstrukturen im Speicher zu sichern. Bilden Sie per mmap eine Datei im Speicher ab, nutzen Sie memcpy, um Ihre Daten aus dem »normalen« Speicher in den gemappten Speicher zu kopieren, und sichern Sie sie damit für den nächsten Einsatz. Es gibt dabei Probleme, wenn Ihre Datenstruktur einen Zeiger auf eine andere Datenstruktur besitzt – das Umwandeln einer Reihe von Datenstrukturen, auf die per Zeiger verwiesen wird, in etwas, das sich abspeichern lässt, ist das *Serialisierungsproblem*, auf das ich hier nicht weiter eingehen werde.

Und natürlich kann man so mit Datensätzen umgehen, die zu groß sind, um komplett in den Speicher zu passen. Die Größe eines mmap-Arrays ist nur durch die Größe Ihrer Festplatte begrenzt, nicht durch Ihren Speicher.

Beispiel 12-1 enthält Beispielcode. Die Routine load_mmap erledigt die meiste Arbeit. Wenn sie als malloc-Ersatz genutzt wird, muss sie die Datei erstellen und sie auf die richtige Größe aufblasen; nutzen Sie sie zum Öffnen einer bestehenden Datei, muss sie diese nur öffnen und per mmap ansprechen.

Beispiel 12-1: Eine Datei auf der Festplatte kann transparent in den Speicher abgebildet werden (mmap.c)

```
#include <stdio.h>
#include <unistd.h> //lseek, write, close
#include <stdlib.h> //exit
#include <fcntl.h>  //open
#include <sys/mman.h>
#include "stopif.h"

#define Mapmalloc(number, type, filename, fd) \             ❶
        load_mmap((filename), &(fd), (number)*sizeof(type), 'y')
#define Mapload(number, type, filename, fd)   \
        load_mmap((filename), &(fd), (number)*sizeof(type), 'n')
#define Mapfree(number, type, fd, pointer)    \
        releasemmap((pointer), (number)*sizeof(type), (fd))

void *load_mmap(char const *filename, int *fd, size_t size, char make_room){   ❷
    *fd=open(filename,
            make_room=='y' ? O_RDWR | O_CREAT | O_TRUNC : O_RDWR,
            (mode_t)0600);
    Stopif(*fd==-1, return NULL, "Fehler beim Öffnen der Datei");

    if (make_room=='y'){ // Dateigröße an Größe des (mmapped) Array anpassen
        int result=lseek(*fd, size-1, SEEK_SET);
        Stopif(result==-1, close(*fd); return NULL,
            "Fehler beim Vergrößern der Datei per lseek");
        result=write(*fd, "", 1);
        Stopif(result!=1, close(*fd); return NULL,
            "Fehler beim Schreiben des letzten Byte der Datei");
    }

    void *map=mmap(0, size, PROT_READ | PROT_WRITE, MAP_SHARED, *fd, 0);
    Stopif(map==MAP_FAILED, return NULL, "Fehler beim mmapping der Datei");
    return map;
}
```

```
int releasemmap(void *map, size_t size, int fd){                    ❸
    Stopif(munmap(map, size) == -1, return -1, "Fehler beim de-mmapping der Datei");
    close(fd);
    return 0;
}

int main(int argc, char *argv[]) {
    int fd;
    long int N=1e5+6;
    int *map = Mapmalloc(N, int, "mmapped.bin", fd);

    for (long int i = 0; i <N; ++i) map[i] = i;                     ❹

    Mapfree(N, int, fd, map);

    //Jetzt neu öffnen und ein bisschen zählen.
    int *readme = Mapload(N, int, "mmapped.bin", fd);

    long long int oddsum=0;
    for (long int i = 0; i <N; ++i) if (readme[i]%2) oddsum += i;
    printf("Summe der ungeraden Zahlen bis %li: %lli\n", N, oddsum);

    Mapfree(N, int, fd, readme);
}
```

❶ Ich habe die folgenden Funktionen in Makros verpackt, sodass Sie nicht jedes Mal `sizeof` eingeben und daran denken müssen, dass Sie `load_mmap` aufrufen, wenn Sie Allozieren statt Laden wollen.

❷ Die Makros verbergen, dass diese Funktion auf zwei verschiedene Arten aufgerufen wird. Wenn es nur um das erneute Öffnen bestehender Daten geht, wird die Datei geöffnet, `mmap` aufgerufen, die Ergebnisse werden geprüft – und fertig. Bei einem Aufruf als allozierende Funktion müssen wir die Datei noch so anpassen, dass sie die richtige Länge hat.

❸ Für das Freigeben des Mappings brauchen wir `munmap`, was `malloc`s Freund `free` entspricht; dazu müssen wir noch das Datei-Handle schließen. Die Daten verbleiben auf der Festplatte – wenn Sie also morgen wiederkommen, können Sie die Datei öffnen und dort fortfahren, wo Sie aufgehört haben. Wollen Sie die Datei vollständig löschen, verwenden Sie `unlink("`*filename*`")`.

❹ Der Lohn der Mühe: Sie merken nicht, dass sich `map` auf der Festplatte befindet statt im üblichen Speicher.

Abschließende Details: Die Funktion `mmap` gehört zum POSIX-Standard, daher steht sie überall außer auf Windows-Rechnern und in ein paar Embedded Devices bereit. Unter Windows können Sie das Gleiche mit anderen Funktionsnamen und Flags erreichen; schauen Sie sich mal nach `CreateFileMapping` und `MapViewOfFile` um. GLib verpackt sowohl `mmap` als auch die Windows-Funktionen in einem Konstrukt der Art *if POSIX ... else if Windows ...* und nennt das Ganze dann `g_mapped_file_new`.

Einfaches Threading mit Pthreads

Ist Ihr Computer weniger als etwa fünf Jahre alt und handelt es sich dabei nicht um ein Telefon, besitzt er eine Reihe von *Cores* – voneinander unabhängige Prozess-Pipelines. Wie viele Cores haben Sie? Um das herauszufinden, rufen Sie einen der folgenden Befehle auf:

- Linux: `grep cores /proc/cpuinfo`.
- Mac: `sysctl hw.logicalcpu`.
- Cygwin: `env | grep NUMBER_OF_PROCESSORS`.

Threading wird als komplexe Geheimwissenschaft angesehen, aber als ich das erste Mal Threads in einem Programm implementierte, war ich erfreut, wie einfach es ist, aus einer seriellen Schleife einen Satz paralleler Threads zu machen. Es ist nicht die Syntax – das Schwierige sind die Details der Interaktion zwischen den Threads.

Der einfachste Fall – manchmal als *beschämend paralleler* Prozess bezeichnet – ist das Anwenden der gleichen Aktion auf jedes Element eines Arrays, sofern jedes unabhängig von den anderen ist. Alle gemeinsam genutzten Daten werden nur gelesen. Wie der Spitzname schon andeutet, ist das der einfache Fall, und ich werde Ihnen gleich zeigen, wie man ihn umsetzt.

Thread-Varianten

POSIX-Threads funktionieren auf den mehrfachen Cores auf einem einzelnen Rechner. Müssen Sie auf mehreren Computern arbeiten (zum Beispiel den verschiedenen Blades eines Servers), brauchen Sie die Message Passing Interface-(MPI-)Bibliothek.

C11 ergänzt eine Thread-Bibliothek im C-Standard und atomare Variablen.

Muss der neue Thread nicht sehr viele Daten mit dem Hauptteil des Programms austauschen, kann es einfacher sein, den POSIX-Standard `fork` zu nutzen, um einen Unterprozess abzutrennen, statt Threads zu verwenden. Vielleicht wollen Sie zum Beispiel `fork` nutzen, um eine Datei auf die Festplatte zu schreiben, sodass das Hauptprogramm nicht darauf warten muss.

Die erste Komplikation tritt auf, wenn eine Ressource verändert werden kann, aber von mehreren Threads aus angesprochen werden muss. Nehmen wir an, wir haben zwei Threads, die ein bisschen rechnen:

```
int a=0;

//Thread 1:
a++;
a*=2;
printf("T1: %i\n", a);

//Thread 2:
printf("T2: %i\n", a);
a++;
```

Man kann nur raten, was ausgegeben wird. Vielleicht läuft Thread 2 zuerst, dann erhalten wir:

```
T2: 0
T1: 4
```

Es ist auch nicht abwegig, dass die Befehle in den Threads abwechselnd ausgeführt werden, zum Beispiel:

```
a++;                        //T1
printf("T2: %i\n", a);      //T2, Ausgabe T2: 1
a*=2;                       //T1
a++;                        //T2
printf("T1: %i\n", a);      //T1, Ausgabe T1: 3
```

Das ist noch schlimmer, denn eine einzelne Codezeile in C, wie zum Beispiel a++, kann aus einer Reihe von Maschinenanweisungen bestehen, und wir wissen nicht, wie a nach der Hälfte der Inkrement-Anweisungen aussieht.

Ein *Mutex* sperrt eine Ressource (hier a), während sie von einem Thread verwendet wird, und teilt den anderen Threads, die darauf zugreifen wollen, mit, dass sie warten sollen, bis die Sperre wieder aufgehoben ist.

Haben Sie mehrere Mutexe, die miteinander interagieren, wird es richtig anspruchsvoll. Man schafft es leicht, zwei Threads in einen Status zu bringen, in dem sie gegenseitig aufeinander warten, damit der jeweils andere Mutex freigegeben wird. Oder die Threads überbraten sich gegenseitig. Das Debuggen solcher Dinge ist jetzt echte Glückssache, denn sehr wahrscheinlich ist die Ausführungsreihenfolge der Threads dabei eine andere als im »normalen« Betrieb. Aber die einfachen Dinge, die ich hier vorstelle, reichen schon aus, um Ihren Code im sicheren Rahmen zu beschleunigen.

Die pthreads-Checkliste

Sie haben eine for-Schleife, die über Elemente läuft, wie zum Beispiel eine Operation, die auf jedem Element des Arrays ausgeführt wird. Wie schon erwähnt, hat keine Iteration auf der Schleife Einfluss auf die anderen Elemente. Würde die Iteration in zufälliger Reihenfolge durchlaufen, würde Ihnen das nichts ausmachen, solange jedes Array-Element genau einmal angesprochen wird.

Wir werden diese serielle for-Schleife in parallele Threads umwandeln. Dabei stecken wir den Rumpf der Schleife (eine Iteration) in eine Funktion, die mithilfe von pthread_create auf jedes Element des Arrays angewendet wird, und warten mit pthread_join darauf, dass jeder Thread zurückkehrt. Am Ende dieser Prozedur des Verteilens und Einsammelns kann das Programm so weitermachen, als sei nichts Besonderes geschehen.

- Bei gcc, Clang oder Intel übergeben Sie dem Compiler das Flag -pthread.
- #include <pthreads.h>.
- Schreiben Sie eine Wrapper-Funktion, die in jedem Thread aufgerufen wird. Sie muss eine Signatur der Form void * your_function (void *) besitzen. Es wird also ein void-Zeiger übernommen und ein void-Zeiger wieder zurückgegeben. Haben Sie mit

einer for-Schleife begonnen, übernehmen Sie den Rumpf der Schleife in diesen Wrapper und passen ihn entsprechend an, sodass Sie auf den Funktionsparameter reagieren statt auf das Element i des Arrays.

- Verteilen Sie die Threads: Ihre for-Schleife ruft nun pthread_create mit jedem Array-Element auf (siehe das folgende Beispiel).
- Sammeln Sie die Threads wieder ein. Schreiben Sie eine zweite for-Schleife, um mit pthread_join auf alle Threads zu warten und ihre Rückgabewerte zu überprüfen.

In Beispiel 12-3 wird dies veranschaulicht. Es ist mir ein wenig peinlich, dass es sich um ein Programm zum Zählen von Wörtern handelt – also ein typisches Beispiel. Aber es ist ein flottes Beispiel, das etwa drei Mal schneller läuft als wc. (Die Definitionen eines Worts unterscheiden sich allerdings, sodass der Vergleich nicht ganz sauber ist.) Der Fokus liegt auf der Implementierung des Verteilens und Einsammelns.

Ich nutze die String-Tools aus Beispiel 9-5, die die GLib benötigen. Hier sieht das Makefile daher so aus wie in Beispiel 12-2.

Beispiel 12-2: Ein Makefile für pthreads und GLib; der Teil mit gthread-2.0 ist nur notwendig, wenn Sie die Mutexe der GLib verwenden (pthreads.make)

```
P=pthreads
objects=string_utilities.o
# Um Glib-Mutexe zu nutzen, brauchen manche Systeme glib-2.0 und gthread-2.0.
CFLAGS=`pkg-config --cflags glib-2.0` -g -Wall -std=gnu99 -O3 -pthread
LDLIBS=`pkg-config --libs glib-2.0` -lpthread

$(P): $(objects)
```

Beispiel 12-3: Mit einer Liste von Dateinamen an der Befehlszeile werden simultan in jeder Datei die Wörter gezählt (pthreads.c)

```
#include "stopif.h"
#include "string_utilities.h"
#include <pthread.h>

typedef struct{
    int wc;
    char *docname;
} wc_struct;

void *wc(void *voidin){
    wc_struct *in = voidin;                                    ❶
    char *doc = string_from_file(in->docname);                 ❷
    if (!doc) return NULL;    // in->wc bleibt Null.
    char *delimiters = " `~!@#$%^&*()_-+={[]}|\\;:\",<>./?\n";
    ok_array *words = ok_array_new(doc, delimiters);           ❸
    if (!words) return NULL;
    in->wc = words->length;
    ok_array_free(words);
    return NULL;
}

int main(int argc, char **argv){
    argc--;
```

```
        argv++;                                                      ❹
        Stopif(!argc, return 0, "Bitte Dateinamen an der Befehlszeile angeben.");
        pthread_t threads[argc];
        wc_struct s[argc];
        for (int i=0; i< argc; i++){
            s[i] = (wc_struct){.docname=argv[i]};
            pthread_create(&threads[i], NULL, wc, &s[i]);            ❺
        }

        for (int i=0; i< argc; i++) pthread_join(threads[i], NULL);  ❻

        for (int i=0; i< argc; i++) printf("%s:\t%i\n",argv[i], s[i].wc);
}
```

❶ Wie im Abschnitt »Der void-Zeiger und die Strukturen, auf die er zeigt« auf Seite 201 besprochen, sorgt die Wegwerf-Typedef wc_struct für erhöhte Sicherheit. Ich muss immer noch aufpassen, dass ich die Eingabe- und Ausgabewerte im pthread-System korrekt nutze, aber die Interna des Struct werden typgeprüft – sowohl in main als auch hier in der Wrapper-Funktion. Wenn ich nächste Woche wc in einen long int umwandle, wird mich der Compiler warnen, falls ich die Änderung nicht korrekt umsetze.

❷ string_from_file liest das angegebene Dokument in einen String ein und kommt aus den String-Tools in Beispiel 9-5.

❸ Ebenfalls aus den String-Tools stammt diese Funktion. Sie unterteilt einen String an den gegebenen Trennzeichen. Wir brauchen hier aber nur die Anzahl.

❹ argv[0] ist der Name des Programms, daher lassen wir den Zeiger argv dies überspringen. Der Rest der Argumente an der Befehlszeile sind die Dateien, von denen die Wörter gezählt werden sollen.

❺ Dies ist der Schritt zum Erstellen der Threads. Wir richten eine Liste mit Thread-Info-Zeigern ein und schicken dann pthread_create einen dieser Zeiger, die Wrapper-Funktion und ein Element für die Wrapper-Funktion. Machen Sie sich um das zweite Argument keine Gedanken – es steuert ein paar Thread-Attribute.

❻ Diese zweite Schleife sammelt die Ergebnisse ein. Das zweite Argument von pthread _join ist eine Adresse, an die die Ausgabe der gethreadeten Funktion (wc) geschrieben werden kann. Ich schummele ein bisschen und schreibe die Ausgabe einfach in die Eingabestruktur, womit ich mir etwas mallocing erspare. Sind Sie der Meinung, das Programm wäre lesbarer, wenn es eine eigene Ausgabestruktur gäbe, will ich mich da mit Ihnen nicht streiten. Am Ende dieser Schleife wurden alle Threads eingesammelt, und das Programm besteht wieder nur noch aus einem Thread.

Sie sind dran: Nachdem Sie jetzt gesehen haben, wie es funktioniert (oder zumindest eine Vorlage haben, aus der Sie kopieren können), prüfen Sie Ihren Code. Schauen Sie, ob Sie dort nicht auch ausgesprochen gut parallelisierbare Schleifen finden, und wandeln Sie sie in Threads um.

Weiter oben habe ich jeder Zeile eines Arrays einen Thread spendiert. Wie würden Sie etwas in eine sinnvolle Anzahl von Threads aufteilen, zum Beispiel in zwei oder drei Threads? Hinweis: Sie haben ein Struct, daher können Sie eine zusätzliche Information mitschicken, zum Beispiel Start- und Endpunkte für jeden Thread.

Ressourcen in Threads mit Mutexen schützen

Was kann passieren, wenn gemeinsam genutzte Ressourcen von Threads verändert werden? Wir können sie mithilfe eines *Mutex* (Mutual Exclusion) konsistent halten. Dabei stellen wir für jede gemeinsam zu nutzende Ressource, zum Beispiel für eine zu lesende und zu schreibende Variable i, einen Mutex bereit. Jeder Thread kann den Mutex sperren. Versuchen dann andere Threads, Zugriff auf den Mutex zu erhalten, werden sie ausgeschlossen und müssen warten, zum Beispiel:

- Der schreibende Thread fordert den Mutex für i an und beginnt mit dem Schreiben.
- Der lesende Thread versucht, den Mutex anzufordern, und wird ausgesperrt.
- Der schreibende Thread schreibt weiter.
- Der lesende Thread pingt den Mutex an: »Kann ich jetzt eintreten?« Er wird abgewiesen.
- Der schreibende Thread ist fertig und gibt den Mutex frei.
- Der lesende Thread pingt den Mutex an und wird dieses Mal eingelassen. Er sperrt den Mutex.
- Der schreibende Thread will mehr Daten schreiben. Er pingt den Mutex an, wird aber abgewiesen und muss warten.

Und so weiter. Der lesende Thread kann sicher sein, dass sich der Speicher nicht gerade mitten im Lesevorgang ändert, während dem schreibenden Thread ebenfalls garantiert ist, dass alles sauber bleibt.

Immer wenn wir also eine Ressource haben – wie zum Beispiel stdout oder eine Variable –, die mindestens ein Thread verändern will, und andere Threads, die ebenfalls lesend oder schreibend darauf zugreifen wollen, verbinden wir die Ressource mit einem Mutex. Am Anfang jedes Thread-Codes, der die Ressource nutzt, sperren wir den Mutex, am Ende des Codeblocks geben wir ihn wieder frei.

Was machen wir, wenn ein Thread einen Mutex nie freigibt? Vielleicht ist er ja in einer unendlichen Schleife gefangen. Dann werden alle Threads, die diesen Mutex ebenfalls nutzen wollen, ihn immer wieder anpingen und nicht weitermachen können. Bleibt also ein Thread stecken, tun das alle anderen auch. Tatsächlich klingt das *Warten auf das Anpingen eines Mutex, der nie freigegeben wird*, sehr nach einer unendlichen Schleife. Hat Thread A Mutex 1 gesperrt und wartet auf Mutex 2, während Thread B Mutex 2 gesperrt hat und auf Mutex 1 wartet, haben Sie einen Deadlock.

Beginnen Sie mit dem Programmieren von Threads, empfehle ich Ihnen, jeden Codeblock immer nur einen Mutex zugleich sperren zu lassen. Das lässt sich häufig erreichen, indem Sie den Mutex einfach mit einem größeren Codeblock verbinden und dafür auf kleinere Abschnitte mit mehreren Mutexen verzichten.

Das Beispiel

Lassen Sie uns die Funktion wc so umschreiben, dass sie zusammen mit den Zählern für jeden Thread noch einen globalen Zähler erhöht. Werfen Sie viele Threads auf das Programm, können Sie so sehen, ob sie alle die gleiche Zeit benötigen oder ob sie trotz unserer Bemühungen doch nacheinander ablaufen. Das übliche Vorgehen für einen globalen Zähler ist das Zusammenfassen am Ende, aber dies soll ein einfaches und ein bisschen ausgedachtes Beispiel sein, daher konzentrieren wir uns darauf, den Mutex einzubinden.

Kommentieren Sie die Mutex-Zeilen aus, können Sie beobachten, wie sich die Threads gegenseitig das Ergebnis überschreiben. Um das zu forcieren, habe ich geschrieben:

```
for (int i=0; i< out->wc; i++) global_wc++;
```

Das entspricht zwar:

```
global_wc += out->wc;
```

verbraucht aber mehr Prozessorzeit.

Sie müssen eventuell das Makefile um gthread-2.0 ergänzen, damit dies läuft.

Alle mit Mutex im Zusammenhang stehenden Änderungen befanden sich innerhalb der Funktion selbst. Allozieren wir ein Mutex als statische Variable, wird er von allen Threads gesehen. Dann versucht jeder Thread selbst, ihn zu sperren, bevor er den globalen Wortzähler erhöht, und ihn danach wieder freizugeben.

Beispiel 12-4 enthält den Code.

Beispiel 12-4: Alle Wortzähler laufen gleichzeitig (mutex_wc.c)

```
#include "string_utilities.h"
#include <pthread.h>
#include <glib.h>  //Mutexe

long int global_wc;

typedef struct{
    int wc;
    char *docname;
} wc_struct;

void *wc(void *voidin){
    wc_struct *in = voidin;
    char *doc = string_from_file(in->docname);
    if (!doc) return NULL;
    static GMutex count_lock;        ❶
```

```
    char *delimiters = " `~!@#$%^&*()_-+={[]}|\\;:\",<>./?\n\t";
    ok_array *words = ok_array_new(doc, delimiters);
    if (!words) return NULL;
    in->wc = words->length;
    ok_array_free(words);
    g_mutex_lock(&count_lock);        ❷
    for (int i=0; i< in->wc; i++)
        global_wc++; //ein langsames global_wc += in->wc;
    g_mutex_unlock(&count_lock);      ❸
    return NULL;
}

int main(int argc, char **argv){
    argc--;
    argv++; //den Namen des Programms überspringen

    pthread_t threads[argc];
    wc_struct s[argc];
    for (int i=0; i< argc; i++){
        s[i] = (wc_struct){.docname=argv[i]};
        pthread_create(&threads[i], NULL, wc, &s[i]);
    }

    for (int i=0; i< argc; i++) pthread_join(threads[i], NULL);

    for (int i=0; i< argc; i++) printf("%s:\t%i\n",argv[i], s[i].wc);
    printf("Gesamtsumme: %li\n", global_wc);
}
```

❶ Da die Deklaration statisch ist, wird sie von allen Instanzen der Funktion gemeinsam genutzt. Zudem wird sie mit null initialisiert.

❷ Die nächsten paar Zeilen verwenden eine Variable, die von verschiedenen Threads genutzt wird, daher ist hier eine gute Stelle, sie zu sperren.

❸ Hier haben wir unsere Arbeit mit der gemeinsam genutzten Ressource erledigt und geben die Sperre frei. Mehr als diese drei markierten Zeilen (Deklarieren/Initialisieren, Sperren, Freigeben) brauchen wir nicht für den Mutex.

Sie sind dran: Probieren Sie das mit ein paar Dutzend Dateien aus. Ich habe das komplette Werk Shakespeares verwendet, weil ich Gutenbergs Shakespeare (*http://www.gutenberg.org/ebooks/100*) beim Experimentieren aufgeteilt hatte. Ich bin sicher, Sie haben ein paar Dateien zur Hand, die Sie nutzen können. Nach dem Ausführen kommentieren Sie die Zeilen zum Sperren und Freigeben aus und lassen das Programm erneut laufen. Erhalten Sie das gleiche Ergebnis?

GDB-Anwender fügen diese Zeile ihrer *.gdbinit* hinzu, um die nervigen Hinweise auf neue Threads auszuschalten:

    set print thread-events off

_Thread_local und statische Variablen

Alle static-Variablen in einem Programm – also solche, die außerhalb einer Funktion deklariert wurden, deklarierten die innerhalb einer Funktion und mit dem Schlüsselwort static – werden von allen Threads gemeinsam genutzt. Das Gleiche gilt für per malloc allozierte Daten (ein Thread kann mit malloc Speicher für seinen eigenen Bedarf anfordern, aber jeder Thread, der die Adresse kennt, kann auf die Daten zugreifen). Automatische Variablen sind hingegen für jeden Thread einzeln vorhanden.

Wie versprochen, kommt hier die fünfte Art von Speicher. C11 bietet das Schlüsselwort _Thread_local, das eine statische Variable (sei es im Datei-Gültigkeitsbereich oder mit dem Schlüsselwort static im Gültigkeitsbereich einer Funktion) so aufsplittet, dass jeder Thread seine eigene Version erhält. Die Variable verhält sich aber weiterhin wie eine statische Variable: Sie hat den gleichen Gültigkeitsbereich und bleibt am Ende einer Funktion bestehen. Die Variable wird initialisiert, wenn der Thread gestartet wird, und wieder entfernt, wenn er endet.

Das neue Schlüsselwort von C11 scheint eine Emulation des gcc-spezifischen Schlüsselworts __thread zu sein. Wenn es für Sie in einer Funktion nützlich ist, können Sie es wie folgt nutzen:

```
static __thread int i;      //gcc-spezifisch, funktioniert heute
                            // oder
static _Thread_local int i; //C11, wenn Ihr Compiler es implementiert[1]
```

Sie können prüfen, welche Version Sie nutzen sollten, indem Sie einen Block mit Präprozessorbedingungen einsetzen. Dieser hier setzt den threadlocal entsprechend der Umgebung:

```
#undef threadlocal
  #ifdef __ISOC11_SOURCE
      #define threadlocal _Thread_local
  #elif defined(__APPLE__)
      #define threadlocal
  #elif defined(__GNUC__) && !defined(threadlocal)
      #define threadlocal __thread
  #else
      #define threadlocal
  #endif

/* Die Variable globalstate ist Thread-sicher, wenn Sie einen C11-konformen
    Compiler oder den GCC nutzen (allerdings nicht auf Macs). Ansonsten: viel Glück! */
    static threadlocal int globalstate;
```

Außerhalb einer Funktion ist das Schlüsselwort static wie immer optional.

---

[1] Der Standard erfordert einen Header <threads.h>, der thread_local definiert, sodass Sie die doofe Kombination aus Unterstrich und Großbuchstaben vermeiden können (so wie <bool.h> bool=_Bool definiert). Aber dieser Header ist in noch keiner Standardbibliothek implementiert, die ich kenne.

Die GNU Scientific Library

Stellt einmal jemand eine Frage, die mit *Ich versuche, etwas aus den Numerical Recipes in C zu implementieren* ... [Press 1992], lautet die korrekte Antwort mit großer Wahrscheinlichkeit *Lade die GNU Scientific Library (GSL) herunter, die haben das schon für dich gemacht* [Gough 2003].

Manche Wege, eine Funktion numerisch zu integrieren, sind einfach besser als andere, und wie in Abschnitt »Veraltetes Float« auf Seite 135 beschrieben, erhalten Sie durch manche vordergründig sinnvollen numerischen Algorithmen Ergebnisse, die nicht annähernd korrekt sind. Daher ist es gerade in diesem Bereich der Programmierung sehr empfehlenswert, wann immer möglich bestehende Bibliotheken einzusetzen.

Die GSL beginnt mit einem zuverlässigen Zufallszahlengenerator (der C-Standard RNG kann auf verschiedenen Rechnern unterschiedlich ausfallen, was ihn für reproduzierbare Arbeiten disqualifiziert), und es geht weiter mit Vektor- und Matrixstrukturen, die sich leicht ändern lassen und aus denen man einfach Untermengen erzeugen kann. Die Standardroutinen der linearen Algebra, Funktions-Minimierer, grundlegende Statistikfunktionen (Mittelwert und Varianz) sowie Permutationsstrukturen können auch dann nützlich sein, wenn Sie nicht den ganzen Tag damit verbringen, mathematische Aufgaben zu lösen.

Und wenn Sie wissen, was Eigenvektoren, Bessel-Funktionen oder schnelle Fourier-Transformationen sind, dann finden Sie hier alles, was Sie benötigen.

Ich nutze die GSL in Beispiel 12-5, auch wenn der String `gsl_` nur ein oder zwei Mal im Beispiel vorkommt. Die GSL ist wirklich ein schönes Beispiel für eine klassische Bibliothek mit minimalistischem Toolset, auf dem Sie aufbauen müssen. So enthält das GSL-Manual Vorlagen dazu, wie Sie die angebotenen Optimierungsroutinen produktiv einsetzen können. Irgendwie habe ich das Gefühl, das sollte eigentlich die Bibliothek für uns erledigen, daher habe ich einen Satz Wrapper-Funktionen für die GSL geschrieben, die letztendlich zu *Apophenia* wurden – eine Bibliothek für das Modellieren mit Daten. So verbindet zum Beispiel das Struct `apop_data` die reinen GSL-Matrizen und -Vektoren mit Zeilen- und Spaltennamen und einem Array mit Textdaten, sodass die reinen Structs für die numerische Verarbeitung näher an den realen Daten sind. Die Aufrufkonventionen der Bibliothek sehen wie die modernisierten Formen in Kapitel 10: *Bessere Strukturen* aus.

Die entscheidende Zeile in Beispiel 12-5 ist die mit `apop_estimate`. Sie erwartet Objekte vom Typ `apop_data` und `apop_model`, hier mit dem Element `p` (für Probability) des Modells als Funktion, sucht nach den Parametern, die diese Funktion `p` maximieren, und speichert sie im Element `parameters` des Ausgabemodells.

Damit ist die Idee hinter Apophenia ziemlich gegensätzlich zu der von GSL. Manchmal ist es einfacher, ein Makefile per Hand zu schreiben, manchmal nutzen wir besser Automake, um aus ein paar Zeilen wohlstrukturierter Spezifikation 70 Ziele zu erzeugen. Manchmal wollen wir jeden Schritt der Prozedur selbst angeben, manchmal soll das System einfach den optimalen Wert ausspucken.

Die Funktion `distance` findet den Abstand zwischen einem gegebenen Punkt und den Zeilen des Eingabedatensatzes (genauer gesagt, meldet sie die Negation der Summe der fünf Abstände zu jedem der fünf Punkte), und das Modell `min_distance` enthält diese Funktion. Dann erzeugt `main` eine Liste mit fünf zweidimensionalen Punkten in einem 5-×-2-Datensatz. Mit den Daten und dem Modell können wir nun die Abschätzroutine aufrufen. Beispiel 12-5 enthält noch ein paar weitere Details.

Beispiel 12-5: Den Punkt finden, der die Summe der Abstände zu einem Satz Eingabepunkte minimiert (gsl_distance.c)

```
#include <apop.h>

double one_dist(gsl_vector *v1, void *v2){
    return apop_vector_distance(v1, v2);
}

double distance(apop_data *data, apop_model *model){
    gsl_vector *target = model->parameters->vector;
    return -apop_map_sum(data, .fn_vp=one_dist, .param=target, .part='r');   ❶
}

apop_model min_distance={.name="Mimimaler Abstand zu einem Satz Punkte.",   ❷
    .p=distance, .vbase=-1};                                                 ❸

int main(){
    apop_data *locations = apop_data_fill(                                   ❹
                    apop_data_alloc(5, 2),
                    1.1, 2.2,
                    4.8, 7.4,
                    2.9, 8.6,
                    -1.3, 3.7,
                    2.9, 1.1);
    Apop_model_add_group(&min_distance, apop_mle, .method= APOP_SIMPLEX_NM,  ❺
                                    .tolerance=1e-5);
    Apop_model_add_group(&min_distance, apop_parts_wanted);                  ❻
    apop_model *est=apop_estimate(locations, min_distance);                  ❼
    apop_model_show(est);
}
```

❶ Mit `.part='r'` will ich dafür sorgen, dass die Eingangsfunktion `one_dist` auf jede Zeile des Eingangsdatensatzes angewandt und damit der Abstand zwischen dieser Zeile und dem `target`-Vektor berechnet wird. Apophenia ist auf Maximierung ausgelegt, wir wollen aber eine minimale Distanz haben. Ein verbreiteter Trick, um einen Maximierer in einen Minimierer umzuwandeln, ist das Negieren der Zielfunktion. Daher kommt hier das Minuszeichen mit ins Spiel.

❷ Das Struct `apop_model` enthält über ein Dutzend Elemente, aber Designated Initializers retten uns mal wieder den Tag, denn wir müssen so nur die Elemente deklarieren, die wir verwenden.

❸ Das Element `.vbase` ist ein Hinweis darauf, dass bei `apop_estimate` einiges hinter den Kulissen passiert. So wird das Modellelement `parameters` alloziert, und durch Setzen dieses Elements auf -1 wird gewünscht, dass der Parameterzähler der Anzahl der Spalten im Datensatz entsprechen soll.

❹ Das erste Argument von apop_data_fill ist ein schon allozierter Datensatz. Hier wurde dieser gerade noch rechtzeitig alloziert, und wir füllen es mit fünf 2-D-Punkten.

❺ Sie können ein Modell mit Einstellungsgruppen versehen, auf die eine Reihe von Routinen zurückgreifen kann. Diese Zeile ergänzt das Modell um die Maximum Likelihood Estimation (MLE): Es soll der Nelder-Mead-Simplex-Algorithmus genutzt werden, bis der Fehler des Algorithmus kleiner als 1e-5 ist. Mit .verbose=1 erhalten Sie noch zusätzliche Informationen über jede Iteration der Optimierung.

❻ Als Statistikbibliothek ermittelt Apophenia die Kovarianz und andere statistische Werte der Parameter. Brauchen Sie diese nicht, kostet das unnötig Rechenzeit. Eine leere apop_parts_wanted-Gruppe weist dann die Bibliothek an, keine dieser zusätzlichen Informationen zu berechnen.

❼ Diese Zeile bereitet das Struct apop_model vor, indem sie ein parameters-Set und ein info-Set alloziert (die in diesem Fall größtenteils aus NaNs bestehen). Dann wird das Parameterset mit Testpunkten gefüllt, der Abstand zu diesen Testpunkten mithilfe der Funktion min_distance.p ermittelt, und die Ergebnisse werden genutzt, um folgende Testpunkte anzupassen, bis das Konvergenzkriterium erfüllt ist und die Suche meldet, dass sie ein Minimum erreicht hat.

SQLite

Die Structured Query Language (SQL) ist eine mehr oder weniger gut für Menschen lesbare Möglichkeit, mit einer Datenbank zu kommunizieren. Da sich die Datenbank üblicherweise auf einer Festplatte befindet, kann sie so groß werden, wie man es sich wünscht. Eine SQL-Datenbank besitzt angesichts solch großer Datenmengen zwei besondere Stärken: Sie kann Untermengen eines Datensets nutzen und Datensätze miteinander verbinden.

Ich will hier nicht in die Details von SQL einsteigen, da es dafür umfangreiche Tutorials gibt. Wenn ich mich selbst zitieren darf: [Klemens 2008] enthält ein Kapitel zu SQL und dessen Einsatz in C. Oder Sie geben einfach in Ihrer bevorzugten Suchmaschine sql tutorial ein. Die Grundlagen sind ziemlich einfach. Ich werde mich im Folgenden darauf konzentrieren, Ihnen bei den ersten Schritten mit der SQLite-Bibliothek selbst zu helfen.

SQLite stellt eine Datenbank über eine einzelne C-Datei plus einen einzelnen Header bereit. In dieser Datei ist der Parser für SQL-Abfragen, die diversen internen Strukturen und Funktionen für die Kommunikation mit einer Datei auf der Festplatte und ein paar Dutzend Schnittstellenfunktionen für unsere Interaktion mit der Datenbank enthalten. Laden Sie die Datei herunter, entpacken Sie sie in Ihr Projektverzeichnis, fügen Sie sqlite3.o zur objects-Zeile Ihres Makefiles hinzu – und schon haben Sie eine vollständige SQL-Datenbank-Engine zur Verfügung.

Es gibt nur ein paar Funktionen, die Sie benötigen, um die Datenbank zu öffnen, zu schließen, eine Abfrage zu schicken und die Zeilen mit den Daten auszulesen.

Hier ein paar der nützlichen Funktionen zum Öffnen und Schließen der Datenbank:

```
sqlite3 *db=NULL; //Das globale Datenbank-Handle.

int db_open(char *filename){
    if (filename) sqlite3_open(filename, &db);
    else          sqlite3_open(":memory:", &db);
    if (!db) {printf("Die Datenbank wurde nicht geöffnet.\n"); return 1;}
    return 0;
}

//Die Funktion zum Schließen der Datenbank ist einfach:
sqlite3_close(db);
```

Ich bevorzuge den Einsatz eines einzelnen globalen Datenbank-Handles. Muss ich mit mehreren Datenbanken arbeiten, verwende ich den SQL-Befehl `attach`, um eine weitere Datenbank zu öffnen. Der SQL-Code für den Zugriff auf eine Tabelle in solch einer hinzugezogenen Datenbank kann zum Beispiel so aussehen:

```
attach "diskdata.db" as diskdb;
create index diskdb.index1 on diskdb.tab1(col1);
select * from diskdb.tab1 where col1=27;
```

Befindet sich das erste Datenbank-Handle im Speicher und alle Festplattendatenbanken sind an diesen angebunden, müssen Sie explizit angeben, welche neuen Tabellen oder Indizes auf die Festplatte geschrieben werden sollen. Alles, was Sie nicht so festlegen, wird als temporäre Tabelle im schnelleren Hauptspeicher angesehen – die aber nicht persistiert ist. Haben Sie das vergessen und eine Tabelle in den Speicher geschrieben, können Sie sie später immer noch auf die Festplatte übertragen, indem Sie so etwas wie `create table diskdb.saved_table as select * from table_in_memory` schreiben.

Die Abfragen

Dies ist ein Makro, um SQL-Code, der keinen Wert zurückgibt, an die Datenbank-Engine zu schicken. So weisen zum Beispiel die `attach`- und `create index`-Abfragen die Datenbank an, etwas zu tun, erhalten aber keine Daten zurück.

```
#define ERRCHECK {if (err!=NULL) {printf("%s\n",err);  return 0;}}

#define query(...){char *query; asprintf(&query, __VA_ARGS__);    \
                   char *err=NULL;                                \
                   sqlite3_exec(db, query, NULL,NULL, &err);      \
                   ERRCHECK                                       \
                   free(query); free(err);}
```

Das `ERRCHECK`-Makro ist standardmäßig vorhanden (laut SQLite-Manual). Ich verpacke den Aufruf von `sqlite3_exec` in einem Makro, damit Sie Dinge wie dieses tun können:

```
for (int i=0; i< col_ct; i++)
    query("create index idx%i on data(col%i)", i, i);
```

Das Erstellen von Abfragen im printf-Stil ist eigentlich die Norm für SQL-über-C, und Sie können davon ausgehen, dass die Mehrheit Ihrer Abfragen zur Laufzeit zusammengebaut werden muss, statt schon fertig im Quellcode vorzuliegen. Dieses Format hat allerdings einen Nachteil: SQL-Klauseln mit like und printf streiten sich um das %-Zeichen, daher schlägt eine Abfrage query("select * from data where col1 like 'p%%nts'") fehl, weil printf davon ausgeht, dass das %% für sich bestimmt ist. Stattdessen funktioniert query("%s", "select * from data where col1 like 'p%%nts'"). Trotzdem kommt das dynamische Erstellen von Abfragen so häufig vor, dass es das unbequeme zusätzliche %s für feste Abfragen wert ist.

Um Daten von SQLite zurückzuerhalten, benötigt man eine Callback-Funktion (siehe Abschnitt »Funktionen mit generischen Eingabewerten« auf Seite 201). Hier ein Beispiel, das etwas auf dem Bildschirm ausgibt:

```
int the_callback(void *ignore_this, int argc, char **argv, char **column){
    for (int i=0; i< argc; i++)
        printf("%s,\t", argv[i]);
    printf("\n");
    return 0;
}

#define query_to_screen(...){                                   \
    char *query; asprintf(&query, __VA_ARGS__);                 \
    char *err=NULL;                                             \
    sqlite3_exec(db, query, the_callback, NULL, &err);          \
    ERRCHECK                                                    \
    free(query); free(err);}
```

Die Eingabeparameter für den Callback ähneln stark denen von main: Sie erhalten ein argv mit einer Liste von argc Textelementen. Die Spaltennamen (ebenfalls eine Textliste der Länge argc) finden sich in column. Eine Ausgabe am Bildschirm bedeutet, dass ich alle Strings als solche behandle – ganz einfach. Ebenso einfach ist eine Funktion zum Füllen eines Arrays, zum Beispiel:

```
typedef {
    double *data;
    int rows, cols;
} array_w_size;

int the_callback(void *array_in, int argc, char **argv, char **column){
    array_w_size *array = array_in;
    *array = realloc(&array->data,  sizeof(double)*(++(array->rows))*argc);
    array->cols=argc;
    for (int i=0; i< argc; i++)
        array->data[(array->rows-1)*argc + i] = atof(argv[i]);
}

#define query_to_array(a, ...){\
    char *query; asprintf(&query, __VA_ARGS__);                 \
    char *err=NULL;                                             \
    sqlite3_exec(db, query, the_callback, a, &err);             \
    ERRCHECK                                                    \
    free(query); free(err);}
```

```
//Beispielanwendung:
array_w_size untrustworthy;
query_to_array(&untrustworthy, "select * from people where age > %i", 30);
```

Problematisch wird es, wenn numerische und Textdaten gemischt vorliegen. Das Implementieren einer Funktion, die solch gemischte Daten verarbeitet, hat mich in der weiter oben erwähnten Apophenia-Bibliothek schon ein bisschen Code gekostet.

Trotzdem sollten wir uns darüber freuen, wie einfach es mit den vorgestellten Codeschnipseln, den beiden SQLite-Dateien selbst und dem Anpassen der objects-Zeile im Makefile ist, eine vollständige SQL-Datenbank in Ihrem Programm zur Verfügung zu haben.

libxml und cURL

Die cURL-Bibliothek ist eine C-Bibliothek, die mit einer langen Liste von Internetprotokollen umgehen kann, unter anderem mit HTTP, HTTPS, POP3, Telnet, SCP und natürlich Gopher. Müssen Sie mit einem Server kommunizieren, können Sie sehr wahrscheinlich libcURL dazu verwenden. Wie Sie im folgenden Beispiel sehen werden, stellt die Bibliothek eine einfach zu nutzende Schnittstelle bereit, bei der Sie nur ein paar Variablen setzen müssen und dann die Verbindung aufbauen können.

Und da wir schon im Internet sind, wo Markup-Sprachen wie XML und HTML so verbreitet sind, ist es auch sinnvoll, gleich die libxml2 mit vorzustellen.

Die Extensible Markup Language (XML) wird verwendet, um die Formatierung von reinen Textdateien zu beschreiben, ist aber in Wirklichkeit die Definition einer Baumstruktur. Der erste Teil von Abbildung 12-1 ist eine typische, mehr oder weniger gut lesbare Ansammlung von XML-Daten, während Sie im zweiten Teil die Baumstruktur sehen, die durch den XML-Text definiert wurde. Der Umgang mit einem solch ausgezeichneten Baum ist recht einfach: Wir können am Root- oder Wurzelknoten beginnen (über xmlDocGetRootElement) und den Baum dann rekursiv durchlaufen, um alle Elemente zu prüfen. Oder wir erhalten alle Elemente mit dem Tag par oder alle mit dem Tag title, die Kindelemente des zweiten Kapitels sind, und so weiter. Im folgenden Beispielcode steht //item/title für alle title-Elemente, deren Elternelement ein item ist und die sich irgendwo im Baum befinden.

libxml2 kennt sich daher mit getaggten Bäumen aus, und seine wichtigsten Objekte dienen der Darstellung von Dokumenten, Knoten und Listen mit Knoten.

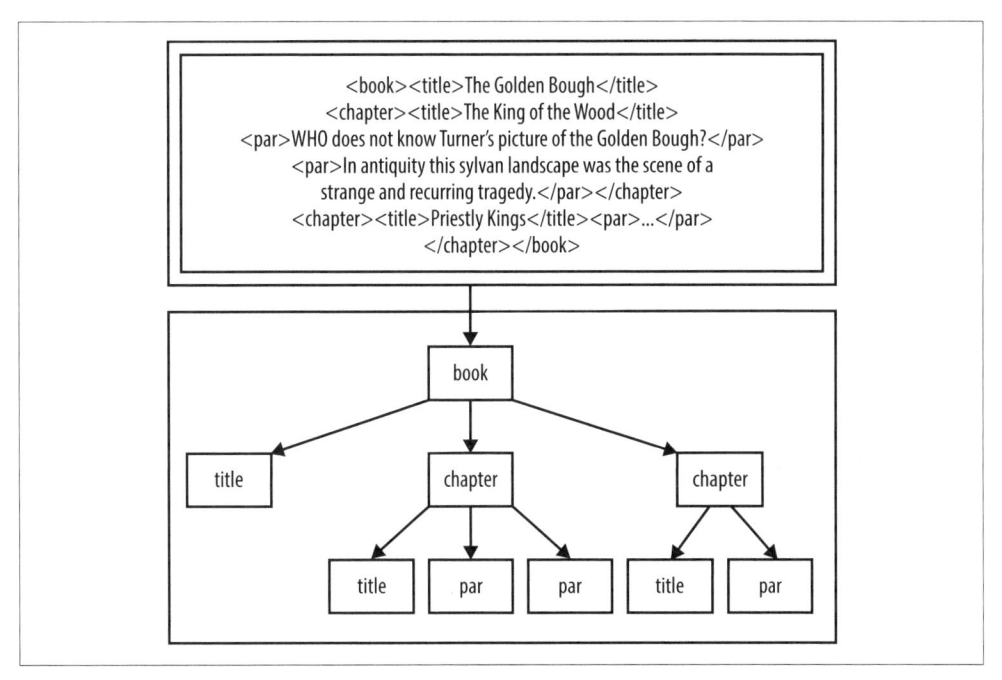

```
<book><title>The Golden Bough</title>
<chapter><title>The King of the Wood</title>
<par>WHO does not know Turner's picture of the Golden Bough?</par>
<par>In antiquity this sylvan landscape was the scene of a
strange and recurring tragedy.</par></chapter>
<chapter><title>Priestly Kings</title><par>...</par>
</chapter></book>
```

Abbildung 12-1: Ein XML-Dokument und die darin kodierte Baumstruktur

Beispiel 12-6 zeigt Ihnen ein vollständiges Beispiel. Ich habe es per Doxygen dokumentiert (siehe Abschnitt »Dokumentation einweben« auf Seite 47), weshalb es so lang aussieht, aber der Code erklärt sich von selbst. Hier gilt wieder: Auch wenn Sie normalerweise längere Codeblöcke überspringen, sollten Sie trotzdem versuchen, sie zu lesen. Ist bei Ihnen Doxygen verfügbar, können Sie die Dokumentation generieren und in Ihrem Browser anzeigen lassen.

Beispiel 12-6: Den Headline-Feed der New York Times in ein einfacheres Format parsen (nyt_feed.c)

```
/** \file

 Ein Programm zum Auslesen des NYT-Headline-Feed und Erzeugen einer einfachen
 HTML-Seite aus den Headlines. */
#include <stdio.h>
#include <curl/curl.h>
#include <libxml2/libxml/xpath.h>
#include "stopif.h"

/** \mainpage
Die Titelseite der NYT-Website ist recht bunt, sie enthält viele
Überschriften und Abschnitte, die Ihre Aufmerksamkeit erheischen wollen,
diverse Formatierungsvarianten und sogar Fotografien in <em>Farbe</em>.

Dieses Programm liest den NYT-Headlines-RSS-Feed aus und erzeugt eine einfache
Liste in HTML. Sie können sich dann durch die Überschriften klicken, die Sie
am meisten interessieren.
```

libxml und cURL | **265**

```
       Hinweise zum Kompilieren finden Sie auf der Seite \ref compilation.
       */

       /** \page compilation Das Programm kompilieren.

       Sichern Sie den folgenden Code als \c makefile.

       Beachten Sie, dass zu cURL ein Programm \c curl-config gehört, das \c pkg-config
       entspricht, aber cURL-spezifisch ist.

       \code
       CFLAGS =-g -Wall -O3 `curl-config --cflags` -I/usr/include/libxml2
       LDLIBS=`curl-config --libs ` -lxml2 -lpthread
       CC=c99

       nyt_feed:
       \endcode

       Nach dem Sichern Ihres Makefiles rufen Sie zum Kompilieren <tt>make nyt_feed</tt> auf.

       Natürlich benötigen Sie dafür die Developer-Pakete von libcurl und libxml2.
       */

       //Es gibt Inline-Doxygen-Dokumentation. Das < verweist auf den vorigen Text.
       char *rss_url = "http://rss.nytimes.com/services/xml/rss/nyt/HomePage.xml";
                                   /**< Die URL für einen NYT-RSS. */
       char *rssfile = "nytimes_feeds.rss"; /**< Eine lokale Datei, in die der RSS-Feed
                                                 geschrieben wird.*/
       char *outfile = "now.html";    /**< Die Ausgabedatei, die in Ihrem Browser geöffnet
                                            wird.*/

       /** Liste mit Überschriften im HTML-Format in die Ausgabedatei schreiben.
       (Datei wird überschrieben.)

       \param urls Die Liste mit URLs. Sollte keine NULL-Werte enthalten.
       \param titles Liste mit Titeln, ebenfalls auf NULL-Werte geprüft. Hat die Länge
              der Listen \c urls oder \c titles den Wert \c NULL, gibt es einen Absturz.
       */
       void print_to_html(xmlXPathObjectPtr urls, xmlXPathObjectPtr titles){
           FILE *f = fopen(outfile, "w");
           for (int i=0; i< titles->nodesetval->nodeNr; i++)
               fprintf(f, "<a href=\"%s\">%s</a><br>\n"
                       , xmlNodeGetContent(urls->nodesetval->nodeTab[i])
                       , xmlNodeGetContent(titles->nodesetval->nodeTab[i]));
           fclose(f);
       }

       /** Parst einen RSS-Feed auf der Festplatte. Es wird das XML geparst, und dann
       werden alle Knoten gefunden, die dem XPath für die Titelelemente und dem für die Links
       entsprechen. Dann werden diese in die Ausgabedatei geschrieben.

         \param infile Die RSS-Datei.
       */
       int parse(char const *infile){
           const xmlChar *titlepath= (xmlChar*)"//item/title";
           const xmlChar *linkpath= (xmlChar*)"//item/link";
```

```c
    xmlDocPtr doc = xmlParseFile(infile);
    Stopif(!doc, return -1, "Fehler: Kann Datei \"%s\" nicht parsen\n", infile);

    xmlXPathContextPtr context = xmlXPathNewContext(doc);
    Stopif(!context, return -2, "Fehler: Kann keinen neuen XPath-Kontext erstellen.\n");

    xmlXPathObjectPtr titles = xmlXPathEvalExpression(titlepath, context);
    xmlXPathObjectPtr urls = xmlXPathEvalExpression(linkpath, context);
    Stopif(!titles || !urls, return -3, "Einer der XPath-Ausdrücke '//item/title' "
                            "oder '//item/link' schlug fehl.");

    print_to_html(urls, titles);

    xmlXPathFreeObject(titles);
    xmlXPathFreeObject(urls);
    xmlXPathFreeContext(context);
    xmlFreeDoc(doc);
    return 0;
}

/** Die einfache Schnittstelle von cURL nutzen, um den aktuellen RSS-Feed herunterzuladen.

\param url Die URL des NYT-RSS-Feed. Jeder der auf
           \url http://www.nytimes.com/services/xml/rss/nyt/ aufgelisteten sollte gehen.

\param outfile Die Headline-Datei, die auf Ihre Festplatte geschrieben werden soll. Sichert
hier zuerst den RSS-Feed und überschreibt ihn dann durch die kurze Linkliste.

 \return 1==Okay, 0==Fehler.
 */
int get_rss(char const *url, char const *outfile){
    FILE *feedfile = fopen(outfile, "w");
    if (!feedfile) return -1;

    CURL *curl = curl_easy_init();
    if(!curl) return -1;
    curl_easy_setopt(curl, CURLOPT_URL, url);
    curl_easy_setopt(curl, CURLOPT_WRITEDATA, feedfile);
    CURLcode res = curl_easy_perform(curl);
    if (res) return -1;

    curl_easy_cleanup(curl);
    fclose(feedfile);
    return 0;
}

int main(void) {
    Stopif(get_rss(rss_url, rssfile), return 1, "Konnte %s nicht nach %s herunterladen.\n",
                                                rss_url, rssfile);
    parse(rssfile);
    printf("Überschriften nach %s geschrieben. Bitte im Browser öffnen.\n", outfile);
}
```

Epilog

Strike another match, go start anew—

Bob Dylan am Ende seines Auftritts beim 1965 Newport Folk Festival, »It's All Over Now Baby Blue«

Warten Sie!, rufen Sie. Sie haben gesagt, ich kann Bibliotheken nutzen, die mir die Arbeit erleichtern, aber ich bin Experte in meinem Gebiet, habe überall gesucht und kann trotzdem keine Bibliothek finden, die meine Anforderungen erfüllt!

Wenn das so ist, muss ich Ihnen meine verborgene Agenda verraten, die ich beim Schreiben dieses Buchs hatte: Als C-Anwender möchte ich, dass mehr Leute gute Bibliotheken schreiben, die ich nutzen kann. Wenn Sie bis hierhin gelesen haben, wissen Sie, wie Sie modernen Code schreiben, der auf anderen Bibliotheken aufbaut, wie Sie eine Handvoll einfacher Objekte mit entsprechenden Funktionen versehen, wie Sie die Schnittstelle benutzerfreundlich gestalten, wie Sie alles so dokumentieren, dass andere es einsetzen können, welche Tools Sie zum Testen nutzen können, wie Sie ein Git-Repository verwenden, sodass es anderen möglich ist, zu Ihrem Coding beizutragen, und wie Sie den Code mithilfe der Autotools so verpacken, dass er allgemein zur Verfügung gestellt werden kann. C ist die Grundlage der modernen Programmierung – lösen Sie Ihr Problem in C, steht die Lösung auf sehr vielen Plattformen zur Verfügung.

Punkrock ist eine Kunstform, die man selbst umsetzen muss. Es ist die kollektive Erkenntnis, dass Musik von Leuten wie uns gemacht wird und dass Sie keine Erlaubnis von einem Firmenkomitee benötigen, etwas Neues zu schreiben und es der Welt zur Verfügung zu stellen. Tatsächlich haben wir schon das Werkzeug, um all dies umzusetzen.

Glossar

Ausrichtung

Eine Anforderung, die besagt dass Datenelemente im Speicher an bestimmten Grenzen liegen. So kann zum Beispiel bei einer 8-Bit-Ausrichtung ein Struct, das nur einen 1-Bit-`char` gefolgt von einem 8-Bit-`int` enthält, die 7 Bits nach dem `char` auffüllen müssen, sodass der `int` an einer 8-Bit-Grenze beginnt.

ASCII

American Standard Code for Information Interchange. Eine Standardabbildung von den normalen Buchstaben für englische Texte auf die Zahlen 0 bis 127. Tipp: Auf vielen Systemen gibt `man ascii` die Tabelle mit den Codes aus.

Aufrufdiagramm

Ein Diagramm mit Kästchen und Pfeilen, das zeigt, welche Funktionen welche anderen Funktionen aufrufen.

Automatische Allokation

Bei einer automatisch allozierten Variablen wird deren Platz im Speicher vom System bei der Deklaration alloziert und am Ende des Gültigkeitsbereichs wieder freigegeben.

Autotools

Ein Satz Programme von GNU, der das automatische Kompilieren auf beliebigen Systemen vereinfacht. Dazu gehören Autoconf, Automake und Libtool.

Benfordsches Gesetz

In vielen Datensätzen tendieren führende Ziffern zu einer logarithmischen Verteilung: Die 1 kommt mit etwa 30 % vor, die 2 mit etwa 17,5 %, ..., die 9 mit etwa 4,5 %.

Bibliothek

Im Prinzip ein Programm ohne `main`-Funktion und daher »nur« eine Sammlung von Funktionen, Typedefs und Variablen, die von anderen Programmen genutzt werden kann.

Boolean

Wahr/Falsch. Nach George Boole benannt, einem englischen Mathematiker aus dem frühen bis mittleren 19. Jahrhundert.

BSD

Berkeley Software Distribution. Eine Implementierung von POSIX.

Callback-Funktion

Eine Funktion (A), die als Eingabewert an eine andere Funktion (B) übergeben wird, sodass Funktion B Funktion A im Rahmen ihres Ablaufs aufrufen kann. So erwarten zum Beispiel allgemeine Sortierfunktionen typischerweise als Eingabewert eine Funktion zum Vergleichen zweier Elemente.

Cetologie

Die Wissenschaft der Walforschung.

Compiler

Formal das Programm, das den (für Menschen lesbaren) Text eines Programms in (für Menschen nicht lesbare) Maschinenanweisungen umwandelt. Wird häufig genutzt, um Präprozessor + Compiler + Linker zu bezeichnen.

Debugger

Ein Programm zur interaktiven Ausführung eines kompilierten Programms. Man kann damit das Programm anhalten, Variablen prüfen und verändern und so weiter. Häufig nützlich, um Fehler zu finden und zu verstehen.

Externer Zeiger
Siehe *Opaker Zeiger*.

Frame
Der Bereich im Stack, in dem Funktionsinformationen liegen (wie zum Beispiel Eingabewerte und automatische Variablen).

gdb
GNU-Debugger.

Gleitkommazahl
Darstellung einer Zahl ähnlich der wissenschaftlichen Notation, wie *2,3×10^4*, mit einem Exponentenanteil (in diesem Beispiel 4) und einer Mantisse (hier 2,3). Stellen Sie sich nach dem Aufschreiben der Mantisse vor, dass Sie mit dem Exponenten das Komma an die richtige Position schieben können.

Global
Eine Variable ist global, wenn ihr Gültigkeitsbereich das gesamte Programm umfasst. C besitzt keinen wirklichen globalen Gültigkeitsbereich, aber wenn sich eine Variable in einem Header befindet, von dem guten Gewissens davon ausgegangen werden kann, dass er in jeder Codedatei eines Programms eingebunden wird, kann man sie durchaus global nennen.

Glyphe
Ein Symbol, das für die schriftliche Kommunikation genutzt wird.

GNU
Gnu's Not Unix.

GSL
GNU Scientific Library.

Gültigkeitsbereich
Der Teil des Codes, in dem eine Variable deklariert und ansprechbar ist. Zu gutem Programmierstil gehört, den Gültigkeitsbereich von Variablen klein zu halten.

Heap
Der Speicherbereich, von dem manuell allozierter Speicher genommen wird. Siehe auch *Stack*.

IDE
Integrated Development Environment, integrierte Entwicklungsumgebung. Normalerweise ein Programm mit grafischer Benutzeroberfläche, das um einen Texteditor herum Möglichkeiten zum Kompilieren, Debuggen und andere programmiererfreundliche Features bietet.

Integrationstest
Ein Test, der eine Folge von Schritten ausführt, die diverse Abschnitte einer Codebasis betreffen (von denen jeder seine eigenen Unit-Tests haben sollte).

Kodierung
Das Umwandeln von für Menschen lesbaren Zeichen in numerische Codes, die vom Computer verarbeitet werden können. Siehe auch *ASCII*, *Multibyte-Kodierung* und *Wide-Character-Kodierung*.

Linker
Das Programm, das die verschiedenen Teile eines Programms zusammenführt (zum Beispiel die einzelnen Objektdateien und Bibliotheken) und dabei Referenzen auf in anderen Dateien liegende Funktionen oder Variablen auflöst.

Linux
Technisch gesehen ein Betriebssystem-Kernel, wird der Begriff im Allgemeinen als Bezeichnung für eine vollständige Suite aus BSD/GNU/Internet Systems Consortium/Linux/Xorg/...-Tools genutzt, die zu einem gemeinsamen Paket kombiniert wurden.

Makro
Ein (normalerweise) kurzer Textabschnitt, der durch einen (normalerweise) längeren Textabschnitt ersetzt wird.

Manuelle Allokation
Allokation einer Variablen auf dem Heap auf Anforderung des Programmierers per `malloc` oder `calloc`. Freigegeben wird sie – ebenfalls auf Anforderung durch den Programmierer – per `free`.

Multibyte-Kodierung
Eine Textkodierung mit einer unterschiedlichen Anzahl an `chars`, um ein einzelnes Zeichen darzustellen. Das Gegenstück dazu ist die *Wide-Character-Kodierung*.

Mutex
Kurzform von Mutual Exclusion. Eine Struktur, die genutzt werden kann, um sicherzustellen, dass nur ein Thread gleichzeitig Zugriff auf eine Ressource hat.

NaN
Not-a-Number. Der IEEE 754-Standard (für Gleitkommazahlen) definiert dies als Ergebnis mathematischer Unmöglichkeiten wie 0/0 oder log(-1). Wird häufig als Flag für fehlende oder schlechte Daten genutzt.

Objekt
Eine Datenstruktur und die zugehörigen, damit arbeitenden Funktionen. Idealerweise kapselt das Objekt ein Konzept und bietet eine begrenzte Anzahl an Zugriffspunkten für anderen Code, der mit dem Objekt arbeiten möchte.

Objektdatei
Eine Datei mit maschinenlesbaren Anweisungen. Meist das Ergebnis eines Compiler-Laufs für eine Quellcodedatei.

Opaker Zeiger
Ein Zeiger auf Daten in einem Format, das von der mit dem Zeiger arbeitenden Funktion nicht verarbeitet werden kann. Er lässt sich aber an andere Funktionen weitergeben, die damit umgehen können. Eine Funktion in einer Skriptsprache ruft zum Beispiel eine C-Funktion auf, die einen opaken Zeiger auf C-Daten zurückliefert. Später wird dieser Zeiger dann in der Skriptsprache verwendet, um mit den gleichen C-Daten weiterzuarbeiten.

POSIX
Das Portable Operating System Interface. Ein IEEE-Standard, dem UNIX-ähnliche Betriebssysteme entsprechen und der einen Satz von C-Funktionen, die Shell und ein paar grundlegende Tools beschreibt.

Präprozessor
Konzeptionell ein Programm, das direkt vor dem Compiler aufgerufen wird und Anweisungen wie `#include` und `#define` umsetzt. In der Praxis im Allgemeinen Teil des Compilers.

Profiler
Ein Programm, das dokumentiert, wo Ihr Programm seine Zeit verbringt. Damit können Sie sich beim Beschleunigen auf die Teile konzentrieren, bei denen es sich auch lohnt.

Prozess
Ein laufendes Programm.

pthread
POSIX-Thread. Ein Thread, der durch die im POSIX-Standard definierte C-Threading-Schnittstelle erzeugt wurde.

RNG
Random Number Generator, Zufallszahlengenerator, wobei *Zufall* bedeutet, dass man davon ausgehen kann, dass eine Folge von Zufallszahlen nicht systematisch mit irgendeiner anderen Folge zusammenhängt.

RTFM
Read the Manual, lies die Anleitung.

Sapir-Whorf-Hypothese
Die Behauptung, dass die von uns gesprochene Sprache bestimmt, was wir denken können. Ihre schwächste Form, dass wir häufig in Wörtern denken, ist offensichtlich. Ihre stärkste Form, dass wir etwas nicht denken können, weil unserer Sprache die Wörter dafür fehlen, ist ganz klar falsch.

Segfault
Segmentation Fault.

Segmentation Fault
Sie sprechen Speicher außerhalb des für Ihr Programm allozierten Speicherbereichs an.

SHA
Secure Hash Algorithm.

Shell
Ein Programm, das Anwendern erlaubt, mit einem Betriebssystem zu interagieren – entweder an der Befehlszeile oder über Skripten.

Skript
Ein Programm in einer interpretierten Sprache, wie zum Beispiel der Shell.

SQL
Structured Query Language. Ein standardisierter Weg, mit Datenbanken zu interagieren.

Stack
Der Speicherbereich, in dem die Funktionsausführung stattfindet. Auch automatische Variablen werden hier abgelegt. Jede Funktion erhält einen Frame, und jedes Mal, wenn eine Unterfunktion aufgerufen wird, wird deren Frame auf den Frame der aufrufenden Funktion »aufgesetzt«.

Statische Allokation
Die Methode, nach der Variablen mit Datei-Gültigkeitsbereich und innerhalb von Funktionen als `static` deklarierte alloziert werden. Das Allozieren geschieht vor dem Programmstart, und die Variablen bleiben bis zum Ende des Programms bestehen.

Test-Harnisch
Ein System, um eine Folge von Unit-Tests und Integrationstests auszuführen. Es bietet die Möglichkeit, eigene Strukturen einfach einzurichten und wieder zu entfernen und erlaubt, auf Fehler

zu prüfen, die das Hauptprogramm (wie gewünscht) zum Anhalten bringen.

Thread
Eine Folge von Anweisungen, die ein Computer unabhängig von anderen Threads ausführt.

Tiefe Kopie
Eine Kopie einer Struktur mit Zeigern, bei der allen Zeigern gefolgt wird und Kopien der dort abgelegten Daten erstellt werden.

Token
Eine Folge von Zeichen, die als semantische Einheit betrachtet werden, wie zum Beispiel ein Variablenname, ein Schlüsselwort oder ein Operator wie * oder +. Der erste Schritt beim Parsen von Text ist das Unterteilen in Tokens – `strtok_r` und `strtok_n` sind dafür gedacht.

Type Punning
Eine Variable eines Typs wird in einen anderen Typ gecastet und der Compiler damit gezwungen, die Variable als Daten des zweiten Typs zu behandeln. So handelt es sich zum Beispiel mit `struct {int a; char *b;} astruct` bei `(int) astruct` um einen Integer-Wert (aber für eine sicherere Alternative siehe Abschnitt »C mit weniger Rissen« auf Seite 222). Meist nicht portierbar, immer schlechter Stil.

Typ-Qualifikator
Eine Beschreibung, wie der Compiler mit einer Variablen umgehen soll. Der Qualifikator ist unabhängig vom Typ der Variablen (`int`, `float` und so weiter). Die einzigen Typ-Qualifikatoren sind `const`, `restrict`, `volatile` und `_Atomic`.

Umgebungsvariable
Eine Variable aus der Umgebung eines Programms, die vom Elternprogramm gesetzt wird (normalerweise die Shell).

Union
Ein Speicherblock, der als einer von mehreren Typen interpretiert werden kann.

Unit-Test
Ein Codeblock, mit dem ein kleiner Teil einer Codebasis getestet wird. Siehe auch *Integrationstest*.

UTF
Unicode Transformation Format.

Variadische Funktion
Eine Funktion, die eine variable Anzahl an Eingabewerten übernimmt (zum Beispiel `printf`).

Wide-Character-Kodierung
Eine Textkodierung, bei der jedes (von Menschen lesbare) Zeichen eine feste Anzahl an `char`s erhält. So garantiert UTF-32 zum Beispiel, dass jedes Unicode-Zeichen in genau vier Bytes dargestellt wird. Für jedes Zeichen werden mehrere Bytes genutzt, vergleichen Sie diese Definition mit der *Multibyte-Kodierung*.

XML
Extensible Markup Language.

Bibliografie

[Calcote 2010] Calcote, J. (2010). *Autotools: A Practioner's Guide to GNU Autoconf, Automake, and Libtool*. No Starch Press.

[Dijkstra 1968] Dijkstra, E. (1968, March). Go to statement considered harmful. *Communications of the ACM11*(3), 147–148.

[Goldberg 1991] Goldberg, D. (1991). What every computer scientist should know about floating-point arithmetic. *ACM Computing Surveys23*(1), 5–48.

[Goodliffe 2006] Goodliffe, P. (2006). *Code Craft: The Practice of Writing Excellent Code*. No Starch Press.

[Gough 2003] Gough, B. (Ed.) (2003). *GNU Scientific Library Reference Manual* (2nd ed.). Network Theory, Ltd.

[Griffiths 2012] Griffiths, D. und D. Griffiths (2012). *C von Kopf bis Fuß*. O'Reilly.

[Hanson 1996] Hanson, D. R. (1996). *C Interfaces and Implementations: Techniques for Creating Reusable Software*. Addison-Wesley Professional.

[Harbison 1991] Harbison, S. P. und G. L. Steele Jr. (1991). *C: Ein Referenzhandbuch*. Wolfram.

[Kernighan 1983] Kernighan, B. W. und D. M. Ritchie (1983). *Programmieren in C* (1. Auflage). Hanser.

[Kernighan 1990] Kernighan, B. W. und D. M. Ritchie (1990). *Programmieren in C* (2. Auflage). Hanser.

[Klemens 2008] Klemens, B. (2008). *Modeling with Data: Tools and Techniques for Statistical Computing*. Princeton University Press.

[Kochan 2004] Kochan, S. G. (2004). *Programming in C* (3rd ed.). Sams.

[Meyers 2000] Meyers, S. (2000, February). How non-member functions improve encapsulation. *C/C++ Users Journal*.

[Meyers 2011] Meyers, S. (2011). *Effectiv C++ programmieren: 55 Möglichkeiten, Ihre Programme und Entwürfe zu verbessern*. Addison-Wesley.

[Norman 2002] Norman, D. A. (2002). *The Design of Everyday Things*. Basic Books.

[Oliveira 2006] Oliveira, S. and D. E. Stewart (2006). *Writing Scientific Software: A Guide to Good Style*. Cambridge University Press.

[Oram 1991] Oram, A. and Talbott, T (1991). *Managing Projects with Make*. O'Reilly Media.

[Oualline 1997] Oualline, S. (1997). *Practical C Programming* (3rd ed.). O'Reilly Media.

[Page 2008] Page, A., K. Johnston, and B. Rollison (2008). *How We Test Software at Microsoft*. Microsoft Press.

[Perry 1994] Perry, G. (1994). *Absolute Beginner's Guide to C* (2nd ed.). Sams.

[Prata 2004] Prata, S. (2004). *The Waite Group's C Primer Plus* (5th ed.). Waite Group Press.

[Press 1988] Press, W. H., B. P. Flannery, S. A. Teukolsky, and W. T. Vetterling (1988). *Numerical Recipes in C: The Art of Scientific Computing*. Cambridge University Press.

[Press 1992] Press, W. H., B. P. Flannery, S. A. Teukolsky, and W. T. Vetterling (1992). *Numerical Recipes in C: The Art of Scientific Computing* (2nd ed.). Cambridge University Press.

[Prinz 2005] Prinz, P. and T. Crawford (2005). *C in a Nutshell*. O'Reilly Media.

[Spolsky 2008] Spolsky, J. (2008). *More Joel on Software: Further Thoughts on Diverse and Occasionally Related Matters That Will Prove of Interest to Software Developers, Designers, and to Those Who, Whether by Good Fortune or Ill Luck, Work with Them in Some Capacity*. Apress.

[Stallman 2002] Stallman, R. M., R. Pesch, and S. Shebs (2002). *Debugging with GDB: The GNU Source-Level Debugger*. Free Software Foundation.

[Stroustrup 1987] Stroustrup, B. (1987). *Die C++-Programmiersprache*. Addison-Wesley.

[Ullman 2004] Ullman, L. and M. Liyanage (2004). *C Programming*. Peachpit Press.

Index

Symbole

! (Ausrufezeichen), not-Operator 60
(Hash), Präprozessor 143
$ (Dollarzeichen)
    $ (CC) Variable in make 21
    $< Variable in make 19
    $( ), Backtick und 58
    $* Variable in make 19
    $@ Variable in make 19
    GDB-Variablen 35
    Wert von Variablen 17
& (Kaufmannsund)
    && führt Befehle hintereinander aus 66
'-', Dateiname als Eingangsdatei 28
( ) (Klammern)
    Makros 140
( ) (runde Klammern)
    Variablen, direkt vor der öffnenden geschweiften Klammer deklariert 213
{ } (geschweifte Klammern)
    für Blöcke 140
    Variablen, in runden Klammern direkt vor der öffnenden geschweiften Klammer deklariert 213
* (Asterisk), Zeiger 117
– (Bindestriche), reiner Text statt Schalter 28
-g Compiler-Flag 11
-O3 Compiler-Flag 12
. (Punkt), POSIX-Befehl zum Ausführen eines Skripts 63
32-Bit-Systeme 135
64-Bit-Systeme 135
; (Semikolon), Beenden der Dateiliste in Schleife 59
@ (Klammeraffe)
    am Zeilenanfang in make 67
    in CWEB-Code 49
    in Doxygen-Dokumentation 47
` (Backticks)
    Befehl durch Ausgabe ersetzen 57
    Befehle in gcc umgeben 14

A

Abdeckung, Unit-Tests 46
Abhängigkeiten, Prüfung bei Zielaufruf in make 20
abort, Funktion 53
AC_CHECK_HEADER, zu configure.ac hinzufügen 75
AC_CONFIG_FILES, Makro 77
AC_INIT, Makro 77
AC_OUTPUT, Makro 77
AC_PROG_CC_C99, Makro 74
Agentenbasiertes Modell der Gruppenbildung 240–246
Alias 111
Aliasse
    Arrays 113
AM_INIT_AUTOMAKE, Makro 77
AM_VARIABLE, Makro 74
AM_VARIABLE, Variable für alle Compiler- und Link-Vorgänge in Automake 74
American Standard Code for Information Exchange (siehe ASCII)
Anjuta 5
Anleitungen (siehe man-Befehl)
Anordnung
    Listen mit Structs 119
ANSI C89 XV, 126
    Deklarationen am Anfang des Blocks 125
    Größe von char 169
    variadische Funktionen 192
    Visual Studio 8
    Wide-Character-Typ 171
Apophenia, Bibliothek mit Statistikfunktionen 231
Apple
    (siehe auch Mac-Computer)
    Xcode 4
Array aufsummieren, Funktion 179
Arrays
    Aliasse 113

aufrufende Funktion erhält Zeiger auf zurückgegebenen Arrays 114
  Indizes als Integer 128
  Kopieren, memcpy 115
  Länge zur Laufzeit setzen 126
  mit Nullen initialisieren 184
  Notation von Arrays und Elementen 118
  Zeiger 109
ASCII (American Standard Code for Information Interchange) 167, 271
asprintf-Funktion 157–162, 205
  bessere String-Behandlung 158
  konstante Strings 159
  Sasprintf, Makro 161, 165
  Strings erweitern 161
  verbesserte Sicherheit 159
Assembler-Code 130
assert, Makro 53
assert-Funktion 113
Assertion-Makro, das bei Fehler zurückspringt 142
atol (ASCII to Long Int) 98
attribute-Direktive 192
Aufrufdiagramm 271
Ausrichtung 271
Ausschneiden und Einfügen in Multiplexern 62
Automatische Allokation 107, 112, 146, 271
  Arrays 114
  auf dem Stack 116
Autotools 9, 23, 55
  Autoconf, Automake, Autoscan und Libtool 69
  bedingtes Python-Unterverzeichnis für Automake 101
  Code packen 67–80
    Beispiel, Hallo Welt packen 69
    Makefile in makefile.am beschreiben 72
  Definition 271
  Kompilieren und Linken von Python-Funktionen 100
  Libtool fügt Compiler-Flags für das Verlinken zur Laufzeit hinzu 15
  Linken von Bibliotheken zur Laufzeit auf dem System 99
  Zusammenarbeit mit den Python Distutils 102–104

B

bash
  beim Start durch gewünschte Shell ersetzen 64
  mathematische Erweiterungen zu Integer-Werten 64
Basic Linear Algebra Subprograms-(BLAS-)Bibliothek 14
Basis plus Offset 119, 220
Baum-Datenstrukturen 88
Befehle
  command -v, kompletter Pfad zu einem Befehl 65
  Shell-Befehle durch ihre Ausgabe ersetzen 57
Befehlszeilenargumente, mit get_opt parsen 132
Benannte Listen 220
Benfordsches Gesetz 59, 271
Berkeley Software Distribution (BSD) XVII, 271
Betriebssysteme
  Standardablage für Bibliotheken 13
  Unicode anzeigen 168
Bibliotheken 247–267, 271
  beim Kompilieren nutzen 9–16
  Bereitstellen und Copyright XVIII
  dynamische mit Libtool bauen 75
  eigene schreiben 269
  Empfehlungen 5
  GLib 248
  GSL (GNU Scientific Library) 259–261
  Kompilieren
    Compiler-Flags 11
    Pfade 12
    Verlinken zur Laufzeit 15
  libxml und cURL 264–267
  Pfade 12
  POSIX 248–258
  Prüfung, AC_CHECK_LIB, Makro 78
  Quellcode
    ohne Systemverwalterberechtigungen 24
  Quellcode nutzen 23
  SQLite 261–264
  übliches Format 211
  Unicode 170
  Variable mit zu verlinkenden Bibliotheken setzen 11
  Vorhandensein mit Autoconf prüfen 78
bin (Formvariable) 72
_Bool-Typ 156
Boolean 271
Bourne Shell 17

break-Anweisungen 132
BSD (Berkeley Software Distribution) XVII, 271

C

C-Shell 17
C++ XV, 233
    Casting 127
    Code-Mangling durch Compiler 32
    Deklarationen 148
    gcc erzeugt kompatible Objektdateien 126
    Microsoft Visual Studio Compiler 8
    Typ erweitern 221
    Überladen von Operatoren 216
C11 XVI, 126
    anonyme Elemente in Strukturen 222
    aufrufende Funktion erhält Kopie des zurückgegebenen Werts 114
    complex double-Werte 218
    Deklarationen, Position 126
    gcc-Compiler-Flag für Code 11
    _Generic, Schlüsselwort 217
    Größe von char 169
    nicht explizit aus main zurückkehren 124
    _Thread_local, Schlüsselwort 189
    Wide-Character-Typ 171
C89 (siehe ANSI C89)
C99 (siehe ISO C99)
Call Graphs 48
Callback-Funktionen 201, 271
CC Variable, mit Autoconf setzen 74
Cetologie 164, 271
CFLAGS, Umgebungsvariable 32
    -include allheads.h 27
    Makefiles versus andere Systeme 67
    Werte setzen 17
char const**-Problem 154
check (Formvariable) 72
chsh-Befehl zum Wechseln von Shells 64
Church, Alonzo 220
Clang XVIII, 5
    $* (Variable) 11
    -g Compiler-Flag 11
    -xc Compiler-Flag, C-Code 30
    Flag zum Einbinden von Headern 26
    LDADD=-Llibpath -Wl,-Rlibpath (Befehl) 15
CLASSPATH-Umgebungsvariable (Java) 25
closedir-Funktion 205
Code::blocks 5, 8
Codepoints 167
Commit-Objekte 83
    Änderungen zwischen Commits anzeigen 87
    Branch-Diffs angewendet auf bestehendes Commit-Objekt 89
    Dualität von Diff und Snapshot 85
    mit git log auflisten 86
    neue Objekte in das Git-Repository schreiben 85
Compiler 5, 271
    const-Prüfung, übersteuern 153
    gcc und Clang XVIII
    Microsoft C-Compiler 8
Compiler-Flags 10
    Empfehlungen 11
    gcc und Clang, Header einbinden 26
complex, Schlüsselwort, Deklarationen 219
Compound-Literale 176–177
    Initialisierung 177
    mit variadischem Makro erzeugen 179
config.h, Header 78
configure-Skript, Tarball zur Distribution 72
configure.ac, Skript 70, 76
    für Python-Builds 101
    Shell-Code hinzufügen 79
configure.scan, Datei 69
const, Schlüsselwort 150–155
    char const**-Problem 154
    const-Zeiger als Eingabeparameter für einen Nicht-const-Parameter 152
    kein Schutz der Daten, auf die verwiesen wird 151
    Nomen-Adjektiv-Form 151
    Tiefe und Elemente von const-Structs 153
Copyright XVIII
cURL 264–267
CWEB 240
    literaler Code 49
Cygwin
    C mit POSIX kompilieren 8
    C ohne POSIX kompilieren 8
    Installation 7
cygwin1.dll-Bibliothek mit POSIX-Funktionen 8

D

Dateien, Anzahl, auf Systemen nach POSIX-Standard 12
Dateisysteme 6
Datentypen
    Elemente eines Typs einem anderen Typ zuweisen 127

Umwandlung zwischen Hostsprache und C-Datentypen 96
Debuggen 31, 271
  (siehe auch gdb)
  Anwenden
    Strukturen ausgeben 37
    einen Debugger nutzen 31–40
    GDB-Variablen 35
    in Valgrind starten 41
    mit Valgrind Fehler suchen 40–41
    Symbole, Compiler-Flag -g 11
Deklarationen
  beim ersten Auftreten 125
Designated Initializers 182–184, 227
Designregel aus The Design of Everyday Things 117
Dictionary, implementieren 225–229
diff, Programm 82
Diff-Dateien
  Commit-Objekte 85
  vom Git-Programm gespeichert 83
Dispatch-Funktion 234
DIST, Standard-Makeskript, Automake 73
Distutils 100
  Unterstützung durch die Autotools 102
dlopen-Funktion 99
dlsym-Funktion 99
Dokumentation
  CWEB 49, 240
  in den Code einweben 47
    Doxygen 47
Doppel-Hash ## 145
Doppelte Anwendung, vermeiden 140
Doppelte Trennzeichen, durch strtok ignoriert 164
dot-Funktion, mit verschiedenen Eingabetypen nutzen 219
double-Typ, statt float 135
Doxygen 5, 47
  Syntax 47
Durchschnitt und Varianz berechnen 136
dynamische Bibliotheken
  Linker-Flags zum Bauen 22
  Verlinken zur Laufzeit 15

E

Eclipse 5, 8
EDITOR, Umgebungsvariable 84
Ellipse (…) und __VA_ARGS__ 178
Emacs 5
Enter-Taste, letzte Anweisung in GDB wiederholen 36
Enums, Vorteile und Nachteile 128
erf (error)-Funktion 10
Erklärung in der Dokumentation 48
Erweiterungen 57
  Globs, in Zsh 64
Events, Maus und Tastatur 248
Expansions 140
Extensible Markup Language (siehe XML)
Extern zu verlinkende Elemente, nur in Header-Dateien deklarieren 148–150
extern, Schlüsselwort 146
Externe Zeiger 98
Externes Linken 146

F

Fallthrough 132
Fast-Forward (Git) 89
  sicherstellen, dass Ihr Push zum Remote Branch im Fast-Forward-Modus läuft 93
fc (Fix Command), Befehl 63
Fehler
  Makro 177
  melden 189
Fehlerprüfung 51–54
  Beteiligung des Anwenders 51
  Kontext, in dem der Anwender arbeitet 53
  Rückgabe einer Fehlermeldung 54
Fibonacci-Folge, erzeugt durch Zustandsmaschine 110
find / -type f | wc -l auf POSIX-Systemen 12
Fink 4
Fix Command (fc) 63
float-Typ, Gründe, ihn nicht zu nutzen 135–137
fopen-Funktion 129
for-Schleifen 130
  Rationalisieren mit p++ als Schritt zum nächsten Zeiger 118
  Shell, mit mehreren Dateien arbeiten 58
foreach 180
fork, Systemaufruf 57
Formvariablen 72
Frames 109, 272
Framestack 33
free-Funktion 108
  Vektorisieren 180
Funktionen
  Call Graphs erzeugen 48

Definition zum Ausführen vor oder nach einem Befehl im GDB 39
flexible Eingabewerte 191–201
   alte Funktion aufpolieren 196–201
   Funktionen im printf-Stil deklarieren 192
   optionale und benannte Argumente 193
Frame 109
in Strukturen 230–235
mehrere Elemente zurückgeben 187–191
   Fehler melden 189
mit Doxygen dokumentieren 47
mit generischen Eingabewerten 201–206
Profiling 39
Structs zurückgeben, aber keine Arrays 114
Vektorisieren 180
Wrapper-Funktionen zum Aufruf von C aus anderen Sprachen 96
Zeiger auf Funktion 121

G

-g-Flag, Debugging-Symbole einbinden 32
gcc (GNU Compiler Collection) XVIII, 5
   -fms-extensions-Flag 222
   -xc-Flag, C-Code 30
   __thread, Schlüsselwort 258
   Compiler-Flags, Empfehlungen 11
   Cygwin 8
   Cygwin, mit POSIX verlinkt oder MinGW-Version 9
   Flag zum Einbinden von Headern 26
   LDADD=-Llibpath -Wl,-Rlibpath (Befehl) 15
   Umgebungsvariablen für Pfade 14
   vollständige Befehlszeile, Bibliothek verlinken 11
gcov 46
gdb (GNU-Debugger) 5, 32–40, 272
   experimentieren 33
   Strukturen ausgeben 37–40
   Variablen 35
-gdbinit, Makrodefinition 32
_Generic, Schlüsselwort 217–219
   überladen 219
Generische Eingabewerte, Funktionen 201–206
Generische Strukturen 206–210
get_opt-Funktion 132
get_strings-Funktion 158
getenv-Funktion 18
Gettext 173
Git, Programm 83–88
   Arbeitsverzeichnis auf letzten Check-Out-Status setzen 88
   Bäume und ihre Zweige 88
      einen neuen Branch erzeugen 88
      Merging 89
   Diffs mit git diff anzeigen 86
   git add changefile oder git add -u, Befehl 84
   git commit -amend -a, Befehl 85
   git commit -a -m, Befehl 84
   GUIs 89
   Merging
      Merges im Nicht-Fast-Forward-Modus umsetzen 90
   Metadaten mit git log anzeigen 86
   Rebase 91
   Repository per git clone kopieren 83
   ungesicherte Arbeit im Stash ablegen 87
   zentrales Repository 93
Gleitkommadaten, NaN-Marker für Anmerkungen 133
Gleitkommazahlen 135, 272
GLib 248
   Fehlerhandling-System mit dem Typ GError 54
   verkettete Listen 37
      Debuggen 38
   Wrapper für iconv und Unicode-Tools 170
Globale Variablen 272
   Enums 129
Glyphen 272
GNU (Gnu's Not Unix) XVIII, 272
GNU Scientific Library (siehe GSL)
GNU-Autoconf-Makroarchiv 79
GNU-Debugger (siehe gdb)
GNU-Screen 61
Gnuplot 240
goto
   Gründe für Nicht-Einsatz 130
   mit Bedacht eingesetzt 131
gprof 5
Graphviz 48
grep
   -C Flag von GNU grep 46
Gruppenbildung, Agentenbasiertes Modell 240–246
GSL (GNU Scientific Library) 259–261, 272
   gcc-Compiler-Flags 14
   komplexe und Vektortypen 217
   Quellcode laden und installieren 23
   Vektor- und Matrixobjekte 111

Gültigkeitsbereich 212–215
    Definition 272
    private Struct-Elemente 214

H

Hashes 248
    Zeichenfrequenz 206
HAVE_PYTHON, Variable 101
HAVE_STRDUP, Makro 160
Header-Dateien
    AC_CHECK_HEADER, Makro, 78
    an der Befehlszeile einbinden 26
    config.h 76–78
    extern zu verlinkende Elemente nur in Header-Dateien deklarieren 148–150
    vereinheitlichte Header 27
HEADERS, Standard-Makeskript, Automake 73
Heap 109, 272
Here-Dokumente 28
    C-Programme kompilieren 26–30
Hilfsvariablen 145
Hindernisse und Gelegenheiten 139–156
    const, Schlüsselwort 150–155
    extern zu verlinkende Elemente nur in Header-Dateien deklarieren 148–150
    Linken mit static und extern 146
    Präprozessortricks 143–146
    robuste und ansprechende Makros schreiben 139–143

I

-I-Compiler-Flag, Pfad zum Include-Suchpfad hinzufügen 13
icc (Intel C Compiler) 11
    LDADD=-Llibpath -Wl,-Rlibpath (Befehl) 15
iconv-Funktion 170
IDEs (Integrated Development Environments) 4
    Code::block und Eclipse 8
    Empfehlungen 5
if-Anweisung, test-Shell-Befehl verwenden 60
if/else-Anweisungen als Alternative zu switch 132
if/then-Shell-Syntax und test, in einem Makefile 65
#ifdef-Direktive 45
iff (if and only if) 61, 102
#ifndef-Direktive 45
#include-Anweisungen 10
-include Flag, gcc und Clang 26
include (Formvariable) 72

Index, Änderungen in einem Git-Commit-Objekt zusammengefasst 84
Inhaltsvariablen 72–73
inline, Schlüsselwort 152
Integrated Development Environments (siehe IDEs)
Integrationstests 41, 272
Internes Linken 146
ISO C99 XVI, 74
    Attribut, um Funktion im printf-Stil zu deklarieren 192
    aufrufende Funktion erhält Kopie des zurückgegebenen Werts 114
    complex double 218
    Compound-Literale, Makros mit variablen Eingabeparametern und Designated Initializers 175
    Deklarationen, Positionen 126
    Fehlerfunktion, erf 10
    Größe von char 169
    nicht explizit aus main zurückkehren 124
    Text besser lesbar gestalten 126
ISO/IEC 8859 168

K

K & R-Standard (etwa 1978) XV
Kate 5
kDevelop 5
Kerrighan, Brian XV, 118
Knoten in Baum-Datenstrukturen 88
Knuth, Donald 49
Kodierung 272
Kommentare, Doxygen-Dokumentation 47
Kompilieren, Umgebung einrichten 3–30
    Bibliothek über Quellcode nutzen 23–26
    Bibliotheken 9–16
    Bibliotheken aus dem Quelltext nutzen 26–30
    C unter Windows kompilieren 6–9
        C mit POSIX kompilieren 8
        ohne POSIX 8
        POSIX für Windows 6
    Makefiles nutzen 16–23
    Paketmanager nutzen 4
        wichtige Pakete 4
komplexe Typen 217
Konfigurationsdatei für Doxygen 48
Konstante Strings 159
Kopieren 111
    Inhalt von Structs mit Gleichheitszeichen 227

Inhalt von Strukturen 113
Zeigerinhalte 113
Korn-Shell 7
Ksh 64

L

-L Compiler-Flag, Pfad zum Bibliotheks-Suchpfad hinzufügen 13
-l (library), Compiler-Flag 10
Labels 130
    switch-Funktion springt zum passenden Label 132
Lambda-Kalkül 220
-lc-Compiler-Flag 11
LD_LIBRARY_PATH, Umgebungsvariable 15
LDADD, Variable 74
LDLIBS, Variable 67, 74
Leere Token 164
Leerzeichen in Dateinamen, Shells 64
lib (Formvariable) 72
libglib.dll, mit Cygwin ausgeliefert 9
libiberty, Bibliothek 157
LIBRARIES, Standard-Makeskript, Automake 73
Libtool
    dynamische Bibliotheken bauen 75
    einrichten mit dem Makro LT_INIT 77
    Unterstützung für Automake 69
Libxml 170
libxml 264–267
LibXML2, Compiler-Flags 14
limits.h, Datei 137
Linken 10, 272
    C-Bibliothek wird durch Hostsprache geöffnet 99
    extern zu verlinkende Elemente nur in Header-Dateien deklarieren 148–150
    statische und dynamische Bibliotheken 15
    static und extern 146
    zur Laufzeit 99
Linux 272
    gcc, Umgebungsvariablen für Pfade 15
    Paketmanager 4
Listen
    benannte 220
    sicher abschließen 179
Literales Programmieren 49
Lizenzen
    BSD und GNU XVIII
    GPL-ähnliche Lizenz für cygwin1.dll 8
localstring_to_utf8, Funktion 171
long double 135
long int 137
longjmp, Funktion 131
LT_INIT, Makro 77
LTLLIBRARIES, Standard-Makeskript, Automake 73

M

m4, Sprache 77
Mac-Computer
    BSD-System 7
    c99 (Variable), angepasste Version des gcc 11
    gcc, Umgebungsvariablen für Pfade 15
    Paketmanager 4
Macports 4
macros
    GLib 44
main, Funktion 33
    explizit zurückkehren, ignorieren 124
make 5
make, Programm 16
    eingebaute Variablen 19
    make distcheck, Befehl 70
    POSIX-Standard-make, Objektdatei aus Quellcodedatei kompilieren 21
Makefile.am, Datei
    für Root-Verzeichnis eines Projekts mit Python-Unterverzeichnis 102
    Makefile beschreiben 72
    notwendige Informationen hinzufügen 76
Makefiles 16–23
    automatisch mit Automake erzeugen 68
    für pthreads und GLib 253
    mit Autotools generieren 55
    Nicht-Standard-Shell nutzen 64
    Regeln 19
    Variablen setzen 17
    versus Shell-Skripte 65–67
Makros 272
    auf Fehler prüfen 191
    C-Präprozessor 50
    C-Präprozessormakros, in GDB 37
    Einsatz von # (Hash), Eingabecode in einen String umwandeln 143
    Großschreibung von Namen 146
    m4-Makros für Autoconf 77
    robuste und ansprechende Makros schreiben 139–143

Strings sauber erweitern 161
Umgang mit Fehlern 53
variadische 177
verkettete Listen im GDB anzeigen 37
zusätzliche Autoconf-Makros im GNU-Archiv finden 79
malloc, Funktion 108
   asprintf-Funktion 158
   beim Einrichten von Strings 157
   char*-Zeiger müssen gecastet werden 127
   Fehler vermeiden, indem man sie nicht nutzt 115
   Speicher allozieren 109
   Zeiger ohne malloc 111
man-Befehl 25
Manuelle Allokation 108, 146
   Definition 272
Manueller Speicher 115
master, Tag, Git 86
Mathematik-Funktionen, Bibliothek einbinden und verlinken 10
mathematische Berechnungen in Shells 64
Matrix- und Vektortypen in der GSL-Bibliothek 225
Mausevents 248
memcpy, Funktion, Array kopieren 115
Merges, Git Repository-Branches 89
Message Passing Interface-(MPI-)Bibliothek 251
Metadaten, Projekt, anzeigen in Git 86
Microsoft
   Subsystem for Unix-based Application (SUA) 7
MinGW (Minimalist GNU for Windows) 8
Mingw32 Compiler 9
mmap, für riesige Datensätze 248–250
Msys-Tool 8
Multibyte-Kodierung 170, 272
Multibyte-to-Wide, Konvertierung 171
Multiplexer 61
Mutexe 252, 272
   im pthreads-Beispiel einbinden 256
   Ressourcen in Threads schützen 255

N

NaN (Not-a-Number) 131, 272
   besondere numerische Werte durch NaN kennzeichnen 133
NaN Boxing 134
nano (Texteditor) 5
noinst (Formvariable) 73

Not-a-Number (siehe NaN)
Nullen, Arrays und Structs initialisieren 184

O

-o (output), Compiler-Flag 11
object_fn-Form, Funktionen, die zu Objekten gehören 231
Objektdatei 273
Objekte
   Definition 273
   Zeiger 229
Objektorientierte Programmierung in C 211–246
   Funktionen in Ihren Structs 230–235
   Referenzen zählen 235–246
      Agentenbasiertes Modell der Gruppenbildung 240–246
      Substring-Objekt (Beispiel) 235–239
   Strukturen und Dictionaries erweitern 220–230
      ein Dictionary implementieren 225–229
      Struktur erweitern 221–225
   Was Sie nicht erhalten 212
      Gültigkeitsbereich 212–215
      Überladen mit Operator-Überladung 215
offset, Makro 119
ok_array, Struct 165
ok_array_new Funktion 173
ok_array_new, Funktion 165
Opake Zeiger 98, 273
open, Systemaufruf 129
opendir, Funktion 205
Operator überladen 215
Optimierungsstufen, -O3 Compiler-Flag 12

P

Packen eines Projekts
   Makefiles versus Shell-Skripte 65
   Python Distutils mit Unterstützung durch die Autotools 102
Pakete
   Aufteilung von Bibliothekspaketen 6
   empfohlene Installation 4
Paketmanager 4
parse, Funktion, Breakpoint 37
patch, Befehl 82
PATH, Umgebungsvariable 25
Pfade 12
   Reihenfolge von Compiler-Flags 13
Persistente Statusvariablen 110

-pg Compiler-Flag, gcc oder icc 39
phead und pnext, Makros 37
pkg-config 5
  kein Wissen über Laufzeitpfade 16
  Linken von Bibliotheken zur Laufzeit 99
  Makefile anpassen, um Bibliotheken und Ablageorte anzugeben 24
  Verzeichnis mit Flags und Ablageorten, das durch Pakete gefüllt wird 14
pkgbin (Formvariable) 72
POSIX (Portable Operating System Interface) XVII, 248–258, 273
  C kompilieren 8
  C ohne POSIX kompilieren, Windows 8
  gcc-Compiler-Flag für Code 11
  mmap, für riesige Datensätze 248–250
  pthreads 251–258
    _Thread_local und statische Variablen 258
    Beispiel 256–258
    pthreads-Checkliste 252–255
    Ressourcen in Threads mit Mutexen schützen 255
  Standard-Shell 56
  unter Windows nutzen 6
POSIX-Threads (siehe pthreads)
Präprozessor 273
Präprozessortricks 143–146
print, Befehl, Protokollstufe 32
printf, Funktion
  %g als Formatangabe 137
  %li statt %i als Formatangabe nutzen 137
  Dokumentation 25
  variable Anzahl an Eingabewerten 191
  Wert mit 20 signifikanten Dezimalziffern 135
printf-Stil, Funktion deklarieren 192
process_dir, Funktion 205
Profiler 273
Profiling 39
PROGRAMS Standard-Makeskript, Automake 73
Projekt packen 55–80
  Autotools 67–80
  mit der Shell 56–65
Protokollstufe, erhöhen 32
Prozesse 273
pthreads 251–258, 273
  Beispiel 256–258
  Checkliste 252–255
  Ressourcen in Threads mit Mutexen schützen 255
  _Thread_local und statische Variablen 258
Punkrock 269
Python
  Aliasse 111
  Here-Dokumente 28–29
  Hostsprache mit Schnittstelle zu C 99–104
    bedingtes Python-Unterverzeichnis für Automake 101
    Distutils und Autotools 102–104
    Kompilieren und Linken 100
PYTHON, Variable 101

Q

Quellcodedateien, die von Automake benötigt werden 73
Querverweise auf andere dokumentierte Elemente in Doxygen (\ref) 47

R

Read the Manual (RTFM) 273
readdir, Funktion 205
Rebases in Git 91
Remote Repositories 92
restrict und inline, Schlüsselwörter 152
Revision Control System (RCS) 81
Ritchie, Dennis XV, 118
RNG (siehe Zufallszahlengenerator)
Root-Verzeichnis, eigenes erstellen 24
RTFM (Read the Manual) 68, 273

S

Sapir-Whorf-Hypothese 211, 273
Sasprintf, Makro 161, 165
schlecht konditionierte Daten 135
Schlüssel/Wert-Paar, Objekt 226
Schnittstelle zu anderen Sprachen 95–104
  Datenstrukturen 97
  für andere Sprachen schreiben 95
  Python als Host 99–104
    bedingtes Unterverzeichnis für Automake 101
    Distutils mit Unterstützung durch die Autotools 102
    Kompilieren und Linken 100
  Vorgehen 95
  Wrapper-Funktionen 96
Schnittstellenfunktionen 211

Secure Hash Algorithm (SHA) 273
Segfault (Segmentation Fault) 273
seq (Sequenz) Befehl 59
setup.py, Datei zum Steuern der Produktion eines Python-Pakets 103
SHA (Secure Hash Algorithm) 273
SHELL, Variable 65
Shell-Skripte
    Makefiles versus 65–67
    Skript zur Testabdeckung 46
Shells 7, 56–65, 273
    andere ausprobieren 63
    Befehle durch ihre Ausgabe ersetzen 57
    Dateien prüfen 60
    fc (Fix Command), Befehl 63
    Here-Dokumente 29
    MinGW 8
    mit for-Schleifen auf mehreren Dateien arbeiten 58
    Startskript 84
    Syntax von Bourne Shell und C Shell 17
Sicherungskopien von .c-Dateien 64
size_t, Typ 98
sizeof, Operator 143, 177
    Grenzen 144
Skripte 273
Snapshot des Projekts, Commit-Objekt 85
snprintf, Funktion 159
Speicherblock- versus Listenansatz 220
Speicherlecks 161
    Prüfen, Valgrind 41
Speicherverwaltung
    automatischer, statischer und manueller Speicher 107
    malloc und Speichertricks 115
    Speichermodelle 146
    Valgrind 40
sprintf, Funktion 159
Sprünge
    einzelner Sprung, Verwendung von 131
SQL (Structured Query Language) 261, 273
SQLite 261–264
    Abfragen 262
Stack 273
Stack mit Frames 109
Stacktraces 32
    Liste mit Frames 33
    Valgrind 40
Standardbibliothek C 3
    Ergänzungen 7

Linking 11
Standards XV
Stash-Objekte 87
static, Schlüsselwort 233
    internes Linken 146
    vor der Deklaration einer Funktion 147
Statische Allokation 273
statische Bibliotheken, Linking durch Compiler 15
Statische Variablen 108, 110
    Deklaration 111
    _Thread_local 258
Statischer Speicher 108, 146
-std=gnu11 Compiler-Flag (gcc) 11
stderr 53
Stdin
    '-', Dateiname 28
    Kompilieren 29
Stopif, Makro 191
strcmp, Funktion 113
strdup (String Duplicate), Funktion 160, 162
Strg-A, Tastenkürzel, GNU-Screen 62
string_Bool 156
string_from_file, Funktion 164, 171
Strings
    einfachere Behandlung mit asprintf 157–162
    alter, aufwendiger Weg beim Einrichten von Strings 157
    konstante Strings 159
    Strings erweitern 161
    verbesserte Sicherheit 159
    statt Enums nutzen 129
    Substring-Objekt (Beispiel) 235–239
    Tokenizing mit strtok 162–167
    Zeiger 120
strlen, Funktion 173
strtok (String Tokenize), Funktion 162–167
strtok_r, Funktion 163
strtok_s, Funktion 163, 164
Structs vergleichen 113
Structured Query Language (SQL) 261, 273
Strukturen
    Anordnung in Listen mit Strukturen 119
    Basis plus Offset 220
    bessere 175–210
        Compound-Literale 176–177
        Designated Initializers 182–184
        flexible Eingabewerte für Funktionen 191–201
        foreach 180

mehrere Elemente aus einer Funktion zurückgeben 187–191
   mit Nullen initialisieren 184
   sicher abgeschlossene Listen 179
   Structs übergeben, keine Zeiger auf Structs 201
   typedef 185–187
   variadische Makros 177
   Vektorisieren einer Funktion 180
   void-Zeiger und Strukturen 201–210
const, Elemente verändern 153
erweitern 221–225
   anonyme Struktur in einer umhüllenden Struktur 222
   flexible Eingabewerte 194
   Funktionen in 230–235
   Kopieren 113
   mit dem GDB ausgeben 37–40
   private Struct-Elemente 214
   Übergabe zwischen C und anderer Sprache 97
Substring-Objekt (Beispiel) 235–239
Subsystem for Unix-based Application (SUA) 7
switch-Anweisungen, Alternativen 132
switch-case als Syntax für Labels, goto und break 132
Syntax, die Sie ignorieren können 123–137
   Array-Länge zur Laufzeit setzen 126
   Deklarationen vor dem ersten Einsatz 125
   Enums und Strings 128
   explizit aus main zurückkehren 124
   Labels, goto, switch und break 130
      break 132
      durchdachtes goto 131
      switch 132
   veraltetes float 135
   weniger Casting 127

T

Tab-Vervollständigen in Shells 56
Tags in Git 86
tar, Befehl, erfolgreichen Abschluss prüfen 61
Tarballs, Dateien extrahieren 71
Tastaturevents 248
Temporäre Variablen 176
Terminal-Multiplexer 61
test, Befehl 60
Test-Harnisch 42, 273
Testen, Automake-Datei für Tests 75
TESTS, Variable 75
TeX, Verwendung mit CWEB 49

Text 157–173
   einfachere String-Behandlung mit asprintf 157–162
   Strings mit strtok tokenizen 162–167
   Unicode 167–173
Texteditoren
   Empfehlungen 5
   Manpages aufrufen 25
Textsubstitutionen (siehe Expansions)
__thread, Schlüsselwort (gcc) 258
_Thread_local, Schlüsselwort 189, 258
Thread-sicher, statische Zustandsmaschine 110
Threading
   einfaches mit pthreads 251–258
   _Thread_local und statische Variablen 258
   Beispiel 256–258
   Checkliste für pthreads 252–255
   Ressourcen in Threads mit Mutexen schützen 255
Threads
   Definition 274
   Varianten 251
Tiefe Kopien 113, 274
Tippfertigkeiten, verbessern 50
tmux (Terminal Multiplexer) 61
Tokenizing, Strings 162–167
Tokens 274
Tools 7
Torvalds, Linus 32, 131
Traditionalisten XII
true und false 156
try-catch-Konstrukte für Fehler 54
Turing, Alan 220
Typ-Qualifikator 274
Type Punning 274
Typedef
   als lehrreiches Tool 120
   in eingebetteter anonymer Struct-Deklaration 223
   mit Structs nutzen Stil 186
   mit Structs 185–187

U

Überladen von Operatoren
   _Generic, Schlüsselwort 217–219
Übersetzungen 173

Umgebungsvariablen 18, 274
  Kopie an Kindprogramm bei fork-Aufruf 57
  für Pfade 15
Unicode 167–173
  Beispielcode, Datei einlesen und in Wörter aufteilen 171
  Bibliotheken 170
  Hash für Unicode-Zeichen 206
  Kodierung für C-Code 169
  Tools in GLib 248
Union 274
union, Schlüsselwort 225
Unit-Tests 41–47, 274
  Abdeckung 46
Unix XVII
  gemeinsame Entwicklung mit C 6
/usr/ local (Pfad) 13
UTF (Unicode Transformation Format) 274
UTF-32, Kodierung 167, 171
UTF-8, Kodierung 168
  für C-Code 169
  Standard-C-Bibliotheksfunktionen, die sicher sind 169

V

__VA_ARGS__, Schlüsselwort 177
Valgrind 5
  Fehler suchen 40–41
Variablen
  Gültigkeitsbereich 212
  Gültigkeitsbereich durch geschweifte Klammern steuern 141
  in Automake pro Programm oder Bibliothek setzen 74
  in Makefiles setzen 17
  statisch 108, 110
    Deklaration 110
Variablensubstitution, make versus Shell 66
Variadische Funktionen 191, 274
Variadische Makros 177
  Compound-Literale erzeugen 179
Varianz, Berechnung in einem Durchgang 135
vasprintf-Funktion 192
Vektoren 225
Vektorisieren einer Funktion 180
Vektortyp 217
verkettete Listen 248
  Code für verkettete Listen in GLib debuggen 38
  in GDB anzeigen 37

Verlinken zur Laufzeit 15
Versionsverwaltung 81–93
  Änderungen mit diff finden 82
  Git 83–88
    Bäume und ihre Zweige 88
    Bäume und ihre Zweige/Merging 89
    Bäume und ihre Zweige/Rebase 91
  Remote Repositories 92
  Revision Control System (RCS) 81
verteilte Versionsverwaltung 82
vim 5
Visual Studio 8
void-Zeiger 214
  Strukturen, auf die verwiesen wird 201–210

W

-Wall, Compiler-Flag 12
Warnungen, Compiler 12
Weniger Casting 127
-Werror, Compiler-Flag 12
wget 23
while-Schleifen 130
Wide-Character-Kodierung 171, 274
Windows
  C kompilieren 6
    C mit POSIX kompilieren 8
    ohne POSIX 8
    POSIX für Windows 6
Wrapper-Funktionen
  für C-Funktionen auf Hostseite 96
  für die ideale Gas-Funktion in Python 99

X

-xc, Compiler-Flag, C-Code 30
Xcode 4
XML (Extensible Markup Language) 264, 274
XML-Bibliothek 211

Z

Zeiger 107–121
  * bei der Deklaration und im Einsatz 117
  auf Daten zwischen Dateien verweisen 97
  auf Objekte 229
  automatischer, statischer und manueller Speicher 107
  char*- und void-Zeiger, von malloc zurückgegeben 127
  const, als Eingabeparameter an Nicht-const-Funktion 152

freigeben, Fehler 40
ohne malloc 111
    Strukturen kopieren, Alias für Arrays 113
persistente Statusvariablen 110
Speichertypen 109
Zeigerarithmetik 118–121
    typedef als lehrreiches Tool 120
Zeiger-auf-Zeiger-auf-const, Probleme 154
Zeigerauflösung 230
zentrales Repository (Git) 93

Ziel, Aufruf über make-Ziel 20
Zsh 63
Zufallszahlengenerator (RNG) 259, 273
Zustandsmaschine 110
Zuweisung
    Elemente eines Typs einem anderen Typ zuweisen 127
    Kopieren und Alias 111
Zwischenergebnisse, größere Genauigkeit 136

Über den Autor

Ben Klemens hat für seine Doktorarbeit in Sozialwissenschaften am Caltech statistische Analysen und rechenintensive Populationsmodellierungen am Computer durchgeführt. Er ist der Meinung, dass das Schreiben von Code Spaß machen sollte, und hat Analysen und Modelle (meist in C) geschrieben – für die Brookings Institution, die Weltbank, das National Institute of Mental Health und weitere. Als Nonresident Fellow bei Brookings und in der Free Software Foundation hat er dazu beigetragen, dass kreative Autoren die Möglichkeit haben, die Software nutzen zu können, die sie selbst geschrieben haben. Aktuell arbeitet er für die amerikanische Bundesregierung.

Über den Übersetzer

Thomas Demmig ist Diplom-Physiker. Er arbeitet bei der SAP AG als Entwickler im Bereich UI Framework und hat in den letzten Jahren einige Bücher vor allem rund um das Programmieren übersetzt. Wenn er seine Freizeit nicht gerade mit seiner Frau und seinen zwei Töchtern verbringt, liest er oder versucht sich am Klavier.

Kolophon

Das Tier auf dem Cover von *C im 21. Jahrhundert* ist der Eigentliche Tüpfelkuskus (*Spilocuscus maculatus*), ein Beuteltier, das in den Regenwäldern und Mangroven von Australien, Neuguinea und den umliegenden kleineren Inseln lebt. Es hat einen runden Kopf, kleine, verborgene Ohren, dickes Fell und einen zum Greifen geeigneten Schwanz, der beim Klettern hilft. Der gekringelte Schwanz ist unverkennbar, der obere Teil nahe beim Körper ist mit Fell, die untere Hälfte auf der Innenseite mit Schuppen bedeckt, um Äste besser greifen zu können. Seine Augenfarbe variiert von gelben und orangefarbenen bis hin zu roten Tönen, und die Pupillen stehen wie bei einer Schlange vertikal.

Der Eigentliche Tüpfelkuskus ist meist sehr scheu, sodass Menschen ihn kaum zu Gesicht bekommen. Er ist nachtaktiv, jagt und frisst zur Nacht und schläft tagsüber auf selbst gebauten Plattformen in Bäumen. Er bewegt sich langsam und ein bisschen behäbig – und wird daher manchmal mit Faultieren, anderen Opossums oder sogar Affen verwechselt.

Kuskusse sind normalerweise Einzelgänger, die alleine nisten und fressen. Interaktionen mit anderen, insbesondere konkurrierenden, Männchen können aggressiv und konfliktbehaftet sein. Männliche Kuskusse kennzeichnen ihr Territorium mit ihrer Duftmarke, um andere Männchen zu warnen. Dabei sondern sie einen penetranten Moschusduft sowohl über ihren Körper als auch mit Geruchsdrüsen ab. Sie verteilen Speichel auf Zweigen und Ästen, um andere über ihr Territorium zu informieren und soziale Interaktionen zu ermöglichen. Treffen sie in ihrem Gebiet auf ein anderes Männchen, machen sie bellende, fauchende und zischende Geräusche und stehen auf ihren Hinterpfoten, um ihr Gebiet zu verteidigen.

Der Eigentliche Tüpfelkusus besitzt ein nicht spezialisiertes Gebiss, mit dem er eine große Auswahl an pflanzlichen Produkten fressen kann. Er ist auch schon beim Essen von

Blumen, kleinen Tieren und manchmal auch Eiern beobachtet worden. Zu den natürlichen Feinden des Eigentlichen Tüpfelkuskus gehören Pythons und manche Raubvögel.

Der Umschlagsentwurf dieses Buchs basiert auf dem Reihenlayout von Edie Freedman und stammt von Karen Montgomery und Michael Oreal, die hierfür einen Stich aus Wood's Animate Creation verwendet haben. Als Textschrift verwenden wir die Linotype Birka, die Überschriftenschrift ist die Adobe Myriad Condensed und die Nichtproportionalschrift für den Code ist LucasFont's TheSansMonoCondensed. Die in diesem Buch enthaltenen Abbildungen stammen von Robert Romano und Rebecca Demarest.

Mehr C, mehr Code, mehr Programmierung

ISBN 978-3-86899-386-8, 628 Seiten, 49,90 Euro (Print)

ISBN 978-1-4493-4418-4, 223 Seiten
24,50 Euro (Print), 18,99 Euro (E-Book)

ISBN 978-3-89721-421-7, 672 Seiten, 48 Euro (Print)

ISBN 978-0-596-80229-5, 202 Seiten
29 Euro (Print), 22,49 Euro (E-Book)

O'REILLY®

anfragen@oreilly.de • www.oreilly.de

Die gesamte Animal-Reihe und viele weitere Bücher finden Sie unter:

www.oreilly.de

O'REILLY®

anfragen@oreilly.de • www.oreilly.de